«Offener nichts als das geöffnete Ohr»

T V Z

reformiert!

herausgegeben von
Matthias Felder, Magdalene L. Frettlöh,
Frank Mathwig, Matthias Zeindler

Bd. 15 – Zürich 2023

Eine Liste der bereits in der Reihe *reformiert!* erschienenen Titel findet sich am Ende dieses Bandes.

Magdalene L. Frettlöh, Matthias Zeindler (Hg.)

«Offener nichts als das geöffnete Ohr»
Motive einer Theologie des Hörens

Theologischer Verlag Zürich

Der Theologische Verlag Zürich wird vom Bundesamt für Kultur
für die Jahre 2021–2024 unterstützt.

Bibliografische Informationen der Deutschen Nationalbibliothek
Die Deutsche Nationalbibliothek verzeichnet diese Publikation in der Deutschen
Nationalbibliografie; detaillierte bibliografische Daten sind im Internet über
http://dnb.dnb.de abrufbar.

Umschlaggestaltung
Simone Ackermann, Zürich
unter Verwendung einer Illustration von iStock.com/Tatiana Sidenko (ID: 1352461364)

Druck
CPI books GmbH, Leck

ISBN 978-3-290-18577-0 (Print)
ISBN 978-3-290-18578-7 (E-Book: PDF)
© 2023 Theologischer Verlag Zürich
www.tvz-verlag.ch

Alle Rechte vorbehalten

Christian Link
zum 85. Geburtstag
am 12. Juli 2023

Vorwort zur Reihe

Die Schweizer Reformation war die erfolgreichste Reformation sowohl im Blick auf ihre Reichweite als auch auf ihre Nachhaltigkeit. Das Ausrufezeichen im Reihentitel «reformiert!» hebt den Finger im deutschsprachigen Raum der lutherischen Erbengemeinschaft. Die reformierte Tradition steht für Offenheit gegenüber anderen Konfessionen und Religionsgemeinschaften, für ein kritisch-engagiertes und zugleich aufmerksam-widerständiges Verhältnis gegenüber dem Staat und für einen revisionsfreudigen Gegenwartsbezug ihrer Glaubensinhalte.

Das Ausrufezeichen fällt auf und bekräftigt sichtbar dasjenige, worauf es bezogen ist. Ausrufezeichen sind – wie Theodor W. Adorno bemerkt hat – ein Stilmittel des Expressionismus, das zugleich Auflehnung und Ohnmacht signalisiert. Ein Widerspruch wird über- oder zugespitzt – Karl Barths «Nein!» – oder ein Protest als kollektive Bewegung stilisiert – Stéphane Hessels «Empört euch!». Der Strich mit dem Punkt hat Konjunktur in den sozialen Medien als Satzzeichen der ewig Unverstandenen. Das Ausrufezeichen reagiert auf eine gestellte oder unterstellte Frage und versucht die Zweifel zu überspringen, die der Satz selbst nicht auszuräumen vermag. Das Ausrufezeichen in «reformiert!» steht für all das: eine Position, ihre Bekräftigung und den dadurch alsbald provozierten Widerspruch.

Mit dem Ausrufezeichen unterscheiden sich die Reformierten vom Punkt der Lutheraner. Was bei Letzteren zum Abschluss kommt, wird bei Ersteren offengehalten. Wer ein Ausrufezeichen setzt, rechnet mit Fragezeichen: Nachfragen, Einwänden, Kritik und der Nötigung, noch einmal und immer wieder neu zu beginnen. In diesem Sinn folgen die reformierten Reformatoren dem Humanisten Erasmus, der den Ausdruck *logos* in Joh 1,1 nicht mit *verbum* «Wort», sondern mit *sermo* «Gespräch»/«Rede» übersetzte. Reformiertes Bekennen gehört seither in das Gespräch der Kirche über den Glauben und tritt nicht an seine Stelle. Kirche nach reformiertem Verständnis ist entsprechend geistbegabte Kommunikationsgemeinschaft in der Nachfolge ihres Herrn.

Die Geschichte und Gegenwart der reformierten Kirchen und Theologien besteht aus einem Netz solcher Kommunikationsgeschichten. Das machte sie einerseits zum weltweit wirkungsmächtigsten schweizerischen Exportartikel. Andererseits erzeugt dieses Selbstverständnis bis heute ein vielstimmiges Gemurmel, in dem das eigene Wort manchmal untergeht, Missverständnisse und Dissense zum Alltag gehören und der Streit um die Wahrheit zum Dauerbrenner wurde. Die Zumutung, die Debatte nicht abreissen zu lassen oder gar doktrinär abzubrechen, kann so ermüdend werden, wie sie unverzichtbar ist und bleibt.

Die Reihe «reformiert!» greift diese lange Tradition des reformierten Gesprächs auf: zeitgenössisch, herkunftsbewusst, kontrovers, innovativ. Reformiert steht nach dem Verständnis der Herausgebenden für einen lebendigen Streit um die Sache ohne Schlusspunkt, aber mit deutlichem, zur kritischen Reflexion herausforderndem Ausrufezeichen.

Matthias Felder   Bern, im November 2017
Magdalene L. Frettlöh
Frank Mathwig
Matthias Zeindler

Inhalt

Magdalene L. Frettlöh / Matthias Zeindler
Vorwort 11

Alfred Bodenheimer
Vom Sehen zum Hören
   Über einen folgenreichen Paradigmenwechsel im Judentum 17

Christine Oefele
Die Schrift lesen – das Wort hören – ... glauben?
   Neutestamentliche Perspektiven 31

Claudia Welz
Hören und Erhört-Werden:
«Der das Ohr gepflanzt hat, sollte der nicht hören?» 57

Hans-Christoph Askani
«Meine Schafe hören meine Stimme»
Kann der Mensch Gottes Wort hören? 89

Regine Munz
«Das Auge zeigt uns, wie die Welt ist; im Hören vernehmen wir,
wie sie sein soll»
   Die religiöse und ethische Dimension des Angesprochenseins 111

Matthias Zeindler
«... aus dem Wort Gottes geboren»
   Die Kirche als hörende Gemeinschaft 129

Julia Enxing
«Wer Ohren hat, höre!» (Mt 11,15)
   Über taube Ohren und wache Geister in der aktuellen
   Schöpfungstheologie 157

Mathias Wirth
Gehorsam als Derivat des Hörens oder Gehörens?
   Oder: Auskultation als ethische Praxis
   in Auseinandersetzung mit Pierre Bourdieu 179

Frank Mathwig
«... a gift that God himself needs» (Nick Cave)
Über die Rede vom Hören Gottes 197

Alexander Deeg
Verschwebendes Schweigen
Zur Dialektik von Wort und Stille im evangelischen Gottesdienst ...219

Roman Brotbeck
Ohrgänge
Übungen zu einem engen und weiten Hören 239

Johanna Di Blasi
«Less noise, more conversation»:
Überlegungen aus dem reformierten Labor 255

Magdalene L. Frettlöh
Vom Ganz-Ohr-Sein zum Schauen vis-à-vis? –
oder: Plädoyer für eschatische Synästhesien 275

Bibelstellenregister 305

Personenregister 311

Autor:innen 321

Vorwort

Der vorliegende Band unserer *reformiert!*-Reihe dokumentiert die Beiträge der Berner Ringvorlesung zu «Motive[n] einer Theologie des Hörens», die – pandemiebedingt – auf zwei Semester verteilt werden mussten: Die ersten vier Vorträge wurden noch in leibhaftigen Präsenzveranstaltungen im Frühjahrssemester 2020 gehalten, während die übrigen ein Jahr später nur digital in Zoom-Sitzungen realisiert werden konnten. Wir danken allen Referierenden, Zuhörenden und Mitdiskutierenden dafür, dass sie sich auf dieses Splitting eingelassen und der Ringvorlesung, die wieder in Kooperation zwischen dem Institut für Systematische Theologie der Theologischen Fakultät Bern und dem Bereich Theologie der Reformierten Kirchen Bern-Jura-Solothurn durchgeführt wurde, die Treue gehalten haben.

«Offener nichts als das geöffnete Ohr» – der Zitattitel der Ringvorlesung ist einem Sinnesschwellen überschreitenden Gedicht von Hans W. Cohn (1916–2004) entnommen, das die Überschrift «Mit allen fünf Sinnen» trägt. Cohn, 1916 in Breslau geboren, konnte 1938 rechtzeitig von Prag über Polen und Skandinavien nach England emigrieren. Er, der in den 1950er Jahren zu den namhaften deutschsprachigen Lyrikern gehörte, hochgeschätzt etwa von Erich Fried, ist heute weithin unbekannt, hat sich selbst auch seit Mitte der 1970er Jahre zunehmend aus dem Literaturbetrieb zugunsten psychotherapeutischer Arbeit zurückgezogen.

Nicht zufällig ist das kleine gleichnamige Gedichtbändchen, in dem sich das sinn(en)reiche Gedicht findet, 1994 im Verlag *Edition Memoria* erschienen – einem Verlag, der ausschliesslich zu Unrecht vergessene, verschollene Exilliteratur publiziert und damit Autor:innen, die im Nationalsozialismus verfemt und vertrieben wurden, deren Werke verboten und gar verbrannt wurden, Gehör und eine Stimme verleiht. Auch dies ein Aspekt des Themas unserer Ringvorlesung.

Mit allen fünf Sinnen

1. Den Augen
einen Vorsprung geben:
schnell ist die Zunge und blind
und beschädigt den Weg.

Gefährdet genug
ist die Fahrt des Blicks:
scheut er
kommt das Gefährt der Liebe zu Fall.

Vorwort

2. Was aber widerfährt
der Haut
verlassen
unter dem schirmenden Tuch
von nichts mehr als von sich selbst
berührt?

3. Manchmal
vor dem Einschlafen
plötzlich
der Geschmack eines anderen Brots
aus der Kindheit
knusprig und süß
oder erdiger noch
unbeschreiblich
der Vorgeschmack eines Landes
hinter dem Schlaf.

4. Die Nase
seit langem ertaubt
in einer Welt
duftender Zeichen.

5. Offener nichts
als das geöffnete Ohr.

Mit den Augen horchen
mit der Zunge lauschen
mit den Händen hören.

Auch mit der Nase wieder erlernen
Gehör zu schenken.

Mit allen fünf Sinnen
den Rufen gehorchen:
zugehörig.[1]

«Offener nichts als das geöffnete Ohr» – ob unsere Ohren nicht von Haus aus hören, sondern erst geöffnet werden müssen, um hören zu können? Und wofür und für wen sind sie dann offen? Wem erweisen sie hörend ihre Zugehörigkeit?

---

[1] Hans W. Cohn, Mit allen fünf Sinnen. Gedichte. Mit einem Vorwort von Michael Hamburger und Illustrationen von Felix Martin Furtwängler hg. von Thomas B. Schumann, Hürth bei Köln 1994, 22f.

Vorwort

In Cohns Gedicht sind es nicht nur die Ohren, die hören. *Synästhetisch* gibt es hier auch hörende Hände und Gehör schenkende Nasen, sind alle fünf Sinne hör- und horchfähig. Sie sind gehörige Sinne, die Zugehörigkeit wahrnehmen, vielleicht gar Gehorsam üben gegenüber jenen, denen sie sich zugehörig wissen, wenn denn Hören und Gehorchen übers Horchen zusammengehören sollten, was ja keineswegs unumstritten ist.

Wie platt dagegen manche Werbung für «die Hörgeräte der neuesten Generation»: «Gutes Hören muss nicht sichtbar sein – Jetzt Hörgerät testen!» Immer kleiner werden diese Geräte, um mit den Hörhilfen auch die Hörschwäche unsichtbar zu machen, um nicht länger als schwerhörig, gar taub zu gelten. Den Autor:innen der Ringvorlesung geht es dagegen nicht zuletzt auch um das Sichtbarmachen, das Freilegen von Hörhilfen.

Mit dem Thema des Hörens begeben wir uns in ein semantisch weites Feld, was sich schon an der Vielzahl der Präfixe zeigt, wenn die Rede ist vom *Ab*hören und *An*hören, vom *Auf*hören und *Aus*hören, vom *Ein*hören und *Hinein*hören, vom *Hin*hören und *Weg*hören, vom *Her*hören und *Heraus*hören, vom *Mit*hören und Sich-*Um*hören, vom *Ver*hören und *Zu*hören, vom *Ge*hören und *Zuge*hören, von unhörbar und ungehörig, von gehörlos bis unerhört ... ganz zu schweigen von all den Hör-Komposita: vom Hörensagen bis zum Satthören, vom Beichthören bis zum Schwarzhören ... Da gibt es Hörgeräte, Hörstürze, Hörspiele, Hörbilder, den Hörfunk, Hörweisen und Hörwelten, Abhördienste und Kreuzverhöre ... «Ich höre, also bin ich»?

Biblisch konstituiert das Hören die Gottesvolk-Werdung Israels wie die Gründung der christlichen Gemeinde (mit), wenn denn der Gott Israels eine Gottheit ist, die sich hören lassen kann und hören lässt, und sei es als «Stimme verschwebenden Schweigens» (1Kön 19,12 nach Buber-Rosenzweig), die sich sogar sehen lässt – in Worten, nicht aber in einer Gestalt (vgl. Dtn 4,12). «Sollte, wer das Ohr gepflanzt hat, nicht hören» (Ps 94,9) können und wollen?! Und als hörende Gottheit ist der biblische Gott auf das Hören seines Gegenübers aus: «Höre, Israel, Adonaj, unser Gott, Adonaj ist einzig!» (Dtn 6,4) Nach Überzeugung des Apostels Paulus kommt der Glaube, das Gottvertrauen, aus dem Hören auf das Wort Gottes (vgl. Röm 10,17).

Das wichtigste Organ des Hörens ist biblischerseits aber nicht das Ohr, nicht einmal das für den Gottesboten entblösste, herzseitige Ohr der Maria auf unzähligen Verkündigungsszenen, bis hin zum verwegenen Motiv der Empfängnis durch das Ohr –, sondern das Herz. In der buchstäblich salomonischen Bitte um ein hörendes Herz (1Kön 3,9) spricht sich die Weisheit, ja das Hörprogramm der Bildung aus, wie es sich im Hörwunder von Pfingsten (Apg 2,6.11b) wiederholt.

Vorwort

Womöglich gilt ja: Nur wer zu hören vermag, kann auch das Gehör anderer finden. Und heisst es nicht auch vom Kommen des Messias, mit Ps 95,7 «Heute, wenn ihr auf seine, auf Gottes Stimme hört ...»

Entsprechend eröffnen die Beiträge der interdisziplinären Ringvorlesung einen weiten Hörraum, der von judaistischen Reflexionen über einen Paradigmenwechsel vom Sehen zum Hören bis hin zur Hoffnung auf eschatische Synästhesien reicht, die die Erwartung eines blossen Sinneswandels vom Hören im Vorletzten zum Sehen im Letzten hinter sich lassen. Theologisch intradisziplinäre, nämlich biblisch-theologische, ethische und dogmatische Beiträge werden durch philosophische, musiktheoretische und -didaktische Erörterungen und Reflexionen zum Hörverhalten flankiert. Schöpfungstheologische, anthropologische, soteriologische, ekklesiologische, eschatologische und fundamentaltheologische Motive spielen ineinander und bringen je neu den hörenden und um das Gehör der Geschöpfe bittenden Gott zur Sprache: «Gott hört / um gehört zu werden / damit das Unerhörte / geschieht»[2].

Leider standen die Originalbeiträge von Katharina Heyden (Die Kunst des Hörens und die Haltung der Fremdenliebe in abrahamitischer Tradition) und Andreas Mertin («Hören» mit der bildenden Kunst. Von Jan van Eyck bis Yves Netzhammer) für diese Publikation nicht zur Verfügung. Das bedauern wir sehr, freuen uns aber umso mehr, dass Johanna Di Blasi (Bern) und Regine Munz (Basel) in die Bresche gesprungen sind und den Band mit ihren eigens dafür geschriebenen Texten bereichern. Herzlichen Dank!

***

Überhaupt haben wir wieder für vielfältige Zusammenarbeit und Unterstützung zu danken: den Autor:innen, die uns ihre Beiträge für diese Dokumentation zur Verfügung gestellt haben; den Reformierten Kirchen Bern-Jura-Solothurn für die Übernahme des umfangreichen Druckkostenzuschusses; Martin Rahn-Kächele für die umsichtige Formatierung des Bandes; Beate Heiniger für erste Korrekturlektüren und Christoph Kerwien für seine überaus gründliche Endkorrektur und die Erstellung der Register; Tobias Meihofer für sein grosses, sachkundiges Engagement als Lektor; Lisa Briner wie den übrigen an der Herstellung beteiligten Mitarbeitenden des Theologischen Verlags Zürich für das erneut so angenehme Entgegenkommen bei der Realisierung dieses nun bereits 15. Bandes der *reformiert!*-Reihe.

---

[2] Judith Rohde, fischgesänge, Norderstedt 2019, 61.

Vorwort

Noch ein Hinweis in eigener Sache: Die Ringvorlesung «Offener nichts als das geöffnete Ohr» ist die (vorerst) letzte dieser Art an den Montagabenden im Frühjahrssemester. Der mit ihr abgeschlossene Reigen von sieben Ringvorlesungen gibt Anlass, dankbar zu staunen über eine alles andere als selbstverständliche, je neu anregende und herausfordernde universitär-kirchliche Kooperation, die uns als Veranstaltenden viel Freude bereitet hat. Selbstverständlich bedeutet der Abschluss dieser Ringvorlesungen nicht zugleich das Ende der Buchreihe «reformiert!». Im Gegenteil: Unsere Leser:innen dürfen auf manch weiteren Band, auch von Seiten der vier Reihenherausgebenden, gespannt sein.

Der intensiven gemeinsamen Berner Studienzeit in den 1980er Jahren erinnern wir uns gerne und widmen diese Publikation darum unserem Lehrer Christian Link zu seinem 85. Geburtstag. Er hat uns in der ihm eigenen sprachlichen Anmut in bis heute nachhaltig wirkenden Vorlesungen und Seminaren mit Grundentscheidungen reformierter Dogmatik vertraut gemacht und uns zu überaus genauem Lesen philosophischer und theologischer Texte angeleitet. Mit dem Hörsinn und dessen Einschränkungen hat er zudem seine eigene Geschichte.

Mögen die Beiträge dieses Bandes, die je auf ihre Weise unser Gehör schärfen und uns mit allen Sinnen hörfähiger machen möchten für die Stimme Gottes wie die Stimmen unserer Mitmenschen und anderer Mitgeschöpfe, ihren Leser:innen anregende Hörereignisse bereiten und sie dabei über manche Sinnesschwellen hinweg zu überraschenden Synästhesien führen, auf dass Unerhörtes wirklich und wahr werde!

Bern, im April 2023
Magdalene L. Frettlöh / Matthias Zeindler

Alfred Bodenheimer

Vom Sehen zum Hören

Über einen folgenreichen Paradigmenwechsel im Judentum

Um den Paradigmenwechsel vom Sehen zum Hören im Judentum darzulegen, möchte ich mit einem anderen Paradigmenwechsel beginnen, der schon früher stattgefunden hat, demjenigen von der Theokratie zur Monarchie im alten Israel. Der Mann, dem es oblag, diesen Wechsel zu vollziehen, hatte, wie es die Bibel darlegt, keine Freude daran, sondern erfuhr diesen Wechsel als eine Reihe von Frustrationen.

Die Rede ist vom Propheten Samuel, dem letzten Richter Israels. Zunächst ist er schon entsetzt, als die Vorsteher des Volkes ihm ihren Wunsch unterbreiten, einen König einzusetzen, nicht zuletzt aufgrund des Misstrauens gegenüber Samuels eigenen, korrupten Söhnen, die man wohl auch verdächtigte, die Herrschaft ihres Vaters dynastisch weiterführen zu wollen. Contre coeur lässt sich Samuel von Gott Saul, den ersten König, zeigen, einen Mann «grösser gewachsen als alles Volk» (1Sam 9,2), der auf der Suche nach entlaufenen Eselinnen zu ihm stösst. Doch bekanntlich verläuft Sauls Herrschaft, ohne hier die Details zu berühren, nicht befriedigend, und Samuel erhält von Gott den Befehl, während dessen Herrschaft bereits einen neuen König zu salben, den Gott sich unter den Söhnen Jischais ausersucht habe. Samuel macht sich trotz Todesgefahr im Falle der Entdeckung der Aktion durch den amtierenden König Saul auf zu Jischai in Betlehem, und als er dessen Sohn Eliav sieht, spricht er: «Fürwahr, da steht vor dem Herrn sein Gesalbter» (1Sam 16,6). Ein Irrtum, wie Gottes Reaktion deutlich macht: «Aber der Herr sprach zu Samuel: Sieh nicht an sein Aussehen und seinen hohen Wuchs; ich habe ihn verworfen. Denn es ist nicht so, wie ein Mensch es sieht: Ein Mensch sieht, was vor Augen ist; der HERR aber sieht das Herz an.» (1Sam 16,7).

Samuel, der in der Folge erfahren muss, dass keiner der ihm zunächst präsentierten sieben Söhne Jischais, sondern dass der achte, abwesende, David, der Auserkorene ist, hat sich offensichtlich von dem ihm bekannten Muster täuschen lassen. So wie Saul grossgewachsen ist, so ist es auch Eliav, alles Äusserliche, alles, was er sieht, würde ihn für Samuel zum König prädestinieren. Doch Gott stellt genau diese Fähigkeit des äusseren Sehens infrage. Ins Herz sehen, den wahren Wert und das Potenzial eines Menschen erkennen, das kann nur Gott selbst.

Es gibt aber in der jüdischen Exegese zu dieser Passage beim spätmittelalterlichen Kommentator Rabbi David Kimchi (Radak) noch einen Hinweis, der die Irreführung Samuels durch das Sehen in einen grösseren Zusammenhang führt. Demnach weist Samuels falscher Eindruck durch das Ansehen des Äusseren beim grossgewachsenen Eliav, das letztlich seine Projektion der Königswürde einzig auf den ihm liebgewordenen Saul belegt, auf sein eigenes moralisches Straucheln zu einem früheren Zeitpunkt hin, jener Szene nämlich, in der Saul einst auf der Suche nach seinen Eselinnen vor ihn hintrat und Gott Samuel den Hinweis gab, dass der Mann, den er sah, der Auserwählte sei. Saul und sein Knecht ihrerseits wollen in dieser Szene gerade ihn, Samuel, den «Seher», in seiner Heimatstadt aufsuchen, damit er ihnen den Weg weise, wohl in der Erwartung magischer Fähigkeiten. «Lass uns bis zum Seher gehen; denn wer heute Prophet genannt wird, den nannte man früher Seher» (1Sam 9,9).

Als sie schliesslich vor Samuel stehen, den sie zuvor nie getroffen haben, und ihn nach dem Hause des Sehers fragen, antwortet Samuel: «Ich bin der Seher» (1Sam 9,18). Damit hat er sich laut dem Radak aber seiner Fähigkeiten überhoben, denn nur durch göttliche Gabe wird der Mensch zum Seher bzw. Propheten; er «ist» es nicht kraft eigener Natur oder Fähigkeit. Dass dieser Seher, wo Gott sich heraushält, den Täuschungen ganz gewöhnlicher Menschen unterliegt, zeigt sich dem Radak gemäss dann eben beim zweiten Salbungsauftrag im Hause Jischais, wo er sich zunächst von seinem Blick täuschen lässt und Eliav für den Erwählten hält. Erst nach dieser Lektion scheint Gott Samuel wieder einen erleuchteten Blick zu schenken, und er erkennt, dass die restlichen Söhne, die ihm Jischai vorführt, auch nicht die Gemeinten sind. Es ist David, der einzig Abwesende der Söhne, der eigens geholt werden muss und sich dann als der wahre von Gott Erkorene erweist.

Das Sehen hat also, soviel lernen wir aus diesen Stellen aus dem Buch Samuel, eine mehrfache Bedeutung. Es gibt das einfache Sehen, mit dem Menschen sich in ihrem Alltag orientieren, aus dem sie Schlüsse ziehen und Einschätzungen folgern, die richtig, aber auch ganz falsch sein können. Und es gibt das prophetische, inspirierte Sehen, das auf göttliche Eingebung angewiesen ist. Das göttliche Sehen, ins Innere des Menschen hinein, ist dem Menschen verwehrt, es äussert sich bei ihnen einzig im gelegentlichen Ausstrahlen in den tieferen Blick des Propheten.

Die Differenz zwischen dem prophetischen, begnadeten und dem unbefangenen, aber auch zum Irrtum neigenden einfachen Sehen wirkt sich auch auf die

Deutung einer anderen bekannten Bibelstelle aus, wonach das ganze Volk bei der Offenbarung am Sinai «die Stimmen und Fackeln sieht» (Ex 20,18; nach der hebräischen Verszählung). Was bedeutet es, Stimmen zu sehen? Man kann das Ganze synästhetisch lesen, gewissermassen im Kunstgriff, Fackeln und Stimmen in dieselbe Wendung zu nehmen.[1] Doch solche stilistischen Kunstgriffe sind in der hebräischen Bibel eher selten. Ein Ansatz der jüdischen Exegese verfolgt deshalb die aus religiöser Sicht näher liegende Deutung, dass die Israeliten die Stimmen nicht auf dem üblichen Weg des Hörens, sondern eben durch göttliche Eingabe, also als «Sehen» im prophetischen Sinne, wahrnahmen – mithin wären es also nach dieser Auslegung gar nicht akustisch wahrnehmbare Stimmen gewesen, sondern eine kollektive Vision der Kinder Israels. Auch wenn diese Diskussion einer kollektiven prophetischen Erfahrung Israels gerade dadurch bekannt geworden ist, dass sich der Philosoph Maimonides, der ein dezidiert intellektuelles Bild vom Propheten hatte, vehement gegen die Vorstellung einer kollektiven Prophetie wehrt, so wird doch aus ebendieser Gegenwehr die Beliebtheit dieser Deutung in der mittelalterlichen Exegese deutlich.[2]

Entsprechend wäre jedes Vernehmen einer göttlichen Stimme eigentlich primär ein «Sehen», und die Inspiration des Propheten besteht nicht zuletzt darin, das prophetische, offenbarende nicht mit dem gewöhnlichen, das Unmittelbare registrierende Sehen zu verwechseln, bzw. den physiologischen vom metaphysischen Aspekt des Sehens zu unterscheiden. Denn was ich unmittelbar sehe, ist manchmal wahr und manchmal trügerisch, zumal wenn ich es mit Assoziationen verbinde, die im Sehen bereits das Deuten enthalten, wie etwa Samuels Fehleinschätzung Eliavs, des ältesten Sohn Jischais. Die berühmte, eingängige Formel «seeing is believing» ist demnach doppeldeutig. Sie kann ebenso darauf verweisen, dass erst der Augenschein das Glauben ermöglicht (was die übliche Gebrauchsform ist, doch bezogen auf den religiösen Glauben widersinnig wäre),

---

[1] Der mittelalterliche Exeget Raschi weist zur Textstelle auf die Einmaligkeit dieser Fähigkeit hin, womit er sie implizit als Wunder klassifiziert. Vgl. Raschis Pentateuchkommentar. Vollständig ins Deutsche übertragen und mit einer Einleitung versehen von Rabb. Dr. Selig Bamberger, Hamburg 1928, 201.

[2] Eine ausführliche Diskussion der Position des Maimonides, aus der seine Opposition gegen diese Interpretation hervorgeht, und einzelner späterer Exegeten, findet sich in dem erstmals 1990 erschienenen Artikel von Shaul Regev: ואברבנאל טוב שם גרבוני, : ומפרשיו ס"הרמב אצל סיני הר ומעמד קולקטיבית התגלות https://lib.cet.ac.il/pages/item.asp?item=16223 (15.01.2023), im Original erschienen: טוב שם, גרבוני :ומפרשיו ס"הרמב אצל סיני הר ומעמד קולקטיבית התגלות :רגב שאול במחשבת ירושלים מחקרי, ב חלק, שנה שמונים לו במלאתו פינס לשלמה היובל בספר. ואברבנאל ישראל כרך ט תש׳ן, 251–265.

wie sie aber auch nahelegt, dass sich der Mensch durch das Gesehene leicht irreführen lässt, etwas scheinbar Evidentes zu glauben.

Die Tücke des Augenscheins ist aber eben nicht nur eine, die das banale Sehen des einfachen Menschen betrifft, sie verwischt auch die Differenz zwischen dem prophetischen, oder nennen wir es hier: dem religiösen Sehen und der Täuschung – und wird dadurch umso gefährlicher. Das Beispiel Samuels, der den falschen Sohn Jischais zum König krönen will, ist deshalb so bezeichnend für diese Anfälligkeit, weil hier selbst ein von der Schrift anerkannter und verehrter Prophet das Unterscheidungsvermögen darüber verliert, ob das, was er sieht, inspiriertes oder banales Sehen ist und gerade deshalb, weil er sein Sehen für inspiriert hält, die zur Reflexion des Gesehenen erforderliche kritische Distanz verliert. Das gilt dann noch viel mehr für all die harsch kritisierten sogenannten falschen Propheten in den späteren Prophetenbüchern wie etwa Hananja im Buch Jeremia, die ja nicht durchwegs perfide Lügner, sondern womöglich von ihrer Deutung bestimmter vermuteter Zeichen irregeleitete Seher waren, die meinten, ihre Botschaft unter die Menschen bringen zu müssen.

Demgegenüber hat das Hören einen anderen Status. Das zeigt schon der berühmteste Vers der Torah, der das Hören thematisiert und der zum zentralen Vers der jüdischen Liturgie geworden ist, das Schma Israel aus dem 6. Kapitel des Buches Deuteronomium: «Höre Israel, der Herr ist unser Gott, der Herr ist einzig.» (Dtn 6,4) Hier spricht Moses im letzten Buch des Pentateuch, das im weitesten Sinne eine Sammlung seiner letzten Predigten darstellt, über Gott, und genau diese vermittelte Form der Kommunikation, der die Unmittelbarkeit, aber damit auch das Trügerische des Sehens fehlt, ist charakteristisch für das Hören in der Bibel und auch in der jüdischen Folgegeschichte.

Natürlich kann auch das Hören in die Irre führen, indem man das Gehörte falsch interpretiert, etwas hört, das man sich nur einbildet, oder, wenn es um das Zuhören geht, jemand einem schlicht die Unwahrheit erzählt. Auch dieses erleben wir in der Bibel öfter, und gerade eine der unehrlichsten Aktionen überhaupt, das Hintergehen Isaaks beim Vatersegen durch Jakob, der sich als Esau ausgibt, findet, da Isaak blind ist, nicht optisch, sondern nur akustisch und haptisch statt – wobei interessanterweise Isaak gerade die «Stimme Jakobs» erkennt (Gen 27,22), während das Ertasten des über Jakobs Arme gelegten Ziegenfells ihn an den behaarten Esau erinnert. Raschi übrigens, der berühmteste jüdische Torah-Exeget, hat in seinem Kommentar im 11. Jahrhundert zu dieser Stelle vermerkt, es sei nicht die Stimme, sondern die unterschiedliche, respektvollere Wortwahl, an der Isaak Jakob von Esau unterschieden habe. Es wäre also auch hier gerade das Analysieren von Sprache, das Isaak, auch wenn er zunächst den

Betrug nicht entdeckt, zumindest auf die richtige Fährte lockt. Das Hören als relevanter Akt in der hebräischen Bibel ist in der Regel darauf angewiesen, dass jemand spricht, dass also das, was gehört bzw. einem zugetragen wird, etwas Vermitteltes ist, das schon durch diese Vermittlung einer Interpretation und Analyse sich stellen muss. Diese kann ganz unterschiedlich ausfallen, aber sie ist a priori unerlässlich.

Um es noch klarer auszudrücken: Wenn wir vom biblischen Verständnis des Umgangs mit den Sinnen sprechen, so ist das Hören gegenüber dem Sehen der intellektuellere Vorgang, da das massgebliche Hören praktisch immer ein Hören von etwas Gesprochenem ist, das also bereits eine Sublimierung in den Text erfahren hat, während das Sehen immer das unmittelbare Erfahren ist – sei es nun ein prophetisches oder ein schlicht anschauliches Sehen von Dingen oder Vorgängen.[3] Diese Kluft von Sehen und Hören führt zur entscheidenden Entwicklung des Judentums hin zu einer Textkultur, die den Niedergang sowohl der politischen Souveränität wie auch des kultischen Zentrums überstanden hat.

Dass der Akt intellektueller Textvermittlung seit alters her primär als mündlicher gedacht war, versteht sich nicht nur aus der knappen Verfügbarkeit von schriftlichem Material im Zeitalter vor dem Buchdruck, es ist auch im normativen Duktus des Buches Deuteronomium festgehalten, das ja als solches auf Hebräisch «Devarim», zu Deutsch «Worte» heisst, ausdrücklich verweisend auf die darin von Moses vor seinem Tod gehaltenen Reden (אשר דיבר משה) an das Volk, nicht auf deren schriftliches Festhalten, an dem sich dann der (wiederum mündliche, von der Gemeinde mitzuhörende) Torah-Vortrag orientiert. Auch die Fortsetzung des Schma-Abschnitts, also des «Höre Israel», verweist auf diesen Primat des Hörens als Vermittlungsinstrument. Zwei Verse nach dem «Höre Israel», und ebenfalls eingegangen in die liturgische Rezitation, heisst es im Buch Deuteronomium (und auch in der Fortsetzung des Schma-Gebets): «*Diese Worte seien auf deinem Herzen, und du sollst sie einschärfen deinem Sohn und sollst sie aussprechen, wenn du in deinem Hause sitzt und wenn du auf dem Weg gehst, wenn du dich niederlegst und wenn du aufstehst.*» (Dtn 6,6; Hervorhebungen AB) Das Lehren und das Beten werden hier in einen Satz genommen, wobei den Link zwischen der Vermittlung an die nächste Generation und dem täglichen Gebet gerade das auf beide Teile des Verses beziehbare, in der Mitte stehende «du sollst sie aussprechen» bildet, das also einerseits auf das Hören der Kinder und

---

[3] Es findet sich in der Hebräischen Bibel eine Art Epiphanie des Hörens im 19. Kapitel des ersten Königsbuchs. Dort erkennt der Prophet Elija, dass Gott nicht im Sturm, Erdbeben oder Feuer zu finden ist, sondern in der «stillen, dünnen Stimme», die er hört (1Kön 19,11–13).

21

andererseits auf das Hören des Betenden, der sich selbst beten hört, ausgerichtet
ist. Natürlich sind Sehen und Hören in der Bibel keineswegs dichotomisch voneinander unterschieden, sondern in einem hochkomplexen System aufeinander bezogen. Das legt eine andere Bibelstelle aus Numeri, Kapitel 15, nahe, die ebenfalls ins Schma-Gebet aufgenommen wurde und über die Bedeutung der Schaufäden spricht, die an den vier Ecken eines Gewandes bzw. eines Gebetsmantels angebracht werden. Ich zitiere diese Stelle aus der Übersetzung des Siddur Schma Kolenu ([6]2006, 241):

> «Der Ewige sagte zu Mosche, damit er es lehre: Rede zu den Kindern Jisrael und sage ihnen, sie sollen sich Zizit (Schaufäden) an die Ecken ihrer Kleider machen für alle ihre Generationen, und sie sollen an die Zizit der Ecke einen Faden himmelblauer Wolle geben. Es sei euch zu Zizit, damit ihr sie sehet und euch an alle Gebote des Ewigen erinnert und sie erfüllt; und späht nicht nach eurem Herzen und euren Augen, denen nachfolgend ihr Mir untreu werdet. Damit ihr all Meiner Gebote gedenkt und sie erfüllt und eurem Gott heilig werdet» (Num 15,37–40).

Die Passage schildert, dass Moses in prophetischem Kontakt mit Gott den Auftrag erhält, zu Israel zu sprechen, um sie aufzufordern, Zizit zu verfertigen, deren Zweck, wie die gängige deutsche Übersetzung des hebräischen Wortes «Schaufäden» wiedergibt, das Anschauen ist. (Das hebräische Wort «Zizit» hat mit dem Verweis auf das Schauen nichts zu tun, es bezieht sich auf das Grundwort «zizah – Bündelung» im Sinne der zusammengebundenen Fäden). Das Ansehen der Zizit wiederum ist nicht Selbstzweck, sondern soll die Assoziation wecken, an alle Gebote Gottes zu denken und sie einzuhalten. Diese Assoziation allerdings verläuft anders als andere Assoziationen, die das Sehen auslöst. Denn in der Regel sind ja Assoziationen, die Gegenstände oder Bilder in uns wachrufen, erfahrungsbezogen und werden vom Dargestellten aufgrund von Erfahrung ausgelöst. So ist es eben im Falle von Samuels Begegnung mit Eliav. Sein Wuchs und Aussehen wecken in Samuel Assoziationen an seine Vorstellung von einem König, die von der Erscheinung Sauls geprägt ist.

Aber zwischen einem Schaufaden und den göttlichen Geboten gibt es keine andere Assoziation als diejenige, dass dieser Schaufaden, der in sich ein göttliches Gebot ist, auf alle Gebote verweist, weil die ausdrückliche, textliche Botschaft ist, dass ihm diese Funktion zukommt. Es ist also keine natürliche oder empirisch gestützte, sondern eine aus dem Text erlernte Assoziation, beruhend wiederum auf einem göttlichen Befehl, den der übermittelnde Moses durch prophetisches Sehen empfangen hat. Das Ansehen der Schaufäden ist ein gelenktes Sehen, das vom triebhaften Sehen der Augen abhalten soll (die hier gewählte

Formulierung, «denen nachfolgend ihr Mir untreu werdet» liesse sich salopper und etwas genauer übersetzen durch: «denen ihr nachhurt»). Das gelenkte Sehen wird ausgelöst durch den gehörten Metatext, der das ursprünglich prophetische Sehen Moses' zu einem intellektuellen Lernprozess sublimiert.

Das Beispiel der Schaufäden ist deshalb interessant, weil es auf eine Tendenz verweist, die wir in der Hebräischen Bibel und auch noch über diese hinaus öfters antreffen. Die Sogkraft des Sehens wird anerkannt, und ihr wird mit einer dreifachen Strategie begegnet. Zunächst mit Verboten wie natürlich dem Bilderverbot, das die unmittelbare Verbindung von Sehen und Paganismus hervorhebt. Dann mit einer starken Gewichtung des Textes, also des Hörens, Lernens und Wiederholens, der dieser Unmittelbarkeit des Sehens durch Vermittlung und Intellektualisierung begegnen soll. Zuletzt aber auch mit einem alternativen Programm des Sehens, das einerseits den inspirierten prophetischen Blick enthält, andererseits aber auch eine Form des gelenkten, erlaubten oder gar gebotenen Sehens. Das äussert sich ganz besonders in der Institution des Stiftszelts oder später des Jerusalemer Tempels und des damit verbundenen Opferdienstes. Der nicht fassbare, allgegenwärtige Gott wird findet hier in einem materiellen Rahmen das Zentrum seiner Einwohnung auf Erden.[4]

Dass dieses Konzept einer alternativen Sehkultur nur bedingt erfolgreich ist, lässt sich daran ermessen, dass weder Richter, Könige oder Propheten noch gar der Tempel selbst es je verhindern konnten, dass im antiken Israel durchgehend auch pagane Kultstätten und Haine eine wichtige Rolle spielten. Dass auch der Tempel selbst und sein Kult eine ästhetische Autonomie erlangten, mit der die Texttradition über weite Strecken nicht mithalten konnte, zeigt sehr anschaulich die Erzählung aus der Regierungszeit des judäischen Königs Josias (2Kön 22,1–20), wo im Zuge von Renovationsarbeiten am Tempel ein Gesetzbuch gefunden wird, über das die späteren Interpretatoren stritten, ob es der Pentateuch oder das Buch Deuteronomium sei – was in unserem Zusammenhang unerheblich ist. Jedenfalls ist dieses Buch im Volk und auch dem König vollkommen unbekannt, und die öffentliche Vorlesung und auch das Befolgen der im Buch geschilderten Gebote sind als Josianische Reform bekanntgeworden. Der Jerusalemer Tempel

---

[4] Erneut sei hier auf Maimonides verwiesen. Er revolutionierte und prägte zugleich die Rezeption des Opferdienstes, indem er ihm jeden intrinsisch transzendenten Sinn quasi absprach und ihn als Massnahme bezeichnete, durch die den Israeliten nach dem Auszug aus der stark sinnlich geprägten ägyptischen Kultur eine Art von Unterstützung bei der Abwendung vom Götzendienst und der Hinwendung zu ihrem abstrakten Gott gewährt werden sollte. Als aktuellen Diskussionsbeitrag zu dieser in den Jüdischen Studien viel besprochenen Position Maimonides' siehe Reuven Chaim Klein, Weaning Away from Idolatry: Maimonides on the Purpose of Ritual Sacrifices, in: Religions 12:363, 2021, 1–26.

selbst bot folglich alleine keinerlei Gewähr gegen das fast vollständige Vergessen der biblischen Lehre. Das einzige, worauf Josias aufbauen konnte, war offenbar das eher diffuse Wissen darum, dass der Gott, auf den dieses vergessene Buch Bezug nahm, auch etwas mit diesem Tempel zu tun hatte.

Es ist nun wahrlich keine neue Erkenntnis zu erklären, dass die Zerstörung der Tempel, des ersten wie dann vor allem auch des zweiten, einen definitiven Umschwung für das Judentum brachte, oder besser: das Judentum als von einem territorialen und kultischen Zentrum gelöste Lebensform erst begründete. Man mag das so auslegen, dass die Abwesenheit des Tempels bzw. die Existenz in Exil und Diaspora den im Titel dieses Vortrags genannten Paradigmenwechsel vom Sehen zum Hören brachte. Aber es ist entscheidend, das Ausmass der Bedeutung dieses Paradigmenwechsels zu begreifen, der aus dem grössten Defizit des Judentums letztlich seine Überlebensstrategie geschaffen hat.

In einem kürzlich erschienenen, vieldiskutierten Buch des israelischen Publizisten Amotz Asa-El, *The Jewish March of Folly* (englischer Begleittitel des hebräischen Werks), legt er dar, dass es schon den Israeliten und Judäern der Antike, einschliesslich der Propheten, aber dann auch den späteren geistigen Führern des Judentums fast durchgängig an politischem Talent gefehlt habe. Hätten etwa die Könige der Reiche Israel und Judäa stärker realpolitisch gedacht, anstatt sich in Kämpfen zu zerstreiten und mit den Feinden des jeweils anderen zu verbünden, hätten die Propheten dem Überleben jüdischer oder israelitischer Reiche den Vorzug gegeben vor einem puristischen Verurteilen von Korruption oder Machtmissbrauch, das sie die Zerstörung dieser Königtümer herbeiwünschen liess, so meint Asa-El, hätte womöglich nie eine Vertreibung stattgefunden. Die Israeliten oder Judäer wären ein relativ unbedeutendes nahöstliches Territorialvolk geblieben, von niemandem besonders beachtet oder gehasst, das vielleicht keinen Maimonides oder Einstein hervorgebracht, aber auch keine Verfolgungen und keinen Holocaust erlitten hätte.[5]

Die Konsequenz eines Szenarios grösserer politischer Intelligenz, wie Asa-El es imaginiert, abzüglich aller Imponderabilien wie Völkerwanderungen, Dürrezeiten, lokalen Kriegen, kolonialistischen Entwicklungen etc. könnte sein, dass es womöglich so etwas wie ein Judentum dann gar nie gegeben hätte oder jedenfalls nicht mehr gäbe. Etwa ohne die nächste grosse Reform nach der Josianischen, von dieser durch dreihundert Jahre und die Zerstörung des ersten Tempels getrennt, nämlich die Reform Esras, der die Texte von Babylonien ins Land Israel trug und dort dem Volk wiederum vorlas, bevor er sich, getragen von sei-

---

5 Amotz Asa-El, The Jewish March of Folly, Tel Aviv 2019.

ner auf fremder Macht beruhenden Autorität als Statthalter des persischen Herrschers, an deren Durchsetzung machte. Die Kultur des zweiten Tempels, der bald darauf errichtet wurde, war bereits weit stärker als die des ersten durch eine intellektuelle Unterfütterung des Kultischen getragen. Die grossen Konflikte dieser Zeit, sowohl gegen aussen (in Form des Streits mit den Samaritanern) wie nach innen (der Konflikt zwischen Pharisäern und Sadduzäern) sind dennoch vorab vom Kampf um die Deutungshoheit im Tempel geprägt.

Zugleich verschwindet nach und nach die Anerkennung des inspirierten Sehens. Wann und wie genau die Prophetie als legitime Äusserungsform im religiösen Diskurs verschwand, ist in der Forschung umstritten.[6] Klar ist jedenfalls, dass der Babylonische Talmud (Traktat Sanhedrin 11a) einen Konsens schon der Tannaiten (also der Gelehrten der hierarchisch übergeordneten Mischna im 2. Jahrhundert) nahezulegen suchte, nach welchem die letzten Propheten des Tanach, Haggai, Secharja und Maleachi (die im 6. Jahrhundert v. u. Z. lebten), auch die letzten Träger des «heiligen Geistes», also der göttlichen Inspiration, gewesen seien.

Grundsätzlich kann man sagen: Wenn Heinrich Heine das Judentum dafür gepriesen hat, beim Untergang des zweiten Tempels nicht dessen Schätze gerettet zu haben, sondern nur ein darin liegendes Buch, das dann zum berühmten «portativen Vaterland» der Juden wurde,[7] so metaphorisiert er damit natürlich jenen Schritt weg von der Fokussierung auf den verlorenen Tempel als sichtbares geistiges Zentrum und hin zur Bildung von Lehranstalten in Jawne und später in Galilaa, in denen das gepflegt und entwickelt wurde, was die endgültige Dominanz des Hörens über das Sehen schon in seiner Bezeichnung belegte: Die תורה שבעל-פה, zu Deutsch: die mündliche (oder, in einer alternativen Übersetzung, die memorierte) Torah.

Was genau sich hinter diesem Begriff verbirgt, ist schwierig zu definieren, und Martin Jaffee hat in seinem Werk *Torah in the Mouth* die These aufgestellt, dass der Begriff der mündlichen Torah erst geschaffen wurde, als um das Jahr 200 herum die Mischna, das erste umfassende gesetzliche Referenzwerk der rabbinischen Zeit, aufgeschrieben war, um eine Form der rückwirkenden Authenti-

---

[6] Eine Positionierung und Darstellung der Diskussion findet sich etwa in Benjamin Sommer, Did Prophecy Cease? Evaluating a Reevaluation, in: JBL 115/1, 1996, 31–47 sowie ausführlicher und vor wenigen Jahren dann in der Monografie von Stephen Lloyd Cook, On the Question of the «Cessation of Prophecy» in Ancient Judaism, Tübingen 2011.
[7] Vgl. Heinrich Heine, Historisch Kritische Gesamtausgabe der Werke, Bd. 15: Geständnisse, Memoiren und Kleinere autobiographische Schriften, bearbeitet von Gerd Heinemann, Hamburg 1982, 43.

zität zu gewinnen.[8] Eine Authentizität nämlich jener Art, dass die mündliche Torah wie die schriftliche auf die Offenbarung am Sinai zurückgeführt werden könne und von da an von Generation zu Generation mündlich überliefert worden sei, als die eigentliche jüdische Religionspraxis.

Als sicher kann betrachtet werden, dass, schon aufgrund der schweren Beschaffbarkeit und Herstellbarkeit schriftlicher Dokumente, die Gelehrten, auf deren Diskussionen der Korpus der Mischna beruht, mit Experten gearbeitet haben, die besonders geschult im Memorieren von Texten waren und sich solche merken wie auch anderweitig bekannte vortragen konnten und damit eine Grundlage für das Entstehen dieses Korpus schufen. Der amerikanische Judaist David Kraemer hat denn auch den Gedanken angestossen, das «Mündliche» der Mischna (als Ende des 2. Jahrhunderts abgeschlossener Grundschrift der mündlichen Torah) könne besonders in deren eingängiger, relativ leicht memorierbarer Textgestalt gesehen werden, in der sie schliesslich niedergeschrieben wurde.[9]

Sollte jemand einwerfen, dass aber doch gerade während der Zeit, in der die Mischna und ihre Folgewerke entstanden, im syrischen Dura Europos oder auch an etlichen Orten des Landes Israel Synagogen mit zum Teil grandiosen Wandbildern und Bodenmosaiken entstanden, was doch der Absage an das Bild widersprechen könnte, so sei hier die These gewagt: Gerade weil jene Gelehrtengenerationen den Primat des Hörens über den des Sehens gar nicht mehr in Zweifel stellten, gerade weil jede essentialistische Bedeutung und Bedrohung des Bildlichen verschwunden und dessen rein dekorativer Charakter im jüdisch-religiösen Kontext von Anfang an ausgemacht war, spielten Skrupel gegenüber einer Bebilderung von Synagogen kaum mehr eine Rolle.

Entscheidend ist, dass die Mischna und dann noch in weit grösserem Umfang der Talmud als schriftliche Texte weitgehend die Wiedergabe eines bunten, aber auch wieder geordneten Stimmengewirrs sind. Der Judaist Arnold Goldberg hat schon vor einigen Jahrzehnten die vielleicht treffendste Bezeichnung gefunden,

---

[8] «Oral tradition exists [...] as an unperceived treality, calling no particular attention to itself until, because of whatever social factors might have led to the transmission of oral literature in written form, the tradition finds itself reproduced as written text. It discovers its ‹orality›, as it were, by gazing at its face in the mirror of the written text.» Martin S. Jaffee, Torah in the Mouth. Writing and Oral Tradition in Palestinian Judaism, 200 BCE–400 CE, Oxford 2001, 6.

[9] «In other words, the Mishnah was an ‹Oral Torah› because it was performed orally as a series of teachings meant to be memorized and reproduced by mouth before the assembled rabbinic disciples.» David Kraemer, The Mishnah, in: Steven Katz (Hg.), The Cambridge History of Judaism. Volume 4: The Late Roman-Rabbinic Period, Cambridge 2006, 299–315 (309).

indem er die rabbinische Literatur insgesamt als «verschrifteten Sprechakt» bezeichnete.[10]

Faktisch haben die jüdischen Gelehrten insbesondere in den Krisen nach der Zerstörung des Tempels im Jahre 70 und nach den verheerenden Niederlagen im Bar-Kochba-Aufstand 65 Jahre später eine jüdische Lehre entwickelt, die sich dezidiert nur mehr dem Auslegen widmete und weder der anschaulichen Intuition noch der prophetischen Autorität des Sehens etwas abgewannen. Damit haben sie nicht zuletzt dazu beigetragen, eine dialektische Lebensform zu schaffen, die einerseits hoch normativ und gesetzlich besetzt, andererseits diskursiv ins Feinste auflösbar und von jedem Dogma befreit, mithin ganz untheologisch organisiert ist. Je weiter weg die Autorität der Unmittelbarkeit, sowohl des Anschaulichen wie auch des Prophetischen, rückt, umso stärker wird der Zugriff der Reflexion und des intellektuellen Vermögens der Menschen, umso mehr auch bilden sich Instanzen, wie etwa nach dem Mehrheitsprinzip entscheidende Gerichtshöfe, die jeglicher Form von unmittelbarer göttlicher Repräsentanz die Arbeit abnehmen.

Ich möchte dies mit einer berühmten Erzählung aus dem Talmud (Traktat Baba Mezia 59b) untermalen. Es geht darin um den sogenannten Ofen von Achnai, einen Ofen von einer bestimmten materiellen Beschaffenheit, um den eine Diskussion entbrannte, ob er aufgrund seiner Beschaffenheit rituell unrein werden könnte oder nicht. Rabbi Eliezer war, anders als die anderen Gelehrten, der Meinung, dass dies nicht der Fall sein könnte. Da Rabbi Eliezer das Kollegium nicht mit Argumenten zu überzeugen vermag, ruft er zunächst aus, dass der Johannisbrotbaum beweisen solle, dass seine Meinung halachisch richtig ist, worauf der Baum sich von seinem Standort wegbewegt. Die anderen Rabbis antworten, dass der Baum keinen Beweis für eine halachische Diskussion zu leisten vermöge. Dasselbe geschieht, als Rabbi Eliezer den Fluss aufruft, seine Position als richtig zu beweisen und dieser beginnt, aufwärts zu fliessen. Auch hier sprechen die Gelehrten dem Fluss das Recht ab, Halacha (Fragen des Religionsgesetzes) zu entscheiden. Und als Rabbi Eliezer die Mauern des Lehrhauses anruft und diese einzustürzen beginnen, werden diese Mauern von einem anderen Gelehrten, Rabbi Joshua ben Hanania, dafür gerügt, dass sie sich in eine halachische Diskussion von Gelehrten mischen, worauf sie aus Respekt vor diesem Gelehrten windschief stehen bleiben. Schliesslich ruft Rabbi Eliezer sogar den Himmel an, seine Position als richtige zu erweisen, und eine himmlische

---

[10] Arnold Goldberg, Der verschriftete Sprechakt als rabbinische Literatur, in: ders., Gesammelte Studien, Bd. 2: Rabbinische Texte als Gegenstand der Auslegung, hg. von Margarete Schlüter und Peter Schäfer, Tübingen 1999, 1–21.

Alfred Bodenheimer

Stimme ertönt, die ausruft: «Warum weicht ihr von Rabbi Eliezers Meinung ab, steht doch die Halacha in jedem Punkt, in dem er eine Meinung äussert, mit ihm in Übereinstimmung?» Daraufhin erklärt Rabbi Joshua: «Sie [die Torah] ist nicht im Himmel» (Dtn 30,12). Gott selbst habe in seiner am Sinai offenbarten Tora erklärt, dass Entscheide gemäss der Mehrheit zu fällen seien (Ex 23,2). Gott, so ist der Subtext dieses Einwands, kann nicht eine Stimme schicken, die das seinen Anweisungen folgende Ausdeuten des von ihm selbst erlassenen Gesetzes durch die dazu Befugten aufhebt. Darauf, so erklärt der Talmud, habe Gott im Himmel gelächelt und gesagt: «Meine Kinder haben mich besiegt; meine Kinder haben mich besiegt.»

(Es ist übrigens eine wirklich elegante Schlussvolte, dass die Gelehrten Gott auf der Basis seiner eigenen Torah die Kompetenz absprechen, sich weiter in ihre menschlichen Beschlussfassungsprozesse einzumischen, zugleich aber genau zu berichten wissen, was sich an jenem Tag in den himmlischen Höhen abgespielt hat.)

Dass das Talmudlernen weitgehend eine zwischen Lehrer und Schülern oder in Zweiergruppen in lautem Rezitieren oder Diskutieren vollzogene Form des Studiums geblieben ist, auch nachdem sich die Kulturtechnik des Lesens zumindest im Abendland, wohl vor allem im Zusammenhang mit dem Entstehen von Bibliotheken und anderen grösseren Leseräumen, vom Lauten ins Stille gewandelt hat, ist charakteristisch für diese Textsorte und der Art des Umgangs mit ihr.

Natürlich – das Judentum ist über die Jahrhunderte in die Welt verstrickt gewesen wie jede andere Religion und Lebensform, und es wäre vermessen, nun einen einschlägigen Charakter herausarbeiten zu wollen, der auf dieser Theologie des Hörens beruht. Dennoch wage ich zu behaupten: Wenn es so etwas gibt wie einen jüdischen «Fortschritt in der Geistigkeit», wie ihn Sigmund Freud in seinem letzten, postum veröffentlichten Werk *Der Mann Moses und die monotheistische Religion* postuliert hat,[11] dann würde ich vorschlagen, diesen, anders als Freud, nicht auf den durch die Beschneidung symbolisierten Triebverzicht zurückzuführen, sondern auf die zum Teil sehr bewusste Entscheidung früherer Generationen, auf Katastrophen mit dem Konzentrieren religiöser Energie auf die Reflexionsebenen von Texten, jenes sogenannt «Mündliche», und damit notwendigerweise der Kritik und dem Diskurs Ausgesetzte zu reagieren. Freud selbst hat in *Die Traumdeutung*, die seinen Weltruf begründete, auf die unent-

---

11   Vgl. Sigmund Freud, Der Mann Moses und die monotheistische Religion. Drei Abhandlungen, Amsterdam 1939, 197–204.

zerrbare Interrelation von (geträumtem) Bild und der Vertextlichung in der zur Deutung allein verfügbaren Traumerzählung gebaut.

Dass den Juden vor allem in der Moderne der Vorwurf des «Zersetzens», bzw., ausgehend von Richard Wagner, des Mangels an schöpferischer Kraft gemacht wurde, mag eine ins Bösartige gedrehte Anerkennung einer undogmatisch drehenden und wendenden Argumentationstechnik gewesen sein, die sich idolatrisch verfestigten Unumstösslichkeiten verweigerte. Als Zeitgenossen einer grenzenlosen ikonisch geprägten Medienkultur, aber auch im generellen Aufmerksamkeitswettlauf vornehmlich in den sozialen Medien, erleben wir, wie die im Konzentration erfordernden Hören und dem darauf aufbauenden Memorieren und vor allem kritischen Rezipieren ausgebildeten Eigenschaften zurückgedrängt werden. Und in ihrer Reduktion erkennen wir auch die konstitutive Rolle, die sie im wissenschaftlichen und politischen Diskurs zu spielen hätten. Biedere Aufrufe, dem Hören im Sinne jüdischer Textkritik mehr Raum zu geben, mögen verhallen. Gerade von der Heranbildung und Persistenz einer lange marginalisierten jüdischen Lernkultur können wir aber vielleicht lernen, dass Verharren, Beharren, Weiterentwickeln einer gegen die scheinbar übermächtigen kulturellen Ströme gebürsteten Kulturtechnik berechtigt, ja notwendig und – vielleicht am überraschendsten – langfristig von überwältigender Wirkungsmacht ist.

Christine Oefele

Die Schrift lesen – das Wort hören – ... glauben?

Neutestamentliche Perspektiven[1]

Hören im Neuen Testament – zu diesem Thema führen fast so viele Wege wie nach Rom. Ich habe mich für einen philologischen Zugang entschieden und lege dieser Studie eine simple Wortstatistik zugrunde: Wo kommen das Verb ἀκούω und das davon abgeleitete Substantiv ἀκοή im Neuen Testament vor? Eine entsprechende Suche im Bibelprogramm[2] brachte folgendes Ergebnis:

Treffer	gesamt	pro 1000 Worte	Treffer	gesamt	pro 1000 Worte
Mt	67	3.65	1 Tim	1	0.63
Mk	47	4.15	2 Tim	6	4.83
Lk	66	3.39	Tit	0	0.00
Joh	60	3.83	Phlm	1	2.97
Apg	91	4.93	Hebr	10	2.02
Röm	8	1.12	Jak	3	1.72
1 Kor	6	0.88	1 Pet	0	0.00
2 Kor	2	0.45	2 Pet	2	1.81
Gal	5	2.24	1 Joh	14	6.53
Eph	5	2.06	2 Joh	1	4.03
Phil	4	2.45	3 Joh	1	4.52
Kol	4	2.53	Jud	0	0.00
1 Thess	1	0.67	Offb	46	4.67
2 Thess	1	1.21			

Beide Ergebniskategorien – Anzahl Treffer gesamt in einer Schrift und Anzahl pro 1000 Worte – sind relevant. Die Anzahl pro 1000 Worte setzt die Anzahl Treffer pro Text in Relation zu seiner Länge; so werden die Zahlen aussagekräftig auch im Vergleich von Texten sehr unterschiedlicher Länge. Dieses statistische Verfahren führt zu einem ersten Ergebnis: In den erzählerischen Texten kommt das Hören viel häufiger vor als in den meisten Briefen. Doch auch unter

---

[1] Der Text wurde für die Druckfassung leicht überarbeitet, doch als Reverenz an sein Thema wurden etliche Charakteristika mündlicher Rede beibehalten.
[2] Wortsuche ἀκούω <or> ἀκοή in Accordance 12.3.0, Oaktree Software 2018.

Christine Oefele

diesen gibt es solche mit einer hohen Dichte, doch muss berücksichtigt werden, dass bei kurzen Texten recht schnell eine hohe Dichte erreicht wird; so werden die hohen Zahlen im Zweiten und Dritten Johannesbrief jeweils durch eine einzige Verwendung von ἀκούω verursacht; auch sechs Vorkommen im Zweiten Timotheusbrief sind nicht zwangsläufig relevant. Auf jeden Fall signifikant sind aber die Zahlen im Ersten Johannesbrief; die absolute Zahl von vierzehn Vorkommen ist an sich schon hoch; als vergleichsweise kurzer Text wird er dadurch hinsichtlich der Trefferdichte zum Spitzenreiter noch vor den Erzähltexten.

Natürlich sagt eine reine Wortstatistik noch nichts darüber aus, ob das Hören in den Texten inhaltlich eine wichtige Rolle spielt; deshalb werde ich auch auf die Texte zu sprechen kommen, die zahlenmässig eher zu den Verlierern zählen.

Aus diesen Vorarbeiten ist schliesslich der Aufriss für diese kleine Studie entstanden, die angesichts der Fülle des Materials zwangsläufig eklektischen Charakter hat. Den Rahmen bildet einer der bekanntesten Aussprüche des Neuen Testaments: «*Wer Ohren hat zu hören, der höre!*» Dieser kommt in den synoptischen Evangelien und in der Offenbarung vor. Ich zäume das Pferd von hinten auf und beginne bei der Offenbarung. An deren Beispiel werde ich die historische Frage einbringen, wie die Texte in ihrem ursprünglichen Umfeld gelesen bzw. gehört wurden.

Von dort aus arbeite ich mich in drei Schritten an den Anfang des Buches Neues Testament vor: über den Johannesbrief, der stellvertretend für die johanneischen Schriften steht, über kurze Bemerkungen zu den Paulus-Briefen hin zu den synoptischen Evangelien und zur Apostelgeschichte.

I. «*Wer Ohren hat ...*» I: Offenbarung

«*Wer Ohren hat zu hören, der höre!*» – genau genommen ist der Wortlaut in der Offenbarung ein leicht anderer: «*Wer ein Ohr hat, der höre*»[3] (Ὁ ἔχων οὖς ἀκουσάτω). Zudem ist die Aufforderung beigefügt, worauf gehört werden soll: «*was der Geist den Gemeinden sagt*» (τί τὸ πνεῦμα λέγει ταῖς ἐκκλησίαις). Diese Aufforderung zum Hören steht als eine Art Refrain jeweils am Ende der sieben Sendschreiben an sieben Gemeinden in Kleinasien (2,7.11.17.29; 3,6.13.22). Es ist also jeweils eine konkrete Rede, die an eine konkrete Gemeinde gerichtet ist. Diese soll gehört werden. Das erklärt auch die Aoristform des Imperativs, die

---

[3] Übersetzung aus dem Griechischen im gesamten Artikel durch die Autorin.

Die Schrift lesen – das Wort hören – ... glauben?

sich ja oft auf eine spezifische Situation bezieht. Auf diesen Refrain komme ich später nochmals zu sprechen und gehe jetzt an den Anfang des Buches.

1. Hören in der Offenbarung I: Die Überlieferungskette

Offb 1,1f.   1 Offenbarung Jesu Christi,
die Gott ihm gab,
zu zeigen (δεῖξαι) seinen Knechten,
was in Bälde geschehen muss,
und die er durch einen Engel, den er sandte,
kundtat/zeigte/zu verstehen gab (ἐσήμασεν) seinem Knecht Johannes.
2 Der hat bezeugt das Wort Gottes
und das Zeugnis Jesu Christi,
alles, was er gesehen hat.

Auch wenn hier noch kein ἀκούω vorkommt, sind an diesem Buchanfang zwei Dinge in Bezug auf das Hören relevant: Erstens wird hier eine Überlieferungskette präsentiert, die dem Text Autorität verleiht: Gott selbst ist der:die Autor:in der Botschaft, er:sie gibt sie Jesus Christus, dieser sendet einen Engel, der Engel tut die Offenbarung dem Johannes kund, dieser bezeugt eben das, was über diese Überlieferungskette zu ihm gelangt ist, damit, so kann man wieder aus V. 1 schliessen, «seine Knechte» durch das Zeugnis des Johannes davon erfahren. Wenig später im Text wird Johannes aufgefordert, aufzuschreiben, was er sieht und hört,[4] im weiteren Verlauf werden ihm ab und zu Texte in die Feder diktiert.[5] Der Engel ist hier,[6] wie in apokalyptischen Texten dieser Zeit üblich,[7] ein übernatürliches Wesen, das als Mittler für die Botschaft von der göttlichen zur menschlichen Sphäre fungiert; er ist ein Medium.

Zweitens kann nach dem Medium noch auf eine andere Weise gefragt werden: Welche Medialität besitzt die Botschaft? Sie ist auf jeden Fall visuell: Es ist

---

[4] Offb 1,11.19.
[5] Offb 14,13; 19,9; 21,5. In 10,4 hingegen hält eine Stimme vom Himmel den Johannes davon ab, einen konkreten Wortlaut aufzuschreiben. Die Rezipierenden erfahren daher nicht, was die sieben Donner geredet haben.
[6] Daran wird am Schluss des Buches nochmals erinnert (vgl. Offb 22,6.8), doch während der eigentlichen Offenbarung spielt dieser *angelus interpres* so gut wie keine Rolle; schon in 1,10 spricht Christus direkt zu Johannes. Nur 17,1.7 und 21,9 gehen in diese Richtung, doch an diesen Stellen reden Engel, die selbst ins geschaute Geschehen involviert sind.
[7] Mitchell Glenn Reddish, Revelation, Macon, Georgia 2001, 32.

vom Zeigen (δεῖξαι) die Rede und Johannes soll aufschreiben, «was er gesehen hat» (1,11). Er wiederum bezeugt – das geht eher in die akustische Richtung; Zeugen machen Aussagen und werden angehört. In V. 1 gibt es ein weiteres Verb: σημαίνω, abgleitet von σημεῖον, Zeichen. Das lässt zum einen die Art der Vermittlung offen – die Botschaft kann in sichtbaren, aber auch in hörbaren, spürbaren und auch zu riechenden Zeichen übermittelt werden. Zum anderen kann σημαίνω auch «bedeuten, erklären» heissen; der Schwerpunkt der Aussage könnte auch darauf liegen, dass der Engel die Aufgabe hat, die himmlische Botschaft den Menschen verständlich zu machen.

2. Der, der liest, und die, die hören: Orale Literatur

Offb 1,3   Selig, der, der vorliest,
               und die, die hören die Worte der Prophezeiung
               und bewahren, was darin geschrieben steht,
               denn die Zeit ist nahe.

Mit diesem Vers kommen textexterne Personen ins Spiel: derjenige, der vorliest, was Johannes aufgeschrieben hat, und diejenigen, die ihm zuhören.[8] Hier wird im Text selbst ein historisches Setting erkennbar, in dem in der Antike Texte rezipiert wurden: Sie wurden üblicherweise laut[9] gelesen, oft durch einen *lector* vor versammeltem Publikum.[10] Wie schon in V. 1 den Engel gibt es also wieder einen Vermittler – den Vorleser – und wieder Empfänger:innen – die Hörenden. Damit verlängert sich die Überlieferungskette um diese beiden Glieder.

Sie unterscheiden sich in einem Punkt grundsätzlich von den bisher genannten: Es sind nicht mehr bestimmte Personen, sondern sozusagen Platzhalter, die genannt werden. Wer auch immer lesen kann, kann den Text vorlesen, wer Ohren hat, kann Teil des Publikums sein. Wurde in den Versen 1 und 2 die Kette bis hin zur Verschriftlichung der Botschaft dargestellt, gilt die Seligpreisung den in ihrer jeweiligen Zeit gegenwärtigen Vorleser:innen und Zuhörer:innen; bis

---

[8] Das Griechische macht keinen Unterschied zwischen hören und zuhören.
[9] Lautes Lesen eines Einzelnen ist in Apg 8,30 dokumentiert. Einen guten Einblick in die antike Praxis des Lesens geben Paul Achtemeier, Omne Verbum Sonat. The New Testament and the Oral Environment of Late Western Antiquity, in: JBL 109/1, 1990, 3–27, und Raymond J. Starr, Reading Aloud. Lectores and Roman Reading, in: CJ 86/4, 1991, 337–343.
[10] Neben Offb 1,3 weisen auch Kol 4,16 und 1Thess 5,27 darauf hin, dass die frühen Gemeinden in Bezug auf die damals üblichen Lesepraxis keine Ausnahme bildeten.

heute und darüber hinaus. Dreh- und Angelpunkt ist die Verschriftlichung des Textes: Nun ist er fixiert und kann auf der Stufe, auf der ihn, so hält der Text selbst fest, Johannes niedergeschrieben hat, immer wieder rezipiert werden. Was die Zuhörer:innen wahrnehmen, ist die Stimme des Vorlesers oder der Vorleserin. In ihr wird die Stimme des Johannes, werden aber auch die Stimmen verschiedener Engel, ja auch die Stimmen Jesu Christi und Gottes lebendig.

Natürlich ist das eine stark vereinfachte Darstellung; nicht berücksichtigt ist dabei u. a. die ganze Textgeschichte, die durch die Abschriften durch Jahrhunderte hindurch zahlreiche verschiedene Lesarten des einen Textes hervorgebracht hat. Doch mir kommt es hier auf das Modellhafte an, das hier offenbar wird: Mit der Verschriftlichung des Textes ändert sich die Art der Überlieferung: Die Kettenglieder hängen sozusagen immer wieder beim gleichen Glied ein, dem schriftlichen Text. Die «Endverbraucher:innen» sind dabei auf Vermittlung angewiesen, damit die stummen Buchstaben von ihren Ohren wahrgenommen werden können. Wie das Publikum in einem Konzert hören sie nicht das Werk an sich, sondern immer eine bestimmte Interpretation davon.

Das gilt notabene bis heute, wenn Bibeltexte in unseren Gottesdiensten gelesen werden – bloss habe ich sehr oft den Eindruck, dass sich nur wenige Vorlesende dabei bewusst sind, dass sie dabei als Interpret:innen agieren und durch ihren Vortrag wesentlich dazu beitragen, wie – und ob überhaupt – der Text wahrgenommen wird.

Die neutestamentlichen Texte wurden in ihrem kulturellen Entstehungs- und Rezeptionskontext für den mündlichen Vortrag konzipiert und für diesen Zweck schriftlich festgehalten. Der Fachbegriff dafür ist «orale Literatur».[11] Unser heutiges Konzept von Literatur ist sehr eng mit dem leisen Lesen verbunden; dieses wird wesentlich erleichtert durch visuell wahrnehmbare Strukturierung des Textes durch Abstände zwischen den Wörtern, Satzzeichen, Absätzen, Überschriften und so weiter.

Auch Hörer:innen sind auf Strukturen angewiesen, um Gesprochenes verstehen zu können; orale Literatur hat daher akustische Strukturmarker. Einige davon liegen in der Verantwortung des:der Vortragenden, er:sie muss zum Beispiel Satzzusammenhänge durch Pausen oder Hebung und Senkung der Stimme kenntlich machen. Andere hingegen sind textimmanent: Wie bei Musik sind die wichtigsten akustischen Strukturmarker Wiederholungen. Kultur- und epochen-

---

[11] Vgl. Christine Oefele, Evangelienexegese als Partiturlesen. Eine Interpretation von Mk 1,1–8,22a zwischen Komposition und Performanz, Tübingen 2019, 7f.

übergreifend weisen Musik und orale Literatur verschiedene Arten von Wiederholungen auf;[12] Paul Achtemeier fasst diese Phänomene unter dem Begriff «*a kind of natural rhetoric*»[13] zusammen.

Eine Konkretion dieser Rhetorik sind z. B. Refrains wie das eingangs erwähnte «*Wer ein Ohr hat, der höre, was der Geist den Gemeinden sagt*». Dieser Refrain gibt jeweils das Signal, dass ein Sendschreiben zu Ende ist, gleichzeitig trägt er dazu bei, dass die sieben Sendschreiben als grössere Texteinheit wahrgenommen werden. Refrains generieren Struktur, indem sie zugleich Einschnitte markieren und Zusammenhänge herstellen.

Die Siebenzahl ist auch im Weiteren für die Struktur der Offenbarung zentral: Sieben Siegel, die nacheinander geöffnet werden, sieben Engel, die nacheinander sieben Posaunen blasen, sieben Engel mit sieben Schalen, aus denen sieben Plagen ausgegossen werden. Auch sie markieren Einschnitte und grössere Zusammenhänge. Diese Strukturen helfen dem Publikum, sich im Text zurechtzufinden.

Man darf sich das allerdings nicht so vorstellen, dass Zuhörer:innen all diese Textmarker aktiv wahrnehmen und nach einer Aufführung über sie Auskunft geben könnte.[14] Wie bei der Aufführung von Musik ist es Sache der Interpretin oder des Interpreten, das Werk samt seiner Struktur zu verstehen und es so zu präsentieren, dass die Zuhörer:innen einen Zugang zum Werk bekommen, hineingenommen werden in das Erlebnis der Aufführung.

3. Hören in der Offenbarung II: Multimedia

Ein weiteres Kennzeichen oraler Literatur sind starke Kontraste, plakative und bildhafte Darstellungen – dafür ist die Offenbarung mit ihrem Bilderkosmos, mit ihren Gegenüberstellungen von herrlichen Thronszenen und feurigem Schwefelpfuhl, von der Hure Babylon und dem himmlischen Jerusalem ein Paradebeispiel.

Doch die Offenbarung ist nicht nur Vision, sie ist auch ein Klangereignis; sie ist das neutestamentliche Buch mit der imposantesten Geräuschkulisse. Es erklingen drohende Posaunen und Harfen Gottes,[15] es wird viel gesungen, Stimmen werden oft als Wasserrauschen und Donnergrollen beschrieben, ja die Donner selbst reden, sogar Stereo-Technik kommt zur Anwendung:

---

[12] Zur Differenzierung verschiedener Arten von Repetition und deren unterschiedliche Funktion vgl. Oefele, Evangelienexegese (Anm. 11), 42–47.
[13] Achtemeier, Omne Verbum Sonat (Anm. 9), 20.
[14] Vgl. Oefele, Evangelienexegese (Anm. 11), 406f.
[15] Offb 15,2; vgl. 5,8; 14,2.

Die Schrift lesen – das Wort hören – ... glauben?

Offb 9,13 Und der sechste Engel blies seine Posaune;
und ich hörte eine Stimme aus den vier Ecken des goldenen Altars vor Gott.

Vielfach lassen sich motivgeschichtliche Zusammenhänge nachweisen; Posaunen und Donnergrollen etwa sind schon im Alten Testament mit Theophanien und Gerichtsankündigungen verbunden.[16] In Bezug auf die Frage, wie die damaligen Rezipierenden diesen Text wohl verstanden haben, ist das erhellend, beschränkt sich aber auf die kognitive Ebene. Nicht zu vernachlässigen ist aber auch die emotionale Ebene, die insbesondere bei einer Rezitation der Johannesoffenbarung bzw. bei deren kollektiver akustischer Rezeption eine wesentliche Rolle spielt. Die Klänge werden (wie die Bilder!) zwar nur beschrieben, dennoch übernehmen sie die gleiche Funktion wie Filmmusik. Sie verleihen den an sich schon starken Bildern noch mehr Eindrücklichkeit.

Das Hören ergänzt aber noch auf eine andere Weise das Sehen: Die Vision ist zugleich Audition. Die Schau des Johannes beginnt damit, dass er hinter sich eine *«laute Stimme wie eine Posaune»* hört (1,10): *«Schreibe in ein Buch, was du siehst!»* Er dreht sich dann um, um «die Stimme zu sehen» und sieht mitten in sieben (!) goldenen Leuchtern *«einen wie einen Menschensohn»*, der sich ihm (und den Hörerinnen!) durch verschiedene weitere Hinweise als Christus zu erkennen gibt.

Auch in den folgenden Kapiteln ist immer wieder *«Und ich sah und ich hörte»* (4,1; 5,11; 6,1; 8,13) zu hören. Visueller und akustischer Eindruck sind so miteinander verbunden. Wie die Offenbarung an Johannes mit Hören und Sehen beginnt, so endet sie auch:

Offb 22,8 Und ich, Johannes, bin der, der dies hört und sieht.
Und nachdem ich gehört und gesehen hatte,
fiel ich nieder, anzubeten vor den Füssen des Engels,
der mir dies gezeigt hatte.

Überhaupt fallen sehr enge Beziehungen zwischen dem Beginn und dem Ende der Offenbarung auf: Vieles, was in Kapitel 1 gesagt wird, wird wortwörtlich oder leicht variiert in den letzten fünfzehn Versen wiederholt. Das ganze Buch der Offenbarung wird zusammengehalten durch eine starke *Inclusio*, eine Rahmung, in der sich das Ende eines Formteils deutlich auf dessen Beginn bezieht –

---

[16] Vgl. z. B. Ex 19,16–19; 20,18; Hiob 36,33–37,5; Jes 27,13; Jer 25,30; Hos 8,1; Joel 2,1.

das ist eine der Grundformen der «natürlichen Rhetorik». So beginnt der Schluss in 22,6 mit einer Variation von 1,1:

Offb 22,6   Und er (einer der sieben Engel) sagte zu mir:
             Diese Worte sind glaubwürdig und wahr,
             und der Herr, der Gott der Geister der Propheten,
             hat seinen Engel gesandt, zu zeigen seinen Knechten,
             was in Bälde geschehen muss.

Damit wird in Erinnerung gerufen, warum diese Worte *glaubwürdig und wahr* sind: Die Überlieferungskette geht zurück auf Gott, die letzte Autorität, die für die Verlässlichkeit und Wahrheit dieser Worte bürgt.

4. Das Geschriebene bewahren: Orale Literatur

Mehrfach wird auch die Seligpreisung aus 1,3 nochmals aufgenommen:

Offb 22,7   Selig,
             der die Worte der Prophezeiung dieses Buches bewahrt/beachtet.
Offb 22,9   ..., die die Worte dieses Buches bewahren/beachten.
Offb 22,10   ... versiegle nicht die Worte der Prophezeiung dieses Buches![17]

Die Hörenden werden hier nicht mehr als Hörende angesprochen; das Hören *«der Worte der Prophezeiung»* ist vorbei. Nun geht es darum, wie schon in 1,3 erwähnt, dass auf das Hören das Bewahren folgen muss.

Von hier aus nochmals zurück zu *lector* und Publikum: Die Tatsache, dass am Ende mehrfach auf das schon am Anfang erwähnte Setting des Vortrags Bezug genommen wird und die Zuhörer:innen explizit darauf angesprochen werden, wie sie nun mit dem Gehörten umgehen sollen, bildet nicht nur einen formalen Rahmen um das Gesamtwerk. Diese textimmanente Eröffnung und Schliessung auch des Settings jeder neuen Aufführung weist darauf hin, dass der Text für eine Aufführung am Stück konzipiert ist.[18]

Mag das von unserer heutigen Praxis der perikopenweisen Lesung im Gottesdienst aus gesehen eine sehr fremde Vorstellung sein, so ist eine ca. einein-

---

[17] Vgl. auch 22,18f.
[18] Vgl. Oefele, Evangelienexegese (Anm. 11), 407–409.

halbstündige Rezitation – so lange etwa dauert ein Vortrag der gesamten Offenbarung – im antiken Kontext sehr gut denkbar. Als Sitz im Leben bieten sich gottesdienstliche Versammlungen an, insbesondere die in der Antike allgemein üblichen und auch in den frühen christlichen Gemeinden gepflegten Symposien. Auf ein Abendessen folgte ein geselliges Beisammensein, bei dem verschiedene Arten von Beiträgen wie Lieder, Musik und Textrezitationen zur Unterhaltung der Gäste beitrugen.[19]

Paulus spricht in 1Kor 14 davon, dass bei den Versammlungen der Gemeinde auch Offenbarungen (ἀποκάλυψις) und Prophezeiungen (προφητεία) vorgetragen werden (1Kor 14,6.26). Von einem sehr langen Symposion berichtet Apg 20,7–12.[20] Die Versammlung am «ersten Tag der Woche» zum abendlichen Brotbrechen ist geprägt von der Rede des Paulus, der zu der in einem Haus in Troas versammelten Gemeinde bis zum Morgengrauen spricht. Das ist sogar für einen trainierten antiken Zuhörer zu viel: «*Es sass aber ein junger Mann mit Namen Eutychus in einem Fenster und sank in einen tiefen Schlaf, weil Paulus so lange redete*» (Apg 20,9). Ein Symposion bis zum Tagesanbruch war sicher nicht die Regel, doch es war problemlos Zeit für Rezitationen in der Länge von bis zu zwei Stunden. Im Neuen Testament sind nur das Matthäus- und das Lukasevangelium sowie die Apostelgeschichte länger; diese oder auch andere Texte könnte man einfach auf zwei oder drei Abende verteilen.

Zusammenfassend lässt sich zur Offenbarung festhalten:

1. Die Offenbarung ist nicht nur Vision, sondern im gleichen Masse Audition; die starken Bilder sind mit Stimmen und einem imposanten Soundtrack verbunden.

2. Die Offenbarung beansprucht, ihre Hörer:innen in einer Überlieferungskette einzubinden, die bis zum:zur Autor:in der Botschaft, zu Gott, zurückführt. Diese Autor:inschaft ist es, die die Worte glaubwürdig und wahr macht.

3. Hören geht nicht ohne Vermittlung: Wo gehört wird, wird gesprochen beziehungsweise vorgelesen – die Aufgabe des:der Vorleser:in ist die Interpretation des Textes in einer Weise, dass dieser lebendig und den Hörer:innen zugänglich wird.

4. Hören der Offenbarung alleine genügt nicht. Ihre Botschaft will bewahrt werden.

---

[19] Gerhard Binder, Art. Gastmahl. III. Rom: DNP 2006: https://referenceworks.brillonline.com/entries/der-neue-pauly/gastmahl-e419290#e419360 (14.03.2023), Kap. III.B.6.

[20] Hinweis darauf bei David Barr, The Apocalypse of John as Oral Enactment, in: Interpretation 40/3, 1986, 243–256 (253).

II. Der Erste Johannesbrief

Der Erste Johannesbrief ist in vielerlei Hinsicht ein ganz anderer Text als die Offenbarung: Er ist kein narrativer Text sondern wird zur Briefliteratur gezählt, auch wenn er nicht die üblichen Merkmale eines Briefes aufweist, sondern eher, wie Gerhard Strecker und Udo Schnelle es formulieren, eine «briefartige Homilie» ist.[21] Für das Thema des Hörens möchte ich an dieser Schrift drei Aspekte in den Blick nehmen: den Anfang (1,1–3), die Formulierung «was ihr von Anfang an gehört habt» (zweimal in 2,24; 3,11) und auch hier nochmals die Repetition als ein Charakteristikum oraler Literatur.

1. Der Anfang des Briefes

1Joh 1,1–3

> 1 Was von Anfang an war,
> was wir gehört haben,
> was wir gesehen haben mit unseren Augen,
> was wir betrachtet und mit unseren Händen berührt haben hinsichtlich des Wortes des Lebens
>
> > 2 und das Leben ist erschienen
> > und wir haben es gesehen
> > und wir bezeugen
> > und wir erzählen euch vom ewigen Leben,
> > das beim Vater war und uns erschienen ist –
>
> 3 was wir gesehen und gehört haben,
> erzählen wir auch euch,
> damit auch ihr Gemeinschaft habt mit uns.
> Und unsere Gemeinschaft ist nämlich mit dem Vater und mit seinem Sohn Jesus Christus.

---

[21] Georg Strecker, Die Johannesbriefe, Göttingen 1989, 49; Udo Schnelle, Einleitung in das Neue Testament, Göttingen [6]2007, 496.

Die Schrift lesen – das Wort hören – ... glauben?

In diesen Versen begegnen uns zwei Aspekte des Hörens, die schon aus der Offenbarung bekannt sind: Zum ersten ist das Hören in den Kontext anderer Sinneswahrnehmungen eingebunden. Hier kommt zum Hören und Sehen noch der Tastsinn hinzu. Stand in der Offenbarung die Multimedialität der Botschaft im Vordergrund, die den Zuhörer:innen ermöglicht, in das berichtete Geschehen einzutauchen, geht es hier um etwas anderes: Die im Text später erwähnten Gegner:innen («Antichristen»)[22] vertreten vermutlich eine Trennungs- oder eine doketische Christologie, die die Inkarnation des präexistenten Christus nur als zeitweilige betrachtet bzw. sie leugnet und behauptet, er hätte nur einen Scheinleib angenommen.[23]

Ihnen setzt der:die Verfasser:in des Ersten Johannesbriefs entgegen, dass Christus, das inkarnierte Wort des Lebens, wie er in V. 1 genannt wird, im vollen Sinne Fleisch wurde. «Es», das Christusereignis, konnte mit menschlichen Sinnen wahrgenommen werden: gehört, gesehen, ja sogar mit Händen berührt werden.

Zum zweiten sind auch hier wieder Ansätze einer Überlieferungskette zu erkennen: Der:die Briefschreiber:in stellt sich als jemand dar, der zu Jesu Lebzeiten dabei war – was er bzw. sie («wir») vom Christusereignis hörend, sehend und durch Berühren erfahren hat, gibt er bzw. geben sie weiter: Wie in der Offenbarung steht das Verb bezeugen (μαρτυρέω) für diese Weitergabe. Hier wird es sekundiert durch ἀπαγγέλλω – erzählen, verkünden, berichten.

Das Ziel dieser Weitergabe liegt im Hineinnehmen in eine Gemeinschaft: Der oder die Schreiber stehen in Gemeinschaft *«mit dem Vater und mit seinem Sohn Jesus Christus»* (1,3); an dieser Gemeinschaft sollen auch die Angeschriebenen teilhaben.

2. Was ihr von Anfang an gehört habt

Ὅ (bzw. ἥν) ἠκούσατε ἀπ' ἀρχῆς oder ὃ ἀπ' ἀρχῆς ἠκούσατε kommt insgesamt dreimal im ersten Johannesbrief vor – zweimal in 2,24 und einmal in 3,11. Doch schon zuvor rücken zweimal das *«von Anfang an»* und das *«gehört haben»* sehr nahe zusammen: Schon in 1,1 hört der:die Briefschreiber:in das, *«was von Anfang an war»*, und erzählt es dann weiter. So verankert er:sie die Autorität des Textes nicht nur in seiner:ihrer eigenen sinnlichen Wahrnehmung, sondern weist über sich selbst hinaus bzw. hinter sich zurück.

---

[22] 1Joh 2,18.
[23] Vgl. Hans-Josef Klauck, Der erste Johannesbrief, Neukirchen-Vluyn 1991, 34–42.

Später ist vom Hören der Angeschriebenen die Rede. In 2,7 ist es «*das Gebot*», das sie von Anfang an gehört haben. Aus den folgenden Versen wird klar, dass es bei diesem Gebot um die am Briefanfang schon erwähnte Gemeinschaft geht: Wer mit Gott Gemeinschaft haben will, muss auch mit Menschen in Gemeinschaft stehen.

Diese Linie zieht sich weiter: In 2,24 fordert der:die Schreiber:in die Angeschriebenen auf: «*Was ihr von Anfang an gehört habt, soll in euch bleiben.*» Darauf folgt die Verheissung: «*Wenn in Euch bleibt, was ihr von Anfang an gehört habt, dann bleibt auch ihr im Sohn und im Vater.*» Wer in der Gemeinschaft mit den Menschen bleibt, der bleibt auch in der Gemeinschaft mit Gott. In 3,11 schliesslich wird die gleiche Sache anders gesagt: «*Dies ist die Botschaft, die ihr von Anfang an gehört habt, dass wir einander lieben sollen.*» Hier ist es – man erinnere sich an die Mahnung am Schluss der Offenbarung, das *Aufgeschriebene* zu bewahren – die *mündliche* Botschaft, die stabil und damit verlässlich bleibt.

3. Tinntinabuli – wenn's in den Ohren klingelt

Am Ersten Johannesbrief (und auch an den reflexiven Passagen des Johannesevangeliums) lässt sich eine bestimmte Strategie beobachten, mit der in oraler Literatur wichtige Themen hervorgehoben werden. Diese Strategie ist sehr einfach: Wörter, die zentral für ein Thema sind, werden so oft wie möglich wiederholt.

Der:die Briefschreiber:in wendet diese Technik an, um dem Liebesgebot Gewicht zu verleihen. Er:sie spannt, wie ich gerade gezeigt habe, einen Bogen von der Gemeinschaft mit Gott und den Menschen über das «*bleiben in*» hin zum Wort ἀγαπάω, lieben. Sage und schreibe 52-mal kommt in diesem kurzen Ersten Johannesbrief Liebe, lieben oder geliebt[24] vor, 33-mal davon alleine im Abschnitt 4,7–5,4.

In der Mitte des Abschnitts ist zudem fünfmal «*bleiben in*» (μένω ἐν) zu hören, das ja mit der Liebe insofern synonym ist, weil es in johanneischer Sprache – das gilt auch für das Evangelium – für «*in Gemeinschaft stehen*» verwendet wird. Und natürlich ist es Gott (ὁ θεός, 25 Mal), der:die liebt, geliebt wird, die Liebe ist. Schliesslich, dazu forderte ja 3,11 auf, soll man sich gegenseitig (ἀλλήλους, dreimal) lieben bzw. seinen Bruder (ἀδελφός, dreimal).

---

[24] Stamm ἀγαπ*.

Die Schrift lesen – das Wort hören – ... glauben?

Hätten Sie diesen Text in der Schule als Aufsatz abgeben können? Mir jedenfalls wurde im Fach Deutsch schon angestrichen, wenn ich das gleiche Wort zweimal hintereinander verwendet hatte. Wiederholungen waren unerwünscht, sie zeugten von Einfallslosigkeit und schlechtem Stil.

Doch wie wirkt so ein Text, wenn er gehört wird? Es wird kaum eine:n Zuhörer:in geben, der:die nicht verstünde, dass es um Liebe geht, von und zu Gott, von Mensch zu Mensch. Bei der akustischen Rezeption eines solchen Textes steht nicht im Vordergrund, intellektuell jede Formulierung nachvollziehen und in ein theologisches System der Liebe nach Johannes giessen zu können.

Wer diesen Text hört, nimmt ein Wörterbad. Die Worte Liebe, Gott, einander, Bruder klingeln wohl allen Zuhörer:innen des Ersten Johannesbriefs in den Ohren und lassen intuitiv verstehen, worum es aus johanneischer Sicht bei der Liebe geht.

Wenn die Offenbarung eine romantische Sinfonie mit grossem Orchesterapparat wäre, der monumentale emotionale Klangbilder entstehen lässt, dann wäre der Erste Johannesbrief *Minimal Music* von Steve Reich oder ein Werk von Arvo Pärt. Dessen Stil wird Tintinnabuli-Stil genannt nach dem lateinischen *tintinnabulum* für Klingel, Schelle. Tintinnabuli passt auch gut als Beschreibung auf den johanneischen Schreibstil – die Worte klingeln in den Ohren, klingen ineinander, verbinden sich, öffnen so die Möglichkeit des Verstehens über die rein kognitive Ebene hinaus.

Die Hauptaspekte des Hörens im Ersten Johannesbrief abschliessend nochmals in Kürze:
1. Hören steht hier zusammen mit Sehen und Berühren für den theologischen Aspekt der Inkarnation; was es mit dem:der menschgewordenen Gott auf sich hat, ist mit den menschlichen Sinnen wahrnehmbar.
2. Der:die Autor:in bietet seine:ihre eigene sinnliche Wahrnehmung zusammen mit dem Verweis auf das, was vor seiner:ihrer, ja vor aller menschlichen Zeit lag, als Garantie für die Autorität seiner:ihrer Schrift an.
3. Im Ersten Johannesbrief wird am Effekt des Tinntinabuli evident, dass Sprache bei der Vermittlung von Glaubensinhalten nicht allein auf der rationalen Ebene fungiert, sondern auch auf der sinnlichen.

Christine Oefele

III. Hören und Glauben: Paulus

An den paulinischen Schriften, die in der Wortstatistik zur Häufigkeit von ἀκούω und ἀκοή auf den unteren Rängen gelandet sind, gäbe es wieder andere Dinge zu zeigen, die mit der Klanglichkeit der Texte zusammenhängen. Ich fokussiere hier aber auf die im Titel genannte, bisher noch nicht explizit angesprochene Frage nach dem Zusammenhang zwischen Hören und Glauben, die ich an drei ausgewählten Stellen – 1Thess 2,13; Gal 3,2.5; Röm 10,14–17 – betrachten werde.

1. Erster Thessalonicher 2,13

Im wahrscheinlich ältesten Paulusbrief,[25] dem ersten an die Thessalonicher, kommt das Verb ἀκούω nicht vor, aber einmal das Substantiv ἀκοή. Ἀκοή hat ein breites Bedeutungsspektrum – es ist zuerst einmal das Gehör, dann kann es den Akt des Hörens bezeichnen, aber auch das, was man hört: eine Botschaft, Kunde, Nachricht, Verkündigung.

1Thess 2,13   Und deshalb danken auch wir Gott unaufhörlich dafür,
dass ihr, als ihr Gottes Wort der Verkündigung (ἀκοή) von uns angenommen habt,
[es] nicht empfangen habt als Menschenwort,
sondern als das, was es wirklich ist:
als Gotteswort,
das auch in euch, den Glaubenden, wirksam ist.

Nicht nur die Übersetzung dieser paulinischen Konstruktion ist schwierig, weil sie an manchen Stellen mehrere Möglichkeiten bietet, wie die einzelnen Elemente aufeinander zu beziehen sind, auch die Frage nach dem Zusammenhang von Hören der Verkündigung und Glauben ist nicht eindeutig: Bewirkt das Hören der Verkündigung grundsätzlich Glauben? Oder ist es eine Entscheidung der Hörenden, die Verkündigung als Wort Gottes zu akzeptieren, für sich gelten zu lassen, und darum der Glaube Voraussetzung für das rechte Hören, dafür, dass das Wort Gottes erkannt wird als das, was es ist?

---

[25] Vgl. Traugott Holtz, Der erste Brief an die Thessalonicher, Neukirchen-Vluyn ³1998, 14.19–23.

Die Autorität, die für das zu Hörende in Anspruch genommen wird, ist hier in jedem Fall anderer Art als in der Offenbarung: Während dort das von Johannes aufgeschriebene Wort deshalb glaubwürdig und wahrhaftig ist, weil es sich direkt auf Gott als Autor:in zurückführen lässt, behauptet Paulus für seine eigene («unsere») Verkündigung, seine eigenen Worte, sie seien Wort Gottes.

Etwas sperrig, aber treffend, formuliert es Traugott Holtz in seinem Kommentar: «Der Anspruch, den die Verkündigung erhebt, ist zu steilem Ausdruck getrieben.»[26]

2. Galater 3,2.5

Auch im Galaterbrief begegnet wieder der Zusammenhang von ἀκοή und Glaube (πίστις). In Gal 3,2 und 3,5 stellt Paulus zweimal auf gleiche Weise eine Kombination der beiden Worte, den ἔργα νόμου, den Werken des Gesetzes, her. Er will von den Galater:innen wissen, ob sie den Geist aus den ἔργα νόμου oder aus der ἀκοή πίστεως empfangen hätten, wobei ganz klar ist, dass die Frage rhetorischer Art ist. Es ist hier nicht der Ort, die Übersetzungs- und Verstehensmöglichkeiten von ἔργα νόμου zu erörtern, auch wenn das theologisch gesehen sehr wichtig wäre. Doch auch ἀκοή πίστεως entzieht sich einer eindeutigen Interpretation; das zeigt ein Blick in verschiedene deutsche Übersetzungen. Luther und Zürcher zeigen die zwei Hauptrichtungen auf, die sich aus dem Bedeutungsspektrum von ἀκοή und von der Flexibilität des Genitivs ergeben, der subjektivisch oder objektivisch gelesen werden kann. Luther übersetzt *«die Predigt vom Glauben»*, in der Zürcher heisst es *«der Glaube, der hört»*. Hier zeigen sich weitere Nuancen des Zusammenhangs von hören und glauben: Hört jemand die Predigt vom/über den Glauben, oder ist da zuerst der Glaube, der hört? Oder gilt vielleicht beides zugleich? Es ist sogar noch eine dritte Interpretation möglich,[27] da die beiden Genitive der Konstruktion ἐξ ἀκοῆς πίστεως auch anders aufeinander bezogen werden können. Statt ἀκοή kann auch πίστις *nomen regens* sein, also ἀκοῆς πίστις gemeint sein – der Glaube, der der Botschaft entgegengebracht wird. Eindeutig ist an dieser Stelle also nur, dass Glauben, Hören und die Botschaft zueinander in Beziehung stehen. Theologisch betrachtet scheint es mir eher Gewinn als Verlust zu sein, dass hier die verschiedenen Dimensionen dieser Beziehung erkennbar werden, ohne auf eine einzige reduziert zu werden.

---

[26] Holtz, 1Thess, 98.
[27] Vgl. Dieter Kremendahl, Die Botschaft der Form. Zum Verhältnis von antiker Epistolographie und Rhetorik im Galaterbrief, Fribourg/Göttingen 2000, 208, Anm. 15.

Christine Oefele ——

3. Römer 10,14–17

Auch Röm 10 thematisiert diesen Zusammenhang. Paulus ist hier mitten in einem längeren Argumentationsgang in Bezug auf die Frage nach der Gültigkeit der Verheissung Gottes an Israel angesichts der Tatsache, dass sich nicht alle Juden und Jüdinnen zu Jesus Christus bekennen. Ich konzentriere mich wieder auf die Frage nach dem Zusammenhang von Glauben und Hören. In Röm 10,14–17 überlegt Paulus:

14	Wie nun sollen sie den anrufen, an den sie nicht glauben?
	Wie denn sollen sie an den glauben, von dem sie nichts gehört haben?
	Wie denn sollen sie hören ohne jemand, der verkündigt?
15	Wie denn soll sie verkündigen, wenn sie nicht gesandt wurden?
	Es steht ja geschrieben:
	Wie lieblich sind doch die Füsse derer,
	die gute Nachrichten verkünden!
16	Doch nicht alle haben auf die gute Nachricht gehört (ὑπακούω).
	Jesaja sagt: Herr, wer hat unserer Verkündigung (ἀκοή) geglaubt?
17	Also kommt der Glaube aus der Verkündigung,
	die Verkündigung aber durch das Wort Christi / über Christus.

V. 14 schliesst an den vorhergehenden Gedankengang an, der mit einem Zitat aus Joel endet (V. 13): «*Denn: Jeder, der den Namen des Herrn anruft, wird gerettet werden.*» Von hier aus zäumt Paulus das Pferd von hinten auf, von der Anrufung Gottes, und nennt in V. 14f. in vier rhetorischen Fragen jeweils die Voraussetzung, auf der der jeweilige Schritt aufbaut. In chronologisch richtiger Reihenfolge lautet die Kette: Ausgesandt werden – Verkündigen – Hören – Glauben – Gott anrufen.

In V. 16 macht Paulus klar, dass dies nicht automatisch abläuft, sondern ein weiteres Glied in die Kette eingefügt werden muss: Hören als rein akustische Wahrnehmung alleine genügt nicht, es muss ein «Hören auf» sein, im Griechischen ὑπακούω, wörtlich ein «*Hören unter*», ein «*Sich unter das Gehörte stellen*». Ὑπακούω ist also die Brücke, die vom Hören zum Glauben führt.

In diesem Sinne kann Paulus dann auch in V. 17 sagen, dass der Glaube aus der ἀκοή kommt, aus der Verkündigung, aus dem, was zu hören ist. Die Übersetzung «*aus dem Hören*» ist hier zwar möglich, aber, nach der eindeutigen Verwendung von ἀκοή als Verkündigung unmittelbar zuvor in V. 16, rezeptionspragmatisch wenig wahrscheinlich.

Dennoch, auch hier bleibt am Schluss eine Frage offen: Was ist am Schluss mit διὰ ῥήματος Χριστοῦ gemeint? Διά mit Genetiv bezeichnet die Vermittlung, die Art und Weise oder auch die Urheberschaft. Bei ῥῆμα Χριστοῦ ist der Genetiv wieder für beide Varianten offen: Wort des Christus oder Wort über Christus. In der neueren Auslegungsgeschichte werden beide Varianten als die jeweils richtige vertreten.[28]

Zusammenfassend ist festzuhalten, dass bei Paulus Verkündigung, Glauben und Hören aufeinander bezogen sind. Offen bleibt, ob der Glaube aus dem Hören kommt oder ob er Voraussetzung zum rechten Hören ist. In Röm 10 wurde als Brücke zwischen Hören und Glauben das «*Hören auf, Gehorchen*» eingebaut. Doch Paulus wird sich im Folgenden damit beschäftigen, ob Israel überhaupt gehorchen kann. Nein, so sein Schluss, denn Gott habe ihr Herz solange verstockt, «*bis dass sich die Völker in voller Zahl eingefunden haben*» (11,25). Auch mit der Einfügung von ὑπακούω ist die Frage nach dem Weg vom Hören zum Glauben nicht vollständig beantwortet.

4. Die nächste Generation: Zweiter Timotheus 2,2

Bevor ich zu den Synoptikern komme, noch ein kleines Beispiel aus den Deuteropaulinen:

2Tim 2,2   Und was du von mir durch die Vermittlung vieler Zeugen gehört hast, das vertraue verlässlichen Menschen an, die fähig sein sollen, auch andere zu lehren.

Wiederum ist das Hören mit dem Weitergeben verbunden, dieses Mal auf der rein menschlichen Ebene. Von Paulus über viele Zeug:innen zu Timotheus, der dafür sorgen soll, dass die nächsten Zeug:innen ihrerseits die Botschaft weitergeben, oder, wie es hier heisst, lehren. Die Botschaft bzw. die Lehre ist etabliert; der Rückbezug auf Paulus als apostolische Autorität genügt nun. Einer Generation, die bereits auf das Leben und Werk des Paulus zurückblicken kann, ist eine solche Argumentation möglich.

---

[28] Vgl. Frank Matera, Romans, Grand Rapids 2010, 251.

Christine Oefele

IV. «Wer Ohren hat ...» II: Die synoptischen Evangelien: Hören und ... – das Gleichnis vom Sämann

1. Das Sämanngleichnis und sein literarischer Kontext

«Wer Ohren hat zu hören, der höre» – das ist bei allen drei Synoptikern als Abschluss des Sämanngleichnisses zu hören, darüberhinaus noch an anderen Stellen,[29] auf die ich nicht eingehe.

Markus und Lukas bieten die Formel fast gleichlautend: Ὃς ἔχει ὦτα ἀκούειν ἀκουέτω[30] bzw. ὁ ἔχων ὦτα ἀκούειν ἀκουέτω.[31] Beides kann übersetzt werden mit «Wer Ohren hat zu hören, der höre». Matthäus ist dem kürzeren Wortlaut der Offenbarung näher: ὁ ἔχων ὦτα ἀκουέτω.[32] – «Wer Ohren hat, der höre». Alle drei sind sich hingegen darin einig, dass der Imperativ, der zum Hören auffordert, im Präsens steht und nicht, wie in der Offenbarung, im Aorist. Dieser Unterschied lässt sich im Deutschen sprachlich nicht wiedergeben. Das Präsens bezeichnet etwas, das andauert; hier geht es grundsätzlich ums Hören, nicht um Aufmerksamkeit für eine bestimmte Sache in einem bestimmten Moment wie im Fall der Offenbarung für jeweils eines der sieben Sendschreiben.

In den drei Evangelien ist auch der nähere literarische Kontext gleich: Bei allen dreien eröffnet das Sämanngleichnis eine Rede Jesu, es folgt ein Intermezzo, in dem Jesus im engeren Kreis etwas in Bezug auf das Gleichnis gefragt wird, Jesu Antwort mündet jeweils in die Auslegung des Gleichnisses.

Das Sämanngleichnis erzählt, was mit den Samen passiert, die ein Sämann aussät. Der Wortlaut ist bei Markus und bei Matthäus sehr ähnlich, Lukas berichtet weniger detailliert, doch weicht auch er in Inhalt und Form nicht signifikant von den beiden anderen Versionen ab. Die Saat landet auf vier verschiedenen Böden. Auf dem Wegrand, auf steinigem Boden und dort, wo Dornen wachsen, hat der Same keine Chance, bis zum Ziel zu gelangen: Frucht zu tragen. Das aber geschieht, wo der Same auf gutes Land fällt, und zwar um ein Vielfaches. Jesus schliesst mit dem Aufruf zum Hören.

---

[29] Mt 11,15; 13,43; Mk 4,23; Lk 14,35.
[30] Mk 4,9.
[31] Lk 8,8.
[32] Mt 13,9.

2. Wie das gehörte Wort Frucht bringt – die Auslegung(en) des Gleichnisses

Die Intermezzi sind in den drei Versionen sehr verschieden, ich gehe zuerst zur Auslegung des Gleichnisses:[33] Markus und Lukas definieren zu Beginn, dass der Same für das Wort steht (Mk 4,14; Lk 8,11); Lukas präzisiert: das «*Wort* Gottes». Matthäus verrenkt sich an dieser Stelle sprachlich, aber auch bei ihm handelt es sich, wie Ulrich Luz es formuliert um «eine Meditation über die verschiedenen Hörerinnen von Jesu Verkündigung»[34]. Matthäus spricht vom «*Wort des Reiches*» (Mt 13,19).[35]

Die vier verschiedenen Böden werden Situationen gleichgesetzt, in denen Menschen das Wort hören – man könnte sagen: Die das Gleichnis abschliessende Aufforderung zum Hören ist in seine Auslegung hineingerutscht – das Hören selbst erweist sich als das Thema des Gleichnisses. Wie ein Refrain durchzieht das Hören des Wortes bei Matthäus und Markus die Auslegung, Lukas formuliert auch hier wieder knapper und ergänzt beim Hören das Wort nur beim letzten Mal. Bei allen dreien wird klar, dass das Hören des Wortes oft nicht zum Ziel gelangt. Interessant ist ein Vergleich dessen, wie die drei Versionen das «*Fruchtbringen auf dem guten Boden*» auslegen. Alle drei lassen in der Auslegung das Bild des «*Fruchtbringens*» aus dem Gleichnis unübersetzt. Aber alle ergänzen es, und zwar unterschiedlich:

Markus ergänzt «*willkommen heissen, gelten lassen*» (παπαδέχομαι, Mk 4,20), Matthäus «*verstehen und tun*» (συνίημι, ποιέω, Mt 13,23).

Lukas qualifiziert das Hören, es müsse ἐν καρδίᾳ καλῇ καὶ ἀγαθῇ, mit einem guten, redlichen, feinen, anständigen ... Herzen sein – in der richtigen, guten Gesinnung (Lk 8,15). Und, so fährt er fort, das Wort müsse festgehalten, bewahrt (κατέχω) werden – das kennen wir schon aus der Offenbarung (Offb 22,7.9).[36] Lukas lässt anders als die beiden anderen die Fülle des Ertrags weg, betont dagegen, dass Fruchtbringen Geduld brauche. Er macht also den ethischen Aspekt stark; das rechte Hören zeichnet sich durch die richtige Gesinnung und geduldiges Dranbleiben aus; so trägt Hören Früchte. Dass damit die praktische Umsetzung des Gehörten, das Tun des Wortes mitgemeint ist, wird wenig später in einer kurzen Episode, die auf Jesu Rede folgt, explizit gesagt (Lk 8,21). «*Die das*

---

[33] Mk 4,14–20; Lk 8,11–15; Mt 13,18–23.
[34] Ulrich Luz, Das Evangelium nach Matthäus (EKK I/2), Neukirchen-Vluyn ³1999, 310.
[35] Für die Gleichsetzung von Samen und Wort auch bei Mt spricht V. 19: «*Immer wenn einer das Wort des Reiches hört und nicht versteht, kommt der Böse und reisst das Gesäte aus seinem Herzen*» (anders Luz, Matthäus, EKK I/2 [Anm. 34], 316).
[36] Vgl. oben Abschnitt I.4.

Christine Oefele ──

Wort hören» und auch *«diese sind»* sind eindeutig Bausteine aus der Auslegung des Gleichnisses, und daher kann diese Episode als Nachtrag dazu gelten. Hören und Tun des Wortes gehören zusammen.

Damit ist Lukas sich mit Matthäus einig, der ja das Fruchtbringen direkt mit dem Tun verbindet. Sowohl bei Matthäus als auch bei Lukas wird das Tun als notwendige Folge des Hörens schon vor dem Sämanngleichnis eingeführt – und das passenderweise am Ende einer lange Rede Jesu – der Bergpredigt (Mt 5–7) bzw. der Feldrede (Lk 6,17–49). Beide schliessen diese Rede mit einem Doppelgleichnis ab (Mt 7,24–26; Lk 6,47–49): Wer Jesu Rede hört und tut, gleicht einem Menschen, der sein Haus auf Fels baut, wer sie hört und nicht tut, baut hingegen auf Sand.

Zurück zur Auslegung des Gleichnisses: Matthäus legt darauf Wert, dass das Wort verstanden werden muss; das Verstehen bildet bei ihm einen Rahmen um die Auslegung: Am Anfang sind die, bei denen auf den Wegrand gesät wird, diejenigen, die das Wort hören und nicht verstehen (Mt 13,19). Und am Ende sind die, bei denen der Same auf das gute Land fällt, diejenigen, die das Wort hören und verstehen (Mt 13,23). Das Verstehen ist nach Matthäus die Voraussetzung, um das Wort tun zu können.

3. Zwischen Gleichnis und Auslegung: Intermezzo in drei Variationen

Auch im Intermezzo geht es um das Verstehen – um das Verstehen ganz allgemein und um das Verstehen der Gleichnisse – und um die Frage, *wer* verstehen kann. Das Hören und Verstehen, das zeigt sich an diesem Intermezzo, dient zur Darstellung ganz unterschiedlicher Konzepte davon, wer zu den Nachfolger:innen Jesu gehört.

Für Matthäus ist, wie schon in der Auslegung des Gleichnisses zu sehen war, das Verstehen des Wortes die Voraussetzung, um es tun zu können. Das Intermezzo (Mt 13,10–18) ist bei ihm sehr ausführlich. Die Jünger kommen zu Jesus und fragen ihn, warum er zum Volk in Gleichnissen spricht. Seine Antwort zeigt eine klare, aber irritierende Bevorzugung der Jünger gegenüber dem Volk: *«Euch ist gegeben, das Geheimnis des Himmelreiches zu kennen, jenen aber ist es nicht gegeben»* (V. 11). Damit werde erfüllt, was schon Jesaja gesagt habe (V. 14f.).

Jes 6,9f., das er zitiert, ist eine von vielen Stellen des Alten Testaments, an denen die Trias Augen – Ohren – Herz, die nicht funktioniert, für ein umfassendes Nichtverstehen Israels steht. In der Exegese wird das von vielen «Verstockungsmotiv» genannt. Es ist ein schillerndes Motiv; es oszilliert zwischen den beiden Polen «Verstockung ist selbstverschuldet» und «Gott hat sie auferlegt».[37] Matthäus nimmt dieses Zitat als Begründung für die Bevorzugung der Jünger. Schon das Zitat selbst bringt durch dreimalige Wiederholung dieses «nicht sehen, nicht hören, nicht verstehen» akustisch eindrucksvoll zur Geltung. Matthäus selbst ergänzt zudem drei weitere Male. In V. 13 beantwortet er abschliessend die Frage der Jünger, warum er in Gleichnissen zum Volk redet: Ich tue das, *«denn sehend sehen sie nicht und hörend hören sie nicht und verstehen auch nicht».* Den Abschluss des matthäischen Intermezzos bildet eine Seligpreisung der Jünger; nun wird Sehen und Hören positiv gewendet: Sie sehen und hören, ja, was sie sehen und hören, das hätten sich viele Propheten und Gerechte zu sehen und hören gewünscht. Die Jünger sehen die Wundertaten Jesu, sie hören das Evangelium vom Reich[38].

Dieses Sehen und Hören ist die Voraussetzung für das Verstehen; die Jünger Jesu werden zu Verstehenden, weil Jesus sie lehrt und ihnen erklärt, was es mit dem Himmelreich auf sich hat. So sind sie privilegierte Adressaten der Auslegung des Sämanngleichnisses. Luz erklärt diese doch recht stossende Unterscheidung zwischen In- und Outsidern durch die Situation der matthäischen Gemeinde:

«Unser Abschnitt ist ein Musterbeispiel dafür, dass sich das Matthäusevangelium manchmal nicht aufschliesst, wenn man es nur auf der Ebene der ‹Story› liest. Sein Makrotext ist ja für die geschichtliche Erfahrung der Gemeinde transparent. Er lehrt sie verstehen, wie es schon bei Jesus zu dem gekommen ist, was sie selbst in ihrer Geschichte erfahren hat: zum Nein der Mehrheit Israels und zu ihrer eigenen Trennung vom Volk. Das Nichtverstehen des Volkes ist Matthäus gleichsam vom Ende der Geschichte her – derjenigen Jesu und derjenigen seiner Gemeinde – vorgegeben.»[39]

Bei Lukas stellt sich die Situation anders dar; zwar findet sich auch bei ihm die Unterscheidung zwischen In- und Outsidern (Lk 8,10), doch er geht gleich zur Auslegung des Gleichnisses weiter. Den lukanischen Hörer:innen klingeln an dieser Stelle nicht die Ohren. Doch auch Lukas verarbeitet die allmähliche Absonderung der Christusgläubigen innerhalb Israels[40] und die Ausbreitung des Christusglaubens unter den Völkern: Das Zitat aus Jesaja hebt er sich auf für das Ende der Apostelgeschichte (Apg 28,23–29).

---

[37] Vgl. auch Joh 12,40 und die oben in Abschnitt III.3. angesprochene Stelle Röm 11,25.
[38] Vgl. Luz, Matthäus, EKK I/2 (Anm. 34), 314f.
[39] Luz, Matthäus, EKK I/2 (Anm. 34), 311f.
[40] Vgl. François Bovon, Das Evangelium nach Lukas (EKK III/2), Zürich/Neukirchen-Vluyn 1989, 413.

Dort verkündigt Paulus den Juden und Jüdinnen in Rom das Evangelium. Seine Verkündigung spaltet die Hörer:innen, die einen lassen sich überzeugen, die anderen, wie Lukas es sagt, «*glaubten nicht*» (V. 24). Das hierauf folgende Jesajazitat verbindet der lukanische Paulus mit der definitiven Öffnung hin zu den Völkern und beendet seine Rede vor den römischen Juden so: «*So sei es euch kundgetan, dass den Völkern dies Heil Gottes gesandt ist; sie werden auch hören.*»

Während manche Exegeten diese Ende so verstehen, dass hiermit eine «neue Epoche der Kirchengeschichte»[41] markiert sei und die «Zukunft der Kirche» den Heidenchrist:innen gehöre, lese ich diese Passage mit anderen inklusiv.[42] Zum einen reagierten die Juden und Jüdinnen auf die Predigt des Paulus ja nicht geschlossen ablehnend; es ist nicht einmal die Rede von einer Mehrheit an Verweigernden und nur einem kleinen Rest, die seine Botschaft annehmen, sondern einfach von zwei Parteien. Zum anderen interpretiere ich das καί in V. 28 nicht adversativ – «*sie aber* [im Gegensatz zu euch] *werden hören*» –, sondern inklusiv: Nicht nur die Juden und Jüdinnen, sondern *auch* die Völker werden die gute Nachricht vom Heil Gottes hören. Und auch unter ihnen wird es solche geben, die sich überzeugen lassen, und solche, die nicht glauben.

In der markinischen Fassung des Intermezzos (Mk 4,10–13) fällt schon zu Beginn auf, dass die Gruppe der Insider nicht einfach die Jünger sind: «*die um ihn mit den Zwölfen*» – das lässt Spielraum über den engen Kreis hinaus – insbesondere, weil Markus direkt vor der Gleichnisrede schon von «denen um ihn» redet und damit explizit das Volk bezeichnet (3,31–35). Die «*um ihn*» fragen in 4,10 allgemein «nach den Gleichnissen».

Das Jesaja-Zitat stutzt Markus arg zurecht und nutzt seine Version davon, um den Gegensatz zwischen jenen «*um ihn*» und «*jenen draussen*» – auch das verwendet er schon in 3,31–35 – noch zu schärfen: «*Jenen draussen aber geschieht alles in Gleichnissen, damit sie sehend sehen und nicht einsehen, und hörend hören und nicht verstehen, damit sie nicht umkehren und ihnen vergeben werde*» (Mk 4,11f.).[43]

Doch dann folgt überraschenderweise keine Seligpreisung der Insider, sondern das Gegenteil: «*Ihr kapiert dieses Gleichnis nicht? Wie wollt ihr dann überhaupt die ganzen Gleichnisse verstehen?*» Auch hier bekommen die Insider eine Sonderbelehrung, doch unter ganz anderen Vorzeichen: Sie sind begriffsstutzig und brauchen Nachhilfe.

Markus zeichnet den Gegensatz zwischen In- und Outsidern sehr scharf, gleichzeitig ist bei ihm nicht klar, wer drinnen und wer draussen ist. In den fol-

---

41 Rudolf Pesch, Die Apostelgeschichte (EKK V/2), Zürich/Neukirchen-Vluyn 1986, 310.
42 Vgl. Darell L. Bock, Acts, Grand Rapids 2007, 756f.
43 Vgl. Oefele, Evangelienexegese (Anm. 11), 259–265.

Die Schrift lesen – das Wort hören – ... glauben?

genden Kapiteln betreibt Markus systematisch diese Verwischung der Grenzen, bis zum Höhepunkt der Entwicklung auf der dritten Bootsfahrt (8,14–21): Dort lässt Markus seinen ziemlich verzweifelten Jesus das «Verstockungsmotiv» wiederholen – nun aber betrifft es die Jünger.

Auch hier stellt sich die Frage nach der Kommunikationsabsicht des Evangelisten, der bzw. dessen Hörer:innen mit ganz anderen Fragen als die matthäische Gemeinde konfrontiert ist.[44] Das Markusevangelium selbst gibt viele Hinweise, dass seine Adressat:innen sich in einer sehr schwierigen Situation befinden: Ihr Glaube zerrinnt ihnen buchstäblich unter den Fingern, weil in ihrer Lebensrealität so gar keine Hinweise auf den Anbruch des Gottesreiches zu erkennen sind. Die Frage nach der Rolle Israels spielt für sie keine Rolle. Wer gehört nun eigentlich zu diesem Jesus? Und: Was bedeutet es, dass das Gottesreich schon angebrochen ist? Und: Können wir überhaupt sehen, hören und verstehen, können wir glauben, oder verunmöglicht uns das vielleicht Gott? Das sind ihre ganz eigenen Fragen, die Markus hier aufgreift und versucht, neue Perspektiven zu eröffnen.

Seine Auslegung des Sämanngleichnisses ist ein kleiner Baustein des Werbens um seine Hörer:innen: Das rechte Hören, das schlussendlich Frucht bringt, verlangt kein Verstehen, kein Tun und keine besondere ethische Gesinnung; es genügt, dieses Wort willkommen zu heissen, ihm zu vertrauen.

So kommen bei Markus hören und glauben zusammen – nicht nur auf der narrativen Ebene, sondern als Einladung an das markinische Publikum, dem, was sie hören, Glauben zu schenken.[45]

Bevor ich zum Schluss komme, eine kleine Synopse der drei Versionen der Geschichte:

1. Alle drei Evangelisten rufen zum Hören des Sämanngleichnisses auf. Dieses, so wird in der Auslegung klar, handelt selbst vom Hören, vom rechten Hören des Wortes.

2. Damit das Hören fruchtbar ist, muss nach Matthäus und Lukas die Tat aufs Hören folgen, Matthäus fordert zudem, dass das Wort verstanden, Lukas, dass es mit der richtigen Einstellung gehört wird. Für Markus hingegen genügt es, das Wort willkommen zu heissen, für sich gelten zu lassen.

3. Das «Verstockungsmotiv» aus Jes 6,9f. verbindet das Hören nicht nur mit einer anderen Sinneswahrnehmung, dem Sehen, sondern mit dem Verstehen, das dem Herzen zugeordnet ist. Verstehen und Nichtverstehen und damit das rich-

---

[44] Vgl. Oefele, Evangelienexegese (Anm. 11), 56.403–406.
[45] Vgl. Oefele, Evangelienexegese (Anm. 11), 272.

tige Hören des Wortes setzen den Massstab dafür, wer zu den In- und wer zu den Outsidern gehört.

4. Die sehr unterschiedliche Wertung des Verstehens hängt mit der Kommunikationsabsicht der Autor:innen bzw. mit der Lebenssituation der jeweiligen Adressat:innen zusammen. Matthäus unterscheidet die Jünger Jesu als die Verständigen vom unverständigen Volk und verarbeitet somit die Erfahrung der Trennung seiner Gemeinde vom Volk Israel. Lukas geht im Zusammenhang mit dem Sämanngleichnis praktisch nicht darauf ein und hebt sich das Jesajazitat für das Ende der Apostelgeschichte auf, um dort abschliessend zu unterstreichen, dass nun die Botschaft von Gottes Heil definitiv allen Völkern gilt. Markus hingegen versucht mit allen Mitteln, sein von Zweifeln geplagtes Publikum davon zu überzeugen, dass es sich lohnt, am Glauben festzuhalten, auch wenn vieles unverständlich bleibt.

V. ... glauben?

Mit Blick auf den Glauben versuche ich, die Fülle der Aspekte dieser Hörreise durch das Neue Testament zu bündeln. Auch aus dieser theologischen Perspektive spielt die Frage nach der Machart und nach der konkreten akustischen Vermittlung der Botschaft in und durch die neutestamentlichen Texte eine Rolle – ihre Kommunikationsabsicht ist ja, pauschal gesagt, Glauben zu wecken, zu bewahren und zu stärken. Am Beispiel der Offenbarung mit ihrem eindrücklichen Soundtrack zu monumentalen Bildern und an dem des Ersten Johannesbriefs, der seine Hörer:innen im Wortfeld der Liebe baden lässt, war zu sehen, wie Vermittlung von Glaubensinhalten nicht nur auf der rational-reflexiven, sondern auch auf der emotional-intuitiven Ebene geschieht. Dieses ästhetische Potenzial der Texte zu nutzen, ist Aufgabe der Vortragenden – ich denke, dass auch heute das Bewusstsein für die Sinnlichkeit der biblischen Texte und der Mut, diese bei Lesungen auch zur Geltung zu bringen, dazu beitragen würde, dass der Same des Wortes aufgehen und Frucht tragen kann.

Das Thema der Vermittlung der Botschaft begegnet in den betrachteten Texten zudem in Form von Überlieferungsketten; schriftliche und mündliche Überlieferung lassen sich dabei nicht scharf trennen, sondern gehen Hand in Hand. Gehörtes (und Gesehenes) wird aufgeschrieben, Aufgeschriebenes wieder vorgelesen, reine Mündlichkeit existiert parallel dazu. Die Verlässlichkeit der Botschaft wird garantiert, indem die Überlieferungsketten bis auf Gott (Offb), auf Augen- und Ohrenzeugen des Christusereignisses (1Joh) oder, in späterer Zeit,

Die Schrift lesen – das Wort hören – ... glauben?

auf Autoritäten der Anfangszeit des Christusglaubens (2Tim) zurückgeführt werden. Die Botschaft will weitergesagt werden – von Mensch zu Mensch, von Generation zu Generation. In diesem Sinne kommt Glauben aus dem Hören bzw. aus der Verkündigung.

Bei Paulus und bei den Synoptikern – insbesondere Markus – wurde deutlich, dass Glauben letztlich unverfügbar bleibt. Die Brücken des Willkommen-Heissens (Mk), des Verstehens und Tuns (Mt) und des Gehorchens (Pls) sind gebaut, doch es bleibt ein Geheimnis, ob ein Mensch auf ihnen vom Hören zum Glauben gelangt. Es bleibt offen, was Gottes Werk und des Menschen Beitrag ist. Dennoch, die Texte laden die, die sie hören, ein, sich auf die Brücken zu wagen.

Claudia Welz

Hören und Erhört-Werden:

«Der das Ohr gepflanzt hat, sollte der nicht hören?»[1]

Einleitung: Vom Hören und Sehen

«Der das Ohr gepflanzt hat, sollte der nicht hören?»[2] So lautet die Frage des Beters in Psalm 94,9, und im selben Vers wird noch eine Folgefrage drangehängt, welche die Fragerichtung ins Audiovisuelle dreht: *«Der das Auge gemacht hat, sollte der nicht sehen?»* Die uns verliehene Gabe des Hören- und Sehen-Könnens wird auf den Schöpfergott zurückgeführt. Wenn Gott die Sinnesorgane geschaffen hat, muss er auch selbst zur multisensorischen Wahrnehmung imstande sein, so der Rückschluss. Interessanterweise wird das Auditive mit dem Visuellen kombiniert. Die Privilegierung eines bestimmten Sinnes wird also von diesem Psalmvers nicht unterstützt, auch nicht die spezielle Verbindung von Hören und Glauben. Das heißt natürlich nicht, dass wir den berühmten Vers aus dem Römerbrief von der *fides ex auditu* (Röm 10,17) umschreiben und stattdessen sagen müssten, dass der Glaube aus dem Sehen komme. Nein, wenn es um die Genese des Glaubens an den auferstandenen Christus geht, den das Neue Testament bezeugt, oder um den Glauben an den unsichtbaren Gott Abrahams, Isaaks und Jakobs, von dem die Hebräische Bibel spricht, bleibt das Hören aus einem einleuchtenden Grund vorgängig: Auch wenn wir uns noch so sehr einen sichtbaren Beweis des Eingreifens Gottes in den Gang der Welt wünschen, müssen wir einstweilen auf empirisch registrierbare Nachweise verzichten und uns begnügen mit einer Botschaft, die von anderen Menschen bezeugt wurde und die auf nicht weiter überprüfbare Erfahrungen längst vergangener Generationen zurückgeht.[3] Die

---

[1] Dieser Text wurde anlässlich der Ringvorlesung *«Offener nichts als das geöffnete Ohr». Motive einer Theologie des Hörens* an der Theologischen Fakultät der Universität Bern verfasst und am 31. Mai 2021 vorgetragen.
[2] Zitiert nach der Lutherbibel 2017: www.die-bibel.de/bibeln/online-bibeln/lesen/LU17/PSA.94/Psalm-94 (26.01.2023).
[3] Zu den epistemologischen, ethischen und theologischen Aspekten des Bezeugens siehe die hervorragende Dissertation von Matthias Käser mit dem Titel *Für das Sagbare! Interdisziplinäre Zeug_innenschafts-Diskurse und ihre Relevanz für die Theologie* (Universität Bern 2021); Publikationsfassung: Für das Sagbare! Ein Plädoyer für das Ethos des

Claudia Welz

Gottesbotschaft gelangt zu uns durchs Ohr, sofern sie auch heute noch mündlich weitergegeben wird. Der Hörsinn ist dann der aktualisierende Kanal der Botschaft.

Man kann die Zeugnisse von Gottes Geschichte mit den Menschen aber auch nachlesen, und schon ist das Auge wieder mit dabei. Der Psalmbeter will nur eins, eine merkbare Manifestation Gottes: «*HERR, du Gott, des die Rache ist, du Gott, des die Rache ist, erscheine!*» (Ps 94,1) So der imperativische Ausruf im ersten Vers des Psalms. Kann das Erscheinen oder Hervorscheinen Gottes (אֵל נְקָמוֹת הוֹפִיעַ׃) aber wirklich mit dem Gesichtssinn wahrgenommen werden? Das geht allenfalls indirekt – in seiner Wirkung, in einem erfüllten Gebet, in einer Veränderung der Welt des Beters. Der Psalmist wünscht sich brennend, Gott solle sich zeigen, sich nicht länger verbergen, und endlich für Recht sorgen: «*Erhebe dich, du Richter der Welt*», heißt es im nächsten Vers. Gerichtet werden sollen die gottlosen «*Frevler*» (Ps 94,3) und die «*Übeltäter*» (Ps 94,4), die andere «*plagen*» (Ps 94,5) und sich gegen die schwächsten Mitglieder der Gesellschaft wenden, gegen die Witwen, Waisen und Fremdlinge.

Bemerkenswert ist, dass der Psalmist nicht für eine bestimmte politische Lösung der mit Armut und Krieg, Flucht und Migration zusammenhängenden Probleme plädiert, sondern dass er zuallererst an seinen Gott appelliert, von dem andere sagen, er halte sich raus: «*Der HERR sieht's nicht, und der Gott Jakobs achtet's nicht*» (Ps 94,7), spotten die Feinde. Die anscheinende Gleichgültigkeit Gottes und seine mangelnde Intervention werden von ihnen als Legitimation dafür betrachtet, auf Kosten anderer die eigenen Interessen durchzusetzen. Demgegenüber fragt der Psalmist rhetorisch: «*Der das Ohr gepflanzt hat, sollte der nicht hören? Der das Auge gemacht hat, sollte der nicht sehn?*» (Ps 94,9) Impliziert ist, dass Gott sehr wohl die Schreie und Seufzer derer vernimmt, die zu ihm rufen.

Sodann wird mit Verweis auf Gottes Allwissenheit angekündigt, Gott selbst werde die Übeltäter, deren Gedanken er kenne, bestrafen. Der Psalmbeter schreibt Gott nicht nur Hör- und Sehvermögen zu, sondern auch die Fähigkeit, die geheimen Absichten der Menschen zu durchschauen. Wohlgemerkt will sich der Psalmbeter nicht selbst an seinen Feinden rächen, und er setzt seine Hoffnung auch nicht auf eine staatliche Ordnungsmacht. Wenn Letztere versagt, bleibt ohnehin nur noch ein Ausweg: sich an Gott selbst, die allerhöchste Instanz, zu wenden.

Erzählens im Angesicht von Gewalt und Unrecht (Edition Moderne Postmoderne), Bielefeld 2023.

Das Hören Gottes und das Erhört-Werden des Menschen sind zwei Seiten eines einzigen Geschehens: des Gebets. Wie ist dieses Hören und Erhört-Werden zu verstehen? Im Folgenden werde ich mich zunächst der theologischen, Gott selbst betreffenden Seite zuwenden (I.), dann der anthropologischen, den Menschen betreffenden Seite (II.) und schliesslich diskutieren, ob bzw. inwieweit die Erhörungsgewissheit als Kriterium des «rechten» Betens gelten kann (III.). Dabei werde ich sowohl Beispiele aus der jüdischen als auch der christlichen Tradition in den Blick nehmen und nicht zuletzt die Erfahrung der «Gottverlassenheit», des *Nicht*-Erhört- oder Gesehen-Werdens in meine Überlegungen einbeziehen.

I. Gott als Hörender und Erhörender

Wir kennen sie alle, die Notsituation, in der wir einander nur in begrenztem Umfang helfen können, aber akut der Verletzlichkeit allen Lebens gewahr werden. In einer solchen Situation will uns Gott, der in unserer Schwachheit mächtig ist (vgl. 2Kor 12,9), als Hörender und Erhörender begegnen.

1. Der Ruf «de profundis» – und die Bitte um Gottes Gehör

Der Ruf *de profundis*, der Schrei aus tiefer Not, ist uns aus Psalm 130,1f. bekannt: «*Aus der Tiefe rufe ich, HERR, zu dir. HERR, höre meine Stimme! Lass deine Ohren merken auf die Stimme meines Flehens!*» Der britische Komponist Paul Mealor hat diese Verse auf wundervolle Weise vertont in einem Stück für Solo-Bass und Chor aus dem Jahr 2005 mit dem Titel *De profundis*. In einer Aufnahme des Kammerchors St. Petersburg singt Tim Storms das tiefe E (329 Hertz), den tiefsten Ton, der je in einen Choral aufgenommen wurde.[4] Ergreifend an dieser Auf-

---

[4] Zum Anhören: www.youtube.com/watch?v=UqelCmfiGnU (01.02.2023) Dieser Ton ist noch tiefer als das ins Guinness-Buch der Rekorde eingegangene Fis. Damit gewann Storms 2012 den weltweiten *Bass Hunter*-Wettbewerb auf der Suche nach der tiefsten menschlichen Stimme, vgl. http://bibleasmusic.com/de-profundis-out-of-the-depths-psalm-1301-27-paul-mealor/ und www.sheetmusicplus.com/title/de-profundis-sheet-music/19844237 (26.01.2023). Der Liedtext ist eine modifizierte Version des sechsten Busspsalms, Ps 130,1–2.7:
1 Out of the depths do I cry to you, O Lord.
2 Lord, hear my voice: let your ears be attentive to my voice in my supplications, my Lord.
I cry to you, o Lord, let your ears be attentive to my voice. I cry to you ...
7 In you is forgiveness, my Lord. Amen.

nahme ist der Kontrast zwischen der Abgrundtiefe der Not, aus der gerufen wird, und der Himmelhöhe des Allerhöchsten, zu dem die Stimmen des Chors den Beter emporzutragen suchen – mit der Bitte darum, dass Gott höre.

«Ist Gott unfähig, uns zu hören, dann ist es Unsinn, zu Ihm zu sprechen.»[5] So schrieb Abraham Joshua Heschel, der polnisch-amerikanische Rabbi und Professor für jüdische Ethik und Mystik am Jewish Theological Seminary in New York City, in seinem Buch *Man's Quest for God: Studies in Prayer and Symbolism* (1954). Gott ist laut Heschel nicht daheim «in einem Universum, wo Sein Wille verhöhnt, wo sein Königtum geleugnet wird». Beten heisst für Heschel folglich, «Gott in die Welt zurückzubringen, Sein Königtum aufzurichten, Seinen Ruhm herrschen zu lassen». Gott anbeten bedeutet, «*Seine Gegenwart* in der Welt ausbreiten» und den «transzendenten» Gott dadurch «immanent» zu machen; doch ist nicht die mystische Erfahrung oder das Gefühl, dass wir Gott nahe sind, entscheidend, sondern vielmehr «unsere *Gewißheit,* daß Er uns nahe ist», obwohl Gottes Gegenwart verhüllt ist. «Solange wir uns weigern, zur Kenntnis zu nehmen, was jenseits unserer Sicht, jenseits unseres Verstandes liegt, solange [...] ist uns der Weg zum Gebet verschlossen.»[6] Genau aus diesem Grund ist ein Gehör für das Unsichtbare bzw. den Unsichtbaren vonnöten – im Sinne des Vertrauens darauf, dass Gott in Rufweite bleibt, dass er imstande ist, uns zu antworten, und dass wir diese seine Antwort vernehmen können. Der Weg zum Gebet führt uns zur Verwunderung angesichts der Möglichkeit der Gottesbegegnung. Dementsprechend verankert Heschel die Würde des Menschen «in dem Geschenk, daß er Gott anreden kann.»[7] Macht diese Anrede aber wirklich nur dann Sinn, wenn Gott uns hören und uns antworten kann?

Eine ebenfalls hörenswerte, ja legendäre Aufnahme ist das *Erbarme dich, mein Gott* aus Johann Sebastian Bachs *Matthäus-Passion*, 1971 gesungen von Julia Hamari mit dem Münchener Bach-Orchester, dirigiert von Karl Richter: www.youtube.com/watch?v= aPAiH9XhTHc (26.01.2023). Hier wird der Gesang zum Gebet, nicht nur zur Trance, wie es auf YouTube heißt, und die Hörenden bzw. Mitbetenden werden selbst beim Nennen der «Zähren» zu Tränen gerührt.

[5] Abraham Joshua Heschel, Der Mensch fragt nach Gott. Untersuchungen zum Gebet und zur Symbolik, übersetzt von Uwe Cordt, bearbeitet von Ruth Olmesdahl, Neukirchen-Vluyn 1982, 42.

[6] Alle Zitate ebd.

[7] Heschel, Mensch (Anm. 5), 55.

2. Gebet ohne einen hörenden und sprechenden Adressaten?

Avi Sagi, Philosophieprofessor an der Bar Ilan-Universität in Tel Aviv, veröffentlichte 2016 sein Buch *Prayer after the Death of God: A Phenomenological Study of Hebrew Literature*. Sagi entfaltet darin eine literaturwissenschaftliche Analyse des Gebets, das er im Gefolge Wittgensteins als Sprachspiel versteht. Sagi widmet sich vor allem dem Zeugnis nicht-gläubiger hebräischer post-Holocaust Schriftsteller, die nach der Schoah nicht mehr davon ausgehen, dass sie Gott mit ihrem Gebet erreichen können.[8] Die Hauptfrage des Buches lautet: «[W]hat is the meaning of prayer in a world where God is no longer?»[9] An wen richtet sich das Gebet, wenn nicht an Gott – und was heisst es, von Gott als Adressaten des Gebets zu abstrahieren?

Sagi geht davon aus, dass alle Menschen betende Wesen sind, das Gebet also in der Menschennatur verankert ist.[10] Selbst in einer Kultur, in der Gott als «tot» gilt, beten die Menschen, beobachtet Sagi, und dies deutet er im Sinne der Möglichkeit menschlicher Selbsttranszendenz ohne Gottesglaube. «Prayer breaks forth from the depths of the heart»[11], schreibt er, und meint, dass das Gebet nichts weiter als ein Ausdruck für die Weltsicht der Betenden sei.[12] Gebet als Expression sei ein ursprüngliches, primordiales Phänomen, das auch durch Poesie oder Musik hervorkommen könne. Das Gebet mache die Hoffnung zum Herzstück der Existenz und wehre dadurch die Resignation oder den Gedanken ab, dass wir uns mit dem «Gegebenen» oder «Vorgegebenen» abfinden müssen.[13] Dementsprechend hat Sagi als Mottotext für Kapitel 7 *(Humans as Praying Beings)* ein Zitat von Elie Wiesel gewählt, der sich im Blick auf seine Zeit in Auschwitz und Buchenwald fragte: «Why did I pray? A strange question. / Why did I live? Why did I breathe?»[14] Beten gilt demnach als ein Phänomen, das genauso natürlich ist wie das Leben selbst und das Atmen.

Der Vergleich des Gebets mit dem Ein- und Ausatmen findet sich auch in der christlichen Tradition. Hier seien lediglich zwei prominente Beispiele genannt,

---

[8] Vgl. Avi Sagi, Prayer after the Death of God: A Phenomenological Study of Hebrew Literature, übersetzt von Batya Stein, Boston 2016, xii.
[9] Sagi, Prayer (Anm. 8), 1.
[10] Vgl. Sagi, Prayer (Anm. 8), ix.
[11] Sagi, Prayer (Anm. 8), 149.
[12] Vgl. Sagi, Prayer (Anm. 8), xiii.
[13] Vgl. Sagi, Prayer (Anm. 8), xi.
[14] Sagi, Prayer (Anm. 8), 148, Zitat von Elie Wiesel, Night, New York 1960, 13.

eines aus der römisch-katholischen und eines aus der lutherisch-protestantischen Tradition:

1. Im fünften seiner 1930 verfassten *Briefe über Selbstbildung* schreibt der Priester und Religionsphilosoph Romano Guardini vom Beten, es sei «eigentlich etwas Selbstverständliches und ist es doch wieder gar nicht. Die Seele kann es von Natur, wie die Brust atmet und das Herz klopft, und doch sperrt sie sich dagegen. Also müssen wir das Beten lernen.»[15] Was Guardini hier als ein Sich-Versperren kritisiert, ist das, was der Mensch Gott an Widerstand entgegenbringt. Dieser Widerstand, welcher die natürliche Offenheit des betenden Menschen für den «lebendigen Verkehr mit Gott»[16] blockiert, kann mit einem alten theologischen Sammelbegriff für die menschliche Abweisung Gottes als ‹Sünde› bezeichnet werden. Beten dagegen «heißt mit Gott leben», wobei das Gebet als Lebensbewegung holistischen Charakter hat, denn dies bedeutet, dass wir lernen, «alles was uns angeht, zu ihm zu tragen, bei ihm zu bedenken, von ihm aus zu beurteilen» und nicht zuletzt «aus unserem Eigenen zu ihm zu sprechen.»[17] Wie uns die Atemluft überall umgibt, soll auch der göttliche Geist überall bei uns Eingang finden. Dass Gott gegenwärtig ist, heisst auch: «Er hört mich, sieht mich.»[18]

2. Der dänische Theologe und Philosoph Søren Kierkegaard vergleicht in *Die Krankheit zum Tode* (1849) das Beten mit einem «Luftholen», durch das wir neue Möglichkeiten zugespielt bekommen, wenn uns, gefangen in scheinbarer unabdingbarer Notwendigkeit, die Luft auszugehen droht: «Beten ist auch ein Atmen, und die Möglichkeit ist für das Selbst, was der Sauerstoff für die Atmung ist.»[19] Selbst wenn es menschlich gesprochen keinen Ausweg mehr gibt, sagt der Glaube: «[A]lles ist möglich bei Gott»[20] – und diese Möglichkeit sei dem glaubenden Menschen «das ewig sichere Gegengift gegen Verzweiflung»[21]. Ein Fatalist unterwerfe sich stumm der Notwendigkeit, die sein Leben bestimmt, während der Glaubende es ganz Gott anheim-

---

[15] Romano Guardini, Briefe über Selbstbildung, bearbeitet von Ingeborg Klimmer, Mainz ⁶2001, 66.
[16] Ebd.
[17] Guardini, Briefe (Anm. 15), 76.
[18] Guardini, Briefe (Anm. 15), 78.
[19] Søren Kierkegaard, Die Krankheit zum Tode. Der Hohepriester – der Zöllner – die Sünderin (Gesammelte Werke, hg. von Emanuel Hirsch und Hayo Gerdes, 24./25. Abt.), Gütersloh ⁴1992, 37.
[20] Kierkegaard, Krankheit zum Tode (Anm. 19), 35.
[21] Kierkegaard, Krankheit zum Tode (Anm. 19), 37.

stelle, «wie ihm da geholfen werden solle, aber er glaubt, daß alles möglich ist bei Gott.»[22] Die Verzweiflung wird im zweiten Teil des Buches als Sünde bestimmt, und zwar als ein eigenmächtiges Sich-Verschliessen vor Gott. Allein im Glauben an die möglichkeitsmächtige Gegenwart Gottes öffnet sich der Mensch wieder für die «frische Luft» einer von ihm unverfügbaren, d. h. nicht von ihm selbst herbeiführbaren Wendung zum Besseren.

Genau hier liegt der entscheidende Unterschied zu Sagi: Wo Kierkegaard auf die göttliche Hilfe setzt, setzt Sagi auf die reine Immanenz des Gebets als menschliche Handlung, als «human act»[23]. Ein Gespräch *mit* einem hörenden Gott ist das Gebet für ihn jedenfalls nicht, sofern es als «movement of the self, from itself to itself»[24] definiert wird. Diese Bewegung des Selbst von sich zu sich selbst kann scheinbar auch ohne jegliche Hinwendung an ein Du vollzogen werden: als eine selbstkreisende Bewegung. Sofern das Beten nicht nur eine psychologische Bedürfnisbefriedigung, sondern eine nie endende Bewegung der Selbstüberwindung ist, führt es zwar nicht zwangsläufig zu Gott, aber immerhin zu uns selbst, meint Sagi.[25]

Als Kronzeugen für die Auffassung, der transzendente Adressat existiere nur für die Betenden, deren Gebetsakt immanent sei, zitiert Sagi den israelischen Dichter, Übersetzer und Kolumnisten Yitzhak Lamdan: «As long as prayer happens – an ear hears.»[26] Solange Gebet geschieht, hört ein Ohr, heisst es hier. Wessen Ohr aber könnte das Gebet eines einzelnen Menschen hören, wenn nicht Gottes Ohr? Sagi kontrastiert Lamdans Vers mit Pascals Aufforderung, niederzuknien und die Lippen im Gebet zu bewegen, welche mit der Verheissung endet: «und du wirst glauben»; Sagi zufolge versteht Pascal das Gebet als ein Geschehen, durch das Gott selbst wirkt.[27] Was aber, wenn der Glaube an einen hörenden und erhörenden Gott erodiert ist?

Mit Blick auf den jüdischen Religionsphilosophen Martin Buber rekurriert Sagi auf ein Verständnis von Religiosität als Heiligung allen Lebens, als Anerkennen einer tieferen Wirklichkeit, als Sinn für das Wundervolle und Neuwerden angesichts des Unbedingten.[28] In diesem Verstehensrahmen erscheint

---

[22] Kierkegaard, Krankheit zum Tode (Anm. 19), 36.
[23] Sagi, Prayer (Anm. 8), 153.
[24] Sagi, Prayer (Anm. 8), 163.
[25] Vgl. Sagi, Prayer (Anm. 8), 164–166.
[26] Sagi, Prayer (Anm. 8), 162, mit Verweis auf Yitzhak Lamdan, When the Fires Die Out, After Prayer, in: *Collected Poems,* Jerusalem 1973, 69 (Hebr.).
[27] Ebd.
[28] Vgl. Sagi, Prayer (Anm. 8), 171, mit Verweis auf Martin Buber, On Judaism, über-

das Gebet als etwas Sinngebendes, das sich weigert, der Macht des Faktischen und Sachzwängen stattzugeben.[29] Mit dem neochassidischen amerikanischen Theologen Arthur Green, der ein konfessionsübergreifendes rabbinisches Studienprogramm am Hebrew College in Boston eingeführt hatte, versteht Sagi das Gebet als ein ans Leben selbst gerichtetes Lied: «Our prayer is a cry and a song to life itself, called forth from our innermost self, addressed to the wonder and mystery of life.»[30] Dabei will er «die mystischen Obertöne» in Greens Zitat, die auf die religiöse oder metaphysische Bedeutung des Gebets verweisen, nicht hören, sondern das Gebet ausschliesslich als eine grundlegende existenzielle Geste verstehen.

Beim Versuch, ein Gebet *ohne* transzendenten Adressaten zu konzipieren, der hören und zu uns sprechen kann, fallen Sagi jedoch die herbeizitierten Texte ins Wort, weshalb seine Argumentation inkonsistent und nahezu selbstwidersprüchlich wirkt. Wie etwa kann man sich selbst überwinden, wenn man nie über sich hinauskommt? Nimmt das besungene Wunder und Geheimnis des Lebens, auf welches unser Lied sich richtet, nicht die Stelle eines als Person vorgestellten Gottes ein, wenn ihm mit Lamdan ein hörendes Ohr zugeschrieben wird? Wäre dies nicht so, bliebe das Gebet ein ins Leere laufender Appell; unser Gegenüber wäre das Nichts oder ein Niemand. Sagi sieht im Beten letztendlich, entgegen seiner eigenen Definition, mehr und anderes als nur eine rein menschliche Aktivität.

Das zeigt sich auch in seinem Vergleich des Gebets mit dem Gewissensruf: Beide Phänomene rufen zum Transzendieren der eigenen konkreten Existenz auf und drücken die Sehnsucht nach einem reicheren und intensiveren Leben aus, und beide zwingen uns zum Aufhorchen auf etwas, was wir uns nicht ohne Weiteres selber sagen können.[31] Sagis Gewährsmann für die vermeintliche Immanenz des Gewissensrufs, der zum eigentlichsten Selbstseinkönnen aufruft, ist Martin Heidegger, der in *Sein und Zeit* den Ruf des Gewissens als einen aus den Tiefen des Daseins kommenden, affektiv gestimmten Ruf beschreibt[32], welcher «*aus* mir und doch *über* mich»[33] kommt. Die lutherische Tradition, die Heidegger modifiziert, indem er die Doppeldeutigkeit des sowohl fremd- als auch selbstbe-

---

setzt von Nahum N. Glatzer, New York 1967, 80.
[29] Vgl. Sagi, Prayer (Anm. 8), 173.
[30] Sagi, Prayer (Anm. 8), 174, mit Verweis auf Arthur Green, Seek My Face, Speak My Name: A Contemporary Jewish Theology, Northvale, NJ 1992, xxi.
[31] Vgl. Sagi, Prayer (Anm. 8), 156f.
[32] Vgl. Sagi, Prayer (Anm. 8), 155f.
[33] Martin Heidegger, Sein und Zeit, Tübingen [17]1993, 275.

stimmten Gewissensrufs vereindeutigt und dadurch gegen die Exteriorität einer «von außen» kommenden Stimme abschottet, wird von Sagi allerdings ausgeblendet.[34] Auf diese, von Sagi übersehene, Tradition werde ich gleich noch zurückkommen.

II. Der Mensch als Hörender und Sprechender

Für das Gottesverhältnis ist es entscheidend, dass Gott und Mensch einander hören können, dass der Himmel gleichsam offenbleibt und damit die vertikale Achse menschlicher Erfahrung aufrechterhalten bleibt. Sonst könnten wir nicht in Kontakt kommen mit dem Allerhöchsten, denn selbst wenn er zu uns herniederstiege, wären wir verschlossen für seine Stimme. Während Heschel ausgehend von der jüdischen Tradition die Menschenwürde in der Gabe, Gott anreden zu können, verankert, gründen die Reformatoren ausgehend von der christlichen Tradition die Menschenwürde in der Gottebenbildlichkeit (Gen 1,26f. etc.)[35]. Für das Gebet bedeutet dies, dass dem Gott, der zu uns spricht, uns hört und erhört, ein hörender, sprechender und ihm gehorchender Mensch entspricht. Was aber heisst es, Gottes Stimme zu hören, ohne sich ihr zu verschliessen?

1. Gottes Stimme hören

In seiner Studie zur *Ontologie der Person bei Luther* (1967) beschreibt der Theologe Wilfried Joest den responsorischen Charakter des menschlichen Person-Seins, zu dem gehört, dass der Mensch «nicht in immanenter Qualität, sondern nur aus dem Mit-Sein Gottes [...], nur mitgenommen im Wirken Gottes geistlich leben kann.»[36] Aufgrund seiner Sünde ist der Mensch ganz und gar abhängig von Gottes Wirken und kann sich geistlich gesehen nicht auf seine Selbsttätigkeit

---

[34] Vgl. dazu Claudia Welz, Das Gewissen als Instanz der Selbsterschließung: Luther, Kierkegaard und Heidegger, in: Neue Zeitschrift für Systematische Theologie 53, 2011, 265–284, und dies., Vocation and the Voice of Conscience, in: Kierkegaardian Essays: A Festschrift in Honour of George Pattison, hg. von Clare Carlisle und Steven Shakespeare, Berlin/New York 2022, 131–146.

[35] Zu einer Übersicht über verschiedene Verstehens- und Deutungsmodelle des in Gen 1,26f. par. verankerten *imago Dei*-Motivs vgl. Claudia Welz, Imago Dei – Bild des Unsichtbaren, in: Theologische Literaturzeitung 136, 2011, 479–490; dies., Humanity in God's Image: An Interdisciplinary Exploration, Oxford 2016.

[36] Wilfried Joest, Ontologie der Person bei Luther, Göttingen 1967, 273.

und Spontaneität verlassen. Stattdessen muss der Mensch sich alles Gute geben lassen, alles von Gott empfangen. Zwischen Gott und Mensch geschieht alles durch Wort und Glauben, indem Gott sein Wort der göttlichen Verheissung ausspricht und der Mensch es empfängt im Glauben an die Wirksamkeit dieses Wortes.[37] Dabei steht im Glauben das *audire*, das Hören des Wortes, im Gegensatz zu einem *iudicare*, einem Richten, mit dem der Mensch «ein Selbst-über-sich-Bescheid-wissen und -urteilen vollzieht», so Joest.[38]

In seiner Hebräerbriefvorlesung, in der Luther über Ps 81,9 (Vulgata: *audi, populus meus, et contestabor te*) reflektiert, macht er eine Entdeckung. Er stellt fest, dass *audi* und *contestabor* absolut gebraucht werden: «also nicht in dem Sinne ‹hör zu, ich will dir etwas sagen›, sondern in dem Sinne ‹werde du (prinzipiell) Hörender, ich werde (prinzipiell) der Redende sein›»[39]. Der Mensch wird also «in die Stellung des schlechthin Hörenden»[40] verwiesen, während Gott zuvörderst als der Redende gilt. Das Hören wird somit als Ende alles menschlichen Handelns und als Preisgabe an die in uns wirkende Gegenwart Gottes verstanden[41], dessen Ruf an uns ergeht, bevor wir selber irgendetwas tun können. Insofern ist es konsequent, dass Luther nicht einmal den Glauben als das dem Wort Gottes entsprechende Hören «als eine Re-Aktion des Menschen»[42] verstanden wissen will, sondern vielmehr als «die Aktion des Wortes in ihm»[43]. Dementsprechend bezeichnet *auditus* nicht etwa eine menschliche Gehörkraft oder Glaubensfähigkeit, sondern einzig und allein «das Lautwerden, Hörbar-werden und Hören-wirken»[44] des göttlichen Wortes im Menschen. Der Glaube gilt in diesem Kontext als ein bejahendes Annehmen, das Gott als «alles Vermögenden und Wirkenden» akzeptiert.[45]

Sofern der menschliche Glaube Antwortcharakter hat, würde ich ihn allerdings nicht wie Joest als «*responsorische passivitas*»[46] beschreiben, denn sonst hätte der Mensch nicht einmal mehr die Möglichkeit, Amen zu sagen. Passivität

---

[37] Vgl. Joest, Ontologie (Anm. 36), 280, mit Verweis auf Martin Luther, WA 6, 516,30–32: «Neque enim deus aliter cum hominibus unquam regit aut agit quam verbo promissionis. Rursus, nec nos cum deo unquam aliter possumus quam fide in verbum promissionis eius.»
[38] Joest, Ontologie (Anm. 36), 288.
[39] Ebd., mit Verweis auf Luther, WA 57 H, 138,20ff.
[40] Joest, Ontologie (Anm. 36), 289.
[41] Vgl. Joest, Ontologie (Anm. 36), 293f.
[42] Joest, Ontologie (Anm. 36), 293.
[43] Joest, Ontologie (Anm. 36), 294.
[44] Ebd.
[45] Joest, Ontologie (Anm. 36), 302.
[46] Ebd.

eignet dem Glauben nur in dem Sinne, dass der Mensch sich den Glauben nicht selber geben oder aneignen kann. Gottes Initiative ist dem Glauben vorgängig. Als ein sich selbst verschliessender Sünder muss der Mensch allererst von Gott zum Glauben geöffnet werden, doch auf dieser Grundlage kann er dann das Wort Gottes in sich aufnehmen und in sich wirken lassen. In dieser Hinsicht enthält der Glaube auch eine Komponente der Rezeptivität. Diese ist nötig, denn sonst würde der Mensch Gott widerstreben. Rezeptivität ist aber nicht mit selbstmächtiger Aktivität zu verwechseln, denn der Mensch verdankt Gott alles, was er ist und was er hat und was er Gott gegenüber tun und sagen kann.

Diese Auffassung ist in Übereinstimmung mit der hermeneutischen Theologie des Lutheraners Gerhard Ebeling. In dessen Essay *Das Gebet* (1973) lesen wir:

«Die Gottesbeziehung ist nicht eine physikalische Kausalitätsrelation [...], sondern eine sprachliche Personalitätsrelation. Das Sein von Gott her und auf Gott hin wird vor Gott ausgetragen als Vernehmen und Sich-vernehmen-Lassen, als Sich-Verdanken und Sich-Schulden, als Sich-Aussprechen und Sich-Anvertrauen.
Das Sein vor Gott ist als solches sprachlicher Natur, auch im Verstummen vor Gott. Die Präposition ‹vor› weist hier auf die Instanz, vor die zitiert zu sein das Menschsein ausmacht und vor der sich äußern zu müssen und zu dürfen tiefster Ursprung und höchstes Ziel der Sprache ist. Es versteht sich dann eigentlich von selbst, daß der Gegenstand der Gottesbeziehung der Mensch in seinem Weltbezug ist.»[47]

Die Grundsituation des Menschen ist Ebeling zufolge Gebetssituation und wird keineswegs nur im formellen Gebetsakt gelebt. Das Gebet ist niemals unsprachlich, auch wenn es unausgesprochen bleibt und als schweigende Andacht vollzogen wird, da der Lebensvollzug als solcher in allem Handeln und Leiden von der Sprache begleitet und durchdrungen ist. «Das Leben im Glauben zehrt von der Präsenz des Wortes, das darum Gottes Wort heißt, weil es die Freiheit dazu gibt, das Leben als das zu leben, was es vor Gott ist, und es darum zu Anrede und Antwort an Gott werden zu lassen.»[48] Im Gebet bringen wir somit unsere Welterfahrung vor Gott.[49]

---

[47] Gerhard Ebeling, Das Gebet (1973), wiederabgedruckt in: ders., Wort und Glaube. Bd. 3: Beiträge zur Fundamentaltheologie, Soteriologie und Ekklesiologie, Tübingen 1975, 405–427 (422f.).
[48] Ebeling, Gebet (Anm. 47), 424.
[49] Vgl. Ebeling, Gebet (Anm. 47), 425.

2. Gebet als Dialog?

Hier legt es sich nahe zu fragen, ob sich das Gebetsgeschehen insgesamt als Dialog verstehen liesse. Dafür scheint zu sprechen, dass Luther selbst in einer Predigt von 1539 das Gebet definierte als «ein ewig gespraech zwischen Gott und dem menschen, aintweder, das er mit uns rede, da wir still sitzen und jm zuo hoeren oder das er uns hoere mit jm reden unnd bitten, was wir bedürffen»[50]. Schweigendes Zuhören und Reden wechseln sich ab. Die Rolle des Hörenden wie auch die des Redenden wird abwechselnd Gott und dem Menschen zugeschrieben. Daher erscheint es angemessen, Luthers Gebetsverständnis als «reale Kommunikation mit Gott» bzw. als «eine vom Beter mitzugestaltende Form des Austauschs» mit Gott zu charakterisieren.[51]

Andererseits definierte Luther das Gebet 20 Jahre früher in seiner *Auslegung deutsch des Vaterunsers für die einfältigen Laien* (1519) als «ein auffhebung des gemuts oder hertzen tzu got»[52]. Als Herzenserhebung zu Gott muss das Gebet nicht unbedingt als Dialog strukturiert sein, der auf Gegenseitigkeit basiert. In diesem Zusammenhang scheint der Mensch vor allem zu hören, während Gott spricht. Diese einseitige Rollenzuteilung wird jedoch aufgemischt, wenn der Mensch biblische Texte rezitiert. Beispielsweise beim Lesen des Dekalogs wird eine Ich-Du-Relation zwischen Gesprächspartnern etabliert, wobei die Stimme Gottes (Ex 20,2: «*Ich bin der HERR, dein Gott*») im Zitat vernehmbar wird, so dass der Mensch «gleichzeitig Sprecher und Angesprochener»[53] ist. Hier herrscht eine dialogische Doppelheit von Aktivität und Passivität.

Genau diese lehnt Heschel ab im Blick aufs Gebet. «Wer sind wir, daß wir mit Gott in einen Dialog eintreten könnten?»[54], fragt er. Stattdessen versteht er

---

50 Martin Luther, Predigt am Sonntag Exaudi (1Petr 4,18. Mai 1539), in: WA 47, 758,24–26.
51 Bernhard Mutschler, Ein Reden des Herzens mit Gott. Martin Luther über das Gebet, in: Neue Zeitschrift für Systematische Theologie 49, 2007, 24–41 (41.39).
52 Vgl. Mutschler, Reden des Herzens mit Gott (Anm. 51), 31, Zitat von Martin Luther, Auslegung deutsch des Vaterunsers für die einfältigen Laien (1519), in: WA 2, 85,9–12: «Also beschlissen alle lerer der schrifft, das das wesen und natur des gebets sey nichts anders dan ein auffhebung des gemuts oder hertzen tzu got. Ist aber die natur unnd arth des gebets des herzens auffhebung, so folget, das alles ander, was nit des hertzens erhebung ist, nit gebet ist».
53 Vgl. Mutschler, Reden des Herzens mit Gott (Anm. 51), 32, Zitat von Birgit Stolt, Martin Luthers Rhetorik des Herzens, Tübingen 2000, 74.
54 Abraham Joshua Heschel, Gebet als Ordnung, in: ders., Die ungesicherte Freiheit. Essays zur menschlichen Existenz, übersetzt von Ruth Olmesdahl, Neukirchen-Vluyn 1985, 203–208 (204).

das Gebet als einen Akt der Vertiefung *(act of immersion)* und Selbsthingabe *(self-surrender)*.[55] Im Gebet wird das betende Ich zum Objekt der göttlichen Fürsorge *(object of divine concern)* und andererseits wieder zur Person in dem Augenblick, in dem es von Gott erinnert wird *(remembered by God)*.[56] Die wahre Aufgabe des Menschen sei nicht, Gott zu erkennen, sondern von ihm erkannt zu werden.[57] Für Heschel ist Gott «the ultimate subject»[58], das heisst Gott ist als souveränes Subjekt der aktive Part, unvergleichlich mit dem Menschen, der es sich lieber nicht anmassen sollte, sich als Gottes ebenbürtiger Gesprächspartner zu verstehen. Verglichen mit Luther haben wir es auf den ersten Blick mit entgegengesetzten Bewegungen zu tun: Herzenserhebung versus Vertiefung, ein Hin und Her der Worte zwischen Himmel und Erde versus schweigendes Hören des «ganz unten» auf der Erde bleibenden Menschen. Bei näherem Hinsehen stimmt diese Entgegensetzung jedoch nicht, denn auch bei Heschel finden wir beides, sowohl den Schrei des Menschen zu Gott als auch das Angesprochenwerden durch Gott in selbstvergessener Anbetung. Gott hört, und der Mensch hört. Daher stellt sich die Frage nach dem Status des Hörens bei Gott und dem Menschen. Heschel entdeckt hier eine Asymmetrie: Im Gebet soll der Mensch zu Gottes Beachtung gebracht und von Gott gehört und verstanden werden.[59] Insofern hat das göttliche Hören, Erkennen, Verstehen und Sprechen immer Priorität vor dem menschlichen. Gottes Wirken, seine Aktion, ermöglicht die menschliche Reaktion bzw. Antwort. Auch in der lutherischen Theologie ist die Vorgängigkeit der Initiative Gottes konstitutiv für die Bestimmung der Rolle des Menschen im Verhältnis zu seinem Gott. Werfen wir nun einen Seitenblick auf die Schweizer reformierte Tradition.

Bei Huldrych Zwingli finden sich beide von Luther gebrauchten Bilder für das Gebet: sowohl das einer an keine feste Zeit und keinen bestimmten Ort gebundenen Erhebung des Gemüts oder Herzens zu Gott[60] als auch das eines Ge-

---

[55] Abraham Joshua Heschel, Essential Writings. Selected with an Introduction by Susannah Heschel, New York 2011, 96.
[56] Heschel, Writings (Anm. 55), 97.
[57] Vgl. ebd.
[58] Heschel, Writings (Anm. 55), 94.
[59] Heschel, Writings (Anm. 55), 97: «Thus the purpose of prayer is to be brought to God's attention: to be listened to, to be understood by Him.»
[60] Ralph Kunz, «Sing, bet und geh auf Gottes Wegen». Spuren einer reformierten Eschatologie, in: Beten als verleiblichtes Verstehen. Neue Zugänge zu einer Hermeneutik des Gebets (QD 275), hg. Ingolf U. Dalferth und Simon Peng-Keller, Freiburg u. a. 2016, 246–277 (251.254.257) mit Verweis auf Huldrych Zwingli, Huldrych Zwinglis sämtliche Werke, Bd. 1, hg. von Emil Egli und Georg Finsler, Berlin 1905, 425, und Huldreich Zwinglis

sprächs, das wir aus dem Glauben heraus mit unserem göttlichen Vater führen, um mit ihm zu sprechen und bei ihm Hilfe zu suchen.[61] Der evangelisch-reformierte Pfarrer und Zürcher Professor für Praktische Theologie Ralph Kunz erklärt, dass es zur Erhebung des Herzens Konzentration braucht, eine andächtige Haltung, inniges Denken an Gott.[62] Beim Beten werde Zwingli zufolge das Gehör in den Gewahrsam des Glaubens genommen, «indem es nicht mehr den Zusammenklang der Saiten und die Harmonie der verschiedenen Stimmen hört, sondern die himmlische Stimme»[63]. Die grösste Gefahr sieht Kunz berechtigterweise darin, dass das innere Sprechen korrespondenzlos werden könnte, wenn es zu sehr vor der Ambiguität äusserlicher Zeichen geschützt wird, und in einer Fussnote fügt er hinzu, dass es gerade für wortbewusste Theologie zu lernen wäre, dass Gott auch im Klang zur Vorstellung kommt.[64] Das dürfte gegen die eher karge, zuweilen allzu nüchterne Liturgie in reformierten Kirchen gesagt sein, sofern diese nicht nur auf Farben und Bilder, sondern auch auf die Musik verzichtet, hatte Zwingli doch den Chorgesang im Gottesdienst abgeschafft.

In diesem Gesang werden u. a. Bibelworte, die Gott als Sprecher zugeschrieben werden, vertont. Was mich in der gegenwärtigen Untersuchung aber besonders interessiert, ist die Frage, wie eine sich als «Stimme der Stille» entfaltende himmlische Stimme zum Ausdruck kommen kann. Meine oben angedeutete Antwort lautet: als «Gehör für das (bzw. den) Unsichtbare(n)» – und diese Antwort kann jetzt dahingehend präzisiert werden, dass sich Gott selbst bemerkbar macht, und zwar nirgendwo anders als in der menschlichen Rezeption seiner Worte und Wundertaten. Dies geht allerdings nur indirekt: Das Unsichtbare wird sichtbar mithilfe der Augen des Glaubens, und der Unhörbare wird sprechend oder singend vernehmbar im Medium von Menschenstimmen. Das Vernehmen

---

sämtliche Werke, Bd. 3, hg. von Emil Egli und Georg Finsler, Leipzig 1908–1934, 367 *(mentis in deum elevatio)*, vgl. Zwingli, Huldreich, Zwinglis sämtliche Werke Bd. 3, 851.853, wobei Zwingli diese Definition von Augustin und Johannes Damascenus übernommen habe, siehe Samuel Lutz, Ergib dich ihm ganz. Huldrych Zwinglis Gebet als Ausdruck seiner Frömmigkeit und Theologie, Zürich 1993, 15.43 (Anm. 28f.).

[61] Kunz, Spuren (Anm. 60), 253, mit Verweis auf Zwingli, Huldreich Zwinglis sämtliche Werke, Bd. 3, 370 und 400, und Ulrich Gäbler, Huldrych Zwingli. Eine Einführung in sein Leben und sein Werk, München 1983, 58.

[62] Kunz, Spuren (Anm. 60), 257.

[63] Ebd., mit Zitat von Huldrych Zwingli, Schriften, Bd. 4, im Auftrag des Zwinglivereins hg. von Thomas Brunnschweiler und Samuel Lutz, Zürich 1995, 359.

[64] Kunz, Spuren (Anm. 60), 265 mit Anm. 72. Er verweist hier auf Hans-Günter Heimbrock, «Modo religioso». Klang und religiöse Bedürfnisse, in: Gelebte Religion wahrnehmen: Lebenswelt, Alltagskultur, Religionspraxis, hg. von Wolf-Eckart Failing und Hans-Günter Heimbrock, Stuttgart 1998, 69–90 (89).

geschieht nicht nur rein geistig als vernehmende, verstehende Vernunft, sondern auch sinnesbasiert, z. B. wenn wir in der Seelsorge und im gemeinsamen Gebet mithilfe unserer Ohren etwas hören, was in letzter Instanz Gott zu Gehör kommen soll. In diesem Fall sind wir Mittler füreinander, antizipieren wir den Empfang des Gesprochenen durch Gott. Der zu Gott sprechende ist allererst der auf ihn (und seine Mitmenschen) hörende Mensch, der sich in seinem Sprechen und Hören Gott zur Verfügung stellt. Die nächste Frage ist, ob der Mensch auch selbst «wie Gott» hören und ihm darin, im Hören, entsprechen kann.

3. «Hören mit den Ohren Gottes»

Es wäre eigentlich erwartbar, dass die reformatorische Tradition allen Versuchen der *imitatio Dei* zum Trotz konsequent an einem unüberbrückbaren Unterschied zwischen göttlichem und menschlichem Hören festhält. Überraschenderweise ist dies aber nicht durchgängig der Fall. Dietrich Bonhoeffer hat die prägnante Formulierung vom «Hören mit den Ohren Gottes» geprägt. In seinem 1939 erschienenen Büchlein *Gemeinsames Leben,* wo er nach der von der Gestapo erzwungenen Schliessung des von ihm geleiteten Predigerseminars in Finkenwalde aufschrieb, was er über das Leben einer christlichen Gemeinschaft zu sagen hatte, betont Bonhoeffer die Bedeutung des Zuhörens, das «ein größerer Dienst sein kann als Reden» – zeigt sich doch Gottes Liebe zu uns darin, dass «er uns nicht nur sein Wort gibt, sondern uns auch sein Ohr leiht», weshalb es «sein Werk» ist, «das wir an unserem Bruder tun, wenn wir lernen, ihm zuzuhören»[65].

Bonhoeffer rezipiert Luthers Gedanke vom *opus Dei* in uns: Wenn wir einander zuhören, ist dies nicht (oder jedenfalls nicht nur) unsere eigene Handlung, sondern zuvörderst Gottes Werk. Diesen Gedanken Luthers kombiniert Bonhoeffer mit der implizit bleibenden Leitfigur der Gottebenbildlichkeit des Menschen, welche eine *analogia actionis*[66] zwischen göttlichem und menschlichem Handeln etabliert: Unsere zwischenmenschlichen Beziehungen sollen Gottes Art und

---

[65] Dietrich Bonhoeffer, Gemeinsames Leben. Das Gebetbuch der Bibel (DBW 5), hg. von Gerhard Ludwig Müller und Albrecht Schönherr, München 1987, 82f.
[66] Diesen Ausdruck habe ich von Ulrich Dickmann, «In der Spur Gottes». Der Mensch als Ebenbild Gottes in der Philosophie von Emmanuel Levinas, in: «Für das Unsichtbare sterben.» Zum 100. Geburtstag von Emmanuel Levinas, hg. von Norbert Fischer und Jakub Sirovátka, Paderborn u. a. 2006, 85–105 (91 mit Anm. 35), mit Verweis auf Stefan Schreiner, Partner in Gottes Schöpfungswerk. Zur rabbinischen Auslegung von Gen 1,26–27, in: Judaica 49, 1993, 131–145 (139).

Weise, sich zu uns in Bezug zu setzen, widerspiegeln. Im Unterschied zur Predigt trete bei der Seelsorge zum «Auftrag des Wortes» noch «der Auftrag zum Hören» hinzu.[67] Bonhoeffer kritisiert die Christen seiner Zeit dafür, dass sie diese Einsicht, welche der Psychotherapie und Existenzphilosophie auch Christen zuströmen lässt, nicht genügend berücksichtigen: «Die Christen aber haben vergessen, daß ihnen das Amt des Hörens von dem aufgetragen ist, der selbst der große Zuhörer ist und an dessen Werk sie teilhaben sollen. Mit den Ohren Gottes sollen wir hören, damit wir mit dem Worte Gottes reden können.»[68]

Wie aber sollen wir uns das Hören «[m]it den Ohren Gottes» vorstellen, wenn wir Gott zwar nicht vermenschlichen, wohl aber das mit der anthropomorphen Metapher Gemeinte anerkennen wollen? Eine seinsmässige Entsprechung zwischen Gott und Mensch (d. h. eine *analogia entis*) oder gar eine körperlich-anatomische Ähnlichkeit ist hier sicher nicht gemeint.[69] Stattdessen haben wir uns eine handlungsmässige Entsprechung vorzustellen, in welcher göttliches und menschliches Handeln nicht etwa nur parallel nebeneinander herlaufen, sondern gleichzeitig und miteinander geschehen, weil wir, wenn wir «mit den Ohren Gottes» hören, das Gehörte ohne diese gar nicht vernehmen könnten. Wir müssen am Gehör Gottes und seinem Lauschen auf den leisesten Seufzer in dieser Welt Anteil bekommen, um unseren Auftrag des Hörens erfüllen zu können.

Anders als Joest geht Bonhoeffer folglich nicht davon aus, dass Menschen geistlich gesehen ihre Subjektivität und Selbsttätigkeit an Gott abgeben; vielmehr partizipieren Christen in ihrem Hören und Reden und all ihrem Handeln an Gottes Wirken in der Welt. Dieser Zugang ist insofern auch im Geiste Luthers, als dieser grundlegend zwischen zwei Forum-Situationen unterschied: unserem *coram mundo*-Sein und unserer Existenz *coram Deo*. Während unser Hören im Verhältnis zu anderen Menschen in der Welt durchaus eine aktive Komponente enthält, beispielsweise indem wir das Gehörte immer als etwas in einem bestimmten Kontext hören und interpretieren, sind und bleiben wir vor Gott insofern passiv, als wir seine Stimme nicht akustisch perzipieren und sein Wort nur dann hörend verstehen können, wenn Gott selbst seinem Wort in unserem Inneren Gehör verschafft und seine Bedeutung für uns eröffnet.

Wie Ulrich Lincoln überzeugend in *Die Theologie und das Hören* (2014) ausführt, hat das Hören seinen Ort «zwischen Phänomenologie und Hermeneutik,

---

[67] Bonhoeffer, Gemeinsames Leben (Anm. 65), 83.
[68] Bonhoeffer, Gemeinsames Leben (Anm. 65), 83f.
[69] Gegen sie hat Bonhoeffer sich andernorts explizit gewandt und stattdessen für eine *analogia relationis* argumentiert, vgl. Dietrich Bonhoeffer, Schöpfung und Fall (DBW 3), hg. von Martin Rüter und Ilse Tödt, München 1989, 60f.

zwischen Tun und Erleiden»[70] – sofern das Bewusstsein so auf das Gehörte bezogen ist, dass es zu ihm hingezogen wird. Bevor wir das Gehörte deuten können, widerfährt es uns in einer «akroamatischen Berührung»[71], die den Hörvorgang in all seinen Dimensionen (Empfänglichkeit, Wahrnehmung und Interpretation) eröffnet. Um ein einseitiges Entweder-Oder von Subjektivität oder Objektivität, Aktivität oder Passivität im Hören zu umgehen, schlägt Lincoln eine pneumatologische Lesart vor, die dieser Engführung entkommt: Das Hören ist dann als «Ereignis im Medium des Geistes» zu verstehen, in dem der Heilige Geist das göttliche Wort dergestalt zu Gehör bringt, dass Gott nicht nur als Sprecher, aber auch nicht nur als Hörer wirkt, sondern Selbstvermittler seiner Gegenwart «im Medium des Hörbaren»[72].

Ein performativ-mediales Hören «mit den Ohren Gottes» wird auch von der Theologieprofessorin Rachel Muers hervorgehoben, die in ihrem Buch *Keeping God's Silence* (2004) im Anschluss an Bonhoeffer eine theologische Ethik der Kommunikation entwickelt, in der verschiedene Praktiken des Stilleseins berücksichtigt werden. Hören wir «mit den Ohren Gottes», werden wir zum Ort einer Verwandlung, sofern unsere gewohnten Gesprächsmuster transformiert werden.[73] Dann nehmen wir teil an Gottes Hörakten[74], durch welche er Raum für die Welt eröffnet[75], und nehmen die göttliche Wirklichkeit wahr in unserem Menschenleben, vor allem wenn wir jemanden durch unser Hören zum Reden bringen, ja die Rede «hervorhören» in einer befreienden Stille. Deren «heilige Nutzlosigkeit» (oder besser: Zweckfreiheit) ist Muers zufolge emblematisch für die nicht-instrumentelle Natur der Anbetung.[76]

Stillesein heisst geduldig sein, sich Zeit nehmen, auf Gottes Wort und seinen Segen warten.[77] Das eigene Stillesein und das der Gemeinschaft gründen beide in Gottes Hören, wodurch er die Welt verändert.[78] Lernen wir, mit Gottes Ohren zu hören, entsprechen wir Gottes eigenem Hören und ahmen ihn nach in einem Akt der *imitatio Dei,* und diese wiederum bedeutet den Vollzug jener Stille, in

---

[70] Ulrich Lincoln, Die Theologie und das Hören, Tübingen 2014, 13.
[71] Lincoln, Theologie (Anm. 70), 14.
[72] Lincoln, Theologie (Anm. 70), 175.
[73] Vgl. Rachel Muers, Keeping God's Silence: Towards a Theological Ethics of Communication, Oxford 2004, 143–181: Chapter Six: Hearing with God's Ears: Interpreting Practices of Silence (144.148).
[74] Vgl. Muers, God's Silence (Anm. 73), 145.
[75] Vgl. Muers, God's Silence (Anm. 73), 149.
[76] Muers, God's Silence (Anm. 73), 148.
[77] Vgl. Muers, Keeping God's Silence (Anm. 73), 150.
[78] Vgl. Muers, Keeping God's Silence (Anm. 73), 143.

welcher Gott seine ganze Schöpfung hört, so Muers: «enactment of the silence in which God hears the whole of creation»[79]. Die theologische Grundannahme ist hier, dass Gott nicht nur uns Menschen, sondern all seine Geschöpfe hört, und dass wir uns dadurch als Mitmenschen füreinander erweisen und unsere nichtmenschliche Mit- und Umwelt bewahren können, dass wir diesem göttlichen Vorbild entsprechen. Und nicht nur dies. Vielmehr vollzieht sich Gottes Hören in unserem Hören. Gottes Erhören unserer Gebete kann auch dadurch geschehen, dass wir einander zuhören. Dies führt uns zu der Frage, inwiefern wir uns der Erhörung unserer Gebete gewiss sein können.

III. Die Erhörungsgewissheit und die Frage nach Kriterien «rechten» Betens

Wie ist die Erhörungsgewissheit zu verstehen? Kann sie als Kriterium des «rechten» Betens gelten? Welche anderen Kriterien kommen in Betracht?

1. Die Bedeutung der Erhörungsgewissheit

Zahlreiche Psalmen bezeugen vorausschauend die Gewissheit der Erhörung oder im Rückblick die Erfahrung des Erhört-worden-Seins, z. B. Ps 34,5: «*Da ich den HERRN suchte, antwortete er mir und errettete mich aus aller meiner Furcht.*» In Vers 18 desselben Psalms wird die Regel aufgestellt: «*Wenn die Gerechten schreien, so hört der HERR und errettet sie aus all ihrer Not.*» Manche Psalmen formulieren Bedingungen, die erfüllt sein müssen, damit Gott uns hört, so etwa Ps 66,18f.: «*Wenn ich Unrechtes vorgehabt hätte in meinem Herzen, so würde der HERR nicht hören.*» Wir können demnach nicht erwarten, dass Gott uns erhört, wenn wir seine Macht für üble Machenschaften missbrauchen wollen. «Erhörtwerden» heisst hier, dass das Erbetene eintrifft und die Not gewendet wird.

Für Luther ist die Erhörungsgewissheit eine aus dem Gottesglauben erwachsende Selbstverständlichkeit und zugleich eine Norm, an welcher sich der Glaube messen muss: «Ein Christen aber mus so gewis sein gebet erhöret wissen, so gewis er Gott warhafftig helt und gleubet»[80]. Die Erhörungsgewissheit baut auf

---

[79] Muers, Keeping God's Silence (Anm. 73), 153.
[80] Martin Luther, «Das XVI. Kapitel S. Johannis gepredigt und ausgelegt» (1539), in: WA 46, 86,14f.

Gottes konkreten Zuspruch, seine *promissio*, durch die Gott sich dem Menschen so zusagt, dass dieser sich auf Gott verlassen kann.[81] In seiner Predigt zum Sonntag Rogate 1520 stellte Luther fest: *non potest non fieri exauditio*, d. h. es kann nicht sein, dass keine Erhörung geschieht, und ohne Gottes Zusage wäre unser Gebet nichtig.[82] Können wir Gottes Erhörung somit als eine Art Test unseres Gebets verstehen, die dessen Erfolg bestätigt?

Dann befände sich das Gebet, wie Ebeling bemerkt, in einer «Experimentiersituation», in der es verifiziert oder falsifiziert werden kann. Recht verstanden ist aber «die Frage der Erhörung der ausschlaggebende Test nicht des Gebets, sondern des Gebets*verständnisses*», denn konstitutiv für das Gebet ist «nicht, daß es *er*hört, sondern daß es *ge*hört wird.»[83] Zum Beleg für diese Auffassung wird Luther zitiert: *natura verbi est audiri*[84], d. h. das Wort ist seinem Wesen nach darauf eingestellt, gehört zu werden – offenbar nicht nur das Gotteswort, sondern auch das Menschenwort. Mit der Gebetsanrede ist daher laut Ebeling schon alles entschieden, denn sie enthalte die Gewissheit, gehört zu werden: «Was heißt hier aber Gehörtwerden? Doch wohl: Angenommensein. Dann läßt sich das Gebet als Übergabe verstehen, in der sich der Beter mit dem ganzen Kontext seiner Umwelt – darum das Gewicht der Fürbitte! – Gott ausliefert.»[85] Diese Selbstübergabe im Gebet impliziert insofern bereits *in actu* die erhoffte Erhörung, als wir im Gebet alles zu Gott in Beziehung setzen, «vor dem und durch den alles zurechtkommt. Was dem Gebet folgt, kann nicht anzeigen, ob es gehört und erhört ist, sondern nur, *da es gehört ist, wie es erhört ist.*»[86] Die genaue Modalität des Erhörens wird also Gott überlassen, während die Faktizität des Erhörens ausser Frage steht.

Werfen wir wieder einen Blick auf die jüdische Tradition. In seinem Essay *Gebet als Ordnung* bestimmt Heschel die Signifikanz der göttlichen Erhörung wie folgt: «Die Gegenwart Gottes bedeutet, daß die Verzweiflung weicht»[87] – d. h. die Erhörung durch Gott zeitigt eine emotional bestimmbare Wirkung beim Menschen. Dies gilt sogar dann, wenn sich an der Situation des Betenden äusserlich nichts ändert und sein Los «von aussen» gesehen noch genauso trist ist wie

---

[81] Oswald Bayer, Martin Luthers Theologie, Tübingen 2007, 49.
[82] Bayer, Martin Luthers Theologie (Anm. 80), 315f., mit Verweis auf Luthers Predigt vom 13. Mai 1520 (Sonntag Rogate, Betet!), WA 4, 624,8–32.
[83] Ebeling, Gebet (Anm. 47), 426.
[84] Luther, WA 4, 9,18f.
[85] Ebeling, Gebet (Anm. 47), 426.
[86] Ebeling, Gebet (Anm. 47), 427.
[87] Heschel, Gebet (Anm. 54), 205.

zuvor. Wir haben keine Garantie dafür, dass es in der Welt ein Echo gibt für unseren Aufschrei, den *cri de cœur* – aber wir können dessen gewiss sein, dass Gott selbst betroffen ist von unserer Qual: «Wenn nicht die Gewißheit wäre, daß Gott unser Schreien hört, wer könnte so viel Elend, so viel Gefühlskälte ertragen?»[88] Gottes Hören und Erhören ist, das können wir diesem Zitat entnehmen, von Mitgefühl und Anteilnahme geprägt.

Wie Sagis oben zitierte Analyse zeigt, ging die Erhörungsgewissheit jedoch für viele Juden in oder aufgrund der Schoah verloren. Eine leuchtende Ausnahme ist das Zeugnis einer jungen Frau, deren Gottvertrauen, Lebensfreude, Nächstenliebe und Gebetspraxis in den Jahren des Krieges, der Judenverfolgung und der Lagererfahrung sogar intensiviert wurden. Die erhaltenen Tagebücher und Briefe der holländischen Juristin, Slawistik- und Psychologiestudentin Etty Hillesum stammen aus den Jahren 1941–1943. Als Siebenundzwanzigjährige schrieb sie noch zu Hause in Amsterdam, wurde dann ins Lager Westerbork deportiert und 1943 in Auschwitz ermordet. Ihre Grundhaltung ähnelt derjenigen Heschels in mehreren Punkten, nicht zuletzt darin, dass sie im Gebet Ruhe, Trost und Geborgenheit (wieder)fand. So schrieb sie im Juli 1942: «Ein sehr schwerer Tag. Aber ich erhole mich immer wieder im Gebet. Und das werde ich wohl immer tun können, auch auf kleinstem Raum: beten.»[89] Bemerkenswerterweise kann sie aus dem Gebet neue Kraft schöpfen, obwohl sich an ihren Lebensumständen nichts geändert hat. Gebetserhörung und Erhörungsgewissheit hat hier nichts mit der Erfüllung von Wünschen zu tun, sondern handelt einzig und allein davon, sich als Mensch in die Gegenwart Gottes begeben und dort ausruhen zu dürfen im Vertrauen darauf, dass Gott alles, was wir in seine Hände legen und ihm zu Ohren kommen lassen, entgegennehmen wird. «Und wenn Gott *mir* nicht weiterhilft, dann muß ich Gott helfen.» (144) Diese Aussage mag vermessen klingen, doch trügt dieser Anschein (oder Anklang). Denn sie birgt die Erkenntnis in sich, dass Gott uns die nötige Hilfe und Erhörung unserer Gebete in den meisten Fällen dadurch zukommen lässt, dass wir selbst in unserem Inneren gestärkt werden, woraufhin wir auch anderen helfen und damit Gott dienen können.

Hillesum machte sich keine Sorgen um den nächsten Tag, sondern setzte darauf, dass sie auch dann, wenn es ihr schlecht ging, «das Leben immer bejahen und gut finden werde» (145). Sie wollte nicht kämpfen gegen das in ihren Augen unabwendbare «*Massenschicksal*» der vertriebenen Juden, sondern es mittragen

---

[88] Heschel, Gebet (Anm. 54), 203.

[89] Etty Hillesum, Das denkende Herz. Die Tagebücher von Etty Hillesum 1941–1943, hg. und eingeleitet von J. G. Gaarlandt, übersetzt von Maria Csollány, Reinbek bei Hamburg [15]2001, 143f. Die Seitenzahlen im Haupttext beziehen sich auf diese Ausgabe.

(143) und sich vollständig zur Verfügung stellen: «Für mich bedeutet Ergebung nicht Resignation oder Entsagung, sondern den Versuch, nach besten Kräften dort zu helfen, wo Gott mich zufällig hinstellt, um mich nicht nur dem eigenen Kummer und Ärger hinzugeben.» (138) Sie war «zu allem bereit» und wollte «an jeden Ort dieser Erde» gehen, wohin Gott sie auch «schicken» würde – bereit, «in jeder Situation und bis in den Tod Zeugnis davon abzulegen, daß das Leben schön und sinnvoll ist und daß es nicht Gottes Schuld ist, daß alles so gekommen ist, sondern die unsere» (141f.). Gebetserhörung bedeutet hier Gesandtwerden von Gott. Erhörungsgewissheit enthält das Bewusstsein, dass wir Menschen hier auf Erden eine Aufgabe haben, in der wir unvertretbar sind und von der wir uns auch nicht «wegbeten» können. Vielmehr werden wir *im* Gebet für sie gerüstet.

Im September 1942 notierte Hillesum dementsprechend, sie «erneuere» sich «von Tag zu Tag am Urquell, am Leben selbst», und «ruhe» sich «von Zeit zu Zeit in einem Gebet aus», wohin sie sich zurückziehen konnte «wie in eine Klosterzelle», um dann «mit erneuerter Kraft und wiedergewonnener Ruhe» (191) weitergehen zu können. Sie kniete innerlich nieder, setzte sich «voll Vertrauen» über «alle Ängste und Gerüchte» hinweg, «bis der Himmel wieder klar und rein» (193) war. Sie orientierte sich ganz an Gottes Willen und wollte auch «die schwerste» Lektion lernen: jenes Leiden auf sich zu nehmen, «das du mir auferlegst, und nicht das, was ich mir selbst ausgesucht habe» (195). An dieser Stelle geht ihr Tagebuch direkt ins Gebet über. Sie macht Gott folgendes Versprechen: «[I]ch werde nach meinen besten schöpferischen Kräften leben an jedem Ort, an dem du mich festhalten willst.» (195) Sie bespricht alles mit Gott im Gebet und wartet auf «ein Zeichen» von ihm, wann der richtige Zeitpunkt sei, um ihr Krankenlager zu verlassen (196). «Ich will noch ein paar Tage ruhig liegenblieben, aber danach will ich ein einziges großes Gebet sein. Eine einzige große Ruhe.» (199) Wird das ganze Leben zu einem Gebet, richten wir uns in all unserem Tun und Lassen, in unserem Sprechen und Schweigen an Gott aus, der sowohl die Quelle als auch der Adressat unseres Lebens ist. Hillesums Beschluss bedeutete, dass ihr Gebet nicht mehr eine abgrenzbare Tat blieb, sondern ihr ganzes Sein bestimmte im Versuch, das Gefühl der «Gottverlassenheit» durch die Anrede Gottes an jenem «gottverlassenen» Ort abzuwehren.[90] Der Gebetserhörung

---

[90] Siehe hierzu meine früheren Ausführungen: Gott als Gesprächspartner oder Horizont des Hörens? Zur philosophischen Kritik des Bittgebets, in: Interesse am Anderen. Internationale Beiträge zum Verhältnis von Religion und Rationalität. Zum 60. Geburtstag von Heiko Schulz, hg. von Gerhard Schreiber, Berlin/Boston 2019, 97–121, hier 116. Elazar Benyoëtz sei gedankt dafür, dass er mich auf Etty Hillesums Aufzeichnungen aufmerksam gemacht hat!

durch Gott verlieh sie in ihrem persönlichen Da-Sein für andere Ausdruck und zeigte damit, dass Gott *in* und *durch* und *mit* uns Menschen wirkt.

Die Gefangene wollte von Gott nichts erzwingen, sondern ihren eigenen Willen dem Willen Gottes angleichen bis zu dem Punkt, an dem sie keine eigene Agenda mehr hatte, die sie umsetzen wollte: «Ich darf die Dinge nicht wollen, ich muß die Dinge in mir geschehen lassen [...]. Nicht ich will, sondern dein Wille geschehe.» (200) Hillesums eigenes Wollen wurde zum Geschehenlassen des Gotteswillens. Es gehörte zu ihrer Berufung, das Geschehende mit wachem Bewusstsein zu bezeugen und schriftlich festzuhalten. Während andere sagten, sie wollten nichts mehr denken und fühlen, um nicht verrückt zu werden, bat sie Gott darum, er möge sie «das denkende Herz dieser Baracke», ja «eines ganzen Konzentrationslagers» (200) sein lassen.

Am 3. Oktober 1942 schrieb sie: «Man sollte immer beten. Tag und Nacht, für all die Tausende. Man sollte keine Minute ohne Gebet sein wollen.» (201) Und am nächsten Tag bemerkte sie, dass sie das Reden mit Gott dem Reden mit ihren Freunden vorzog. Sie leistete Fürbitte für andere. Immer wenn sie sich «keinen Rat mehr» wusste, blieben ihr immerhin noch «die gefalteten Hände und das gebeugte Knie»[91] (204) – ihre intimste Gebärde, in der sie Zuflucht fand. Aus dem Lager Westerbork sandte sie am 3. Juli 1943 einen Brief, in dem sie das Elend beschrieb, die dahinsterbenden Kinder, die Erschöpfung und Trauer der Gefangenen. Nichtsdestotrotz quoll ihr auch etwas anderes aus dem Herzen herauf:

«Das Leben ist etwas Herrliches und Großes, wir müssen später eine ganz neue Welt aufbauen – und jedem weiteren Verbrechen, jeder weiteren Grausamkeit müssen wir ein weiteres Stückchen Liebe und Güte gegenüberstellen, das wir in uns selbst erobern müssen. Wir dürfen zwar leiden, aber wir dürfen nicht darunter zerbrechen.» (209)

Sie sah beides, das Gute und das Schlechte, und ergab sich in das, was sie nicht ändern konnte, während sie gleichzeitig den Gräueltaten alle ihr verfügbare Geisteskraft entgegensetzte: dem Hass die Liebe, der Grausamkeit die Güte. Oft gab es kaum anderes zu tun, als da zu sein, fest zu bleiben, innerlich nicht nachzugeben – und für die Menschen zu beten, «daß sie die Kraft finden mögen, alles durchzustehen» (212). Am 18. August 1943 bezeichnete Hillesum ihr Leben als ein ununterbrochenes «Zwiegespräch mit dir, mein Gott» – und wenn ihr Tränen der inneren Bewegtheit und Dankbarkeit übers Gesicht liefen, das Gesicht dem Himmel zugewandt, während sie in einer Ecke des Lagers stand, war auch dies ihr wortloses «Gebet» (216).

---

[91] A. a. O., 204. Siehe hierzu Pierre Bühler, Leibliches Beten bei Etty Hillesum, in: Hermeneutische Blätter 20/2, 2014, 91–99.

Anhand von Hillesums Aufzeichnungen lässt sich die betende Bewegung von der Verwirrung zur Klarheit, von der Verzweiflung zum Vertrauen und von der Unruhe zur Ruhe mitverfolgen – und diese Bewegung ist das lebendigste Zeugnis vom Erhörtwerden des Gebets. Das Gebet selbst wird ebenfalls transformiert: von einer einzelnen Tat zu einer andauernden, lebensverändernden Haltung, vom Gebet *um* Hilfe zum Gebet *als* Hilfe. Etty Hillesums Gebet half nicht nur der Betenden selbst und ihren Mitmenschen, sondern wurde – wenn wir ihr Zeugnis wortwörtlich nehmen dürfen – sogar zur Hilfe für Gott, indem das Hören auf Gott in das Tun (oder zumindest Annehmen) seines Willens mündete und dadurch die Erhörungsgewissheit einen konkreten Ausdruck bekam im Sein derjenigen Person, die vom Gebet beseelt war und es sowohl verkörperte als auch vergeistigte. Sie wurde mit Leib und Seele und all ihrem Vermögen zur Betenden und verwandelte sich zuletzt in «ein einziges großes Gebet» (199). Aus ihrem betenden Leben leuchtete ihre Hingabe an Gott, und ihr Leben in Gebetsform wurde selbst zum Zeichen ihres Erhörtwordenseins.

2. Erhörungsgewissheit als Kriterium des «rechten» Betens?

Die Erhörungsgewissheit hat übrigens auch in der reformierten Tradition eine herausragende Rolle gespielt. Als klassisches Beispiel sei Johannes Calvins *Institutio christianae religionis*, sein *Unterricht in der christlichen Religion* (1536, revidiert 1559 im Lateinischen) genannt. Im 20. Kapitel behandelt er das Gebet und stellt Regeln auf, wie wir beten sollen, nämlich erstens in innerer Sammlung, zweitens in Bussfertigkeit, drittens in demütiger Beugung vor Gott und viertens zuversichtlich, d. h. in der Hoffnung auf Erhörung.[92] Gegen die Bestreitung der Erhörungsgewissheit wendet Calvin ein, «daß man Gott ohne solch sicheres Empfinden des göttlichen Wohlwollens gar nicht recht anrufen kann» (Inst III, 20,12). Die Erhörungsgewissheit definiert er als die Gewissheit, «daß wir empfangen, was wir erbitten» (ebd.). Er gründet sie auf Gottes Gebot, ihn anzurufen in der Not (z. B. Ps 50,15), und auf seine Verheissung, dass uns gegeben wird, wenn wir bitten (Mt 7,7).

Die Frage, ob auch verkehrte Gebete erhört werden, beantwortet Calvin mit Verweis auf biblische Beispiele dessen, dass Gott Bitten Gewährung schenkte, an

---

[92] Johannes/Jean Calvin, Unterricht in der christlichen Religion = Institutio Christianae religionis (Inst). Nach der letzten Ausgabe übersetzt und bearbeitet von Otto Weber, Neukirchen-Vluyn ⁶1997, XXIV mit einer Kapitelübersicht. Die weiteren Stellenangaben im Haupttext beziehen sich auf diese Ausgabe.

Claudia Welz

denen er keinen Gefallen hatte, etwa an Simsons böser Rachgier (Ri 16,28), und dass auch die an eine unbekannte Gottheit gerichteten Gebete nicht wirkungslos blieben (siehe Ps 107). Calvin geht davon aus, dass sich auch in den Gebeten «der Heiligen», also der zu Gott gehörigen Menschen, «Glaube und Irrtum [...] miteinander verweben» (Inst III, 20,15). Für ihn ist klar, dass wir Gott nicht vorschreiben sollen, «zu welcher Zeit, an welchem Ort und auf welche Weise er etwas tun soll»; vielmehr sollen wir vor allen anderen Bitten um dies eine bitten: «Dein Wille geschehe» – worin wir Gott «als Richter und Lenker aller eigenen Wünsche» (Inst III, 20,50) anerkennen. In dieser Priorisierung des göttlichen gegenüber dem menschlichen Willen treffen sich das Judentum und das Christentum.

Am Ende seines Gebetskapitels wendet sich Calvin der Frage nach unerhörten Gebeten zu: «Wenn nun aber unsere Erfahrung schließlich auch nach langem Warten nichts davon bemerkt, was wir mit einem Gebet ausgerichtet haben, und wenn sie gar keine Frucht davon zu fühlen bekommt, so wird uns doch unser *Glaube* zur Gewißheit machen, was unser *Sinn* nicht schauen konnte, nämlich: daß wir *das* empfangen haben, was uns *gut* war.» (Inst III, 20,52) Wenn Gott mit seiner Antwort dem Inhalt unserer Gebete auch nicht genau entspricht, zeigt er uns dennoch, «daß unsere Bitten nicht vergebens gewesen sind!» (Ebd.) Warum gewährt er uns dann das Erbetene nicht immer oder zieht die Erhörung scheinbar hinaus? Calvin verweist hier auf die Notwendigkeit der Geduld angesichts der Proben, mit denen der Herr die Seinen prüfe (vgl. ebd.). Die Anfechtung wird als Feindin der Gewissheit ins Feld geführt und umgekehrt das unverdrossene Beten als Gegenmittel: «Denn wenn unserem Gebet nicht die beständige Beharrung innewohnt, dann richten wir nichts mit ihm aus!» (Ebd.) Mit diesem programmatischen Satz beschliesst Calvin sein Gebetskapitel.

Die Erhörungsgewissheit tritt bei Calvin als ein Kriterium «rechten» Betens unter anderen auf. Alle Regeln, die er aufstellt, beziehen sich auf die menschliche Haltung bzw. Einstellung beim Beten, also das *Wie* oder den Modus des Sich-an-Gott-Wendens.

Eine andere Möglichkeit wäre, den Blick auf *das Was* bzw. *Wer*, d. h. den Inhalt des Gebets und damit die Gottesvorstellung zu richten. So schreibt der walisische Religionsphilosoph Dewi Z. Phillips in *The Concept of Prayer* (1965): «It is by *what is said* that one recognizes the truth or falsity of prayer.»[93] Der Inhalt des Gebets spricht seiner Ansicht nach für sich selbst und zeigt, ob der wahre Gott oder ein Götze angebetet wird. Allerdings kommt es nicht nur darauf an,

---

[93] Dewi Z. Phillips, The Concept of Prayer, London 1965, 112–165: Kap. 8: Prayer to the True God (159).

was gesagt wird, sondern auch auf den «Sitz im Leben», die Verankerung des Gebets im Alltag und im längerfristigen Gottesverhältnis der Betenden. Darin, ob jemand den Gang der Dinge oder gar Gott selbst durch das Gebet beeinflussen will oder der betende Mensch sich Gott hingibt und Gottes Willen hinnimmt, was auch immer geschieht, zeigt sich für Phillips der Unterschied zwischen Glauben und Aberglauben.[94]

Das *Worumwillen* bzw. Telos des Gebets, also das, was durch es angezielt wird, spielt demnach mit hinein in die Kriterienfrage: Geht es dem betenden Menschen vor allem darum, etwas Bestimmtes durch das Gebet zu erreichen, wodurch Gott für den Menschen instrumentalisiert wird, oder geht es nur noch darum, in Gottes Nähe zu sein und zu bleiben (vgl. Ps 73,23–28)?

Ein weiteres Kriterium «rechten» Betens nennt Franz Rosenzweig, der sich gegen die Konversion vom Judentum zum Christentum gesträubt hatte, in seinem *Stern der Erlösung* (1921): das *Wann* des Gebets. Die Frage ist hier, ob zum passenden Zeitpunkt gebetet wird. Dieser wird nicht etwa rituell bestimmt. Das «rechte» Gebet kommt, so Rosenzweig, weder zu früh noch zu spät, indem es die Ewigkeit im Augenblick antizipiert.[95] Geschieht dies in einem Gemeindegottesdienst im wiederkehrenden Jahresfestkreis, ist gesichert, dass die «rechte Zeit» «nicht die Zeit des Einzelnen, nicht meine, deine, seine geheime Zeit» ist, sondern «die Zeit Aller»[96]. Das gemeinschaftliche Gebet lädt Gott, den Ewigen, gewissermassen dazu ein, in unserer Lebenszeit gegenwärtig zu werden. Wer dagegen Gott gewaltsam zum sofortigen Handeln zwingen will, also «das Himmelreich mit Gewalt vor der bestimmten Zeit» herbeiführen will, wie die von Rosenzweig sogenannten «Tyrannen des Himmelreichs», erfährt, dass sich das Himmelreich «nicht vergewaltigen» lässt, denn «es wächst»[97]. Zu grosse Ungeduld erreicht das Gegenteil des Gewünschten: Anstatt das Kommen des Gottesreichs zu beschleunigen, verzögert sie es. Woher aber können wir wissen, wann die «rechte» Zeit gekommen ist? Rosenzweig kommt es darauf an, dass «der Lichtschein», den das Gebet «in das Dunkel der Zukunft wirft», mit der Nächstenliebe «Schritt hält», d. h. ihr weder vorauseilt noch hinter ihr zurückbleibt, denn nur das von Liebe getragene Gebet wird «erfüllt»[98]. Dies bedeutet,

---

[94] Vgl. Phillips, Concept (Anm. 93), 112–130, Kap. 6: Superstition and Petitionary Prayer (121f.).
[95] Franz Rosenzweig, Der Stern der Erlösung, hg. von Reinhold Mayer, Frankfurt a. M. 1996, 321f.
[96] Rosenzweig, Stern der Erlösung (Anm. 95), 325.
[97] Rosenzweig, Der Stern der Erlösung (Anm. 95), 302.
[98] Rosenzweig, Der Stern der Erlösung (Anm. 95), 303.

dass sowohl der Inhalt als auch die Art und Weise und das Telos des Betens in die Erhörung des Gebets hineinspielen.

Auch wenn wir Gottes Antwort auf unser Beten, sein Hören und Erhören, keinem menschlichen Massstab unterwerfen können und dürfen, so bleibt doch der Anspruch an uns selbst, dass wir so beten, dass unser Gebet unserem eigenen Glauben nicht widerspricht. Im Blick auf die reformierte Kirche ist Frage 117 im *Heidelberger Katechismus* (1563) instruktiv, wo gefragt wird: «Was gehört zu einem Gebet, damit es Gott gefällt und von ihm erhört wird?»[99] Die Antwort ist dreigeteilt und sei hier in Gänze zitiert:

«Erstens,
dass wir allein den wahren Gott,
der sich uns in seinem Wort geoffenbart hat,
von Herzen anrufen
um alles, was er uns zu bitten befohlen hat.

Zweitens,
dass wir unsere Not und unser Elend
gründlich erkennen,
um uns vor seinem göttlichen Angesicht
zu demütigen.

Drittens,
dass wir diesen festen Grund haben,
dass er unser Gebet
trotz unserer Unwürdigkeit
um des Herrn Christus willen
gewiss erhören will,
wie er uns in seinem Wort verheißen hat.»

Das erste Kriterium betrifft unsere Gottesvorstellung: Nur der «wahre Gott» verdient unsere Anbetung. Das zweite Kriterium mahnt uns zur Selbsterkenntnis angesichts Gottes, und das dritte Kriterium besteht in der christologisch fundierten Erhörungsgewissheit. Letztere wird auch am Schluss der Vaterunser-Auslegung in Frage 129 unter der Überschrift «Was bedeutet das Wort: ‹Amen›?» behandelt:

«*Amen* heißt:
Das ist wahr und gewiss!

---

[99] Heidelberger Katechismus (überarbeitete Auflage 2012): www.heidelberger-katechismus.net/Heidelberger_Katechismus___Der_gesamte_Text-8261-0-227-50.html (28.01.2023).

Denn mein Gebet
ist von Gott viel gewisser erhört,
als ich in meinem Herzen fühle,
dass ich dies alles von ihm begehre.»

Man beachte, dass die Erhörungsgewissheit sich keineswegs auf einen so oder anders gearteten mentalen Zustand des Menschen stützt; vielmehr wird hier allem nie ganz auszuschliessenden Zweifel und allem gefühlsmässigen Auf und Ab zum Trotz auf Gottes vertrauenswürdiges Wirken verwiesen. Die hebräische Wurzel des Wortes «Amen» ist schliesslich an die göttliche Treue, an Gottes *Emunah*, gebunden. Der Glaube an Letztere, die allerdings nicht beweisbar oder empirisch nachweisbar ist, hat sich wieder und wieder bewährt.

Dies ist ein wichtiger Punkt, den ich als Kontrapunkt zu Ansätzen, die das «rechte Gebet» am «rechten Gefühl» festmachen, hervorheben will. So hat Gregg Braden 2016 in einem YouTube-Video mit dem Titel *Feeling Is The Prayer*[100] eine spektakuläre Heilung einer krebskranken Frau in China dokumentiert, für die vor ihren Augen so gebetet wurde, dass die Betenden die Freude über ihre Heilung vorwegnahmen und ihr Gebet formulierten, als sei die Heilung bereits geschehen – und tatsächlich konnte man auf dem Ultraschall-Monitor sehen, wie der Tumor der Frau in weniger als drei Minuten verschwand. Auf ähnliche Weise wurde angeblich in *The International Peace Project in the Middle East* gearbeitet, frei nach dem Motto: *feel the feeling of peace in your heart and kickstart peace in the world*. Zum Beleg wurden Statistiken herangezogen, die weniger Kriminalität dokumentierten, während ein gewisser Prozentsatz der Bevölkerung für Frieden betete. In beiden Fällen war die Erkenntnis, dass wir nicht so beten sollten, dass wir von einem Zustand des Mangels ausgehen, sondern gleichsam aus einer Fülle schöpfen, die es uns ermöglicht, das Erbetete schon zu spüren und dadurch herbeizuführen.

Wie der Lutheraner Kierkegaard, so geht auch die reformierte Theologie davon aus, dass alles möglich ist für Gott, und der Glaube daran kann uns beflügeln. Allerdings zeigt der Heidelberger Katechismus, dass nicht der Mensch und seine Gefühle, sondern allein Gott als entscheidender Akteur das Zünglein an der Waage ist. Das schliesst nicht aus, dass wir in manchen glücklichen Augenblicken Gottes Reich als «schon mitten unter uns» spüren können, und dass wir tatsächlich mit unseren Emotionen arbeiten und dadurch den Hass und das Leid auf Erden reduzieren können. So kanalisierte Jesus die Kraft seines göttlichen

---

[100] Vgl. https://m.youtube.com/watch?v=wJ0O1FTn9RQ (31.05.2021). S. Gregg Bradens Homepage: www.greggbraden.com/ (28.01.2023).

Vaters, der in ihm wirkte. Doch ist es bezeichnend, dass das Gebet, das er seine Jünger zu beten lehrte, vor allem aus Bitten besteht, die uns als bedürftige Wesen vor Gott stellen, welche sich im Ausgangspunkt nicht selber heilen können, oft nicht einmal das tägliche Brot selber beschaffen können, und schon gar nicht das Böse aus eigener Kraft besiegen. Während Bradens «Gefühlsgebete» zu erfordern scheinen, dass man zuerst das «rechte» Gefühl in sich kultivieren muss, bevor man in der Lage ist, «recht» zu beten, geht die protestantische Tradition einhellig davon aus, dass derlei *praeparatio mentis* keine Voraussetzung dafür sein darf, Gott um Hilfe anrufen zu dürfen. Denn im Gebetsprozess selbst werden unsere Gefühle wie auch unsere Worte und Wünsche «gereinigt» – nicht von uns selbst, aber von dem, der die Gebete entgegennimmt.

Nichtsdestotrotz besteht ein Kontrast zumindest zwischen den reformatorischen Strömungen in Zürich und Wittenberg: Während bei Zwingli die menschliche Haltung der Andacht, d. h. die Ausrichtung und Anspannung der Seele in ihrer Aufmerksamkeit auf Gott bzw. die reine Gesinnung entscheidend ist, kommt es für Luther vor allem auf die Qualifizierung der menschlichen Andacht durch das göttliche Wort an, was aus seiner Deutschen Auslegung des Vaterunsers hervorgeht, wonach Gottes Wort und Verheissung unser Gebet gut machen, nicht unsere Andacht.[101] Demnach bestimmt der allein auf Gottes Wort gegründete Glaube über die Qualität der Andacht, welche als *devotio solo verbo Dei* verstanden wird und nicht zuvörderst als *mentis devotio* wie bei Zwingli.[102] Sofern Gottes Wort (begleitet von mehr oder weniger Zeichen und Klängen) jedoch nur als geistvermitteltes Wort bei uns «ankommen» kann, könnte die Pneumatologie als Mediatorin zwischen dem lutherischen und reformierten Zugang wirken. Mit der Konklusion von Kollege Kunz, dass Beten «Geistgeschehen» ist in dem doppelten Sinne, dass der Geist in den Betenden wirkt und diese ihn wirken lassen – «Beten heißt Gottes Geist wirken lassen»[103] – wären wahrscheinlich sowohl Luther als auch Zwingli einverstanden. Lassen wir Gottes Geist wirklich walten, stellt das Gebet in der Tat die Möglichkeit dar, «Gottes Kopräsenz zu erfahren»[104]. Ohne Gottes Gegenwart und die menschliche Gewissheit, dass auch der «ferne» Gott wieder «nahe» kommen kann, ist jedenfalls keine rechte Andacht möglich, weder für Lutheraner noch für Zwinglianer oder deren Erben.

---

[101] Vgl. Kunz, Spuren (Anm. 60), 256.266 (hier mit Verweis auf Luther, WA 2, 85–87).
[102] Vgl. Kunz, Spuren (Anm. 60), 254 Anm. 31 und 266 (mit Verweis auf Huldreich Zwinglis sämtliche Werke, Bd. 3, 852).
[103] Kunz, Spuren (Anm. 60), 276.
[104] Kunz, Spuren (Anm. 60), 275.

Konklusion: Hören und Erhört-Werden

Rekapitulieren wir kurz den Untersuchungsgang und seine Ergebnisse: Ausgehend von den beiden rhetorischen Fragen in Psalm 94,9 (*«Der das Ohr gepflanzt hat, sollte der nicht hören? Der das Auge gemacht hat, sollte der nicht sehen?»*) entdeckten wir eine Entsprechung zwischen göttlichem und menschlichem Hören und Sehen, wobei Gottes schöpferische Initiative und bleibende Fürsorge für seine Geschöpfe vorausgesetzt wird. In Situationen scheinbarer Gottesferne wird der zum Himmel aufblickende, gleichsam die Ohren spitzende und auf Gottes spürbare Aufmerksamkeit sehnlichst wartende Mensch daran erinnert, dass Gott selbst unsere Sinne «geweckt» und geöffnet hat, was den Umkehrschluss erlaubt, dass Gott zwar nicht «im Blickfeld», wohl aber «in Rufweite» bleibt.

Der erste Teil der Untersuchung war daher dem göttlichen «Gehör» für den menschlichen Schrei aus tiefster Not gewidmet. Wie Heschel treffend herausstellt, hätte unser Gebet keinen Sinn, wenn Gott es nicht vernehmen und entgegennehmen könnte. In Erinnerung an Erfahrungen der Gottverlassenheit im Zusammenhang mit der Schoah überlegten wir dann im Anschluss an Sagi, ob sich das Gebet auch ohne einen göttlichen Adressaten als ein «natürliches» Lebensphänomen und eine anthropologische Grundkonstante verstehen lässt. Sagi beruft sich auf Wiesel, der das Beten mit dem Ein- und Ausatmen vergleicht. Diesen Vergleich fanden wir auch bei Kierkegaard und Guardini, doch mit dem Unterschied, dass Letztere auf die göttliche Hilfe im Sinne einer «von außen» kommenden «frischen Luft» setzen, während Sagi allein auf die menschliche Selbsthilfe setzen muss. Wie es sich zeigte, lässt sich die reine Immanenz des Gebets als *human act* jedoch nicht konsequent denken, solange Gott als «Mitwirkender» ausgeschlossen bleibt. Sogar die angewendete Metaphorik, die auf eine Exteriorität oder Transzendenz verweist, wird dann selbstwidersprüchlich.

Der zweite Teil der Untersuchung galt dem auf Gottes Stimme hörenden und mit ihm sprechenden Menschen. Zunächst wurde im Blick auf die reformatorische Tradition der responsorische Charakter des menschlichen Person-Seins herausgestellt und dann gefragt, ob und inwiefern das Gebet nicht nur als «Erhebung des Herzens zu Gott», sondern auch als eine Art «Dialog» gelten kann. Bei Luther und Zwingli fanden wir eine Doppelheit von Sprechen und Angesprochenwerden, Hören und Gehörtwerden, welche dialogisch verstanden werden kann, allerdings mit dem Vorbehalt, dass Gott das erste und das letzte Wort hat. Wie Heschel verdeutlicht, kann der Mensch für Gott kein Dialogpartner «in Augenhöhe» sein, weshalb der «Dialog», wenn wir das Gebet denn so nennen wollen, immer asymmetrisch bleibt im Hören auf die göttliche

Claudia Welz

«Stimme der Stille» bzw. ihre Vermittlung durch Menschenworte und Musik. Die daran anschliessende Frage, ob der gottebenbildliche Mensch «wie Gott» hören kann und damit dem «grossen Zuhörer» ähnelt, dessen Ohr selbst den sachtesten Seufzer auffängt, führte uns zum Bonhoeffer'schen Bonmot vom «Hören mit Gottes Ohren» und der darin ausgedrückten *analogia actionis,* wonach der Mensch an Gottes Gehör Anteil bekommen kann, was mit Muers und Lincoln pneumatologisch-medial ausgelegt wurde.

Der dritte Teil der Untersuchung war der Bedeutung der Erhörungsgewissheit gewidmet. In der lutherischen Tradition gründet das menschliche Sich-von-Gott-Angenommen-Wissen in Gottes Zusage. Heschel zufolge kann die Erhörungsgewissheit der Verzweiflung entgegenwirken, und für Hillesum bedeutet sie innere Stärkung, Sendung und die Akzeptanz des Willens Gottes. Calvin zufolge können wir Gott gar nicht recht anrufen, wenn wir der Erhörung unseres Gebets nicht gewiss sind. Als Kriterium rechten Betens taucht die Erhörungsgewissheit auch im Heidelberger Katechismus auf – freilich nicht als einziges Kriterium. In der Erhörungsgewissheit ist die Erfahrung miteingeschlossen, dass Gott unsere Gebete zuweilen anders erhört, als wir uns das vorgestellt haben. Und das ist gut so, denn manchmal müssen wir vor der Erfüllung unserer eigenen Wünsche bewahrt werden. Letzten Endes hat nur eine Bitte Bestand: dass Gott alles, was geschieht, zum Guten wende, und das, was «gut» ist für uns, weiss er besser als wir selber. Der Psalmbeter von Psalm 73 hat erfahren, dass nur Eines zählt: in Gottes Nähe sein und bleiben zu dürfen.

Hier zeigt sich auch, weshalb die Erhörungsgewissheit so zentral ist, sowohl für Juden als auch für Christen: In ihr manifestiert sich nämlich eine interne Konsistenz zwischen den theologischen, anthropologischen und performativen Aspekten des Gebets, d. h. in ihr treffen sich alle übrigen Kriterien «rechten» Betens: sein Inhalt bzw. die Gottesvorstellung entspricht der Art und Weise des Sich-an-Gott-Wendens sowie dem rechten Zeit- und Zielpunkt des Gebets. In der Erhörungsgewissheit kristallisiert sich die Qualität der Gottesbeziehung des Menschen. Ist das Wichtigste die Hingabe an Gott, ergibt sich die Selbstverwandlung des betenden Menschen ganz von alleine, denn er lernt, sich auf «das Wesentliche» zu konzentrieren: im Kontakt mit Gott zu bleiben – unabhängig davon, ob die eigenen Herzenswünsche erfüllt werden oder nicht. In dieser Hingabe kann die Erfahrung der «Gottverlassenheit» in einen «Jakobskampf»[105]

---

[105] Dieses Bild verwendet auch Jean-Louis Chrétien, in: La parole blessée. Phénoménologie de la prière (1998), übersetzt von Michael U. Braunschweig: Das verwundete Wort. Phänomenologie des Gebets, in: Dalferth/Peng-Keller, Beten als verleibliches Verstehen (Anm. 60), 50–82 (81).

transformiert werden, in dem der Mensch mit der göttlichen Vorsehung ringt und trotz allen Leids an Gott festhält und nicht von ihm lässt, bevor er von Gott gesegnet wird (Gen 32,27). Darin liegt eine Rückwendung zu dem, dessen Macht in den von Sagi vorgeführten Gebeten «ohne Gott» verneint wird.

Die ethische (handlungsbezogene) und epistemologische (erkenntnistheoretische) Bedeutung des Gebets liegt zuvörderst in unserem eigenen *Suchen* nach dem «wahren» Gott und einem «wahrhaftigen» Leben vor Gott – welches nirgendwo anders als in der Begegnung mit «ihm» gefunden werden kann, also dem Gott, der im Gebet zum «Du» wird. Natürlich verbleiben alle menschlichen Gottesvorstellungen unvollkommen, fehlerbehaftet und fragmentarisch; dasselbe gilt für unsere Taten, Worte und Verhaltensweisen. Doch besteht in der Geschichte unseres Hörens auf Gott und seines Erhörens die Chance des Lernens und Wachsens. Das «rechte» Beten geschieht in einem hermeneutischen Zirkel der Hinwendung, des Hörens und Sprechens, Nachdenkens und Nachhörens. Die Kriterien «rechten» Betens sind daher keine «objektiven» (aus der Perspektive der dritten Person und des unberührten Beobachters) eruierbaren Kriterien. Vielmehr muss die Distanz des reflektierenden mit der Involviertheit des lauschenden Menschen kombiniert werden, welcher auf die zu ihm sprechende Stimme hört und sich «subjektiv» (aus der Perspektive der ersten Person Singular) erhört weiss, ohne dass dies empirisch nachgeprüft werden könnte.

Die Feuerprobe aller Gottesvorstellungen und -beziehungen geschieht dort, wo Subjektivität und Objektivität in der Perspektive der zweiten Person zusammenkommen: in der Begegnung des menschlichen Ich mit dem göttlichen Du. Deshalb kann das Gebet in der Tat als Schlüssel der Gotteserkenntnis gelten.[106]

---

[106] Vgl. hierzu meine Beiträge: Das Gebet als Schlüssel der Gotteserkenntnis? Anselm von Canterburys *Proslogion*, in: Das Letzte – Der Erste: Gott denken, hg. Hans-Peter Großhans, Michael Moxter und Philipp Stoellger, Tübingen 2018, 443–466, und Difficulties in Defining the Concept of God – Kierkegaard in Dialogue with Levinas, Buber, and Rosenzweig, in: International Journal for Philosophy of Religion 80, 2016, 61–83.

Hans-Christoph Askani

«Meine Schafe hören meine Stimme»

Kann der Mensch Gottes Wort hören?

Eine Vielzahl von *Stimmen* dringt auf uns ein. Anders als gegenüber den blossen *Geräuschen,* können wir uns dem An-fall der Unbestimmtheit und Nichtfestgelegtheit ihrer Herkunft und der Unabwehrbarkeit ihres «wilden» Sagens nicht entziehen. Von aussen sich an uns heranmachend, kommen sie nicht zugleich von innen, von unserem Inneren, einem Innen, das uns also vielleicht gar nicht ganz gehört? – Als wäre Innen und Aussen gar nicht mehr so eindeutig zu trennen.

Gegenüber den vielen unfixierbaren Stimmen gibt es aber doch auch *Stimme* in der Einzahl. Wie wir die Aufmerksamkeit auf sie richten, nimmt sie einen ganz eigenen Charakter an. Durch sie kommt Klang, Schwingung an unser Ohr. Sie hat Wärme, sie hat Timbre, sie *ist* das Timbre.

Und noch einmal kann das Phänomen der Stimme sich wandeln, verdichten, konkretisieren. Eine Stimme – eben *die* Stimme, die uns jetzt gerade anspricht, deren Schwingungen *Worte* bilden; Schwingungen, die von zwei Enden, zwei Polen her anheben, in Bewegung kommen. Erst hier, um dieser doppelten und nie zu ver-einfachenden Herkunft willen, sprechen wir vom «Erbeben», «Erzittern» der Stimme im strengen Sinn. Ihr Erzittern hat mit dem Ohr zu tun, das es aufnimmt, aber nicht nur in dem Sinn, dass es zu ihm hinwill, sondern auch in dem, dass es von ihm herkommt. Nur in so ausgespannter Form kommt die Stimme in menschlicher Weise ins Schwingen.

Kommt sie auch zwischen Gott und Mensch, in menschlich-göttlicher Weise ins Schwingen, derart, dass Gottes Stimme, wo sie zum Menschen spricht, erzittern, erbeben würde, um des Menschen Ohr zu *finden?* Dann wäre die Antwort des Menschen – sein Sich-finden-*Lassen* –, der Beweis, dass Gott spricht, der sich dadurch vollbringt, dass der Mensch, des Menschen *Seele,* ihn hört.

I. Stimmen

Stimmen. Nicht Stimme. Auch nicht Geräusche. Schon gar nicht Worte oder gar Sätze. Geräusche sind diffus. Mit Recht können wir uns (zumeist) davon dispensieren, sie auf uns zu beziehen. *Nicht etwa,* wenn ein Auto heranrast, wo wir über die Strasse gehen wollen. Aber die tausend, abertausend Geräusche, die uns umschwirren, umtösen, umgarnen ... von der Musik in der Nachbarwohnung über das Bellen eines Hundes, den gedämpften Lärm der Spülmaschine, den nicht gedämpften der Motorräder bis zu den Flugzeugen, die über uns fliegen ..., davon können wir unberührt bleiben (wenn es uns gelingt), denn es sind eben nur *Geräusche*.

Worte und Sätze sind das Gegenteil. Sie sind nicht diffus, sie sind eindeutig oder beanspruchen, es zu sein. Und so können sie an uns gerichtet sein, wie es Geräusche eben nicht sind. An uns gerichtet können die Worte und Sätze sein, wenn ein Text uns anspricht, ein Brief bei uns eintrifft, eine Stimme an unser Ohr dringt. Aber selbst, wenn es «nur» Texte sind, die uns ansprechen, vernehmen wir nicht die *Stimme* in ihnen, die von einem bestimmten Ort her zu uns spricht?

Ganz anders nicht *die* Stimme, sondern die *Stimmen*. Stimmen «melden sich». Stimmen erklingen. Von woher? Von wo-*her* (irgendwoher). Zu wem hin? Zu dem hin, der sie hört und der sich ihrem Woher stellt. Oder sich jedenfalls von ihm angehen lässt.

Stimmen wie Geister[1]. Sie betreffen uns, aber wir können sie nicht verorten. Ihre Herkunft gibt sich nicht zu erkennen. Sie ist ja auch vielfach. Die Mitteilung, die es möglicher Weise, *wahrscheinlicher* Weise in ihnen gibt, ist sie die eines Inhalts? Mag sein; aber wir kennen ihn nicht, sodass, was wir von ihm erhaschen, sich uns zugleich entzieht. Und uns *uns* entzieht, die wir vermeinten, auf festem Boden zu stehen und in uns zu ruhen. – Das taten wir auch (wirklich?), bis diese Stimmen ertönten, heraufkamen und uns ansprachen, ansprechen, ohne etwas Bestimmtes zu sagen. Wer sich in ihnen meldet, wissen wir nicht. Vielleicht sind es – jedenfalls auch – wir *selber:* die Ungesichertheit unseres Daseins. Ungesichertheit, die von aussen kommt – und von innen. Aussen und Innen verwinden sich ineinander. Wir können sie nicht auseinanderhalten. Das will ausgehalten sein. Daher der Mut, dessen es bedarf, die Stimmen zu hören. Die Mutigen hören wohl mehr von ihnen. Nicht, wie man voreilig meint, die Ängstlichen. Die Affekte von Angst und Mut kommen selber in Bewegung.

Auch Geräusche können Angst machen und Mut erfordern. Aber Stimmen in ihrer unfassbaren Äusserungsart in ganz anderer Weise. Am unaufdringlich-aufdringlichsten im *Murmeln*. Nicht jedes beliebige Murmeln, sondern das der Stimmen. *Zwischen* Sprache und Nicht-Sprache. Es gibt zweierlei Murmeln. Ein inner-

---

[1] *Geisterstimmen* lautet der Titel eines inspirierenden Buches: Christiaan L. Hart Nibbrig, Geisterstimmen. Echoraum Literatur, Weilerswist 2001.

«Meine Schafe hören meine Stimme»

sprachliches, «nach-sprachliches» Murmeln (nachdem Sprache schon da ist) – jemand spricht so leise, dass ich ihn nicht verstehen kann (so un-deutlich) ..., und ein vor-sprachliches Murmeln: irgendetwas «spricht», aber ob es schon etwas sagt oder nur so tut, ist nicht auszumachen.

Dies sprechende Nichtsprechen oder nicht-sprechende Sprechen lässt sich nicht fixieren, nicht *stellen*. Man redet freilich im übertragenen Sinn vom «Murmeln der Wellen» etwa, doch das ist die bereits ins Friedliche transponierte Beschwichtigung einer Erfahrung, die voller Gefahr ist. Wir können dieses merkwürdige, *murmelnde* Sprechen weder in seiner Herkunft noch in seinem Sinn noch in seiner Ausrichtung identifizieren. Wir wissen nicht einmal, ob es uns *meint*, aber gerade so meint es *uns*. Aufgrund eines merkwürdigen Sich-Begegnens von Hören und Sprechen können wir uns ihm nicht entziehen, und umso weniger als es Sprechen im vollen Sinn des Wortes nicht ist. – Oder vielleicht ein anderes Sprechen? ... Und wenn es von uns erzählt oder erzählte, würde es von uns nicht *Anderes* erzählen, was wir noch gar nicht kennen? Nein, das ist nicht das Murmeln eines Bachs, dessen Fliessen sich in Wellen kräuselt, es sind Geräusche, Töne, die sich zu Sätzen kräuseln, deren Sinn uns entgeht. Als kämen sie von jenem Abgrund her, dem wir nur halb anhören, dass er womöglich unserer ist.

In William Faulkners *Licht im August* ist ab dem Moment, wo Christmas (so heisst die Hauptperson) mit sich selber – mit seiner Geschichte – zu tun bekommt, von «Stimmen» die Rede. Sein Name zeigt schon an, dass mit ihm von Anfang an, von Grund auf etwas *nicht stimmt*. Er bezeichnet nämlich in nicht zu verkennender Verschiebung – man stelle sich einmal vor, ein Kind würde «Weihnachten» oder «Heiliger Abend» heissen – nur den Tag, an dem er, von seinem religiös fanatischen Grossvater, weil er unehelich ist, seiner Mutter entrissen, vor die Tür einer Schule, eines Internats gelegt worden war. Es kann nicht sein, dass diese Lücke, dieses Loch in seiner Geschichte, ihn nicht heimsucht, ja dass seine ganze Existenz nicht eine Suche nach dem ist, woher diese Lücke, dieser Abgrund kommt. – Eine vergebliche Suche, denn *diese* Lücke lässt sich nicht schliessen.

«Christmas zündete sich die Zigarette an [er tut es, nachdem sein Freund und Zimmergenosse ihn beleidigt und *er* brutal auf ihn eingeschlagen hat], schnipste das Streichholz zur offenen Tür hin und beobachtete, wie die Flamme im Flug verglomm. Dann horchte er auf das leichte, banale Geräusch, mit dem das erloschene Streichholz auf den Boden fallen würde, und dann meinte er es zu hören. Und dann, während er in dem dunklen Raum auf dem Feldbett saß, meinte er eine Myriade von Geräuschen zu hören, die allesamt nicht sehr laut waren – Stimmen, Murmeln, Flüstern: von Bäumen, der Dunkelheit, der Erde, von Menschen: seine eigene Stimme; andere Stimmen, die Namen und Zeiten heraufbeschworen –, Geräusche, die ihm sein Leben lang bewusst gewesen waren, ohne dass er es wusste, die sein Leben waren, und er dachte [...].»[2] Usw.

Stimmen, die heraufkommen, als würde die erlöschende Glut des Streichholzes und die damit verbundene Dunkelheit ihnen den Raum schaffen ..., die also heraufkommen und heraufbeschwören, was Christmas von seinem Leben weiss und doch nicht weiss, oder vielleicht besser: was er *nicht* weiss und – *doch* weiss. Es ist, dass er in sich etwas hat, was weder die anderen noch er selber akzeptieren und dem er doch nicht entgehen kann. Eine Herkunft, die ihn für immer in ihren Bann schlägt, und die macht, dass seine ganze Existenz nichts anderes ist als eine Flucht, die zum Ziel hat, von dieser Herkunft nicht eingeholt zu werden.

Indes, von seiner Herkunft ist man ja immer schon, immer zuvor schon eingeholt, und kein Ausweg kann ihr entgehen. Er habe in sich einen Anteil «Negerblut» («Niggerblut», wie er selber und die anderen sagen). Das Eigenartige ist: niemand hätte es gemerkt, wenn er selber es nicht – in entscheidenden Begegnungen angedeutet hätte. Verraten hätte, was er selber nur ahnte, als könnte er seinem Eigensten entgehen, indem er ihm nachgeht: verzweifelt, verbissen, verdammt.

Jedoch, das «Negerblut» («Niggerblut») steht bei Faulkner für etwas, was alle Menschen in sich tragen: dass ihre Herkunft «unrein» ist. Warum unrein? Niemand kann es sagen. Wohl, weil nicht *wir* unsere Herkunft machen, sondern sie *uns* macht. Weil sie uns entgeht, und weil wir doch gerade *sie* sind. Die verbitterte Wut, die hilflose Angst, mit der die Weissen das schwarze Blut hassen, fürchten und verfolgen, kommt daher, dass es, in welcher Farbe auch immer, in ihren Adern fliesst.

Daher, wie wir zu Anfang sagten, *Stimmen,* das un-deutliche, nicht zu identifizierende, nicht aufzuklärende Murmeln, das uns etwas sagt, was wir nicht verstehen, und was gerade so zu uns spricht. Darum der Plural «Stimmen» und nicht der Singular «Stimme», deren Ursprung – von Ausnahmen abgesehen – auszumachen ist, und die uns sagt, was wir verstehen.

Hier aber das Gegenteil: was zum Tönen und zu Gehör kommt, entzieht sich, und wohl ist es dieser Entzug, den wir am meisten hören.[3]

---

[2] William Faulkner, Licht im August, übersetzt von Helmut Frielinghaus und Susanne Höbel, Hamburg 2010, 98, vgl. 106.109 u. ö.

[3] Auch in anderen Romanen Faulkners, etwa in *Die Freistatt,* erheben sich die nicht festlegbaren, die nicht verortbaren Stimmen, und Faulkner tut – in der Zusammenstellung ihrer Attribute – alles, um ihre Verortung zu verbergen. Als der Anwalt Horace Benbow, der einen fälschlich des Mordes Angeklagten verteidigt, zu der liederlichen Herberge

II. Eine Stimme

Aber nun begegnet uns (wir haben es schon angedeutet) das Merkwürdige, dass es nicht nur Geräusche und auch nicht nur Stimmen gibt, sondern auch so etwas wie *eine* Stimme.

Seltsames Paar: nicht nur «Stimmen – Stimme» oder etwa «die Stimmen – die Stimme», sondern «Stimmen – eine Stimme». Eine Stimme, die sich herauslöst aus den vielen, die so diffus sind und so wenig verortbar, dass wir nicht einmal sagten «die Stimmen», sondern der Unbestimmtheit ihrer Eigenart nachgehend und nachgebend: *Stimmen*. Jene Stimmen, von denen wir sahen, dass sie von *allzuweit* herkommend, nämlich unbestimmt in ihrer Herkunft, uns *allzunahe* treten, nämlich so, dass wir sie weder erfassen noch uns ihrer erwehren können.

Nun also Stimme im Singular, so wenig sich unter den vielen verlierend, dass wir gar nicht mehr umhinkommen, ihr einen Artikel beizulegen: *eine* Stimme. Wie wir das aber tun, verlagert sich der Ton – gerade dank des Artikels – von ihm weg auf das Substantiv: eine *Stimme*. Als hätte sie sich aus der unbestimmten, diffusen, unfestlegbaren Zahl hervorgetan, um auf einmal – schon im Wort – Farbe und Ton anzunehmen. Eine *Stimme*. Als könnte dies Wort gar nicht ausgesprochen werden, ohne eine gewisse Wärme. Warum? Vermutlich, weil sie, wo sie zu *einer* wird, als *eine* ertönt, sich als *eine* erhebt, *Stimme* wird und ist, die eine Herkunft hat und auf eine Hinkunft zugeht. Und das macht sie zunächst, sozusagen: von vornherein schon *warm*. Dieselbe Stimme kann allerdings kalt werden – wer hätte das nicht schon erlebt? Aber kalt wird sie nicht, indem sie von einer neutralen, sagen wir «mittleren» Temperatur absacken würde, sondern indem sie von ihrer ursprünglichen Wärme etwas verliert oder abzieht.

---

kommt, in der er die Frau des Angeklagten versteckt hat, prallt er hoffnungslos ab: «Um acht Uhr betrat er den Hof der verrückten Frau. Ein einziges Licht brannte in den irren Tiefen des Hauses, wie ein Glühwürmchen, das sich in einem Dornengestrüpp verfangen hat; aber die Frau zeigte sich nicht, als er rief. Er ging zur Tür und klopfte. Eine schrille *Stimme* schrie irgendeine Antwort; er wartete einen Augenblick. Schon wollte er wieder klopfen, als er die Stimme abermals hörte, *schrill und wild und schwach,* als komme sie jetzt aus einiger Entfernung, *wie eine unter einer Lawine begrabene Rohrflöte*. Er ging ums Haus durch das üppige, hüfthohe Unkraut. Die Küchentür stand offen. [...] Dort brannte das Licht [...] nicht mit Helligkeit, sondern mit Dunkelheit» (Die Freistatt. übersetzt von Hans Wollschläger, München 2004, 233, Hervorhebung HCA). Eine ähnliche Unvereinbarkeit wird später wieder zum Ausdruck gebracht: «eine Stimme der Wut wie in einem Traum, still brüllend aus friedvoller Leere» (254).

Warum ist sie aber *ursprünglich* «warm»? Noch einmal stellen wir die Frage. Und wie wir sahen, geht sie auf beides zugleich: die Stimme selbst, die im Normalfall nicht kalt spricht, und das Wort «Stimme», in dessen Klang etwas von ihrer nicht wegzudenkenden Lebendigkeit aufklingt, anklingt. Und damit sind wir schon bei der Antwort, die wir suchen. Wenn wir sagen «eine Stimme», dann legen wir einen warmen Klang in das Wort, weil eine Stimme, wenn sie *eine* Stimme ist, etwas Lebendiges ist, und das Lebendige liegt darin, dass sie verbindet, dass sie Beziehung stiftet.

Haben Tiere eine Stimme? Ein Hund bellt, eine Katze miaut, ein Löwe brüllt, ein Vogel zwitschert ... Immer sind es freilich wir, wir Menschen, die ihnen die Eigenart ihrer Verlautbarung (bis zur Nach-Malung des Klangs) zulegen. Doch laut werden sie von selber. Natürlich haben Säugetiere Stimmbänder, was sollten sie also keine Stimme haben?! Und von Vogelstimmen sprechen wir mit Selbstverständlichkeit und mit Bewunderung. Hängt unsere Bewunderung aber nicht damit zusammen, dass wir ihnen etwas Menschliches beilegen, das sie von sich aus vielleicht gar nicht haben? *Singen* die Vögel denn? Denn eben das Singen war ja der Grund, dass wir von ihren Stimmen sprachen.

Darum die Frage: Gehört zur Stimme nicht etwas, was typisch menschlich ist? Was wäre das? Eine ganz eigene Funktion der Zuwendung. Das Wort «Funktion» (ich habe es selber ins Spiel gebracht) ist in diesem Zusammenhang nicht glücklich gewählt. Warum nicht? Weil es klingt, als gäbe es diese Funktion schon, und nun würde die Stimme eingesetzt, um sie zu erfüllen. Ist es aber nicht so, dass *beide zusammen* sozusagen «aufgehen»? Nur weil es die Stimme gibt in ihrer ganzen menschlichen Fülle und Erfülltheit, tut sich diese «Funktion» der Zuwendung auf, und umgekehrt, weil es die Herausforderung dieser «Funktion» gibt, nimmt die Stimme ihren Platz ein, ihren «Auftrag» an? Sodass man also, in gedrängter Redeweise, sagen kann, dass die Stimme, diese warme, lebendige Stimme, dazu da ist, Beziehung zu stiften, weil sie es nämlich tut.

Wie dem auch sei, *wo* Stimme, *eine* Stimme – nicht Stimmen, Geisterstimmen! ..., – *da* ist Zuwendung, Verbindung, Kommunikation. Darum auch das *Timbre* der Stimme, das ihr alle anderen überwiegendes Merkmal ist. Wärme, Lautstärke, Intensität, Höhe kann die Stimme variieren, und kann sie nicht nicht variieren. Immer wird sie sich in die Differenziertheit von Nuancen hineinbegeben, sich ihnen anbilden und sich in ihnen ausdrücken. Denn immer liegt etwas vom menschlichen *Gemüt* in ihr, das durch sie *spricht*. – Und würden wir überhaupt an so etwas wie «Gemüt» zu denken wagen, wenn nicht die Stimme, die von ihm erklingt – erbebt, «erzittert» –, es bezeugen würde? Denn ist die Stimme nicht immer – nicht nur von Luft, sondern von der Bewegtheit des

Menschen selber erregt? Vielleicht darum auch das Entsetzen, die Verlorenheit, wo es Stimmen gibt (Stimmen nun in der nicht aufzuhebenden *Mehrzahl*), die nichts von dieser menschlichen Bewegtheit, nichts von «Gemüt» in sich enthalten und nichts von ihm ausdrücken. Stimmen ohne Zuwendung, die doch *kommen*.

Aber bleiben wir bei der *einen* Stimme. Allerdings allzu lang können wir nicht bei ihr bleiben, denn wenn sie wirklich eine ist, wird sie nicht alsbald – oder vielmehr ist sie nicht schon – nicht nur eine, sondern *die Stimme*, die Stimme eines ganz bestimmten Menschen? Welches? Eben dessen, der redet, mich an-redet?

III. Die Stimme

Wir sind von vielen und vielerlei Stimmen zur einen Stimme übergegangen, die, wenn man ihr nachhorcht, viel mehr in sich enthält und zum Klingen bringt, als es der pure Übergang von der Mehrzahl zur Einzahl suggeriert. Die nämlich, wo sie im Vollsinn einerseits ihres Wortes und andererseits ihrer Bewegung genommen wird, als eine Stimme sich geltend macht, die im Erklingen von Worten, das heisst als Trägerin von *Bedeutung*, zu dem wird, was sie ausmacht. Das ging uns auf, weil wir dem warmen Klang der Stimme nachhörten, ihrem Timbre, ihrer inneren Bewegtheit, die aber in Wahrheit eine Bewegtheit zwischen zwei Polen ist, zwischen denen die Stimme eine Beziehung stiftet bzw. vollführt, wie wir es an ihrer besonderen Weise der Zuwendung sahen, genauer gesagt, ihr an-, ihr abhörten.

Man hat zur Erklärung des sprachlichen Kommunikationsgeschehens immer wieder auf ein einfaches Schema verwiesen: im Vollzug des Sprechens gebe es drei Beteiligte: einen Sender, einen Empfänger und eine Botschaft. Das klingt überzeugend. Allzu überzeugend! Denn alle drei stehen in diesem Schema schon fest. Der Sender hat im Kopf, was er sagen will, der Empfänger kann verstehen, was der Sender sagen wollte (freilich von seinen Voraussetzungen her), und, was der Sender sagen will, ist eben die Botschaft. Aber stimmt es denn: dass der Sender schon weiss, was er sagen will, und ist das Entscheidende – das Erstaunliche, dass eine Brücke geschlagen wird, dass wirklich von der einen Seite etwas zur andern *hinüber*-kommt – hier denn überhaupt bedacht? Liegen nicht der, der spricht, und der, der hört, viel enger beieinander und sind sie nicht andererseits viel weiter voneinander entfernt, als es das genannte Schema suggeriert? So *nahe beieinander*, dass der, der redet, zu einem *anderen* Gegenüber vielleicht gar nicht dasselbe sagen würde, dass er also gar nicht nur von sich her, sondern zugleich *von seinem Gegenüber her* spricht,[4] und dass darum auch die Botschaft, die er mitteilen will, noch gar nicht wirklich feststeht;[5] und so *weit auseinander,* dass der, der vielleicht zu reden anfangen wird, gar nicht weiss, ob seine Rede überhaupt je ankommen, je aufgenommen werden wird, genauso wenig wie der, den sie trifft, im vorhinein weiss, was ihm wohl dabei widerfährt (wobei wieder zugleich die Nähe und die Distanz im Spiel sind). Sodass also von beiden Seiten in die Rede eine *Ungesichertheit* und eine Offenheit hineinkommen, die ihr Wagnis ausmachen, jenes Wagnis, jene Offenheit, die sich in der Stimme niederschlagen, als ihr Erbeben; ein Erbeben, das die Stimme überhaupt erst zu ihrem wesentlichen Vollzug bringt, als wäre sie dazu da, von der Ausgespanntheit der beiden Pole – des Redenden und des Hörenden – in Anspruch genommen zu werden, und darum – und *davon!* – zu *klingen.*[6] *Hinüberzuklingen,* hinüberzuklingen vom Einen zum Anderen, und – merkwürdig zu sagen – auch vom Anderen zum Einen.

So kommen wir also, statt von Sender und Empfänger zu reden, auf zwei *Personen,* die in Beziehung zueinander stehen, weil es das Wunder der Stimme gibt, die die Brücke zwischen ihnen schlägt. Mit diesem Paradigmen-Wechsel hängt zusammen, was wir eben schon andeuteten: dass, wo es wirklich um ein lebendiges Gespräch geht, gar nicht von vornherein festzulegen ist, wo das Ereignis der Rede eigentlich *beginnt.* Fängt es damit an, dass einer etwas auf dem Herzen hat, das er mitteilen will, oder fängt es damit an, dass da eine Botschaft ist, die noch gar nicht fertig ist, die sich sucht, indem sie sich – und uns – von ihren Worten etwas verspricht? Oder fängt es damit an, dass der, der vielleicht den Mund auftut, zu reden *beginnt,* zu reden beginnen *kann,* weil ein Ohr – ein Ohr? – sich ihm zuwendet, das ihm das Suchen und das Finden seiner Worte zutraut? Das Geschehen von Sprache, von Rede, lässt sich nicht auf etwas Eindeutiges, allein Begründendes zurückführen.

«*La parole est à qui veut la prendre»,* heisst es im Französischen, als typischer Ausdruck eines Diskussionsleiters, der das Rede-Recht verteilt. Aber verteilt nicht die Rede selber das Recht, oder besser: verteilt nicht die Rede selber – *sich,* damit, wer es wagt und wer es kann und wer es will, in sie eintritt und sie ergreift

---

[4] Sodass Sender und Empfänger zwar nicht gerade die Plätze vertauschen, aber doch ihre «Funktionen» teilen.

[5] Sodass sogar der Begriff der «Botschaft», als bereits gegebener, voreilig ist.

[6] Von zwei Polen spricht auch Hartmut Rosa in seinem Buch: Resonanz. Eine Soziologie der Weltbeziehung, Frankfurt a. M. ³2018, 532, wo er sagt, dass «Resonanz nur als Antwortgeschehen zwischen zwei eigenständigen Polen, die je mit eigener, unverfügbarer Stimme sprechen, denkbar ist [...].» Man beachte die Zusammenstellung der beiden Attribute «eigen» und «unverfügbar»!

bzw. sich von ihr ergreifen lässt. Sie ergreift und sich von ihr ergreifen lässt in einem nicht zu entwirrenden Geschehen.

So ist das starre Schema (Sender – Empfänger) also aufgebrochen und «aufgemischt». Die beiden «Pole» von Hörendem und Sprechendem, die beide nur in Bezug auf einander sind, was sie sind, und die Botschaft (als Dritte im Bunde), die weder sich, noch einer der beiden am Reden Beteiligten schon kennt, sie kommen alle drei *aneinander* und *miteinander* in Bewegung. Und ist es nicht so, als würden ihre Bewegung und Bewegtheit, als ein In-Schwingung-Kommen dieses ganzen nicht auseinanderzunehmenden Geschehens, sich nun der Stimme bemächtigen, damit noch vor allem anderen Inhalt ihr «eigenes» (und eben nicht nur eigenes) Erzittern erklingt und sich mitteilt? Merkwürdig: vom Klang, vom warmen Klang der Stimme – ihrem Timbre – waren wir über die von diesem Timbre untrennbaren Pole von Herkunft und Hinkunft darauf gekommen, dass, was in der Stimme erklingt und sich mitteilt, doch in ihrer höchsten Realisierung eine An-rede sein wird, also Worte, Sätze, *Rede*. Und nun ist es, als würden wir, wo wir dem Sinn, dem eigentlichen Geschehen der Rede, der Anrede nachgehen, wieder auf den Klang, das Erklingen, das *Erbeben* der Stimme kommen, das daher rührt, dass sie es auf sich nimmt, auf sich nehmen muss, von einem Ufer eines unüberwindbaren Flusses zum andern (denn sind es nicht immer zwei ganz verschiedene Menschen, die sich begegnen?!) die Brücke zu schlagen mit nichts anderem als ihrem fragilen, flüchtigen Klang, der eben genau *davon* spricht. So dass also die Stimme, *als Stimme* – sozusagen noch vor allen Worten –, schon selber spricht: vom Wagnis, vom Ereignis des Sprechens spricht. «Sozusagen noch *vor* den Worten», habe ich eben gesagt, genauer aber wohl: *in* allen Worten, die ganz organisch dann zu ihr gehören, als Ausformungen jenes grundlegenden Sprechens, das ein Erbeben ist.

Wenn wir also in einer ganz knappen Formulierung den Zusammenhang von Stimme und Sprechen charakterisieren sollten, dann könnten wir – aufgrund der Tendenz der Stimme zur Bedeutung hin – sagen: Die Stimme, wie sie sich von den *vielen* über die *eine* zu *der* Stimme konkretisiert, ist *Trägerin des Worts,* so wie umgekehrt das Wort die *innere und äussere Bewegtheit der Stimme* ist. Denn die äussere Ausgesetztheit der Rede wird zur inneren, und das innere Erbeben der Stimme hat seinen Ort eben nicht nur in *ihr,* sondern inmitten der beiden, die sie – wie flüchtig, wie prekär, wie in jeder Hinsicht vibrierend auch immer – verbindet.

Von dieser «Feststellung» her, die die Instanz der Stimme mit der Instanz ihres Auftreffens verbindet, erinnern wir uns an das Oberthema dieser Ringvorlesung.

IV. «Offener nichts als das geöffnete Ohr»

Ein schöner Satz. Ein seltsamer Satz. Jeder versteht ihn. Aber können wir ihn erklären? Beginnen wir Schritt für Schritt. Es gibt offenbar verschiedene Arten der Offenheit. Zum Beispiel eine Tür. Sie steht *halb* offen. Oder sie steht *ganz* offen. Wenn sie ganz offensteht, kann sie offener nicht sein, kann es grössere Offenheit nicht geben.

Wenn es dennoch eine grössere Offenheit geben soll, dann nicht die des Offen-Stehens, sondern? Die des Sich-Öffnens. Eine Pflanze kann ihre Blüte entfalten; eine verfahrene Situation kann sich auftun; ein verschlossener Mensch kann sich mitteilen ... Er öffnet sich. Das ist eine andere Art des Offenseins als die zuerst genannte. Von ihr soll es eine Steigerung geben. Warum? Weil diese Offenheit nicht alleine ist, sondern sich öffnet nach aussen. Wenn es nun heisst «Offener nichts als das geöffnete Ohr», dann ist also gemeint nicht ein beliebiges Sich-Öffnen, sondern – der Eigenart des Ohrs gemäss – ein Sich-Öffnen des *Eigenen* auf das Andere, auf *den* Anderen. Und es ist wegen dieses *Eigenen,* dass eine unerwartete Steigerung in die Offenheit kommt, weil nämlich das Eigene seiner spontanen Tendenz nach bei sich bleiben will, und weil eben dies selbe Eigene doch sich auftun kann. Ein Mensch, der sich nicht nur irgendetwas Anderem öffnet, sondern *dem* Anderen, etwa dem anderen Menschen. – Entgegen der Tendenz, sich für sich haben zu wollen, öffnet er nicht weniger als *sich.*

Wer oder was öffnet sich? Nach dem Ausspruch, den wir bedenken, das Ohr. Das Ohr? Ja. Aber im Ohr, durchs Ohr der ganze Mensch. Warum aber öffnet sich der ganze Mensch gerade durchs Ohr? Stimmt es, dass nichts anderes so «offen» ist (sich so weit öffnen kann) wie das Ohr? Wenn ja, dann wohl, weil nichts anderes, kein anderes Organ den Menschen so tief mit seinem *Innersten* verbindet, und weil das Innerste des Menschen in keinem anderen Organ sich so sehr nach *aussen* kehrt, sich so sehr aussetzt. Sich so sehr aussetzt, oder vielleicht schon ausgesetzt ist?

Um dieser Vermutung nachzugehen, werfen wir einen Blick auf die Differenz zwischen Hören und Sehen.

Exkurs: Die unterschiedlichen Sinne Sehen und Hören

Es ist verführerisch, aber es ist auch gefährlich, eine Rangordnung zwischen den verschiedenen Sinnen des Menschen aufstellen zu wollen. Das ist auch nicht unser Anliegen. Doch charakteristische Unterschiede gibt es, die sich benennen lassen.⁷ Man hat sie immer wieder in ihrer Tendenz so weit verfolgt, dass man die Verschiedenheit ganzer Kulturen mit der Prävalenz eines Sinnes in Verbindung gebracht hat: etwa die Affinität der griechischen Kultur zum Sichtbaren und zum Gesichtssinn, die der jüdischen zum Gehör.⁸

Die Hauptdifferenz zwischen Sehen und Hören liegt wohl in der Distanz, die das Sehen ermöglicht, und in der Unmittelbarkeit, mit der Laute auf unser Ohr treffen. Damit hängt auf der Seite des Sehens ein möglicher Überblick zusammen, auch die Wahrnehmung einer Ordnung, Anordnung, in der jedes «Ding» seinen Ort hat und der distanzierte Beobachter auch. Hinzukommt, dass wir unsere Augen öffnen oder schliessen können, unseren Blick ausrichten auf das, was wir sehen wollen, und wegwenden von dem, was wir ignorieren möchten. Die je nach dem genaue oder überblickshafte Betrachtung, die das Gesehene auf Distanz lässt und hält, ermöglicht Erkenntnis und die Erkenntnis Beherrschung.

Laute hingegen treffen uns unvorhergesehen, distanzlos, sie überfallen uns, und wie wir sie festhalten wollen, sind sie schon wieder verklungen. Das Hören hat sein Spezifikum darin, dass es nicht mit uns anfängt, nicht von unserer Initiative abhängt; es hat darum in höherem Grad *Ereignischarakter* als das Sehen. Im Hören sind wir dem Gehörten und unserem Hörsinn *aus-gesetzt*. Das geht bis in das Vernehmen sprachlicher Äusserungen hinein. Nicht nur der bedeutungslose oder vieldeutige Laut, auch das bedeutungs-volle Wort trifft immer wieder überraschend und unbeherrschbar auf unser Ohr und – über unser Ohr – auf uns, in uns, in unser Innerstes. Sowohl Lob als auch Tadel oder gar eine Beleidigung treffen uns, obwohl doch von aussen her gesagt, bis ins Innerste. Die Grundstruktur, in der sich dies vollzieht, ist die der An-Rede, die von aussen, von einem *anderen* Aussen kommt, vom Aussen des *Anderen*. Nicht ich ajustiere, stelle meinen Blick und mich ein, sondern der Andere *trifft* ein.

Es ist freilich ein wenig künstlich, die verschiedenen Sinne so auseinander zu halten; sie spielen in der menschlichen Wahrnehmung ineinander und der eine Sinn kann Spezifika des anderen annehmen.⁹ So kann etwa das Ereignishafte

---

⁷ Hans W. Cohn hat sie in seinem Gedicht «Mit allen fünf Sinnen», dem der Titel dieser Ringvorlesung entnommen ist, in unnachahmlicher Weise zur Sprache gebracht (Mit allen fünf Sinnen. Gedichte. Mit einem Vorwort von Michael Hamburger und Illustrationen von Felix Martin Furtwängler, hg. von Thomas B. Schumann, Hürth bei Köln 1994, 22f.).
⁸ Etwa Hans-Georg Gadamer, Die Philosophie und die Religion des Judentums, in: ders., Neuere Philosophie II: Probleme, Gestalten (Gesammelte Werke Bd. 4), Tübingen 1987, 68–77.
⁹ Auch das wird in Cohns Gedicht beschworen: «Mit den Augen horchen / mit der Zunge lauschen / und mit den Händen hören [...].» «Der Leib, der sich in diesen Aufforderungsfeldern bewegt, ist stets als Ganzer tätig[.]», schreibt Bernhard Waldenfels, ent-

auch fürs – und im – Sehen stattfinden. (Plötzlich steht ein Mensch vor mir, den ich viele Jahre nicht gesehen habe.) Und nicht nur im Hören, auch im Angeblicktwerden, ja sogar im «eigenen» Blicken *geschieht* etwas.[10] Und doch trifft es zu, dass es entscheidende Unterschiede in der Form und in der «Verarbeitung» der Wahrnehmung gibt zwischen Hören und Sehen. Das hat Martin Luther einerseits ganz nah am Phänomen bleibend und andererseits ganz weit theologisch ausholend benannt:

> «Warum nennt er [sc. der Psalmist] das Ohr vor dem Auge und die Züchtigung vor dem Wissen? Weil man in heiligen und göttlichen Dingen erst hören und dann sehen muss, erst glauben, dann verstehen, erst ergriffen werden, dann ergreifen, erst erfasst werden, dann erfassen, erst lernen, dann lehren, erst Jünger, dann erst Lehrer oder sein eigener Meister sein.»[11]

So gibt es also verschiedene Formen der Offenheit und verschieden Grade der Offenheit. Und eben da heisst es nach dem Ausspruch, den wir verstehen wollen: dass die Offenheit des Ohrs radikaler ist als jede andere, oder – denn vielleicht ist auch dies gemeint –, dass der Mensch dank seines Gehörs offener ist als jedes andere Wesen.

***

Betrachten wir für einen Moment den Gang unseres Gedankens. Wir haben von *Stimmen* gesprochen, kamen dann zum Singular *Stimme,* also zur Stimme als *einer* Stimme, und dann sind wir, als wäre gar nichts dabei, von der Stimme zum *Ohr* hinübergeglitten. War das ein Versehen, war das ein Sprung des Gedankens? Es war, unserem Anspruch nach, der sich allerdings noch bestätigen muss, weder eine Unachtsamkeit noch ein Sprung des Gedankens, sondern dessen konsequente Fortführung. Der Begriff «Stimme», oder genauer: die Realität «Stimme»,

---

scheidende Impulse von Merleau-Ponty aufnehmend. «Man spricht von verschiedenen Sinnen, doch schon das ist problematisch. Ich habe im Bereich der Synästhesien darauf hingewiesen, dass die Sinne nicht – wie bei einer Maschine mit fünf Programmen – Stück für Stück abgezählt werden können, das [...] widerspräche der Eigendynamik und Selbstorganisation des Leibes. Der Leib ist immer als Ganzer tätig, aber eben dies schliesst nicht aus, dass dies unter wechselnden Dominanten geschieht» (Das leibliche Selbst. Vorlesungen zur Phänomenologie des Leibes, Frankfurt a. M. 2000, 377f.).

[10] Das hat in unvergesslicher Weise Jean-Paul Sartre ausgeführt: Jean-Paul Sartre, L'être et le néant. Essai d'ontologie phénoménologique, Paris [29]1950, 310–364.

[11] Martin Luther, Scholien zur ersten Psalmenvorlesung 1513/15, WA 4, 94,40–95,3 (zu Ps 94,9f.), zitiert nach D Martin Luthers Psalmen-Auslegung, hg. von Erwin Mühlhaupt, 3. Bd: Psalmen 91–150, Göttingen 1965, 37.

«Meine Schafe hören meine Stimme»

(wir nannten sie «*eine* Stimme», «*die* Stimme»), ist, was sie ist, überhaupt erst dort, wo sie auf ein Ohr trifft, das ihre Anrede vernimmt, auf-nimmt. Nicht umsonst lag uns daran, wo wir die Realität, das Ereignis einer Stimme sich herausprofilieren «sahen», ihr von Anfang an – vom Anfang ihres Stimme-Seins an – eine nicht-neutrale Temperatur, eine ganz eigene Wärme zuzusprechen und damit ein Timbre, eine Schwingung, die nicht nur die der Stimmbänder ist, sondern die dessen, der spricht, und die – und darauf kommt es nun an – entsteht, weil der, der seine Stimme erklingen lässt, nicht nur mit sich selber, sondern mit einem *Gegenüber* spricht. Sodass also die Stimme erklingt in *diesem* Zwischen und von diesem Zwischen bereits bewegt. Darum auch haben wir im strengen Sinn des Wortes, d. h. dort, wo in ihr das sogenannte «Geistige» und das sogenannte «Körperliche» sich untrennbar verbinden, von der Stimme nur in Bezug auf den Menschen reden wollen. Obwohl es doch auch Tiere gibt, die ein Stimmorgan haben, und obwohl auch sie es in manchen Fällen zur Kommunikation einsetzen; aber eben jene Schwingung, die von zwei Seiten zugleich her entsteht: von dem, der spricht, und von dem, zu dem er spricht, jene Schwingung, die wir um dieser Alterität willen, in Aufnahme eines Hegelschen Wortes, als «Erzittern» charakterisierten, indem nämlich der Mensch erfasst (oder davon erfasst *wird*), dass er nicht in sich selber ruht, weil er ein Gegenüber hat, jene Schwingung also, die Stimme im pathetischen Sinn des Worts, mussten wir dem Menschen reservieren.[12]

---

[12] Das tut Hegel in dieser Weise nicht, er spricht gerade auch in Bezug auf die Tiere von ihren Stimmen, und trotzdem sind seine Ausführungen zu dieser Frage für uns äusserst erhellend. «Metalle haben Klang, aber noch nicht Stimme; Stimme ist [!] der geistig gewordene Mechanismus, der sich so selbst äußert. Das Unorganische zeigt seine specifische Bestimmtheit erst, wenn es dazu sollicitirt, wenn es angeschlagen wird; das Animalische klingt aber aus sich selbst. Das Subjective giebt sich als dieß Seelenhafte kund, indem es in sich erzittert und die Luft nur erzittern macht. Diese Subjectivität für sich ist, ganz abstract, der reine Prozeß der Zeit, der im concreten Körper, als die sich realisirende Zeit, das Erzittern und der Ton ist. Der Ton kommt dem Thiere so zu, daß dessen Thätigkeit selbst das Erzitternmachen des leiblichen Organismus ist.» (Georg Wilhelm Friedrich Hegel, System der Philosophie. Zweiter Teil. Die Naturphilosophie, Sämtliche Werke, hg. von Hermann Glockner, Stuttgart 1942, Bd. 9, § 351 Zusatz, S. 581; vgl. kurz vorher:) «Das Thier kommt zwar nicht aus der allgemeinen Bestimmung des einzelnen Orts heraus; aber *dieser* Ort wird durch es gesetzt. Eben damit ist die Subjectivität des Thiers nicht bloß von der äußeren Natur unterschieden, sondern sie unterscheidet sich selbst davon; und das ist ein höchst wichtiger Unterschied, das Sich-Setzen als die reine eigene Negativität *dieses* Orts und *dieses* Orts u.s.f. Die ganz Physik ist die sich im Unterschied von der Schwere entwickelnde Form; sie kommt dort aber nicht zu dieser Freiheit gegen die Dumpfheit der Schwere, sondern erst in der Subjectivität des Thiers ist dieß Fürsichseyn gegen die Schwere gesetzt» (350). Auf den ersten Blick erscheint es, als würde Hegel unserer Auf-

Wir haben das an zwei Ausdrücken erläutert: dem *Woher* und dem *Wohin* der Stimme, von denen wir sagten, dass sie sich verbinden, ja *verschränken* (sodass das Woher ohne das Wohin nicht wäre, und dass das Wohin erst wird, indem ein Woher sich an es wendet). So aber kam eine Schwingung, ein Erbeben, ein Erzittern, eine Bewegtheit herein, die den Menschen über seine Stimme erfassen, und die wiederum der Mensch seiner Stimme mitteilt, anvertraut. Das sahen wir daran, dass diese Bewegtheit umso lebendiger und wahrhaftiger bebt und zittert, wo sie sich mit Bedeutung füllt, und also die Stimme nicht nur klingt, sondern spricht. Das ist ein Vorgang von äusserster Erstaunlichkeit, denn das Gegenteil wäre ja spontan viel eher anzunehmen: wo die Stimme noch nicht wirklich artikuliert, wäre ihr Erbeben nicht nur unmittelbarer, sondern auch authentischer. Aber eben nein; es gehört zur Stimme in ihrem Erbeben, dass sie erst dort, wo sie sich *veräussert*, wo sie ihr Erzittern auf ein Gegenüber bezieht, wo sie also *spricht*, in ihr wahres Element kommt.

Wenn wir uns darüber klar werden, dann begreifen wir auch, dass wir, als wir von der Stimme auf das Ohr kamen, mitnichten zu einem anderen Thema unversehens hinübergeglitten, sondern folgerichtig und *unumgänglich* übergegangen sind zu jener Instanz, ohne welche die Stimme gar nicht wäre, was sie ist. Denn, wie wir sahen: ihr Woher klingt mit ihrem Wohin – gerade im Abstand beider – unauflöslich zusammen, sonst wäre sie nicht *Stimme,* nicht *eine* Stimme.

Umgekehrt aber ist auch das Ohr, als ihre Gegen-Instanz, nicht ohne die Stimme, die auf es trifft, die es an-spricht. Und nun erst verstehen wir ganz, warum Hans Cohn formulieren konnte «offener nichts als das geöffnete Ohr»: weil nämlich das die Stimme vernehmende Ohr die Offenheit *selber* ist, die die Stimme erst zur Stimme macht, weil sie ihr Sprechen *entbindet*. So stehen sich also gegenüber auf der einen Seite: Erklingen, Erzittern, Sprechen der Stimme, und auf der anderen Seite: die Offenheit des Ohrs, die nicht ein Schon-offen-*Sein*, sondern ein *Sich-Öffnen*, ein Sich-öffnen-*Lassen* ist.

Ein Sich-öffnen-Lassen wessen? Nur des Ohrs? Nein, des Menschen. So hatten wir schon einmal geantwortet, aber ist die Antwort genau genug?

---

fassung der Stimme widersprechen, indem er gerade auch Tieren *Stimme* zuerkennt. Wir haben dies nur widerwillig getan. Der Grund ist aber auf beiden Seiten der gleiche: die Idee nämlich, dass in der Stimme Geistiges und Materielles sich nicht nur begegnen, sondern eins werden. (Wie Hegel sagt: «Stimme ist der geistig gewordene Mechanismus, der sich so selbst äußert.») Die Stimme ist das Erzittern, das das Erzittern nicht nur ihrer selbst, sondern der Empfindung, oder beim Menschen des Gemüts ist. Je mehr das Erzittern «geistig» wird, umso mehr ist die Stimme – gerade auch in ihrer «Materialität», in ihrer Körperlichkeit – Stimme.

V. Gottes Anruf und das Erwachen der Seele

«Offener nichts als das geöffnete Ohr»? Ist das wahr? Ja, das ist wahr, aber es ist wahr nur, wenn im Ohr, durch das Ohr, nicht nur das Ohr, sondern der ganze Mensch sich öffnet. Im Bereich der Philosophie hat, wenn ich recht sehe, kein anderer Denker diesem Gedanken eine vergleichbare systematische Bedeutung gegeben, wie Franz Rosenzweig im *Stern der Erlösung*. Was heisst hier «systematisch»? Es heisst, dass ohne diesen Gedanken das ganze «System», das Rosenzweig entwickelt,[13] d. h. hier das In-Beziehung-Treten von Gott, Welt und Mensch, seinen Sinn verlöre.

Um es nur ganz kurz anzudeuten: Der Mensch wird Mensch, der Mensch erwacht zu seinem Menschsein, und auch Gott wird Gott, findet zu seinem wahren Gottsein, indem die beiden sich *begegnen*. Wie aber begegnen sie sich? Ganz basal gesagt, indem Gott den Menschen anredet, und indem der Mensch sich Gottes Anrede öffnet. Das hört sich ganz klassisch an: Gott offenbart sich eben, und der Mensch empfängt Gottes Offenbarung. Aber es passiert hier etwas so Grundlegendes und genauer etwas so Grund-Umstürzendes, dass es jeden klassischen, jeden durch bekannte Schemata vorbereiteten Gedanken sprengt. Gott, der wahre, lebendige Gott ist nicht schon, der er ist, so lange er in sich ruht und mit seinem ewig sich gleichbleibenden Wesen identisch ist. Erst wo er sich *entäussert*, wo er sich in seinem Selbstsein «verneint», wo er nicht nur *etwas* von *sich offenbart, sondern sich selber* offenbart, wo also in seinem Sprechen auch *seine* Stimme «erzittert» und «erbebt», erst da wird er Gott, der wahre, der einzige Gott. In jenem merkwürdigen Hin-und-Her also, indem ein Sprechen sich nicht nur auf den hin-bewegt, an den es sich richtet, sondern auch «irgendwie» von dem her anhebt, der es empfangen wird. – Und dies soll nun auch für Gott gelten! Das ist der strenge Begriff der Offenbarung, als ein wirkliches Aus-sich-Herausgehen.

> «[D]as Offenbarwerden, das wir hier suchen, muss ein solches sein, das ganz wesentlich Offenbarung ist und nichts weiter; das heisst aber: es darf nichts sein als das Sichauftun eines Verschlossenen, nichts als die Selbstverneinung eines blossen stum-

---

[13] Er selbst gebraucht den Ausdruck einmal in Bezug auf den *Stern der Erlösung*: «[...] er ist bloss ein System der Philosophie» (Das neue Denken, in: ders., Zweistromland. Kleinere Schriften zu Glauben und Denken [Gesammelte Schriften Bd. 3], hg. von Reinhold und Annemarie Mayer, Dordrecht u. a. 1984, 140; vgl. 141).

men Wesens durch ein lautes Wort, einer still ruhenden Immerwährendheit durch einen bewegten Augenblick.»[14]

Und dieses «laute Wort» richtet Gott nun an den Menschen, der aber Mensch – und das ist auch hier das Entscheidende – im Vollsinn des Wortes noch gar nicht war (sondern nur ein in sich verschlossenes Selbst), bevor nicht das Wort an ihn gerichtet wurde, das seine Verschlossenheit auftut. Das ursprünglichste, das wirkungs-mächtigste Wort, das den Menschen so anredet, auf ihn selbst hin anredet, damit eben dies Selbst aufgeht, geradezu «aufplatzt» wie eine Knospe, ist das Wort Gottes. An der biblischen Schöpfungsgeschichte exemplifiziert Rosenzweig, was er zunächst philosophisch und auch theologisch gedacht hat. Denn in der Schöpfungserzählung ist die Grunderfahrung des Menschen niedergelegt, sodass wir ihr Entscheidendes darin finden und daraus ablesen können. Gott fragt nach dem Menschen, damit in dem *Gehör*, auf das seine Frage, seine Anrede geht, jenes Du erstehe, das Gott sich zu seinem Gegenüber erwählt. Aber das ist nur die eine Seite, die andere ist, dass dieses Du das menschliche Ich ist, das in dieser Anrede sich entdeckt, zu sich erwacht. Dies Ich ist das *Wort* «Ich», mit dem der Mensch, wenn er denn die Tiefe des Ereignisses, das ihm widerfährt, auszuloten wagt, auf Gottes Frage nach ihm antwortet. Das Wort «Ich» aber, in dem der Mensch gar nicht anders als ganz präsent, als ganz in es eingegangen und als ganz in ihm aufgegangen sein kann, *ist* sein Ich. Er ist nun er – dieser Unverwechselbare, Einzige, nur mit seinem Eigennamen, in ihm aber wiederum ganz Getroffene. Er: dieser Mensch, den keiner vertreten kann, denn keiner kann für ihn sagen, was er nun in der Tat sagt, als sein anfänglichstes Wort und als das allerumfassendste, das er je wird sagen können: «Hier bin ich.»[15]

Ich also ist der Mensch oder wird der Mensch. Ein Ich? Nein, «Ich» –, «Ich» auf sich genommen; auf sich genommen, dass das Ich nun aufgetan ist und dadurch erst Ich wird. Dafür aber gebraucht Rosenzweig nun sogleich ein anderes Wort, ein altes Wort, das wir kaum noch zu nennen wagen, vielleicht weil sein Anspruch zu gross und zu geheimnisvoll ist, da es die tiefste Tiefe des Menschen, falls der Mensch es wagt, sie als seine zu erkennen, und die höchste Höhe, falls er menschlich-tapfer genug ist, seine Augen und sein Herz vor ihr nicht zu verschliessen, da es also die tiefste Tiefe und die höchste Höhe des Menschen benennt und sie dem Menschen anvertraut, damit er sie wage: *die Seele*. Die Seele als das, was auf dem Spiel steht, weil der Mensch Mensch ist, und weil er, wenn

---

[14] Franz Rosenzweig, Der Stern der Erlösung (Gesammelte Schriften Bd. 2), Den Haag 1976, 179.
[15] Rosenzweig, Stern der Erlösung (Anm. 14), 196.

er es ist, nicht alleine ist, sondern von aussen her an- und darum aus seinem Innersten herausgerufen wird, damit es ein solches Innerstes überhaupt gebe.

«Gott schenkt sich der Seele hin», heisst es bei Rosenzweig, und kurz danach erläuternd: «[...] beginnt doch erst in der Liebe Gottes aus dem Fels des Selbst die Blume der Seele zu wachsen; vorher war der Mensch fühllos und stumm in sich gekehrt; nun erst ist er – geliebte Seele.»[16]

Als müsste der Ausdruck «Seele», wo er so ungeschützt gebraucht wird – und immer wird er ungeschützt gebraucht, denn nie wird das Innigste, das mit ihm genannt ist, und das Äusserste, was auch von ihm genannt ist, in voller Ausdrücklichkeit erfasst werden können –, als müsste der Ausdruck «Seele», wo er also so ungeschützt genannt wird, die Liebe Gottes bei sich haben, nicht um sein Überbordendes abzufedern, sondern um es in den überbordenden Zusammenhang zu stellen, aus dem es herkommt.

«Damit es, indem der Mensch aus seinem Innersten herausgerufen wird, ein solches Innerstes überhaupt gebe», haben wir gesagt und damit seine «Seele» gemeint. – Damit sind wir merkwürdiger Weise oder auch gar nicht merkwürdiger Weise wieder bei dem Hauptthema dieses Vortrags bzw. dieses Gedankengangs: dem *Hören*. Die Seele nach jüdischem und christlichem Verständnis gibt es nicht, ohne dass Innerstes – das heisst sie selber – und Äusserstes – was heisst das?, wenn nicht Gott, der jenes Äusserste ist, das nie zum Inneren wird – zusammentreffen. Nur wo die Seele von aussen angerufen wird, kommt sie in ihr Inneres, wird sie jenes Innerste, das der Mensch ganz ist, und nur, wo sie in ihrem Innersten getroffen wird, wird sie sich dem öffnen, was nicht *sie* ist. So aber erfährt sie überhaupt erst, wer sie ist.

«Anrufen», «Herausrufen», wir sind also wieder bei der hervorgehobenen, ja unvergleichlichen Stellung und Bedeutung des Gehörs, des Ohrs. Rosenzweig sagt es denn auch: «Hier ist das Ich. Das einzelne menschliche Ich. Noch ganz empfangend, noch nur aufgetan, noch leer, ohne Inhalt, ohne Wesen, reine Bereitschaft, reiner Gehorsam, ganz Ohr.»[17]

«Ganz Ohr» («ich bin ganz Ohr») ist eine Redewendung, um die Aufmerksamkeit der betreffenden Person zu kennzeichnen; aber hier ist die Wendung im strengen Sinne gemeint: «das Ich ... ganz Ohr». Nur so ist es, was es ist: *vor Gott*, Gottes unergründliche, Gottes unausschöpfliche Anrede vernehmend. Wie wenn das Innerste des Menschen ganz aussen wäre, dort wo er am empfindlichsten ist für jeden äusserlichen *Reiz*. Der merkwürdigste, unableitbarste Reiz aber ist ein

---

[16] Rosenzweig, Stern der Erlösung (Anm. 14), 189.
[17] Rosenzweig, Stern der Erlösung (Anm. 14), 196.

Wort, Gottes Wort. Von aussen kommend, ins Innerste treffend, gilt es dem Menschen ganz. «Ganz Ohr», sagt Rosenzweig darum. «Reiner Gehorsam», und er schreibt es im folgenden Satz mit zwei Bindestrichen («ge-hor-sam»), damit sowohl das Hören, das in diesem Wort liegt, wie das «sam», das immer eine Anpassung, eine Anbildung benennt («bildsam», «folgsam», «beugsam» ...) zum Ausdruck kommen[18].

Auf die Spitze gebracht ist das hier Gesagte in der paradoxen Antwort, die *Gottes* Volk seinem *Gott* gibt: «Wir tun's, wir hören's.»[19] Jener Ausruf, jene Replik, auf die Emmanuel Lévinas, immer wieder verweist[20]. Merkwürdige Umkehrung der zu erwartenden Reihenfolge. Das Tun also vom Hören untrennbar, *so* untrennbar, dass sich ihre Reihenfolge umkehrt oder umzukehren scheint. Das Wort Gottes, hier in Form von Gottes Gebot, will nicht nur *etwas* vom Menschen, sondern es setzt ihn ein in die Realität, die – gegenüber Gott – die wahre des Menschen ist. Er gehört Gott mehr als sich selber, und eben und erst, indem er dies Gehören wahr macht im Tun, *hört* er, hört er das erstaunliche Wort Gottes, das nicht nur etwas von ihm will, sondern sein Sein selber will und sein Sein ausmacht.

«Wir tun's, wir hören's» – was eigentlich? Was Gott von dem Menschen fordert? Man kann und man muss es wohl so deuten, aber man kann und man muss noch weiter gehen: nicht nur, was Gott von dem Menschen fordert, sondern, was *Gott für den Menschen ist,* und was dementsprechend *der Mensch für Gott ist.* Da kann kein Hören dem Tun vorausgehen, als müsste Letzteres aus dem Ersteren gefolgert werden. Es geht nur darum, Gottes Erwählung anzuerkennen, anzunehmen. Mehr ist es nicht, und mehr kann es *gar* nicht sein. «Wir tun's, wir hören's.»[21]

---

[18] Waldenfels rekurriert in seinem schon erwähnten Buch auf dieselbe Formulierung. Ohne den theologischen Kontext in Anspruch zu nehmen, gibt er ihr eine Interpretation, die den entscheidenden Gedanken, der bei Rosenzweig mitschwingt, genau und erhellend benennt: «Ich bin ‹ganz Ohr›, ich lebe in der Stimme, im Blick [...].» (Das leibliche Selbst [Anm. 9], 378.) Man beachte: «Ich bin ‹ganz Ohr›, ich lebe in der Stimme ...»!

[19] Ex 24,7.

[20] Vgl. etwa: Emmanuel Levinas, La Révélation dans la tradition juive, in: Publications des Facultés Universitaires Saint-Louis, Brüssel 1984, 72f.

[21] Martin Buber ist in seiner Schrift *Gottesfinsternis* darauf eingegangen: «‹Wir tun's, wir hören's›, spricht das Entscheidende mit naiver und unüberbietbarer Prägnanz aus. Der Sinn wird gefunden, indem man sich mit dem Einsatz der eigenen Person daran beteiligt, dass er sich kundtut.» (Schriften zu Religion und Philosophie, hg. von Ashraf Noor, Gütersloh 2017, 381.)

VI. Kann der Mensch Gottes Wort hören?

Den Titel dieses Vortrags bildet (im zweiten Teil) nach dem Zitat aus dem Johannesevangelium eine Frage: «Kann der Mensch Gottes Wort hören?» Wir nähern uns dem Ende des Gedankengangs; haben wir auf die Frage geantwortet? Möglicherweise gehen die Meinungen darüber auseinander. Vielleicht sind die, die dem Gedanken lesend gefolgt sind, der Meinung: Nein, die entscheidende Antwort steht noch aus; und der, der den Gedanken schreibend entwickelt hat, ist der Überzeugung, die Frage wurde doch schon beantwortet!

Wie das? Indem der Gedankengang an einer bestimmten Stelle einen qualitativen Sprung nachvollzog, der sich zunächst als solcher gar nicht zu erkennen gab, aber die weitreichendsten Konsequenzen hatte – bis eben zu jener Frage nach dem Hören des Wortes Gottes hin. Und dabei war es doch am Anfang nur der Übergang von einem Plural (Stimmen) zu einem Singular (Stimme). Diese eine Stimme, und nur so war sie wirklich *Stimme*, nahm ein ganz eigenes Leben an, indem ihr Klang warm wurde (freilich darum auch kalt werden konnte), indem Herkunft und Hinkunft von ihr untrennbar wurden, weil sie eben die Brücke zwischen beiden schlug, und sich der Abgrund, den sie dazu überwand, in ihrem Erbeben – das Erbeben nun Klang, und der Klang in seinem ursprünglichen Wesen Erbeben, Erzittern – realisierte, und weil darüber noch hinausgehend, aber immer noch vom selben Erbeben genährt, die Stimme Bedeutung annahm und zum Träger von Worten wurde.

Die Stimme also, wie wir sagten: Trägerin von Worten, und das Wort umgekehrt: die spezifisch menschliche Bewegtheit der Stimme. Dementsprechend war das Ohr nicht ein Sinnesorgan unter anderen, wie jedes eine spezifische Weise darstellt, mit seiner Umwelt Kontakt herzustellen, sondern unter allen Sinnesorganen das der Offenheit *par excellence,* indem der Mensch in ihm *ausgesetzt* ist, wie in keiner anderen Fühlungnahme mit der ihn umgebenden Welt. Denken wir nur einmal an den Tastsinn: es ist dunkel, auf dem Boden liegt (wie es aussieht) ein Stein, ich ergreife ihn, und auf einmal bewegt er (es) sich. Solcher für den Tast- und auf seine Weise auch für den Geschmacks- und Geruchssinn eher seltenen Befremdung ist das Gehör viel öfter ausgesetzt. Ein Klang trifft unser Ohr, obwohl es nicht hingehört hat. Trifft er aber nur unser Ohr, trifft er nicht noch viel mehr unser Innerstes? Oder ist vielleicht unser Innerstes im Ohr, d. h. *durch* das Ohr, in der Widerfahrnis des Hörens, *aussen?* «Ausgesetzt auf den Bergen des Herzens», heisst es in einem späten Gedicht Rainer Maria Rilkes.[22] Das wäre

---

[22] Rainer Maria Rilke, Ausgesetzt auf den Bergen des Herzens. Gedichte aus den

ohne die «Eigenart» des Ohrs, des Gehörs und des ihm korrespondierenden Wortes nicht zu denken.

Und wieder hängt es mit der *Stimme* zusammen, und genauer mit dem, zu was sie wurde, wo sie sich aus den vielen heraushob als zunächst *eine* und als dann *die:* die mich anredende, die mich treffende ... Und, wie Rosenzweig, nun an Gottes Stimme erinnernd, gesagt hat: die mich *zu mir erweckende,* die mich zu *ihm* und darum zu *mir,* die mich zu *mir* und darin zu *ihm* hervorrufende. – So haben wir das entscheidende Charakteristikum der Stimme: ihr Erbeben, ihr Erzittern auch von Gott ausgesagt, weil auch von seinem Sprechen gilt, dass, wie es ausgespannt ist zwischen zwei Enden, es – eben darum – in Schwingung gerät.

Dass Gottes Stimme erzittert, erbebt, heisst in klassisch theologischer Rede, dass Gott *sich* offenbart. Wie Luther einmal gesagt hat: «sich [!] ausschüttet»[23]. Wozu aber denn? Damit der Mensch ihn empfange und dadurch sein Gegenüber werde. Mit Rosenzweigs Wort: «Seele». «Seele» – jenes Innerst-Äusserste –, das darum in einer «Theorie» der Stimme und des Hörens nicht nicht berücksichtigt werden kann. Um dieses Wortes willen oder (anders gesagt), um der Stimmhaftigkeit Gottes willen waren wir also darauf gekommen, der Mensch könne in der Tat Gottes Wort hören. Ja noch mehr: überhaupt infrage zu stellen, dass er es könne, ginge in ganz eigentümlicher Weise an einer Grunderfahrung des Menschen vorbei. An der Grunderfahrung, dass nämlich sein Innerstes zugleich sein Äusserstes, sein Innerstes seine grösste Offenheit ist, und dass der merkwürdige Ausdruck «Gottes Wort» wie kein anderer dies Verhältnis – Verhältnis?, Verhältnis von Innen und Aussen, müssten wir nicht sagen: Ereignis? – benennt.

Nun gibt es aber Einwände, Einwände, die daher kommen, dass wir womöglich wissen wollen, wie das denn zugeht. Wie kommen wir eigentlich dazu, von unseren Erfahrungen menschlicher Sprache her, auch Gott Sprache zuzuschreiben und etwa von «Gottes Wort» zu reden? Wie soll denn Gott überhaupt sprechen? Umso dringlicher stellt sich die Frage, je mehr wir (wie wir es ja bisher die ganze Zeit getan haben) den Akzent auf ein so durch und durch körperliches Organ wie das Ohr gelegt haben. Sollte Gott also wirklich eine Stimme haben, dann bräuchte er doch Stimmbänder, und dann würde seine Stimme höher oder tiefer, rauher oder glatter klingen ...

Grössere Philosophen und Theologen als wir haben diese Frage gestellt. Dass man den Vorgang von Gottes Sprechen und des Menschen Hören «spiritualisieren» bzw. geistig auffassen müsse, ist eine Annahme, die die Theologiegeschichte

---

Jahren 1906–1926, Frankfurt a. M. 1988, 7.

[23] Martin Luther, Grosser Katechismus (BSLK, 651,13–15): «[...] nämlich wie er [Gott] sich ganz und gar ausgeschüttet und nichts behalten, das er uns nicht gegeben hat.»

durchzieht. Man würde dann vermeiden, Gott zutiefst menschliche Attribute zuzusprechen. Denn in der Tat, wie soll man sich vorstellen, dass Gott eine Stimme, Stimmwerkzeuge, Mund und Zunge hat?!

Die Antwort mag überraschen: Man soll es sich *gar nicht* vorstellen. Auf diesem Weg kommt man nicht weiter, jedenfalls nicht zu Gott hin – so wenig übrigens, wie wenn man ihm geistige Eigenschaften beilegt! Nein, nicht dadurch kommt man Gottes Sprechen und Gottes Stimme, Gottes Wort auf den Grund, dass man klären könnte, wie das denn möglich ist. Von aussen, in beschreibender, beobachtender und beweisender Attitüde wird keiner Gottes Reden aufzeigen können.

Wenn einer von Gottes Stimme, von Gottes Reden, von Gottes Wort etwas wissen kann, dann ist es immer nur der selber, der es vernimmt, indem er darauf *antwortet*. Und nicht das ist die Frage, wie etwa Gottes Stimmbänder usw. aussehen; sondern die Frage kehrt sich um – und richtet sich an den Menschen: wozu ihm nämlich sein Ohr gegeben ist. Nur dazu, um die Geräusche seiner Umwelt, die Stimmen von überall her und womöglich die Worte seiner Mitmenschen zu vernehmen, oder dazu, von Gottes Anrede sich ihm – Gott – gegenüberstellen zu lassen, als der, von dem Gott etwas will, nämlich *ihn*. Ob also nicht dazu dem Menschen das Ohr gegeben ist, dass er gänzlich in es eingefaltet und gänzlich in ihm ausgefaltet ist, indem dank seiner sein Innerstes sich nach aussen kehrt, damit er – wirklich *er* – «ganz Ohr sei», und sein Äusseres – dies ganz körperliche Organ des Ohrs bis in sein Inneres hineinreicht, weil Gott nämlich dies Innerste will, dem er doch nur ganz aussen (wenn nämlich der Mensch nicht mehr in sich verschlossen ist) *begegnen* kann und will.

Wenn wir also Gottes Wort, Gottes Rede ernst nehmen wollen, dann dürfen wir nicht hinter dies Wort zurückgehen wollen (und eine möglichst geistige Realität als ihm einzig angemessen annehmen), dann müssen wir uns *vor* es – dies Wort – hingestellt sein lassen, damit es uns nicht nur anspricht, sondern erwählt, zu Gottes Gegenüber erweckt.

So wie Jesus es sagt, und wie wir es glauben: «Meine Schafe hören meine Stimme und ich kenne sie» (Joh 10,27).

Das also wäre die Antwort; nein, das ist die Antwort auf die Frage, unter der dieser Vortrag stand – vom vierten Evangelium selber gegeben.

Regine Munz

«Das Auge zeigt uns, wie die Welt ist; im Hören vernehmen wir, wie sie sein soll»[1]

Die religiöse und ethische Dimension des Angesprochenseins

«Und sie hörten die Schritte des HERRN, Gottes,
wie er beim Abendwind im Garten wandelte.
Da versteckten sich der Mensch und seine Frau
vor dem HERRN, Gott, unter den Bäumen des Gartens.
Aber der HERR, Gott, rief den Menschen und sprach zu ihm:
Wo bist du?»[2]

An Gott

Du wehrst den guten und den bösen Sternen nicht;
All ihre Launen strömen.
In meiner Stirne schmerzt die Furche,
Die tiefe Krone mit dem düsteren Licht.
Und meine Welt ist still –
Du wehrtest meiner Laune nicht.
Gott, wo bist du?

Ich möchte nah an deinem Herzen lauschen,
Mit deiner fernsten Nähe mich vertauschen,
Wenn goldverklärt in deinem Reich

---

[1] Aus dem Einladungstext der online-Tagung der Uni Potsdam *Über.Hören – Die Klänge des Religiösen*. Zu dieser Tagung hatte das *Forum Religionen im Kontext* der Universität Potsdam am 4. und 5. Juni 2021 online eingeladen. Dabei wurden Aspekte des Hörens aus physikalischer, film-, religions- und musikwissenschaftlicher Perspektive betrachtet: www.uni-potsdam.de/de/forum-religionen-im-kontext/ueberhoeren/terminuebersicht (04.04.2023). Der vorliegende Text ist die schriftliche Weiterführung meines hörbaren Kurzvortrags im Rahmen der vom Projekt Flying Science veranstalteten Reihe *Hören* vom 29.08.2022 in der Klinik Schützen in Rheinfelden.
[2] Gen 3,8f. (Zürcher Bibel 2007).

> Aus tausendseligem Licht
> Alle die guten und die bösen Brunnen rauschen.
> *Else Lasker-Schüler*[3]

I. «Adam, wo bist du?» – Leerstellen/Lehrstellen

Am Beginn der Suche nach der theologischen und ethischen Bedeutung des Hörens steht eine Leerstelle. In den diversen Lexika finden sich lediglich im Artikel zu «Gehorsam»[4] einige Aspekte des Hörens, doch die Stelle für «Hören» bleibt oftmals unbesetzt. Dieser Ausfall ist insofern bemerkenswert, als das Hören im christlich-jüdischen Welt- und Gottesverhältnis eine zentrale Rolle spielt. Hören, Zuhören, Überhören, Verstehen und Gehorchen – das Hören der Menschen wie auch das Hören Gottes wird in der Bibel in allen Varianten und Arten benannt.[5] Ist es doch gerade die Prävalenz des Hörens vor dem Sehen, welche menschliches Verhalten im Kontext der biblischen Tradition auszeichnet. Die herausgehobene Vorstellung des Menschen als hörendem Wesen ist «im Kontext der europäischen Geistesgeschichte ein Spezifikum der biblischen Rede von Gott und Welt».[6] Metaphern des Hörens sind in der Philosophiegeschichte recht selten. Demgegenüber ist der Vorrang des Sehens tief in der griechischen und in der theoretischen Sprache verwurzelt. In *Vom Leben des Geistes* konstatiert Hannah Arendt in der Tradition der westlichen Philosophie einen

---

[3] Else Lasker-Schüler, Gedichte (Kritische Gesamtausgabe I/1). Bearbeitet von Karl Jürgen Skrodzki unter Mitarbeit von Norbert Oellers, Frankfurt a. M. 1996, 160 (Erstveröffentlichung, in: Hebräische Balladen 1917).

[4] Etwa in RGG[4] oder TRE. Bei letztgenanntem Lexikon etwa fehlt in Bd. 15, 461, der Artikel «Hören» zwischen «Höllenfahrt Christi» und «Hörfunk». Eine bedeutende Ausnahme stellt das Wörterbuch philosophischer Metaphern dar. Dort hat der Systematische Theologe Michael Moxter einen Artikel zu Hören verfasst (vgl. Michael Moxter, Hören, in: Ralf Konersmann [Hg.], Wörterbuch philosophischer Metaphern, Darmstadt ²2006, 147–168) sowie Pierre Bühler, Art. Hören/Hörer, III. Systematisch-theologisch, in: Oda Wischmeyer (Hg.), Lexikon der Bibelhermeneutik. Begriffe – Methoden – Theorien – Konzepte, Berlin/New York 2009, 268–269.

[5] Vgl. etwas Hans Walter Wolff, Anthropologie des Alten Testaments, München 1984, 116–123.

[6] Ulrich Lincoln, Die Theologie und das Hören, Tübingen 2014, 68: «Wir wollen uns [...] davor hüten zu meinen, das Hören allein schon durch eine kategoriale Abgrenzung vom Sehen verstehen zu können. Hören und sehen sind auch in der Bibel in der Regel keine Gegensätze und repräsentieren keine konträren Ontologien, sondern beziehen sich auf unterschiedliche und zumeist einander ergänzende Erfahrungsformen.»

«Sieg der Anschauung oder Kontemplation über jede Form des Hörens»[7]. Selbst wenn die Darstellung von biblischer, auditiver Weltauffassung versus griechischer, okularer Weltzugang zu schematisch sein sollte[8] und nicht die vielschichtigen Facetten beider Erfahrungsformen beachtet, bleibt festzuhalten, dass dem Sehen in der europäischen Geistes- und Kulturgeschichte ein privilegierter theoretischer Stellenwert zugeschrieben wurde.

Denker der jüdischen Tradition wie Martin Buber haben sich intensiv mit dem Hören auseinandergesetzt. Bubers kleine Schrift *Der Weg des Menschen nach der chassidischen Lehre* beginnt mit einem Hörerlebnis eigener Art. Der in Petersburg inhaftierte Rabbi von Reussen, Schnëur Salman, wird vom Polizeichef in ein theologisches Gespräch verwickelt. Die Frage des Beamten an ihn lautet dabei: «Wie ist es zu verstehen, daß Gott der Allwissende zu Adam spricht: ‹Wo bist du?›» Der Rabbi antwortet: «[I]n jeder Zeit ruft Gott jeden Menschen an: ‹Wo bist du in deiner Welt?›»[9] Adams Hörerlebnis nach dem Sündenfall im Paradies ist so etwas wie eine mit der Differenz von Hören und Sehen spielende Urszene des Menschen. Als Adam noch meint, sich vor Gottes Angesicht und seiner Verantwortung verstecken zu können, erreicht ihn Gottes Ruf. Auf einer zweiten Ebene trifft der Ruf auch den Petersburger Polizeichef. Denn die Frage Gottes ist auch für seine Ohren bestimmt. Der Rabbi fragt eindringlich: «‹Wo bist du in deiner Welt? So viele Jahre und Tage von den dir zugemessenen sind vergangen, wie weit bist du der weilen in deiner Welt gekommen?› So etwa spricht Gott: ‹Sechsundvierzig Jahre hast du gelebt, wo hältst du?›» (7f) Die Stimme des Rabbi findet den Weg ins Herz des Beamten, welcher den Rabbi die richtige Zahl seiner Lebensjahre nennen hört, und erschrickt.

Buber erzählt hier eine erstaunliche Geschichte, in der die anthropologische Grundsituation *par excellence* als Unmöglichkeit, dem Anruf Gottes zu entkommen, beschrieben ist: Ebenso wie Adam versteckt sich jeder Mensch vor Gott.

---

[7] Hannah Arendt, Vom Leben des Geistes. Das Denken, München 1989, 115. Arendt gibt zu bedenken, wie «leicht das Sehen im Unterschied zu den anderen Sinnen die Außenwelt ausblenden kann» und weist auf die Vorstellung des blinden Sehers hin, «dessen Erzählungen man zuhört». Und sie fragt, «warum nicht das Hören zur Leitmetapher für das Denken geworden ist» (115).

[8] So lautet Lincolns berechtigter Einwand gegen die Aufteilung in Denktraditionen: in die dem Sehen verschriebene Erkenntnistheorie der antiken griechischen Philosophie und die dem Hören näherstehende Wahrheitssuche in jüdischer Tradition. Vgl. Lincoln, Theologie und das Hören (Anm. 6), 68. Von Lincolns phänomenologisch-theologischem Ansatz hat der vorliegende Beitrag viele Anregungen erhalten.

[9] Martin Buber, Der Weg des Menschen nach der chassidischen Lehre, Heidelberg ⁶1972, 7 (Seitenzahlen im Haupttext).

Der Mensch flüchtet vor dem Auge Gottes, er flieht vor der Verantwortung und baut sein Dasein zu einem «Verstecksapparat» (11) auf. Buber kommt zum Ergebnis, dass, wenn Gottes Frage an das Ohr des Menschen dringt, Gott nicht sehen will, an welchem Ort in der Welt sich der Mensch gerade befindet, sondern dass er mit seiner hörbaren Frage den Menschen aufrühren will. Diese Anrufung Gottes kommt nicht in einem Gewitter, ist nicht bedrohlich, sondern ist die eines «verschwebenden Schweigens» (1Kön 19,12 nach Buber-Rosenzweig). Sie will Adams «Verstecksapparat zerschlagen, sie will ihm zeigen, wo er hingeraten ist, sie will in ihm den grossen Willen erwecken, heraus zu gelangen» (11). Mit den Worten «Ich habe mich versteckt» übernimmt Adam Verantwortung, indem er sich der Stimme stellt, «beginnt der Weg des Menschen. Die entscheidende Selbstbesinnung ist der Beginn des Wegs im Leben des Menschen, immer wieder der Beginn des menschlichen Wegs» (12). Buber skizziert neben dem den Hörweg vom Ohr ins Herz des Menschen, die existentielle «Selbstbesinnung» (12) als Beginn des menschlichen Weges sowie die ethische Dimension des Hörens. Die gehörsame Antwort auf den Ruf und die göttliche Zurechtweisung mündet in die Selbstbesinnung, in eine Umkehr und in den Beginn des Weges des Menschen: «Wisse woher du kommst, und wohin du gehst und vor wem du dich zu verantworten hast» (12).

II. Das Auge zeigt uns, wie die Welt ist

Im Folgenden wird der Sehsinn kurz umrissen, so wie er sich in Abgrenzung vom Hörsinn präsentiert. Seine Nähe zum aufklärerischen Autonomieparadigma sowie zu wissenschaftlicher Objektivität und Erkenntnis steht *schein*bar dem einem ephemeren Klangereignis ausgelieferten oder einem Gehorsam fordernden Hörsinn entgegen.

1. Wie die Welt ist

Die Welt ist alles, was gesehen werden kann, so hat es zumindest für eine am Sehen orientierte Wirklichkeitswahrnehmung den Anschein. Schon die griechische Philosophie hat dem sehenden Weltzugang und damit den optischen Metaphern einen Vorzug vor den anderen Sinnen gegeben. Nicht zuletzt bedeutet der Begriff für die Tätigkeit und den Ausdruck des Denkens «Theorie» und ist damit als Schau eng mit dem Sehen verbunden.[10] Erkennen, Wissen und Sehen haben einen engen sprachlichen Zusammenhang. Die Deutung des Erkennens ist an der Metapher des Sehens orientiert. So wird die okulare Wahrnehmung vom Wechsel von Finsternis zu Licht, vom Verborgenen zum Offenbaren bestimmt. Unter guten Lichtverhältnissen erfasst der Augensinn die «Wirklichkeit als ganze in ihrer Simultanität»[11]. In der Neuzeit ist es dann weniger das göttliche Licht, welches das Sehen ermöglicht, sondern das Licht der Erkenntnis wird zum «verfügbaren Instrument der Wissenschaft»[12], welche Klarheit und Aufklärung allererst bewirken soll.

In den Wissenschaften geht es um Erkenntnis und damit um die Einordnung des Fremden in das vertraute Weltbild, in die bekannten Kategorien; es geht um Aneignung. Der zu erkennende Gegenstand soll erfasst werden, eingebunden in die Perspektive des Forschenden, welcher dabei Regie führen soll. Hierbei liefert der Sehsinn unschätzbare Vorteile gegenüber den anderen Sinnen. Das augenblickliche Sehen ermöglicht Synchronizität. Dies ist insofern bedeutsam, als jedes System oder auch nur geordnetes Denken den synchronen Zugriff auf alles gleichzeitig erfordert: das Ganze, seine Teile und deren Zusammenhang. Das ganz im Präsentischen verhaftete Sehen hat eine Tendenz zum «identifizierenden Feststellen»[13]. Das feststellende Sehen erfasst zugleich die Bilder und Schemata von Systemen und Strukturen oder den Aufbau von Hierarchien.

Die Präsenz des Gegenstandes lässt sich beim Sehen auf Dauer stellen beziehungsweise in derselben Weise wieder-holen. Oder anders ausgedrückt: Für die sehende Betrachterin ist im Unterschied zum Zuhörer die Gegenwart nicht «die Punkt-Erfahrung des dahinschwindenden Jetzt».[14] Sie verwandelt sich in eine Dimension, in der die Dinge als eine «Dauer des Gleichen»[15] betrachtet werden können. Konsequenterweise wird das Gesehene gefasst und erfasst als etwas, das unverändert und immer gleich ist. In der Moderne wird das Gesehene darüber

---

[10] Vgl. Hans Blumenberg, Licht als Metapher der Wahrheit. Im Vorfeld der philosophischen Begriffsbildung, in: ders., Ästhetische und metaphorologische Schriften, hg. von Anselm Haverkamp, Frankfurt a. M. 2001, 139–171.
[11] Moxter, Hören (Anm. 4), 147.
[12] Martin Mettin, Kritische Theorie des Hörens. Untersuchungen zur Philosophie Ulrich Sonnemanns, Stuttgart 2020, 76.
[13] Begriff bei Mettin, Kritische Theorie (Anm. 12), XIII.
[14] Arendt, Leben des Geistes (Anm. 7), 117, hier ein Zitat von Hans Jonas verwendend (Hans Jonas, Der Adel des Sehens. Eine Untersuchung zur Phänomenologie der Sinne, in: ders., Organismus und Freiheit. Ansätze zu einer philosophischen Biologie, Freiburg i. Br./Berlin/Wien 2009, 243–275).
[15] Ebd.

hinaus mit technischen Mitteln in ein Bild überführt oder in Tabellen und Muster eingefügt und damit dingfest gemacht. Es kann jedoch die Sichtbarkeit eines Gegenstands dazu verleiten, ihn als gegeben hinzunehmen, als unveränderlich zu postulieren und weniger zu hinterfragen.[16] Das Ohr neigt dagegen aufgrund der Flüchtigkeit der Töne dazu, das Wahrgenommene stärker zu hinterfragen und ist immer auch eingestellt auf das Unerhörte, «Unvorhörbare», Spontane und Kontingente.[17]

2. Das Sehen zeigt uns – Distanz und Objektivität

Bei keinem anderen Sinn wie Tasten, Schmecken, Riechen und ebenso beim Hören gibt es eine solche sichere Entfernung zwischen Subjekt und Objekt wie beim Sehen. Denn ein ausreichender Abstand ist die Voraussetzung für «das Arbeiten des Gesichtssinns»[18]. Der Fernsinn Sehen ermöglicht – so scheint es zumindest –, die Wirklichkeit objektiv wahrzunehmen, d. h. weil genügend «Dazwischen» vorhanden ist, wird das wahrnehmende Subjekt nicht vom Gegenstand berührt oder davon affiziert.[19] Und schliesslich gestattet das Sehen dem unbeteiligten Zuschauer eine Form von Wahlfreiheit, insofern als er beim Sehen nicht vom gesehenen Gegenstand unmittelbar getroffen oder in den Bann gezogen wird.

Das sehende Subjekt besitzt die Freiheit, sich abzuwenden bzw. die Augenlider zu schliessen und damit den Blick zu beenden. Die distanzierte Freiheit des autonomen Sehsubjektes ermöglicht es, dasjenige auszuwählen, was in den Blick genommen wird. Sehen kommt dem aufklärerischen Autonomiestreben entgegen, insofern Autonomie als absolute Selbständigkeit gedacht wird. Das Subjekt kann seinen Blick aktiv auf etwas richten und entscheiden, wem seine Aufmerk-

---

[16] So auch der okular ausgerichtete Zugang der modernen Medizin. Als evident gilt, was vermessen abgebildet und mit modernen Bildgebungsverfahren sichtbar gemacht werden kann. Wohingegen sich das Gehörte nicht in ein Messsystem einfügen lässt. Vgl. dazu Giovanni Maio, Vom Verlust des hörenden Weltbezugs in der modernen Medizin, in: ders. (Hg.): Auf den Menschen hören. Für eine Kultur der Aufmerksamkeit in der Medizin, Freiburg i. Br. 2017, 7–26 (7).
[17] Mettin, Kritische Theorie (Anm. 12), 36: «Einer bloß feststellenden Anschauung begegnet die Anhörung mit Erfahrungsoffenheit: sie will sich nicht nur bestätigen lassen, was ihr ohnehin als Gewissheit gegeben ist, vielmehr im Vernehmen bislang Unbekanntes und Unerkanntes zu Bewusstsein bringen.»
[18] Vgl. dazu die Arendt, Leben des Geistes (Anm. 7), 117.
[19] Vgl. dazu die Ausführungen von Arendt, Leben des Geistes (Anm. 7), 116f.

samkeit gelten soll, das heisst: wie, was und ob es etwas sehen möchte. Und es kann nicht zuletzt die Augen schliessen.

III. Und das Hören – eine Annäherung

Ulrich Lincolns richtungsweisende und bahnbrechende Studie *Die Theologie und das Hören* aus dem Jahr 2014 widmet sich der theologischen Bedeutung des Hörens in der Vielfalt seiner Erscheinungen, dem Gehörgang als Heilsweg sowie der phänomenologischen und hermeneutischen Dimension des akroamatischen Phänomens. Die theologische Perspektive erläutert nach Lincoln einen wichtigen Teil des vielschichtigen Diskurses über das menschliche Hören. Allerdings sei die besondere Bedeutung des biblisch-theologischen Hörens in der Theologie noch nicht angemessen artikuliert worden.[20] Den Begriff «akroamatisch» entnimmt Lincoln der antiken Lehrtradition, die einen dialogischen, einen sokratischen (fragenden) sowie einen akroamatischen Vortragsstil kennt. Bei Letzterem gehe es ausschliesslich um die zuhörende Aneignung des Vorgetragenen. Hören, so schreibt Lincoln weiter, ist intentional, es «ist eine Praxis der Aneignung und Einverleibung, eine Form sinnlicher und zugleich interpretierender Rezeption, die durch ein hohes Mass an kreativer Passivität gekennzeichnet ist» (13). Das Hören ist zum einen eine Form von Bezogensein auf ein Klangereignis, ein Gezogensein zu einem Klang und dessen Interpretation (13) und weniger eine Form von Bewusstsein. Das Hören ist zum anderen aber auch ein rezeptives Geschehen, obschon wir aktiv unser Bewusstsein auf einen Klang richten können. Es empfängt die Vor-Gabe des Gehörten. Es ist damit auch passiv, weil es nicht möglich ist, das Gehörte selbstständig zu ergreifen bzw. festzuhalten oder gar zu wiederholen.

Im Hören sind wir sowohl ausser uns, im von aussen an uns herangetragenen Gehörten, als auch leiblicher Rezeptionsort des von aussen an das Ohr gelangenden Lautes. So ist das Hören ein passives Geschehen und ein Rezeptionsvorgang, eine Empfänglichkeit für eine Vorgabe: Das Hören widerfährt einem hörenden Subjekt, der Klang dringt von aussen in das Ohr ein, von der Ohrmuschel in das Innere des Gehörganges.[21] Wenn ich sage «ich höre», ist damit nicht gesagt, dass ich selbst aktiv eine Handlung vollziehe, sondern vielmehr, dass ein Hörereignis am Ort des Subjekts stattfindet. Damit ist Hören ein leiblich situiertes Phänomen,

---

[20] Vgl. Lincoln, Theologie und das Hören (Anm. 6), 3. Seitenzahlen im Haupttext.
[21] Vgl. dazu ausführlicher Lincoln, Theologie und das Hören (Anm. 6), 13.

eine Form von Sinnlichkeit, welche «die Frage nach der Vernunft durchlässig macht für jenes Nichteinholbare und Fremde, dem die Vernunft unausweichlich ausgesetzt ist» (65)[22].

1. Dazwischen hören

Die Position des Dazwischen ist ein Charakteristikum des Hörens: zwischen Aktivität und Passivität, zwischen Rezeptivität – ein Klang trifft mich – und Performativität, zwischen Empfänglichkeit und einer vom Verstehen unabhängigen Wahrnehmung. Und schliesslich spiegelt das Hören das besondere Weltverhältnis des Menschen zwischen Innen- und Aussenorientierung sowie zwischen Zugehörigkeit und Distanz. Das Hören befindet sich in der Mitte zwischen den Polen des Tastsinns und des distanzierten Sehsinns. «Das Ohr hat als mittlerer Sinn zwischen dem Fernsinn des Sehens und dem Nahesinn des Haptischen eine besondere Stellung innerhalb des Wahrnehmungsapparates inne.»[23] Die hörenden Subjekte stehen zwischen sinnlich wahrgenommenem Objekt und eigener Subjektivität. Gleichzeitig vermittelt das Hören auch zwischen Innen und Aussen. Das Hören mit dem Herzen stellt eine Form von Inne- und Innerlichwerden dar, welches einen «inneren Klangraum evoziert» (20). Der von Martin Buber skizzierte Polizeichef hört die Zahl seiner Lebensjahre, ist in seinem nur für ihn zugänglichen Innern getroffen und erschrickt.

2. Verletzliches Hören

Das Hören verweist auf die anthropologische Grundsituation des Menschen: Er ist ein verletzliches und verwundbares Wesen, dessen Leben psychisch, sozial und körperlich und bedroht ist.[24] Das Ausgesetztsein gilt insbesondere auch für den Hörsinn: Klänge und Laute können am Tag und in der Nacht in die mehr

---

[22] Hier führt Lincoln einen Gedanken von Emmanuel Lévinas (Jenseits des Seins oder anders als Sein geschieht, Freiburg i. Br./München [4]2011, 142–218) weiter, der die Sinnlichkeit aus den Engführungen der Epistemologie und Ontologie herausführen möchte.
[23] Vgl. dazu Lincoln, Theologie und das Hören (Anm. 6), 35 im Anschluss an Johann Gottfried Herders Sprach- und Erkenntnistheorie.
[24] Vgl. Andrea Bieler, Verletzliches Leben. Horizonte einer Theologie der Seelsorge, Göttingen 2017.

oder weniger bewusste Erlebniswelt des Menschen eindringen, denn Ohren schlafen nie. «Ich schlief, doch wach war mein Herz. Horch, mein Geliebter klopft.»[25] Klänge, die von aussen ins Innere des Gehörganges gelangen, können als lustvoll erlebt werden oder auch sich bis zur Schmerzgrenze steigern und zur Folter werden. Menschen sind dem, was von aussen an ihr Ohr dringt, in jedwelcher ruhig-friedlichen oder auch gewaltsamen Form ausgesetzt. Sie können vor dem Hintergrund eines Vogelgezwitschers aufatmen, doch können sie sich nicht gegen den Überfall durch einen unangenehmen Klang wehren, die Ohren sind nicht verschliessbar. Es gibt keine Ohrenlider, während es Augenlider zum Schutz vor unangenehmen Bildern gibt. Ein Klang trifft den Menschen – eine laute Sirene, eine Detonation oder ein Schrei in der Nacht.

Eindrücklich wird dieses Ausgesetzt- und Verletzlichsein im Film *Im Westen nichts Neues* aus dem Jahr 2022 akustisch zur Darstellung gebracht. Besonders Volker Bertelmanns Oscar-prämierter Soundtrack spiegelt die Verletzlichkeit der Soldaten und die Wucht des Kriegsgeschehens wider. Es ist eine Folge aus drei mit einem Harmonium erzeugten Tönen, welche elektronisch verfremdet werden und ein wiederkehrendes Motiv der Filmdramaturgie bilden. Dieser beeindruckende Effekt verstärkt sich noch durch knarzende, rhythmische Geräusche im Hintergrund – wie das Atmen durch eine Gasmaske – und versetzt dadurch die Zuschauenden in einen Zustand des Erschreckens und des Gefühls der eigenen Verwundbarkeit.[26]

Auf der anderen Seite ist es gerade das Hören, welches Menschen die Verletzungen und Beschädigungen anderer wahrnehmen lässt und sie als ethische Forderung trifft. Beispielsweise weckt das Schreien des verletzlichen Kindes, das bedingungslos und lange auf die Pflege von Erwachsensein angewiesen ist, den Impuls, ihm zu helfen und sich um es zu kümmern. Die durch eine erhöhte Oxytocin-Ausschüttung hormonell beförderte Bindung zwischen der Mutter (oder einer anderen Bezugsperson) und dem verletzlichen, unfertig auf die Welt geworfenen Säugling lässt sie aus dem Klangteppich der vielen Geräusche diejenigen Laute herausfiltern, welche vom Säugling stammen. Diese Fähigkeit rekurriert dabei sowohl auf den Sehsinn (Kindchenschema) als auch den Hörsinn. Das Hören eines Babyweinens erweckt – manchmal sogar im Schlaf – den Impuls, zu helfen und sich um das Kind zu kümmern. Und es ist als ethisches Projekt auch immer wieder der Impuls von Filmen wie *Im Westen nichts Neues*,

---

[25] Hld 5,2.
[26] Zur ausführlichen Beschreibung von Bertelmanns Filmmusik siehe www.br-klassik.de/aktuell/news-kritik/soundtrack-im-westen-nichts-neues-netflix-hauschka-volker-bertelmann-oscar-2023-100.html (26.3.2023).

die Verletzlichkeit der Menschen im Krieg sichtbar und hörbar werden zu lassen, indem die Zuschauer und Zuhörerinnen diesem Erlebnis durch ihr Klang- und Seherleben unmittelbar ausgesetzt sind.

3. Flüchtigkeit und vergehende Zeit

Akustische Phänomene sind im Unterschied zu den beharrlichen optischen Phänomenen durch ihre Flüchtigkeit und ihr ephemeres Wesen ausgezeichnet. Während das schauende Auge eher den ausgedehnten, gegenständlichen, präsenten Raum erblickt, nimmt das Ohr die flüchtige und damit nicht dingfest zu machende Zeit wahr. Wenn wir etwas als gegenwärtig wahrnehmend hören, ist das Gehörte im Durchgang des akustischen Reizes schon wieder entschwunden, so wie beispielsweise das Dreiklanghorn eines Postautos: Sobald man die Tonfolge hört, ist sie schon wieder vorbei. Aufgrund dieser ephemeren Gestalt des Hörphänomens neigt das Hören weniger dazu zu behaupten, das, was es gehört hat, sei in einer niedergeschriebenen Wahrheit feststellbar.[27]

Überdies ist die Hörerfahrung mit der Wahrnehmung der vergehenden Lebenszeit unmittelbar verknüpft. Im eigenen Herzschlag, den wir im Innern unseres Körpers spüren und hören, nehmen wir uns selbst als Lebewesen und damit den Fortgang der Zeit wahr, der sich in und an unserem Körper akustisch manifestiert. «Dass nämlich Zeit nicht einfach ein neutrales Kontinuum ist, sondern als ‹nagender Zahn der Zeit› auch unumkehrbares Altern, fortschreitenden Zerfall und ausweglose Vergänglichkeit bedeutet: dies drängt sich dem Bewusstsein spürend und hörend ungleich stärker auf als einem aufs Abstandhalten geschulten Sehen.»[28] Lebensprozesse werden durch Herzschlag und Atmen rhythmisiert gegliedert und manifestieren so das Vergehen der Zeit im Körper. Damit verbunden ist die Fähigkeit des Gehörs, zeitliche Verläufe, Dynamiken, Veränderungen und Unterschiede zu erfassen. Doch das Festhalten des Gehörten geht nur im Modus der Erinnerung: In dem Moment, in dem es als präsent erfasst wird, ist es schon wieder ausgelöscht. So können wir eine Melodie im Kopf präsent haben, aber wir sind uns zugleich sehr bewusst, dass das Gehörte nichts Dingfestes ist. Dabei ist das Hören von Musik ein hochkomplexer Vorgang: «Das Hören muss die – in der Pfeilrichtung der Zeit laufende – Richtung der akustischen Wahr-

---

[27] Vgl. dazu die Ausführungen von Mettin, Kritische Theorie (Anm. 12), 15.
[28] Mettin, Kritische Theorie (Anm. 12), 24.

nehmung umkehren und blitzschnell wieder zu ihrem Anfang zurückkehren – erst dann können wir hören.»[29]

4. Raum hören – die soziale Dimension

Die enge Verbindung von Hör- und Gleichgewichtssinn hilft den Menschen, sich in einem Raum zu orientieren. Die räumliche Orientierung erfolgt nicht allein durch das Auge, sondern mittels einer Schallwahrnehmung durch die beiden Ohren. Die Schallwellen senden ein auditives Bild der Umgebung und des sozialen Raums. Bei angenehmen Schwingungen – wie etwas das Hintergrundgeräusch in einem öffentlichen Schwimmbad – sind wir entspannt. Andere akustische Umweltsignale wie die eines Überschallflugzeugs warnen vor Gefahren oder versetzen kriegstraumatisierte Menschen in Angst und Schrecken.

Menschen können dank der Stimme und der Hörfähigkeit sehr komplex untereinander kommunizieren und einen sozialen Raum bilden, in dem private Erfahrungen eine besondere Form von Wirklichkeit erhalten. Arendts Phänomenologie des Erscheinens[30], die genau genommen ebenfalls eine Phänomenologie des Akroamatischen ist, räumt dem Hören einen zentralen Platz im sozialen und politischen Denken ein. Die gemachten Erfahrungen müssen ausgesprochen und gehört werden, um überhaupt stattzufinden. Oder noch radikaler formuliert, Menschen sind erst wirklich, wenn sie gesehen und gehört werden. Indem Menschen ihre Hör- und Seherfahrungen mit anderen teilen, die dasselbe hören und sehen wie sie, bilden sie den sozialen Raum als ein Netz aus Geschichten, Erzählungen und Hörerlebnissen. So formuliert es Hannah Arendt in *Vita activa*:

«Sobald wir anfangen, von Dingen auch nur zu sprechen, deren Erfahrungsort im Privaten und Intimen liegt, stellen wir sie heraus in einen Bereich, in dem sie eine Wirklichkeit erhalten, die sie ungeachtet der Intensität, mit der sie uns betroffen haben mögen, vorher nie erreicht haben. Die Gegenwart anderer, die sehen, was wir sehen, und hören, was wir hören, versichert uns der Realität der Welt und unser selbst [...].»[31]

---

[29] Hans Zender, Über das Hören, zit. bei Lincoln, Theologie und das Hören (Anm. 6), 99.
[30] Vgl. Seyla Benhabib, Hannah Arendt. Die melancholische Denkerin der Moderne, Hamburg ²1998, 294: «Es ist bisher kaum beachtet worden, daß Arendt den phänomenologischen Begriff des ‹Erscheinungsraums› und den institutionellen Begriff des ‹öffentlichen Raums› ineinander fließen lässt.» Benhabibs Differenzierung der beiden Raum- und Handlungsbegriffe Arendts ist stark am Visuellen orientiert.
[31] Hannah Arendt, Vita activa oder vom tätigen Leben, München ⁸1996, 65.

Der öffentliche Raum eröffnet den Menschen als «Bezugsgewebe menschlicher Angelegenheiten»[32] eine gemeinsame Lebenswelt. Er ist ein Hörraum, in dem Geschichten tradiert, erzählt und gehört werden. Im sozialen Hörkontext erklingt ein Laut oder ein gesprochenes Wort als stimmlicher Vorder- oder Hintergrund. Ohne diese aus einem pluralen und vielschichtigen Hörgeschehen gebildete gemeinsame Welt kann es keine Öffentlichkeit und damit keine Politik geben.

IV. Wie die Welt sein soll – Zur ethischen Dimension des Hörens: Hören, Gehorsam und Verantwortung

In der Ethik spielen Metaphern aus dem Bereich des Hörens wie «Gehorchen», «Gehorsam» oder «Verantwortung» eine wichtige Rolle. Im moralischen Diskurs ist allerdings Gehorsam aufgrund seines Missbrauchs durch totalitäre Regimes in der jüngeren Geschichte hauptsächlich ein angesichts seiner Wirkungsgeschichte höchst ambivalenter Begriff.[33] Hören und Gehorchen liegen im Wortstamm eng aneinander. Ein Teil des Bedeutungshorizontes von Gehorsam spiegelt als ein aufmerksames Hinhören spiegelt das Hören des akroamatischen Imperativs der biblischen Überlieferung – «Höre Israel» – wider. Im Einklang mit der jüdischen Tradition ist Hören immer schon Erfassen der Wahrheit durch das Hören und ein sich Ausrichten auf Gott, bevor dieses Bezogensein auf Gott schon inhaltlich gefüllt werden müsste. Oder, wie Emmanuel Lévinas es in *Jenseits des Seins* noch basaler und vorzeitiger formuliert: Die Bewegung der Verantwortung heisst nicht, auf den Befehl zu warten, und nicht, ihn zu empfangen, sondern darin, «diesem Befehl zu gehorchen, schon bevor er zum Ausdruck kommt».[34]

---

[32] Arendt, Vita activa (Anm. 31), 224 u. ö.
[33] Kann der Begriff durch Aufmerksamkeit neu übersetzt werden, wie es Fulbert Steffensky versucht? (Ein zögerndes Plädoyer für die Autorität, in: ders., Das Haus, das die Träume verwaltet. Von der Schönheit tradierter Glaubensformen, Würzburg 2014, 128–137). Doch es bleibt die Schwierigkeit, diesen Begriff unbelastet von seiner Vergangenheit positiv zu füllen. Vgl. dazu den Beitrag von Magdalene L. Frettlöh, Ganz Ohr und nicht minder mündig sein. Ein nachdenklicher Brief zum schwierigen Nachfolge-Motiv «Gehorsam», in: Junge Kirche 74/1, 2013, 18–20.
[34] Emmanuel Lévinas, Jenseits des Seins (Anm. 22), 46f.

1. Emmanuel Lévinas: Das Antlitz des Anderen – gehört

Der französische Philosoph Emmanuel Lévinas hat die Passivität des Hörens zur Grundlage einer Theorie gemacht, in der das Individuum sich nicht *qua* Selbstbestimmung in der Welt behauptet, sondern vielmehr durch ein ursprüngliches Angesprochensein einem anderen als es selbst ausgeliefert ist. Lévinas bestimmt hier Ethik als Erste Philosophie[35], in der er die Figur der Passivität und Heteronomie der Menschen radikalisiert, indem die akustische Dimension des Sehens freigelegt wird und der Schutz des Ichs vor dem Sehen und damit dem Anblick des Anderen ausgestrichen bleibt.

Die ethische Grundsituation kann mit Lévinas als das Hören auf spezifisch einzelne Anrufe, Ansprüche und Anreden umrissen werden. Hier – im konkreten Anspruch als einem Angesprochen-Werden – beginnt Ethik nicht mit dem Allgemeinen, setzt nicht mehr beim autonomen Subjekt ein, das bei sich anfängt und wieder zu sich zurückkehrt. Sie ist nicht länger neutral. Das Hören ist in Lévinas' Denken vordialogisch und kennzeichnet die grundlegende Verpflichtung des Subjekts. Jedem Dialog geht das Hören auf den Anspruch eines Fremden voran. So lautet eine zentrale These der phänomenologisch geprägten Religionsphilosophie von Lévinas. Dieser Anspruch des Anderen wird in der Figur des Antlitzes gefasst. «Das Phänomen, das die Erscheinung des Anderen ist, ist auch Antlitz, oder auch folgendermassen [...]: die Epiphanie des Antlitzes ist Heimsuchung.»[36] Die Figur des Antlitzes des Andern bei Lévinas wird zu einer Stimme, zu einem ethischen An-Ruf. In dieser ethischen Forderung werden die Wahrnehmungsformen des Sehens und Hörens in der Erscheinung des Antlitzes des Anderen aufgelöst. Das Antlitz spricht. Es ist mehr zu hören als zu sehen. Das Antlitz des Anderen ist jenseits des Bildes, das wir uns vom anderen machen, der Ausdruck des Anderen und das, «was mir *befiehlt,* ihm zu dienen».[37] Als unendlichen, radikalen visuell auditiven Anspruch formuliert Lévinas es so: «Das Antlitz ersucht mich und gebietet mir. Seine Bedeutung ist eine signifikante Anordnung.»[38] Der Blick des Anderen hat Gebotscharakter, er bittet und fordert. «Unter dem Auge des Anderen bleibe ich aus Gründen der Achtung unangreif-

---

[35] Vgl. Emmanuel Lévinas, Ethik als erste Philosophie. Aus dem Französischen und mit einem Nachwort von Gerhard Weinberger, Wien 2022.
[36] Emmanuel Lévinas, Die Spur des Anderen. Untersuchungen zur Phänomenologie und Sozialphilosophie. Übersetzt, hg. und eingeleitet von Wolfgang Nikolaus Krewani, Freiburg i. Br./München 1983, 221.
[37] Emmanuel Lévinas, Ethik und Unendliches, hg. von Peter Engelmann, Wien 1986, 73.
[38] Lévinas, Ethik und Unendliches (Anm. 37), 74f.

bares Subjekt. Erst die Besessenheit durch den Anderen, meinen Nächsten, der mich einer Schuld anklagt, die ich nicht aus freien Stücken begangen habe, führt das Ich auf *sich* zurück, diesseits meiner Identität, *früher* als alles Selbstbewusstsein, und entblösst mich vollständig.»[39]

Das Hörbarwerden des Sichtbaren wird als eine Form von Anspruch deutlich, der sich artikuliert bzw. eine kurzlebig aufscheinende Botschaft ausspricht. Die Epiphanie des Antlitzes bedeutet Verantwortung. Lévinas fasst diese basale ethische Figur als Umschlag vom Sehen zum Hören des Anderen: Das sehend hörende Ich wird in den Akkusativ versetzt. Es erfährt sich neu in der Rückkehr von einem Anderen und wird gleichsam aus seiner Zentralität verrückt hin zum Mitschwingen und Nachhören von Erfahrungen mit dem Anderen. Nicht von ungefähr stammt der zurzeit äusserst beliebte Begriff *Resonanz*[40], welcher dieses Phänomen des Mitschwingens beschreibt, aus der Akustik, der Wissenschaft vom Hören. Jener zeitlich versetzte Umschlag von vorgängigem Sehen vor jedem Sehen und Hören vor jedem Hören findet sich, spiegelverkehrt, auch in der Figur des Echos wieder. Nach dem Hören von Sinnhaftem findet nur noch purer Klang und Laut statt. Die Sprache wechselt zwischen Bedeutung und blossem Klang, zwischen Stimme mit und ohne Körper. Das Echo geht dem nach, dessen Echo es ist, und kommt zeitlich verzögert und gebrochen zu etwas zurück, das schon vergangen ist.[41] Entgegengesetztes geschieht beim Antlitz: Hier wechselt die Nachzeitigkeit in Vorzeitigkeit: Der formlose Anspruch vor jedem Sehen geht dem Erscheinen des wehrlosen Antlitzes voraus.

Die Unhintergehbarkeit, die Ausgesetztheit der Verantwortungssituation geht von dem aus, «den ich weder in meinem Schoß getragen noch zur Welt gebracht habe».[42] Ihn habe ich schon immer auf dem Hals. Die inhaltliche Füllung des Anspruchs ist in der Wehrlosigkeit und Nacktheit des Anderen zu finden. «Die Enthüllung des Gesichts ist Nacktheit: Un-Form – Selbstaufgabe, Altern, Sterben; nackter als die Nacktheit: Armut, runzlige Haut; runzlige Haut: Spur ihrer selbst.»[43] Der vom Antlitz ausgehende Appell bedeutet zum Ersten: Einerseits dessen Verletzlichkeit durch die Gewalt, andererseits seinen gewaltlosen Widerstand gegen diese Gewalt. «Das Antlitz ist exponiert, bedroht, als würde es uns zum Akt der Gewalt einladen. Zugleich ist das Antlitz das, was uns verbietet zu

---

[39] Lévinas, Jenseits des Seins (Anm. 22), 207.
[40] Hartmut Rosa, Resonanz. Eine Soziologie der Weltbeziehung, Berlin 2016.
[41] Vgl. dazu den Exkurs zum Echo bei Lincoln, Theologie und das Hören (Anm. 6), 61–63.
[42] Lévinas, Jenseits des Seins (Anm. 22), 204.
[43] Lévinas, Jenseits des Seins (Anm. 22), 19.

töten.»[44] Die Wehrlosigkeit des Anderen wird als schweigender Ruf vernommen: «Du wirst nicht töten!» oder «Du wirst keinen Mord begehen!»[45] Der vom Antlitz ausgehende Appell bedeutet zum Zweiten, dass ich für diesen Nicht-Eingeborenen, Entwurzelten, Heimatlosen, Nichtsesshaften, der Kälte und der Hitze der Jahreszeiten Ausgesetzten aufzukommen habe.[46] Dies bedeutet nicht allein, dem Heimatlosen Heimat zur Verfügung zu stellen, sondern der Andere ist meiner Verantwortung anbefohlen, ich habe für ihn zu sorgen, ihn zu pflegen, ihn zu nähren, «[...] ‹an meinem Busen, wie die Amme den Säugling trägt›»[47].

2. Aufhören und Aufhorchen – Versuch eines Resümees

Wir unterbrechen unser Hinhören auf das Hören mit einem Aufhorchen. Es richtet sich aus auf Neues, Unbekanntes. Das unterbrechende und unvorbereitete spontane Hören widersetzt sich dem linearen Zeitfluss. Es merkt auf, ist aufmerksam, wachsam und hält inne. Wie soll die Welt sein, wie kann sie sein oder wie ist eine adäquate Wirklichkeitswahrnehmung möglich? Ulrich Sonnemanns kritischer Theorie des Hörens zufolge ermöglicht der Hörsinn ein Ausbrechen aus eingeschliffenen Denkmustern und Verhaltensstrukturen. Sonnemann macht auf die Möglichkeitsbedingungen von Freiheit und der menschlichen Spontaneität aufmerksam. Es fragt nach Momenten «von Freiheit, von Spontaneität; etwa, wenn es sich einem sozial erwünschten Notwendigkeitsglauben nicht fügt, als wäre mit den Zukunftsbildern, die eine ‹alternativlos› gewordene Gesellschaft von sich selber entwirft, alles schon entschieden, im Grunde *schon gewesen*».[48] Hörend träumen wir und hoffen auf unerhörte andere Wirklichkeiten, brechen aus dem altbekannt Geläufigen aus in eine Bewegung der «nachfragenden Widersetzlichkeit»[49].

---

44 Lévinas, Ethik und Unendliches (Anm. 37), 64.
45 Emmanuel Lévinas, Wenn Gott ins Denken einfällt. Übersetzt von Thomas Wiemer, Freiburg i. Br., München 1985, 257.
46 Vgl. Lévinas, Jenseits des Seins (Anm. 30), 205.
47 Ebd., in Aufnahme von Num 11,12. Vgl. zur Care-Dimension von Lévinas' ethischen Überlegungen Sebastian Ritzis Studie über den Umgang mit an einer Demenz erkrankten Menschen: Freiheitseinschränkende Maßnahmen bei Menschen mit Demenz in professionellen Sorgebeziehungen. Kritische Darstellung ethisch-fachliche Reflexion: https://link.springer.com/book/10.1007/978-3-658-39761-6 (04.04.2023).
48 Mettin, Kritische Theorie (Anm. 12), 117.
49 Begriff bei Ulrich Sonnemann, Spontaneität und Geschichte. Zur Aktualität unabgegoltener Vergangenheiten, in: Dietmar Kamper (Hg.), Macht und Ohnmacht der Phantasie, Darmstadt/Neuwied 1986, 209–220, zit. bei Mettin, Kritische Theorie (Anm. 12), 117.

«Nacht und Stille.
Ich horche.
Nur Schritte und Rufe der Wachen,
eines Liebespaares fernes, verstecktes Lachen.
Hörst du sonst nichts, fauler Schläfer?

Ich höre der eigenen Seele Zittern und Schwanken.
Sonst nichts?
Ich höre, ich höre,
wie Stimmen, wie Rufe,
wie Schreie nach rettenden Planken,
der wachenden, träumenden Leidensgefährten
nächtlich stumme Gedanken.
Ich höre unruhiges Knarren der Betten,
ich höre Ketten.

Ich höre, wie Männer sich schlaflos werfen und dehnen,
die sich nach Freiheit und zornigen Taten sehnen.
Wenn der Schlaf sie heimsucht im Morgengrauen,
murmeln sie träumend von Kindern und Frauen.»[50]

Die skizzierten Bausteine zu einer Phänomenologie und Ethik des Hörens und deren Brechung durch die Figur des spontanen Hörens schliessen mit einem kurzen Blick auf die *Ethik* Dietrich Bonhoeffers. Dieser theologische Entwurf nimmt die basale Struktur der verantwortlich Hörenden auf. Für unsere Überlegungen ist besonders der Teil *Struktur verantwortlichen Lebens* von Interesse.[51] Verantwortlich Handeln heisst bei Bonhoeffer, verantwortlich für andere zu handeln, wirklichkeitsgemäss zu handeln und in einer letzten Freiheit zu handeln. Jenes ethische Wagnis ist nicht durch ethische Prinzipien oder Vorgaben gedeckt.[52] Das durch keine denkerischen Sicherheiten abgedeckte Handeln und die Figur der unendlichen Verantwortung weisen Parallelen zur *Ersten Ethik* von Lévinas auf. Die Disposition zum verantwortlich Handeln bestimmt Lévinas als ein vorgängig dem Anderen Ausgesetztsein, wohingegen Bonhoeffer sie als Stellvertretung und Bindung an den Anderen – und damit an Christus – bezeichnet. Keiner

---

[50] Auszug aus Dietrich Bonhoeffers Gedicht *Nächtliche Stimmen in Tegel,* in: ders., Widerstand und Ergebung. Briefe und Aufzeichnungen aus der Haft (DBW 8), hg. von Christian Gremmels u. a., Gütersloh 2015, 517.
[51] Dietrich Bonhoeffer, Ethik (DBW 6), hg. von Ilse Tödt u. a., Gütersloh 2015, 254–258. Entstanden 1941/42.
[52] Bonhoeffer, Ethik (Anm. 51), 256.

kann dieser Situation entgehen.[53] Bonhoeffers Ausführungen zur Wirklichkeitsgemässheit des Handelns implizieren ein hinhörendes Ausgesetztsein des für seinen nächsten Anderen Verantwortlichen – dem keine vorgängigen religiösen oder idealen Wirklichkeiten gerecht werden können. Diese Hellhörigkeit und Aufmerksamkeit für die Wirklichkeit sind die Voraussetzung für ein spontanes, vernunft- und situationsgeleitetes Handeln. Hörend horchende Ethik ist demnach ein Wagnis, nicht gestützt auf Selbstrechtfertigungen und Regularien, ein «Verzicht auf [e]in letztes, gültiges Wissen um Gut und Böse».[54]

---

[53] Vgl. Bonhoeffer, Ethik (Anm. 51), 257.
[54] Bonhoeffer, Ethik (Anm. 51), 265.

Matthias Zeindler

«... aus dem Wort Gottes geboren»

Die Kirche als hörende Gemeinschaft

I. Rede von der Kirche als Krisendiskurs

Rede von der Kirche ist heute fast unvermeidlich Rede von der Krise der Kirche. Dafür braucht man nicht die obligaten massenmedialen Topoi von den «leeren Kirchenbänken» oder von den «Schäflein», die den Kirchen «in Massen davonrennen», zu bemühen. Auch innerhalb der Kirchen vermag man sich selbst fast nicht anders zu thematisieren denn unter prominenter Erwähnung von Krisenphänomenen, seien dies auf römisch-katholischer Seite der epidemische Missbrauchsskandal oder auf evangelischer die düsteren Austrittszahlen, wegen derer in Deutschland die Mitglieder christlicher Kirchen mittlerweile weniger als die Hälfte der Bevölkerung ausmachen oder in der Schweiz die Reformierten nicht mehr die zweitgrösste, sondern – nach den Konfessionslosen – lediglich noch die drittgrösste Konfession des Landes sind. Der Krisendiskurs ist bekanntlich nicht neu, weder innerhalb noch ausserhalb der Kirche. Vielfältig sind die Symptome, die als Ausdruck der Krise bestimmt werden – rückläufige Finanzen und Mitglieder, nachlassende gesellschaftliche Bedeutung –, und ebenso die Diagnosen und die in Anschlag gebrachten Therapien. Unschwer lassen sich an Diagnosen und Therapien die jeweils wirksamen theologischen Perspektiven ablesen.[1]

Der vorliegende Beitrag hat auch die Kirche zum Thema, ich möchte mich darin aber nicht am erwähnten Krisendiskurs beteiligen. Es wird darin weder von Mitgliedern noch von Finanzen, schwindender Relevanz oder allgemein düsteren Zukunftsaussichten der Religion in der säkularen Gesellschaft die Rede sein. Trotzdem muss auch die soeben gemachte Ankündigung gleich relativiert werden, denn auch das folgende Nachdenken über die Kirche wird nicht darum herumkommen, die Krise der Kirche zu benennen. Dabei soll aber zu zeigen versucht werden, die Krise der Kirche ist mit der besorgniserregenden Lage der Mit-

---

[1] Zur Krisenrede von der Kirche – und ihrer Krise – vgl. auch Hans-Martin Rieger, Starke Kirche – Kirche des Kreuzes, in: Magdalene L. Frettlöh / Frank Mathwig (Hg.), Kirche als Passion. FS Matthias Zeindler (reformiert! 6), Zürich 2018, 65–89 (65–70).

glieder oder der Finanzen, aber auch des fehlenden pastoralen Nachwuchses oder der weiter voranschreitenden Säkularisierung erst oberflächlich erfasst. Die wirkliche Krise der Kirche ist eine andere. Die wirkliche Krise der Kirche entzieht sich soziologischen Untersuchungen, sie kann allein theologisch bestimmt werden.[2] Und: Sie ist eine Krise, die der Kirche nicht äusserlich ist, sondern zu ihrer Identität unveräusserlich hinzugehört.

II. Die Kirche aus dem Wort Gottes: zur ersten Berner These

Das Zitat im Titel stammt aus einem der kostbarsten Texte der Reformation, aus der ersten der zehn Thesen, die der Berner Disputation vom Januar 1528 zugrunde lagen: «Die heilige christliche Kirche, deren alleiniges Haupt Christus ist, ist aus dem Wort Gottes geboren. Darin bleibt sie und hört nicht auf die Stimme eines Fremden.»[3] Die These wurde im Rahmen des deutschen Kirchenkampfes 1933 in der ersten Düsseldorfer These zitiert und wenig später in der ersten Barmer These aufgenommen.[4] Der Grund für diese Rezeption lässt sich unschwer erkennen: Dicht, bildstark und mit klaren biblischen Bezügen wird hier zusammengefasst, was es heisst, sich auf reformatorischer Grundlage als Kirche zu verstehen.

Wie bereits 1523 in Zürich, so wurde auch die Berner Disputation auf der Basis einer Thesenreihe geführt. Diese wurde vom Berner Leutpriester Berchtold Haller und seinem Pfarrkollegen Franz Kolb verfasst. Dabei griffen die beiden Theologen auf die achtzehn Ilanzer Schlussreden von 1526 zurück, die stark von

---

[2] Einen ähnlichen Weg beschreitet Rieger, wenn er, an Bonhoeffer anschliessend, das Kreuz Christi als Krise der Kirche interpretiert: Starke Kirche (Anm. 1), 70–78.

[3] Martin Sallmann / Matthias Zeindler (Hg.), Dokumente der Berner Reformation: Disputationsthesen, Reformationsmandat, Synodus, Zürich ²2017, 39. Zur Disputation: Gottfried W. Locher, Die Berner Disputation von 1528, in: 450 Jahre Berner Reformation. Beiträge zur Geschichte der Berner Reformation und zu Niklaus Manuel, hg. vom Historischen Verein des Kantons Bern, Bern 1980, 138–155.

[4] Zu den Düsseldorfer Thesen Ruth Hess: «… und hört nicht die Stimme eines Fremden.» Von Bern 1528 bis Düsseldorf 1933: der Weg der ersten Berner These ‹zwischen den Zeiten›, in: Magdalene L. Frettlöh / Hans P. Lichtenberger (Hg.), Gott wahr nehmen. FS Christian Link, Neukirchen-Vluyn 2003, 3–26. Zur ersten Barmer These Magdalene L. Frettlöh, (Un-)Gehörige Gotteszugänglichkeit. Die theologische Provokation der ersten Barmer These, in: dies. (Hg.), «Gottes kräftiger Anspruch». Die Barmer Theologische Erklärung als reformierter Schlüsseltext (reformiert! 3), Zürich 2017, 17–49 (28f.).

«... aus dem Wort Gottes geboren»

Zwingli geprägt waren.[5] Es verwundert deshalb nicht, dass der Zürcher Reformator, als ihm die Berner Thesen zur Begutachtung vorgelegt wurden, wenig dagegen einzuwenden hatte.[6] Am Ende der Disputation wurden die Thesen von der Mehrheit der Anwesenden gutgeheissen, und kurz darauf veranlasste der Rat die Abschaffung der Messe und die Beseitigung von Bildern in den Kirchen. Im Reformationsmandat vom 7. Februar 1528 erklärte derselbe Rat den Inhalt der Thesen als schriftgemäss und regelte deren Umsetzung.[7] Die Reformation zu Bern war damit beschlossen, bis zu ihrer endgültigen Durchsetzung dauerte es freilich noch weitere vier Jahre.[8]

Zurück zur ersten Disputationsthese: Es sollte im Folgenden deutlich werden, dass das Hören in ihr eine schlechthin zentrale Rolle spielt. Wenn dem so ist und wenn die These in exemplarischer Weise reformatorisches Kirchenverständnis verdichtet, dann hat das Hören in dieser Ekklesiologie offenkundig einen fundierenden Status. Dem soll in einer knappen systematischen Interpretation der These nachgegangen werden.[9]

---

[5] Martin Sallmann, Die Ilanzer Schlussreden, in: Matthias Krieg u. a. (Hg.), Reformierte Bekenntnisse. Ein Werkbuch, Zürich 2009, 51–56; Jan-Andrea Bernhard, Reformation und Konfessionalisierung in den Drei Bünden (Graubünden), in: Amy Nelson Burnett / Emidio Campi (Hg.), Die schweizerische Reformation. Ein Handbuch. Deutsche Ausgabe im Auftrag des Schweizerischen Evangelischen Kirchenbundes, bearbeitet und hg. von Martin Ernst Hirzel und Frank Mathwig, Zürich 2017, 301–365 (310–323); ders., Funktion, Theologie und Wirkung von Zwinglis 67 Thesen in der Eidgenossenschaft. Ein Beitrag zur schweizerischen Disputationskultur in Zürich (1523), Ilanz (1526) und Bern (1528), in: Ariane Albisser / Peter Opitz (Hg.), Die Zürcher Reformation in Europa. Beiträge der Tagung des Instituts für Schweizerische Reformationsgeschichte 2019, Zürich 2021, 293–315; Fabrice Flückiger, Wahrheit im Gespräch. Glaubensdisputationen in der Schweizer Reformation, in: Albisser/Opitz (Hg.), Zürcher Reformation, 335–356.
[6] Zum Einfluss Zwinglis auf die Berner Reformation: Hans Rudolf Lavater, Zwingli und Bern, in: 450 Jahre Berner Reformation (Anm. 3), 60–103.
[7] Sallmann/Zeindler, Dokumente (Anm. 3), 43–53.
[8] Zur Reformation in Bern vgl. Rudolf Dellsperger, Zehn Jahre bernischer Reformationsgeschichte (1522–1532). Eine Einführung, in: 450 Jahre Berner Reformation (Anm. 3), 25–59; Matthias Zeindler / Martin Sallmann, Die Berner Reformation – Impulse für die Kirchen der Gegenwart, in: dies., Dokumente (Anm. 3), 10–36 (11–19); Martin Sallmann, Die Reformation in Bern, in: Burnett/Campi (Hg.), Schweizerische Reformation (Anm. 5), 135–177.
[9] Für eine knappe Darstellung der nachfolgend explizierten Zusammenhänge vgl. auch Eberhard Busch, Das Wort Gottes in der Kirche. Jesus Christus und die Verkündigung, in: Eberhard Mechels / Michael Weinrich (Hg.), Die Kirche im Wort. Arbeitsbuch zur Ekklesiologie, Neukirchen-Vluyn 1992, 15–38.

III. «Die heilige christliche Kirche, deren alleiniges Haupt Christus ist»

«Die heilige christliche Kirche», so setzt die These ein, steht zur Debatte. Nicht die Kirche im Staate Bern oder in der Eidgenossenschaft, nicht die Kirche in ihrem Verhältnis zur weltlichen Obrigkeit oder die sich reformierende Kirche im Gegenüber zur Kirche in Rom. Sondern die heilige christliche Kirche – und damit die wahre Kirche, die Kirche, wie sie von Gott geschaffen wurde und wird. Und die wahre Kirche, so wird gleich hinzugefügt, ist diejenige Kirche, «deren alleiniges Haupt Christus ist».

Das Bild stammt aus den beiden Hymnen in Kolosser 1 und Epheser 1, in welchen Christus als Haupt der Kirche, aber auch alles Geschaffenen prädiziert wird. Er ist dies als «der Erstgeborene aus den Toten» (Kol 1,18; vgl. Eph 1,20), als der Auferweckte. Dies gilt es festzuhalten: Haupt seiner Kirche ist Christus nicht als historische Figur Jesus von Nazareth, nicht als Anfänger der christlichen Religion und ihrer Geschichte, sondern als Lebendiger, Gegenwärtiger. Die wahre Kirche ist diejenige, die den auferstandenen Jesus Christus als ihr Haupt hat und ihn auch als solches anerkennt. Damit ist in einer ersten Annäherung gesagt: Sie ist jene Kirche, die nicht eigenmächtig über ihr Sein und Tun entscheidet, sondern in der beides von ihrem Haupt, dem lebendigen, gegenwärtigen Gottessohn, bestimmt bleibt. Und zwar *ausschliesslich* durch dieses, durch ihr «alleiniges Haupt». Deutlich klingt hier die Exklusivität des ersten Gebotes an, wie sie bei Jesus wieder begegnet, etwa in seiner allzeit unangenehmen Aussage, dass man nicht Gott und dem Mammon dienen könne (Mt 6,24 par).

IV. «... ist aus dem Wort Gottes geboren»

An dieser Stelle mag man den Eindruck bekommen, es herrsche in unserer These eine gewisse Unordnung. Eben war noch vom Haupt der Kirche, Jesus Christus, die Rede, und nun bereits vom Wort Gottes. Die Themen, so scheint es, wechseln sich hier munter ab. Dem wäre so, wenn mit Christus und dem Wort Gottes zwei unterschiedliche Sachverhalte ausgesprochen wären – dies aber ist nicht der Fall. Jesus Christus, so führt die erste Barmer These ihre bernische Vorgängerin weiter, «ist das eine Wort Gottes, das wir zu hören, dem wir im Leben und im Ster-

«... aus dem Wort Gottes geboren»

ben zu vertrauen und zu gehorchen haben».[10] Jesus Christus *ist* das Wort Gottes, wer vom einen spricht, spricht unmittelbar auch vom anderen.

Hier werden nun theologische Aussagen gemacht, die möglicherweise vertraut erscheinen, die aber alles andere als selbstverständlich sind. Zum einen, dass Gott *spricht*.[11] Denn nichts anderes besagt der *terminus technicus* «Wort Gottes» als dies: Gott, der spricht, der *Deus loquens*.[12] Und mehr als das: «Das Wort Gottes ist sein Kommen zum Menschen»,[13] in seinem Wort begegnet Gott seinem Geschöpf, und er begegnet ihm als der, der er ist: als der ihm zugewandte Schöpfer, Versöhner und Erlöser. Weswegen es von Ingolf Dalferth nicht zuviel gesagt ist, wenn er Gottes Wort als «die sich selbst wirkkräftig erschliessende Gegenwart der göttlichen Liebe» bezeichnet.[14] Und diese Selbstkundgabe ereignet sich, so die zitierte erste Barmer These, im Leben, Sterben und Auferstehen Jesu Christi.

Dem biblischen Bekenntnis zu Gott, der sich selbst zu Gehör bringt, steht die ehrwürdige Tradition der Negativen Theologie entgegen, laut der Gott jenseits von Wissen und Erkennen wohnt und deshalb vom Menschen weder erfasst noch ausgesagt werden kann.[15] Oder die etwas weniger ehrwürdige Tradition des modernen Agnostizismus, der angibt, von Gott nichts wissen zu können, aber immerhin von Gott dies weiss, dass man von ihm nichts wissen kann. Dazu hat schon der jüdische Religionsphilosoph Abraham Joshua Heschel das Nötige vermerkt: «In attributing eternal mysteriousness to the ultimate being, we definitely claim to know it.»[16]

---

[10] Georg Plasger / Matthias Freudenberg (Hg.), Reformierte Bekenntnisschriften. Eine Auswahl von den Anfängen bis zur Gegenwart, Göttingen 2005, 243.

[11] Uwe Gerber, «Religion und Sprache» in theologischer Reflexion, in: ders. / Rudolf Hoberg (Hg.), Sprache und Religion, Darmstadt 2009, 15–24; Frank Hofmann, Wie redet Gott mit uns? Der Begriff «Wort Gottes» bei Augustin, Martin Luther und Karl Barth, Zürich 2019. Für eine religionsphilosophische Untersuchung der Rede vom Sprechen Gottes siehe Nicholas Wolterstorff, Divine Discourse. Philosophical reflections on the claim that God speaks, New York 1995.

[12] Oder in Johannes Calvins Formulierung: Das Wort Gottes ist *«Dei loquentis persona»* (Institutio christianae religionis [1959], I,7,4).

[13] Josef L. Hromádka, Das Evangelium auf dem Wege zum Menschen, Witten 1963, 116.

[14] Ingolf U. Dalferth, Wirkendes Wort. Bibel, Schrift und Evangelium im Leben der Kirche und im Denken der Theologie, Leipzig 2018, 124.

[15] Dirk Westerkamp, Via negativa. Sprache und Methode der negativen Theologie, München 2006; Alois Halbmayr / Gregor Maria Hoff (Hg.), Negative Theologie heute? Zum aktuellen Stellenwert einer umstrittenen Tradition, Freiburg/Basel/Wien 2008.

[16] Abraham Joshua Heschel, God in Search of Man. A Philosophy of Judaism, New York 1955, 173.

Auch in der Bibel begegnet der Vorbehalt, dass Gott sich allem menschlichen Begreifen entziehe. Dies ist aber nicht zu verwechseln mit der Behauptung, dass Gott eine schweigende, anonym bleibende Macht sei. Gott, der im Anfang spricht: «Es werde Licht!» (Gen 1,3), Gott, bei dem schon im Anfang das Wort war und der das Wort *ist*[17] – dieser Gott ist in zutiefst kommunikativer, in ansprechender, zusprechender, oft auch gegensprechender Weise Gott.[18] Präsent ist er:sie primär in seinem:ihrem Wort, durch sein:ihr Wort begründet er:sie Gemeinschaft mit dem Geschaffenen, in seinem:ihrem Wort gibt Gott sich selbst, in seinem:ihrem Wort begegnet er:sie dem Menschen und lässt ihn seinen:ihren Partner sein. Und nicht zuletzt lässt Gott sich von seinem:ihrem Partner Mensch seiner:ihrerseits ansprechen. Wenn deshalb die erste Berner These das Wort Gottes als die Kirche fundierendes Ereignis in Anspruch nimmt, dann macht sie die keineswegs selbstverständliche Aussage über Gott, dass dieser Gott spricht und in diesem Sprechen der Gott ist, der Leben gibt.

Und die Kirche ist nun «aus dem Wort Gottes geboren». Bei diesem Satzteil, der auf Martin Luther zurückgreift,[19] könnte man lange verweilen; gerne lässt man dieses so mütterliche Bild auf sich wirken. Dieses Bild, das viel anrührender ist als der bekannte gemeinreformatorische Begriff der Kirche als *creatura Verbi Divini*: die Kirche, die wie der Säugling aus dem Mutterleib hervorkriecht. Festgehalten sei nur das Elementarste, was hier ausgesagt wird: Die Kirche ist bei ihrem Entstehen so passiv, wie es ein Neugeborenes ist. Sie erzeugt sich nicht selbst, ist kein Produkt menschlicher Vergemeinschaftung. Es ist das Wort Gottes, das der Kirche ihr Leben gibt. Wie ein Neugeborenes bleibt diese auf ihre Mutter, ihre Gebärerin, auf das göttliche Wort angewiesen. Dieses Angewie-

---

17 So auch der französische reformierte Theologe Laurent Schlumberger: «Dieu est la parole alors qu'il n'a encore rien dit» (À l'Église qui vient, Lyon 2017, 44).
18 Christoph Schwöbel reflektiert den trinitarischen Gott deshalb als «Gespräch»: Gott als Gespräch. Überlegungen zu einer ontologischen Theologie kommunikativer Beziehungen, in: ders., Gott im Gespräch. Theologische Studien zur Gegenwartsdeutung, Tübingen 2011, 451–478. Wichtig an dieser Stelle auch Dietrich Ritschls Vorstoss, Gottes Handeln in der Geschichte primär sprachlich, als Kritik und Verheissung, zu denken; vgl. die Beiträge, in: ders., Bildersprache und Argumente. Theologische Aufsätze, Neukirchen-Vluyn 2008, 16–74.
19 «Wenn nämlich die Kirche täglich durch das Wort geboren, genährt, bewahrt und gestärkt wird, ist offensichtlich, dass sie ohne Wort nicht sein kann, und wenn sie ohne Wort wäre, aufhören würde, Kirche zu sein» (WA 12, 191, 26–28; Übersetzung MZ). Zu Luthers Verständnis der Kirche als Geschöpf des Wortes Gottes: Hans Joachim Iwand, Luthers Theologie (Nachgelassene Werke Bd. 5), München 1974, 241–249; Peter Gemeinhardt, Die Kirche zwischen theologischem Anspruch und historischer Wirklichkeit, in: Christian Albrecht (Hg.), Kirche (Themen der Theologie 1), Tübingen 2011, 81–130 (97–105).

sensein aber realisiert sich in der konsequenten Ausrichtung der Kirche an der Bibel: Die Kirche bleibt als die Schöpfung des göttlichen Wortes «auf die lebendige Orientierung des biblischen Zeugnisses angewiesen, durch welche sich das Wort Gottes je neu vernehmbar macht und ohne deren aktuelle Selbstvergegenwärtigung es von der Kirche nichts wirklich Bedeutungsvolles zu sagen gibt».[20]

V. Hören auf das Wort Gottes

Wir verlassen die poetische Kraft des Bildes vom Neugeborenen, um uns dem zuzuwenden, worum es der These eigentlich geht: dem Hören. Genauer: dem Hören auf das Wort Gottes, dem Hören des *Deus loquens*. Denn wenn bildkräftig ausgesagt wird, dass die Kirche nur Kirche ist, wenn und insofern sie auf das Gotteswort bezogen bleibt, dann kann der Bezug auf das Gotteswort kein anderer sein als das Hören – und der tätigen Antwort auf das Gehörte.[21]

Dabei sollen von Anfang an die beiden Seiten zusammengehalten werden, das Hören und das Wort Gottes. Es geht also nicht darum, zunächst eine allgemeine anthropologische Bestimmung des Hörens vorzunehmen und das Hören des Gotteswortes dann als einen Spezialfall desselben abzuhandeln. Stattdessen soll davon ausgegangen werden, dass das Hören des *Deus loquens* das primäre, das ursprüngliche Hörereignis ist, von dem her dann auch die allgemeine Sinneswahrnehmung des Hörens gedacht werden kann:

(1) Im Hören entspricht der Mensch dem Sprechen Gottes. Diese Feststellung ist alles andere als trivial. Denn Gottes Sprechen ist, wie der erste Schöpfungsbericht der Genesis zeigt, ein schöpferischer Akt: Durch sein Sich-zu-Gehör-Bringen erschafft Gott den Menschen, und er erschafft ihn damit als Hörende:n. Im Ursprung hat das Sprechen Gottes kein geschöpfliches Gegenüber, dieses Sprechen bringt seinen Hörer, seine Hörerin erst hervor. Und das nicht nur im Anfang, im ersten Schöpfungsakt, nein, jedes Ergehen des Wortes Gottes erschafft sich sein hörendes Gegenüber neu, der Mensch wird je und je, indem Gott sich ihm sprechend zuwendet, als Hörer:in erschaffen. Im Hören Gottes realisiert sich stets wieder der Gemeinschaftswille Gottes. Der *Deus loquens* ist der Bun-

---

[20] Michael Weinrich, Die eine heilige christliche und apostolische Kirche. Berufung und Sendung der Gemeinde. Ekklesiologie in reformatorischer Perspektive. Bd. I, Göttingen 2023, 75.
[21] Für theologische Erkundungen zum Phänomen des Hörens siehe auch Ulrich Lincoln, Die Theologie und das Hören, Tübingen 2014.

desgott in Aktion, und im gegenseitigen Sprechen und Hören zwischen Schöpfer und Geschöpf findet Gottes Bund seinen primären Vollzug.

(2) Schon mit dieser ersten Feststellung soll dem Missverständnis gewehrt werden, als sei das Hören des Wortes Gottes ausschliesslich formal, als ein beliebig zu füllender Vorgang zu verstehen. Wenn der sprechende Gott der Gott ist, der Jesus Christus von den Toten auferweckt hat, dann folgt daraus, der in Gottes Wort ergehende Inhalt ist im Kern diese Auferweckung Jesu, ist die Botschaft, dass dieser Gott mächtiger ist als der Tod. Wer Gottes Wort hört, hört deshalb grundsätzlich dieses Evangelium. Er oder sie wird ergriffen von der Botschaft, dass Gott Bund und Treue hält und nicht fahren lässt das Werk seiner Hände.

(3) Damit ist ein Weiteres über den Menschen gesagt, nämlich dass dieser in seinem Hören von Gottes Wort nicht passiv bleiben kann. Indem Gott durch sein Sprechen den hörenden Menschen erschafft, erschafft er ihn auch als den, der dieses Wort vernimmt, der es rezipiert, der in dieses Wort einstimmt, indem er darauf mit seinem Ja antwortet. Der Mensch wird, wo Gott sich ihm durch sein Wort zum:zur Partner:in macht, seinerseits zum Partner, zur Partnerin Gottes. Der gemeinschaftliche Gott ist der Gott, der Gemeinschaft schafft.

(4) All das lässt sich unschwer in eine allgemein anthropologische Phänomenologie des Hörens übersetzen: Der Mensch wird zum Menschen, wo er angesprochen wird, und zwar nicht nur als Säugling, sondern bis zu seinem Ende.[22] Er wird zum Menschen, wo er angesprochen wird in einem Akt der Zuwendung, durch ein Sprechen als Ausdruck von Gemeinschaft, von Würdigung und Anerkennung. Daraus ergibt sich, dass Hören nicht allein ein passiver Sinn ist, sondern ein Hinhören auf ein buchstäblich lebensspendendes Wort. Wo ich dieses Wort höre, werde ich auch tatsächlich lebendig, beginne ich selbst zu sprechen und damit die Sozialität, die mich im Gesprochenen erreicht, meinerseits zu realisieren. Auch anthropologisch ist mithin das Hören fundamental: Der Mensch wird, was er ist, durch das, was er hört.

(5) Abgeschlossen sei dieser Reflexionsgang aber nicht mit Anthropologie, sondern, getreu der ersten Berner These, mit Ekklesiologie. Wenn in dieser These statuiert wird, dass die Kirche nur im Hören auf das Wort Gottes wahre Kirche ist und bleibt, dann ist nun zu präzisieren: Sie ist und bleibt wahre Kirche, wo sie das Wort von der Auferstehung Jesu Christi hört. Denn wo sie dieses Wort hört, hört sie, wem alle Macht gegeben ist im Himmel und auf Erden, und

---

[22] «Écouter est vital. Quelqu'un s'adresse à moi, donc je suis; nul ne s'adresse à moi et je ne suis pas» (Schlumberger, Église [Anm. 17], 49).

damit, wer ihr Haupt und das Haupt alles Geschaffenen ist. Indem die Kirche dies hört, wird sie neu einbezogen in die Gemeinschaft mit diesem ihrem Haupt, und indem sie in diese Gemeinschaft einbezogen wird, lebt sie als die neue Schöpfung. Und schliesslich erhält sie, wie am Ende des Matthäusevangeliums berichtet wird, in der Begegnung mit dem Auferstandenen ihren Auftrag und damit ihre ausschliessliche *raison d'être:* diese Botschaft weiterzutragen und damit «alle Völker» zu Hörerinnen und Hörern des göttlichen Wortes werden zu lassen (Mt 28,19). Dies und nicht weniger ist es, was die Berner These meint, wenn sie von einer Geburt der Kirche aus dem Wort Gottes spricht.

VI. Kirche aus dem Hören

Damit rückt ein Begriff der Kirche in den Blick, der sich vollständig aus dem Hören auf das Wort Gottes ergibt. Dies bestätigt Walter Mostert: «Kirche ist [die] Gemeinde von Menschen, die eigens dazu zusammengeschlossen sind, von sich selbst abzusehen und auf Gott zu hören.»[23] Kirche ist da und nur da, wo sie auf das göttliche Wort hört. Oder, dasselbe als Handeln Gottes ausgedrückt: Kirche ist da und nur da, wo Gott sich dieser menschlichen Gemeinschaft mit seinem Evangelium zu Gehör bringt. Wer hier ein aktualistisches Kirchenverständnis heraushört, liegt nicht falsch. Kirche, als Ereignis des Hörens Gottes begriffen, ist keine statische, in sich ruhende Grösse. Sie ist stets nur insofern und in dem Masse Kirche, als sich das Wort Gottes in ihr ereignet und von ihr gehört wird.

Zu den bekanntesten Beständen reformatorischer und insbesondere reformierter Ekklesiologie gehört der Satz: *«Ecclesia reformata semper reformanda.»*[24] Dieser Satz kann leicht missverstanden werden als Aufruf zur ständigen Selbsttransformation der Kirche und damit als der wohlbekannte moderne Dynamis-

---

[23] Walter Mostert, Erneuerung der Kirche aus der Schrift, in: ders., Erfahrung als Kriterium der Theologie. Theologische Brocken aus drei Jahrzehnten (1966–1995), Zürich 2008, 273–277 (275).
[24] Zu Herkunft und Bedeutung der Formel *ecclesia reformata semper reformanda* Eberhard Busch, Reformiert. Profil einer Konfession, Zürich 2007, 15–18; Michael D. Bush, Calvin and the Reformanda Sayings, in: Herman J. Selderhuis (Hg.), Calvinus Sacrarum Literarum Interpres: Papers of the International Congress on Calvin Research, Göttingen 2008, 286–299; Emidio Campi, «Ecclesia semper reformanda»: Metamorphosen einer altehrwürdigen Formel, in: Zwingliana 37, 2010, 1–19; Jason A. Goroncy, Semper Reformanda as a Confession of Crisis, in: David H. Jensen (Hg.), Always Being Reformed. Challenges and Prospects for the Future of Reformed Theology, Eugene, Oregon 2016, 43–73 (43–49).

mus, der Zwang zur ständigen Optimierung, da nur, was sich ändert, bleibt, und jeder Stillstand Rückschritt bedeutet. Der Reformationshistoriker Edward A. Dowey vertrat demgegenüber die Meinung, dass das *semper reformanda* in der Geschichte öfter mit dem Zusatz *secundum verbum Dei* verbunden gewesen sei.[25] Obwohl Dowey den Nachweis dafür nicht erbringen konnte, hat er mit seiner Vermutung doch den reformationstheologisch zutreffenden Sinn des *semper reformanda* formuliert: Die reformierte Kirche muss ständig reformiert werden gemäss dem Wort Gottes. Und das Wort Gottes, so viel dürfte mittlerweile klar sein, ist nicht bloss der Massstab, an dem sich das menschliche kirchenverändernde Handeln zu orientieren hat. Vielmehr ist es der *Deus loquens,* der der Schöpfung gnädig zugewandte Gott, der seine Kirche im Ergehen seines Wortes unablässig neu begründet, orientiert und erneuert, so dass das primäre Subjekt der Reform in der Kirche nicht die Kirche selbst ist, sondern Gott in seinem schöpferischen Wort. Und der fundamentale, der buchstäblich radikal reformierende Akt von Seiten der Kirche deshalb stets der gleiche, nämlich das Bemühen, sich diesem Wort neu auszusetzen und sich von ihm bewegen zu lassen. Nur wo und in dem Masse da in der Kirche Gottes Wort gehört wird, geschieht jene Transformation, die theologisch gesehen diesen Namen einzig verdient: die immer neue Formierung der Kirche als Gemeinde Jesu Christi. Alles, was unter dem Titel «Kirchenentwicklung» firmiert, ist ohne dieses Hören ein Oberflächenphänomen.

Auch andere ekklesiologische Grundbegriffe erschliessen sich erst aus dem Verständnis der Kirche als aus dem Hören geboren, beispielsweise die reformatorischen *notae ecclesiae,* die äusseren Kennzeichen der wahren Kirche. Die Kirche ist, in der bekannten Formel der Confessio Augustana, «die Versammlung aller Gläubigen», «bei denen das Evangelium rein gepredigt und die Sakramente laut dem Evangelium gereicht werden».[26] Auf reformierter Seite klingt es nicht anders, so bei Calvin, der ebenfalls dafür hält, dass die Zeichen, an denen man die Kirche erkennt, «die Predigt des Wortes und die Übung der Sakramente» sind.[27] Weder im Luthertum noch unter den Reformierten war man der Meinung, dass mit diesen Merkmalen die Kirche vollständig beschrieben sei.[28] Was die Ver-

---

25 Bush, Reformanda Sayings (Anm. 24), 290.
26 CA 7, zitiert nach: Unser Glaube. Die Bekenntnisschriften der evangelisch-lutherischen Kirche, Gütersloh 1986, 64.
27 Calvin, Inst IV, 1,10.
28 Vgl. die sieben Zeichen, an denen man das «christliche heilige Volk» erkennt, bei Martin Luther: Von den Konzilen und der Kirche, in: WA 50, 606–650; zitiert nach Luther Deutsch. Die Werke Luthers in Auswahl. Bd. 6, hg. von Kurt Aland, Göttingen ³1983, 22–

kündigung des Evangeliums und die rechte Feier der Sakramente von allem anderen Handeln der Kirche abhebt, ist, dass mit ihnen diejenigen Vollzüge bezeichnet sind, durch die Gottes Wort primär ergeht und damit Kirche begründet, erhalten und erneuert wird. Mit Verkündigung und Sakramenten werden die *Konstitutionsmerkmale* der Kirche namhaft gemacht,[29] jenes kirchliche Handeln also, in, mit und unter dem sich das Handeln Gottes an ihr in erster Linie ereignet.[30] Oder, bezogen auf unser Thema, jene Vollzüge, durch die die Kirche je und je wieder zur hörenden Kirche wird. Und damit überhaupt zur *Kirche*.

Auch an den sogenannten Wesensmerkmalen der Kirche, den *attributa ecclesiae*, lässt sich das Hören als zentrale ekklesiologische Verstehenskategorie erproben. Die Wesensmerkmale der Kirche, das sind ihre Einheit, ihre Heiligkeit, ihre Katholizität und Apostolizität. Diese Merkmale sind an der empirischen Kirche nicht ablesbar, sie können lediglich geglaubt werden als Eigenschaften, die der die Kirche begründende, erhaltende und erneuernde Gott ihr immer wieder vermittelt. Dass die Kirche eine, heilige, katholische und apostolische Kirche ist, kann man also nur als Glaubenssatz aussagen, oder, mit Jürgen Moltmann, als Hoffnungs- und Glaubenssatz und erst von hier aus auch als Handlungssatz.[31]

So ist die *Einheit* der Kirche primär ihre Einheit in Christus: *«Denn ihr seid alle eins in Christus»* (Gal 3,28). Was Otto Weber so interpretiert: «Weil in Jesus Christus nicht nur der Widerstreit des Menschen mit seinem Schöpfer, sondern auch der Gegensatz unter den Menschen überwunden ist, darum ist *er* der Träger der Einheit, *in der die Gemeinde lebt.*»[32] Und wie wird die Einheit in Christus zur sozialen Wirklichkeit in der Gemeinde? Sie wird es, wo diese Gemeinde von

---

43 (34–40). Zum reformierten Verständnis der *notae* Christian Link, Die Kennzeichen der Kirche aus reformierter Sicht, in: Michael Welker / David Willis (Hg.), Zur Zukunft der Reformierten Theologie. Aufgaben – Themen – Traditionen, Neukirchen-Vluyn 1998, 271–294; ders., Die Theologie Calvins im Rahmen der europäischen Reformation, Göttingen 2021, 325f.

[29] «Kennzeichen der Kirche ist darum nur das, was Kirche zur Kirche *macht,* also das, wovon gilt, dass es der Kirche notwendig ist. Das ist allein das vollmächtige Wortgeschehen aufgrund der Vollmacht Jesu» (Gerhard Ebeling, Theologie und Verkündigung. Ein Gespräch mit Rudolf Bultmann, Tübingen ²1963, 102). Vgl. Christoph Schwöbel, Das Geschöpf des Wortes Gottes. Grundeinsichten der reformatorischen Ekklesiologie, in: ders., Gott in Beziehung. Studien zur Dogmatik, Tübingen 2002, 345–377 (350–353).

[30] Ulrich H. J. Körtner stellt deshalb richtig fest: «Die Kirche ist nicht das Subjekt, sondern das Objekt von Wort und Sakrament» (Wohin steuert die Ökumene? Vom Konsens- zum Differenzmodell, Göttingen 2005, 49).

[31] Jürgen Moltmann, Kirche in der Kraft des Geistes. Ein Beitrag zur messianischen Ekklesiologie, München 1975, 364–366.

[32] Otto Weber, Grundlagen der Dogmatik. Bd. 2, Neukirchen-Vluyn 1962, 611.

ihrem Versöhntsein mit Gott und untereinander hört und wo sie diese Realität gegen alle Tendenzen zur Trennung anerkennt und zur Wirkung kommen lässt. Wo dies geschieht, wird die Gemeinde durch Gottes Wort in Bewegung gesetzt und zur Einheit umgestaltet. Ebenso verhält es sich mit der *Heiligkeit* der Kirche. Heilig ist allein Gott, die Kirche dagegen «das von Gott geheiligte, zum besonderen Dienst herausgerufene und beauftragte Volk».[33] Die Kirche ist *ekklesia*, die «Herausgerufene», «die Gemeinschaft derer, die», wie Joachim von Soosten schreibt, «aus dem ‹Todesstreifen› des Lebens herausgerufen werden».[34] Und aus diesem Todesstreifen herausgerufen wird die Kirche, wo sie von Gottes Ruf erreicht wird. Schliesslich *Katholizität* und *Apostolizität*, die beide eng zusammenhängen. Universal gültig ist primär die Geltung des Heilswerks Jesu Christi, seines Sterbens und seiner Auferstehung. Die Kirche ist die Gemeinschaft derer, die diese Universalität als Auftrag vernehmen, die Botschaft davon «allen Völkern» bekanntzumachen. Beides, die Universalität des Heilswerks Christi und den Auftrag, dieses Evangelium allen zu kommunizieren, erfährt die Kirche immer da, wo Gottes Wort sie in Verkündigung und Sakramenten trifft und sie damit zur katholischen und apostolischen werden lässt. Die Wesensmerkmale, heisst all dies, realisiert die Kirche nicht selbst, sie werden in ihr verwirklicht, *mere passive*. Die erste und wichtigste Aktivität der Kirche ist deshalb, immer wieder im Hören auf Gott passiv zu werden.

VII. «Darin bleibt sie und hört nicht auf die Stimme eines Fremden»

Nochmals: Die Kirche lebt aus dem Wort Gottes, denn dort, in diesem Wort, bekommt sie das zu hören, worauf es ankommt – nicht nur ihr ankommt, sondern allem Geschaffenen: Dass Gott Schöpfer:in dieser Welt ist, dass er:sie an dieser Welt um jeden Preis festhält und nicht ruht, bis alle und alles in die Gemeinschaft mit ihm:ihr zurückgebracht sind.[35] Nur weil sie dies erfahren hat, gibt es die Kirche, und nur in dem Masse, da sie dies gelten lässt, bleibt sie Kirche. Und schliess-

---

[33] Jan Milič Lochman, Das Glaubensbekenntnis. Grundriss der Dogmatik im Anschluss an das Credo, Gütersloh 1982, 166.

[34] Joachim von Soosten, Convivality in Motion. Friedrich Schleiermacher und das Genter Manifest, in: Kunst und Kirche 82/4, 2019, 12–17 (17).

[35] Eilert Herms ist deshalb zuzustimmen, «dass die Rede von der Kirche als Geschöpf ‹des *Evangeliums*› mit der Rede von der Kirche als Geschöpf ‹des *Wortes Gottes*› bedeutungsgleich ist» (Kirche – Geschöpf und Werkzeug des Evangeliums, Tübingen 2010, 61).

lich, weil und insofern sie diese Botschaft hört, wird sie immer wieder erneuert, lebt sie als *ecclesia semper reformanda*.

Wenn all dies sich so verhält, wird die ekklesiologische Problematik im Grunde ganz einfach. Dann gibt es für die Kirche nur eine einzige wirklich relevante Frage, und die lautet: Wie bleibt sie *hörende* Kirche? Und nach allem, was bisher gesagt wurde, muss die Frage präzisiert werden: Wie bekommt sie als Kirche das Wort Gottes zu hören? Wie wird sie von ihm erreicht? Und dann muss natürlich auch gefragt werden: Wie hält sie sich offen für dieses Wort, für den *Deus loquens*?

Diese Frage ist die eigentliche Existenzfrage der Kirche. Es gibt darüber hinaus, das muss unbedingt gesagt werden, unverzichtbare Fragen im Blick auf das kirchliche Handeln, aber auf all diese Fragen wird die Kirche nur tragfähige Antworten formulieren können, wo diese bestimmt werden von der Existenzfrage. Das erhellt sich sofort aus dem zweiten Teil des Satzes der ersten Berner These: «... und hört nicht auf die Stimme eines Fremden.» Die Kirche ist in jedem Fall hörende Kirche. Sie kann nicht nicht hören. Wenn sie nicht auf Gott hört, hört sie auf jemand anderen. Wenn sie nicht durch Gottes Wort orientiert wird, dann wird sie durch anderes orientiert.

Der biblische Bezug des Satzes ist offensichtlich, angezogen wird Johannes 10, die Rede Jesu vom guten Hirten. Es heisst dort:

«Ihm öffnet der Türhüter, und die Schafe hören auf seine Stimme, und er ruft die eigenen Schafe mit Namen und führt sie hinaus. Wenn er die eigenen Schafe hinausgetrieben hat, geht er vor ihnen her, und die Schafe folgen ihm, weil sie seine Stimme kennen» (3–4).

Hier geht alles ganz natürlich zu. Die Schafe kennen ihren Hirten, sie wissen, dass sie ihm vertrauen können, deshalb folgen sie ihm fraglos. Und nur ihm. *«Einem Fremden aber werden sie nicht folgen, sondern sie werden ihm davonlaufen, weil sie die Stimme des Fremden nicht kennen»* (5). So selbstverständlich, wie die Schafe auf die Stimme des Hirten reagieren, so selbstverständlich vermag eine fremde Stimme sie nicht zu bewegen. Der gute Hirte, Jesus Christus, ist derjenige, der aus dem Todesstreifen herausruft, bei dem allein Trost und Hoffnung ist, der reiches Leben hat und gibt. Wer diesen Jesus hört, wie sollte er oder sie anders als ihm folgen, als sein oder ihr Leben und Sterben ihm anvertrauen? Wie könnten wir anders sprechen als der Jünger Petrus: *«Herr, zu wem sollten wir gehen? Du hast Worte ewigen Lebens»?* (Joh 6,68)

Es müsste selbstverständlich sein – und ist es doch nicht. Das ist die grosse, die unheimliche Rätselfrage des Menschen, und auch der Kirche. Dass es angesichts des guten Hirten so natürlich erscheint, dass sie auf ihn hören und auf Fremde nicht, und doch wird auf diese fremden Stimmen gehört. Obwohl, wie

Matthias Zeindler

Jesus im Gleichnis anfügt, jene anderen als «*Diebe und Räuber*» gekommen sind. «*Der Dieb kommt nur, um zu stehlen, zu schlachten und zu vernichten. Ich bin gekommen, damit sie das Leben in Fülle haben*» (10). Obwohl es so offensichtlich ist, wo dieses Leben zu finden wäre.

Mit diesen Sätzen stellt der johanneische Jesus klar, die anderen Stimmen können für die Kirche nur destruktiv sein. Das muss nicht heissen, dass diese Stimmen generell destruktiv sind. Die fremden Stimmen mögen in anderen Kontexten Richtiges und Wichtiges zu sagen haben, im Staat oder in der Wissenschaft zum Beispiel, und sie haben auch der Kirche je und je Dinge zu sagen, denen diese sich besser nicht verschliesst. Aber die Kirche kann nur von der einen Stimme des guten Hirten vernehmen, worauf sie ihr Leben zu fundieren hat. Wo sie im Blick auf ihr Fundament auf andere Stimmen hört, entfremdet sie sich von ihrem Haupt, und damit von sich selbst. So kommt beispielsweise die Kirche nicht aus ohne finanzielles, juristisches oder organisationsentwicklerisches Fachwissen; sie wird aber gefährdet, wo eine ökonomische oder rechtliche Logik jene evangelische Logik überformt, die letztlich in der Kirche leitend bleiben muss. Wenn das Kirchesein der Kirche daran hängt, dass sie auf die Stimme Jesu Christi, auf das Wort Gottes, hört, dann kann man dieser Alternative nicht ausweichen. Eine Kirche, die im Entscheidenden auf fremde Stimmen hört, hört auf, Kirche zu sein.

Das aber heisst, dass es in der Kirche nur *eine* wirkliche Krise geben kann: dass sie nicht auf das Wort Gottes hört. Damit sei nicht bestritten, dass in der Kirche zahlreiche unterschiedliche Krisen auftreten können, etwa die bekannten sieben Krisen, die Wolfgang Huber in seinem Klassiker *Kirche in der Zeitenwende* beschrieben hat: Mitgliederkrise, Finanzkrise, Mitarbeitendenkrise, Vereinigungskrise, Organisationskrise, Krise des Krisenmanagements und Orientierungskrise.[36] Aber wenn die Grundkrise der Kirche darin besteht, das Wort Gottes nicht zu hören, dann lassen sich all diese Krisen in mehr oder weniger vermittelter Weise auf jene Grundkrise zurückführen. Und wenn sie sich darauf nicht zurückführen lassen, dann sind es keine wirklichen Krisen der Kirche.

Nun sind wir auch in diesem Beitrag bei der Krise der Kirche angekommen. Dabei sollte aber zweierlei deutlich geworden ist: (1) Es gilt zu unterscheiden zwischen einem äusseren und einem inneren Krisendiskurs. Der *äussere* Krisendiskurs legt externe Kriterien an die Kirche an – Anzahl Mitglieder, Finanzaufkommen, Reformfähigkeit –, anhand derer entschieden wird, ob und in welchem

---

[36] Wolfgang Huber, Kirche in der Zeitenwende. Gesellschaftlicher Wandel und Erneuerung der Kirche, Gütersloh, 1999, 223–234. Vgl. auch Eberhard Hauschildt / Uta Pohl-Patalong, Kirche (Lehrbuch Praktische Theologie. Bd. 4), Gütersloh 2013, 94–109.

«... aus dem Wort Gottes geboren»

Ausmass die Kirche in der Krise steckt. Der *innere* Krisendiskurs dagegen gewinnt seine Unterscheidungen aus der Einsicht in den Grund der Kirche selbst, er legt also interne Kriterien an die Kirche an, die sich mit den externen decken können, aber keineswegs müssen. (2) Der innere Krisendiskurs unterscheidet sich vom äusseren auch dadurch, dass er nicht davon ausgeht, es hätte einmal eine Zeit gegeben, in welcher die Kirche *nicht* in der Krise war – sei dies die frühe Kirche, das Mittelalter oder die Jahre nach dem Zweiten Weltkrieg. Wird die Krise der Kirche theologisch bestimmt als das Nicht-Hören auf das Wort Gottes, erweist sie sich als eine Dimension des Kircheseins selbst. Und damit als eine Krise, der die Kirche mindestens potenziell immer ausgesetzt bleibt.

Im letzten, posthum publizierten Teil der *Kirchlichen Dogmatik* konkretisiert Karl Barth die Krise der Kirche als Krise des Hörens auf das Wort Gottes nach zwei Seiten.[37] Die eine dabei verhandelte Gestalt der Kirche ist die *Kirche im Exzess*: «die sich selbst erhebende, aufblähende und überhebende Kirche» (224). Barth erläutert:

«Kirche im Exzess ist die Kirche im Überspringen der Schranke, innerhalb deren sie allein Kirche Jesu Christi sein kann: der Grundbestimmung nämlich, dass der Lebendige, dem sie den Ursprung und Bestand ihres Lebens verdankt, der auch ihr und gerade ihr gegenüber frei handelnde und redende *Herr,* ihr Souverän ist» (225).

Wegen dieses Abgeschlossenseins gegenüber ihrem Herrn, so Barth, «könnte man sie auch die im Verhältnis zu ihm *introvertierte* Kirche nennen» (ebd.). Die Introversion der Kirche resultiert daraus, dass diese das Hören auf ihren Herrn hinter sich zu haben meint und fortan eigenmächtig tätig ist. Sie, die Kirche im Exzess, «will nicht vorbehaltlos creatura Verbi, nicht einfach und eindeutig ihm dienende» Kirche – «sondern unter Berufung darauf, von ihm dazu eingesetzt und ermächtigt zu sein, in seinem Namen herrschende Kirche zu sein» (226). Und so sieht dieses Kirchesein dann aus:

«Sie integriert sein hohepriesterliches, königliches und prophetisches Amt ihrem eigenen. *Sie* sagt seine Wahrheit. *Sie* spendet und verweigert Gnade. *Sie* verkündigt sein Gesetz. Seinen Hirtenstab, sein Szepter und sein Schwert sind in *ihrer* Hand, seine Autorität in Gewalt ihrer *eigenen* ausübend, regiert *sie:* nur an seiner Stelle, ganz und gar für ihn eintretend, *sie!* Sie hat ja seinen Geist. Sie legt auch die von ihm zeugende Schrift aus» (ebd.).

---

[37] Karl Barth, Das christliche Leben. Die kirchliche Dogmatik IV/4. Fragmente aus dem Nachlass. Vorlesungen 1959–1961 (GA II.7), hg. von Hans-Anton Drewes und Eberhard Jüngel, Zürich 1999, 224–235. Seitenzahlen fortan im Text.

Als Gegenstück zur sich selbst überhebenden Kirche nennt Karl Barth die *Kirche im Defekt*: «die Kirche, die sich selbst nicht ernst zu nehmen vermag, weil und indem sie ihrer Sache nur halb gewiss ist» (227). Die Kirche im Defekt ist diejenige, die nicht wahr sein lässt, dass Jesus Christus der Auferweckte ist und die deshalb «vernachlässigt und verleugnet:

> Dass ihr Herr (*Er* ist ja ihre Bestimmung) der *lebendige,* der laut seiner Auferstehung von den Toten in seinem Tod (und so der Welt als der vom Tode gezeichneten und beherrschten Welt) überlegene, der sie (indem Gott sie in ihm mit sich selber versöhnte) überwindende Herr ist – dass also sein Volk niemand und nichts zu fürchten hat» (228).

Die Kirche im Defekt könnte man aus genau diesem Grunde «auch die *extravertierte* Kirche nennen» (229). Und dies, weil sie, statt vertrauensvoll auf den Auferstandenen zu blicken, ihren Blick anderswohin schweifen lässt.

> «Die Kirche im Defekt ist die ängstlich auf ihren Herrn und noch ängstlicher nach allen anderen Seiten blickende, kummervoll sich mit der Welt vergleichende und darum eifrig nach allfällig herüber- und hinüberweisenden Anknüpfungspunkten ausschauende, die auf allerlei Brückenschläge von hier nach dort bedachte Kirche» (ebd.).

In dieser fragwürdigen Extravertiertheit ist diese Kirche «die zerstreute und darum die plaudernde, die schielende und darum die stotternde Kirche» (230).

Kirche im Exzess und Kirche im Defekt sind im selben Spital krank, auch wenn sie in verschiedenen Abteilungen liegen. Beide Typen von Kirchen haben das eine Wort Gottes, den gekreuzigten und auferstandenen Christus, nicht gehört, sei es, indem sie weghören, sei es, indem sie dessen Gehalt verzeichnen und ihm damit seine Wahrheit und seine Geltung bestreiten. Beide, die Kirche im Exzess und die Kirche im Defekt, werden von der kreativen Verheissung des Evangeliums nicht mehr erreicht. In beiden Spielarten ihrer Entfremdung hört die Kirche nicht auf die Stimme ihres Hauptes, sondern auf die eines Fremden.

VIII. Zum Schriftgrund der Schrift

Behauptet wurde: Die einzige wirklich relevante Frage der Kirche lautet, wie sie auf das Gotteswort hörende Kirche sein und bleiben kann. Und die einzige wirkliche Krise der Kirche ist die, dass sie nicht Kirche ist, die auf Gottes Wort hört. Aus beiden Feststellungen ergibt sich für die Kirche die Frage, was dies für ihr Sein und Handeln impliziert. Denn mit dem zwar richtigen und unverzichtbaren Hinweis, dass das Hören auf Gottes Wort Gottes eigene Sache sei und dass auch vom Hören auf einen Fremden nur das Wort Gottes selbst die Kirche zurückrufen könne, ist es nicht getan. Das Hören auf Gottes Wort ist ein zweiseitiges Geschehen, an dem der *Deus loquens* so sehr beteiligt ist wie die *ecclesia audiens*, die hörende Kirche. Was also ist der Kirche aufgegeben, damit sie hörende Kirche wird und bleibt?

Dieser Frage liegt freilich eine andere, noch elementarere Frage voraus: Wie und wo wird Gottes Wort hörbar? Wie hat man sich das Sprechen Gottes vorzustellen, und wie soll dieses Sprechen von all den anderen Stimmen, die uns umgeben und um unsere Aufmerksamkeit buhlen, unterscheidbar sein? Auf diese Fragen laufen die steilen theologischen Aussagen über die Kirche als *creatura Verbi Divini*, als hörende Kirche, unvermeidlich zu.

Für die Berner Thesen ist die Sache klar: Das Wort Gottes ist die Bibel, deshalb sind, so die zweite These, «all die Menschensatzungen, die man ‹Gebote der Kirche› nennt, für uns nur so weit bindend, als sie im göttlichen Wort begründet und geboten sind».[38] Dass Christus durch die Abendmahlselemente leiblich empfangen werde, «lässt sich mit biblischer Schrift nicht begründen».[39] «In der Schrift findet sich kein Fegefeuer nach dieser Zeit.»[40] «Bildermachen zum Zweck der Verehrung verstösst gegen Gottes Wort des Neuen und Alten Testaments»[41], etc.

Diese Gleichsetzung von Bibel und Gotteswort ist heute nicht mehr möglich. Es sind nicht bloss die Erfahrungen des Scheiterns aller Versuche in der altprotestantischen Orthodoxie, mit einer elaborierten Lehre von der göttlichen Inspiration des biblischen Textes bis hinein in die masoretische Punktation die Schrift als wissenschaftliches Prinzip der Erkenntnis des Glaubens gegenüber der aufkommenden neuzeitlichen Erkenntniskritik zu sichern.[42] Es sind auch nicht die vielfältigen Erfahrungen mit den Aporien, in die dieselbe Schriftlehre in der Moderne hineinführt, Stichwort Kreationismus und ohnmächtiger Widerstand gegen die Evolutionslehre. Selbst die heutigen gewaltsamen Auswüchse von schriftgläubigen Fundamentalismen in verschiedenen Religionen liefern nicht

---

[38] Sallmann/Zeindler, Dokumente (Anm. 3), 39.
[39] These 4, Sallmann/Zeindler, Dokumente (Anm. 3), 40.
[40] These 7. Ebd.
[41] These 8. Ebd.
[42] Für weitere Belege in den reformierten Bekenntnisschriften: Jan Rohls, Theologie reformierter Bekenntnisschriften. Von Zürich bis Barmen, Göttingen 1987, 41–44, sowie: Die Dogmatik der evangelisch-reformierten Kirche, dargestellt und aus den Quellen belegt von Heinrich Heppe. Neu durchgesehen und hg. von Ernst Bizer, Neukirchen 1935, 10–25. Für die in dieser Sache gleichlautende lutherische Seite: Heinrich Schmid, Die Dogmatik der evangelisch-lutherischen Kirche, dargestellt und aus den Quellen belegt. Neu hg. und durchgesehen von Horst Georg Pöhlmann, Gütersloh [11]1990, 40–47.

die eigentlich massgeblichen Argumente gegen die erwähnte Gleichsetzung. Die entscheidenden Gründe sind theologischer Art.

Die Bibel selbst weiss von einer Gleichsetzung eines Textkorpus mit Gottes Wort nichts. Sie berichtet in vielfältiger Weise vom *Deus loquens*, und auch von Fällen, wo dieses Gehörte schriftlich niedergelegt wurde.[43] Nirgends aber ist davon die Rede, dass eine bestimmte Sammlung von Schriften den Anspruch erhebt, als solche die autoritative Stimme Gottes zu repräsentieren.[44] Gott ist – in Jesus – Mensch geworden, nicht im Alten und Neuen Testament Buch. Gleichzeitig glauben alle christlichen Kirchen, dass sie aus den biblischen Schriften das Wort Gottes zu erwarten haben. Das aber bedeutet, dass Altes und Neues Testament durchaus im Sinne der Berner Thesen der Ort sind, wo die Kirchen Gottes Anrede zu gewärtigen haben, dass aber das Verhältnis von redendem Gott und biblischen Schriften komplexer gedacht werden muss als in einer blossen Gleichsetzung. Die Lehre von der Kirche, die aus dem Hören des Wortes Gottes geboren ist, setzt stattdessen eine umfassende Lehre von Gottes Offenbarung voraus. Das Verständnis des Zusammenhangs von sprechendem Gott und Heiliger Schrift kann nur im Rahmen einer solchen Lehre entwickelt werden, und eine Lehre von der Heiligen Schrift muss durchgeführt werden bis hin zu einer theologischen Hermeneutik, d. h. einer Lehre von der Selbsterschliessung Gottes durch die Auslegung der Texte des Alten und Neuen Testaments. Dazu sind in diesem Rahmen nur einige Hinweise möglich.

Zum Geschäft der Theologie als der Reflexion des Glaubens gehört wesentlich die Rechenschaft darüber, wie die eigenen Aussagen *begründet* sind. Begründbar sind nach einhelliger Auffassung der christlichen Tradition Aussagen des Glaubens ausschliesslich durch den Rekurs auf das Zeugnis des Alten und des Neuen Testaments. Auch die Rechenschaft über die Schrift als Grund des christlichen Glaubens erfolgt gemäss dieser theologischen Begründungslogik, also mit Rekurs auf die biblischen Schriften. Diese Methodik mag zirkelhaft erscheinen, ist doch in ihr die Schrift gleichzeitig das zu Begründende als auch das Begründende. Die Begründungslogik ist theologisch gesehen aber nicht widersprüchlich, sondern unumgänglich, da die Kirche die Schrift als die ihr von Gott

---

[43] Vgl. zur hebräischen Bibel den Beitrag von Alfred Bodenheimer in diesem Band.
[44] Häufig wird als Beleg für diese Aussage 2Tim 3,16 ins Feld geführt: «*Jede von Gott eingegebene Schrift ist auch nützlich zur Belehrung, zur Zurechtweisung, zur Besserung und Erziehung.*» Die Stelle vermag diesen Nachweis aber aus verschiedenen Gründen nicht zu erbringen: Erstens, weil sie sich auf Texte bezieht, die nicht deckungsgleich sind mit dem Kanon Alten und Neuen Testaments; und zweitens, weil die darin ausgesagten Funktionen der besagten Schriften nur einen Teil dessen benennen, was eine Theologie der Schrift als Wirkungen von Gottes Wort namhaft machen würde.

«... aus dem Wort Gottes geboren»

geschenkte Grundlage bekennt: Die Schrift selbst erschliesst sich der Kirche als ihre Basis.

Dieser letztere Vorgang erhellt sich aus dem Inhalt der Bibel Alten und Neuen Testaments selbst. Eine zentrale Aussage dieser Texte ist, dass Gott mit den Menschen Gemeinschaft eingeht, indem er sich immer wieder neu als ihr Schöpfer und Befreier offenbart. Im Leben, Sterben und Auferwecktwerden Jesu Christi, so das übereinstimmende Zeugnis des Neuen Testaments, ist dieses offenbarende Handeln Gottes zu seinem Höhepunkt gekommen: «*Nachdem Gott vor Zeiten vielfach und auf vielerlei Weise zu den Vätern geredet hatte durch die Propheten, hat er am Ende dieser Tage zu uns geredet durch den Sohn, den er eingesetzt hat zum Erben aller Dinge und durch den er die Welten geschaffen hat*» (Hebr 1,1f.).

Aus diesem christologischen Zentrum des göttlichen Offenbarungshandelns leitet sich auch dessen Überlieferung ab. Gemäss Matthäusschluss impliziert die Auferweckung Jesu seine universale Autorität: «*Mir ist alle Macht gegeben im Himmel und auf Erden*» (Mt 28,18), und aus dieser wiederum folgt die Sendung der Kirche: «*Geht nun hin und macht alle Völker zu Jüngern: Tauft sie auf den Namen des Vaters und des Sohnes und des heiligen Geistes, und lehrt sie halten alles, was ich euch geboten habe.*» (Mt 28,19f.) Die Auferweckung Jesu, heisst dies, ist der Grund für die Überlieferung der guten Botschaft von seinem Leben, Sterben und Auferstehen.[45] Anders ausgedrückt: Die Ursprungsereignisse des christlichen Glaubens wurden und werden überliefert, weil sie bleibend aktuell sind. Und bleibend aktuell sind sie nicht deshalb, weil nachfolgende Generationen dem ethischen und spirituellen Gehalt dieser Zeugnisse weiterhin Geltung zuerkennen, sondern weil Jesus auferstanden und deshalb jeder Gegenwart präsent ist.

Dies aber bedeutet, dass das Kernbekenntnis des christlichen Glaubens, Gott habe Jesus von den Toten auferweckt, auch der «Schriftgrund» dafür ist, dass Christenmenschen in der Bibel Neuen und von dort her auch Alten Testaments jene Texte sehen, durch die ihr Glaube immer wieder neu begründet wird. Schlicht ausgedrückt: Christenmenschen haben eine Heilige Schrift, weil Christus auferstanden ist. Und diese Schrift erweist sich genau dadurch als heilig, dass der

---

[45] «Die Überzeugung von der Auferweckung des gekreuzigten Jesus von Nazareth führte [...] zur Produktion der neutestamentlichen Schriften und zur Transformation Heiliger Schriften Israels zu den alttestamentlichen Schriften des christlichen Kanons. Die Auferweckung des Gekreuzigten bildet daher ihr dynamischen Objekt, das sie hervorbrachte, ihnen also vorausliegt und als solches entzogen bleibt» (Stefan Alkier, Sola Scriptura als engagierte Leseanweisung – eine evangelische Perspektive, in: ders. u. a. [Hg.], Sola Scriptura ökumenisch, Boston, Massachusetts/Singapore/Paderborn 2021, 9–31 [21]).

auferstandene Christus, indem er durch sie Gemeinschaft mit sich weckt, sich als Lebendiger erschliesst.

IX. Die Schrift lesen – Gottes Wort hören

Die Bibel, so wurde bereits gesagt, ist nicht *als solche* Gottes Wort, stattdessen sind die Begriffe Bibel, Heilige Schrift und Wort Gottes sorgfältig zu unterscheiden. Zur Verhältnisbestimmung sei die folgende Formel vorgeschlagen: Die Bibel ist jene Textsammlung, mit welcher die Kirche die Erfahrung gemacht hat, dass Gott durch sie Glaube, Liebe und Hoffnung begründet, anders gesagt: dass durch diese Texte Gott gesprochen hat und damit in Gemeinschaft mit Menschen getreten ist. Weil sie von dieser Erfahrung mit den biblischen Texten herkommt, liest die Kirche bis heute dieses Buch in der Erwartung, dass Gott immer wieder neu durch die darin versammelten Schriften Glaube, Liebe und Hoffnung begründet. Die Bibel *ist* damit nicht Heilige Schrift, durch die Gott spricht, sie kann aber je und je Heilige Schrift *werden,* wo immer Gott sie dazu in Gebrauch nimmt.[46] Die von der Kirche als Heilige Schrift gelesene Bibel wird zum Wort Gottes in jenem Ereignis, wo Gott durch sie Menschen anredet und in seinem Bund zusammenführt. Dazu zusammenfassend der britische Theologe John Webster, dem wir gewichtige Beiträge zu einer theologischen Hermeneutik verdanken: «[T]he text of the Bible is an instrument of divine action, a means through which the *viva vox Dei* speaks to the congregation.»[47]

Man kann es auch so formulieren: Die Bibel ist zunächst eine Sammlung antiker Texte aus dem Vorderen Orient und damit ein wichtiges Zeugnis der Religionsgeschichte jener Epoche in diesem geografischen Raum. Dies kann man wissen und wird niemand bestreiten, und unter diesem Gesichtspunkt ist die Bibel ein Buch für alle, die sich dafür interessieren. Davon zu unterscheiden ist die Heilige Schrift, obwohl sie äusserlich mit dem Buch Bibel identisch ist. Die Heilige Schrift Alten und Neuen Testaments ist das Buch der Kirche und des

---

[46] Das im Folgenden knapp exponierte Verständnis von Bibel, Heiliger Schrift und Wort Gottes findet sich ausführlich entfaltet bei Karl Barth, Kirchliche Dogmatik I/2, Zürich 1940, 523–598.

[47] John Webster, Hermeneutics in Modern Theology: Some Doctrinal Reflections, in: ders., Word and Church. Essays in Christian Dogmatics, Edinburgh/New York 2001, 47–86 (72f.). Zur Hermeneutik ausserdem ders., Holy Scripture. A Dogmatic Sketch, Cambridge 2003, bes. 68–106; ders., Resurrection and Scripture, in: ders., The Domain of the Word. Scripture and Theological Reason, London u. a. 2012, 32–49.

christlichen Glaubens, weil Christenmenschen durch dieses Buch Begründung ihres Vertrauens auf den lebendigen Gott erwarten. Oder wie Dalferth es ausdrückt: «[D]ie *Wahrnehmung von Gottes Gegenwart hier und jetzt* ist das Ziel und die Pointe der Schrift.»[48] Dass die Bibel in diesem Sinne Heilige Schrift ist, das kann man nur glauben, weil man auch nur glauben kann, dass Gott Menschen anspricht und durch seinen Geist Vertrauen in ihn entstehen lässt.

Diese Aussagen wären missverstanden, würde man aus ihnen ableiten, dass es der Glaube sei, der die Bibel zur Heiligen Schrift werden lässt. Obwohl es richtig ist, dass allein für den Glauben die Bibel Heilige Schrift, d. h. Ort des Ergehens des Wortes Gottes sein kann, so ist es doch nicht der Glaube, der die Bibel zur Heiligen Schrift *macht*. Religionsgeschichtlich lässt sich zwar nicht bestreiten, dass in verschiedenen Religionen bestimmte Texte dadurch zu heiligen Schriften werden, dass sie von Glaubenden bzw. von Glaubensgemeinschaften als solche betrachtet werden.[49] Theologisch dagegen gilt, dass die Bibel als Heilige Schrift dem Glauben vorausliegt: Glaube ist kein *Konstitutions*vorgang, durch den die Bibel zur Heiligen Schrift wird, sondern ein *Anerkennungs*vorgang, der lediglich gelten lässt, was Gott in seinem Handeln für den Menschen wahr macht. Nicht verdankt sich also die Heilige Schrift dem Glauben, sondern der Glaube verdankt sich der Heiligen Schrift.[50]

Mit diesem Verständnis der Bibel als Heiliger Schrift wird nicht zuletzt die Freiheit des Wortes Gottes theologisch gesichert. Denn es wird dabei auch gesagt, dass allein Gott heilig ist und neben ihm kein Geschaffenes, auch nicht ein noch so wertvolles Buch. Was nicht Gott ist, kann aber heilig werden, sofern Gott es für sein Ziel in Anspruch nimmt. Womit impliziert ist, dass die Heiligkeit der Schrift ganz in Gottes Verfügen steht – *ubi et quando visum est Deo* – und über sie kein Mensch und keine Kirche verfügen kann. Die Bibel als Heilige Schrift ist nicht instrumentalisierbar, sondern hält sich frei von menschlichen Interessen. Und dies im Interesse des Menschen und der Kirche, denn nur als Werkzeug des freien Gottes vermag die Schrift ihrerseits befreiend zu wirken.[51]

---

[48] Dalferth, Wirkendes Wort (Anm. 14), 416.
[49] Zu den unterschiedlichen Funktionen von heiligen Schriften in verschiedenen Religionen: Udo Tworuschka (Hg.), Heilige Schriften. Eine Einführung, Darmstadt 2000.
[50] So auch Heschel: «The Bible [...] has exercised power over the spirit of man throughout the ages *not* because it was labeled ‹The Word of God› and was poured into the minds of man through the funnel of a dogma, but because it contained a light that set souls aflame» (God in Search [Anm. 16], 240).
[51] «Denn als das *freie* Wort – und *nur* als das freie Wort – ist es [das Wort Gottes, MZ] das *befreiende* Wort» (Hans-Joachim Kraus, Systematische Theologie im Kontext biblischer Geschichte und Eschatologie, Neukirchen-Vluyn 1983, 53).

Eine letzte Präzisierung des Satzes, dass die Bibel zur Heiligen Schrift wird, wo Gott sie dazu gebraucht, sein Wort durch sie ergehen zu lassen und damit Gemeinschaft mit ihm zu begründen, zu erhalten und zu erneuern: Diese Bestimmung kann in einem engeren und einem weiteren Sinne verstanden werden. Der engere Sinn ist der im vorstehenden Satz ausgesprochene, der weitere Sinn lässt sich so umschreiben: Die Bibel ist das Korpus von Texten, durch das Gott immer wieder Glauben geschaffen hat und nach wie vor schafft und aus dem die Kirche deshalb auch in Zukunft das Wort Gottes zu hören erwartet. Die Erfahrung, dass die Kirche durch diese Texte immer wieder Gottes Wort gehört hat, begründet ihre hoffnungsvolle Erwartung, dieses Wort stets neu in der Bibel zu hören.

X. Die Bibel in der Hoffnung auf Gottes Wort lesen: hermeneutische Implikationen

Das Wort Gottes ergeht durch Heilige Schrift, wo der *Deus loquens* sich durch die biblischen Texte vernehmen lässt und damit bei den Lesenden bzw. Hörenden Glaube, Liebe und Hoffnung begründet. Und die Kirche wird durch Gottes Wort fundiert, orientiert und erneuert, wo Gott durch die Bibel zu ihr spricht. Der Vorgang der Glaubens- und Kirchenbegründung durch Gott in seinem Wort ist auf diese Weise als exklusiv göttliches Handeln beschrieben, und anders kann es nicht sein, sofern Kirche und Glaube sich ganz Gott verdanken, *sola gratia*. Trotzdem ist, da mit dem Ergehen des Wortes Gottes ein Kommunikationsgeschehen bezeichnet wird, abschliessend noch die Frage zu klären, inwiefern in diesem Geschehen auch der Mensch beteiligt und wie diese Beteiligung zu denken ist.[52]

Der Mensch ist am Kommunikationsgeschehen des Ergehens des Wortes Gottes grundsätzlich *passiv* beteiligt: als derjenige, der von Gott angesprochen und zum Hörer und Empfänger seiner Anrede gemacht wird. Zu all diesen Aspekten des Hörens und Vernehmens trägt der Mensch nichts bei, er bringt auch keine anthropologischen Voraussetzungen dafür mit; wo der Mensch Gottes Wort hört, vernimmt und sich zu eigen macht, gründen all diese seine Handlungsvollzüge in Gottes Handeln. Der Mensch hört Gott, wo und wann er durch den Geist zum Hörenden gemacht wird.

---

[52] Zu Ort und Funktion der Bibel im konkreten kirchlichen Handeln: Die Bedeutung der Bibel in kirchenleitenden Entscheidungen. Ein Grundlagentext des Rates der Evangelischen Kirchen in Deutschland, Leipzig 2021.

Von diesem Grundsatz wird nichts zurückgenommen durch die ebenso unverzichtbare Aussage, dass dem Ergehen des Wortes Gottes auf Seiten des Menschen eine bestimmte Einstellung und Erwartung korrespondiert. Und dass sich aus dieser Einstellung und Erwartung auch eine Reihe von hermeneutischen Implikationen ergeben. Weder die menschliche Erwartung noch die daraus folgende hermeneutische Methodik sind Voraussetzungen, die das Ergehen des Wortes Gottes erst ermöglichen; Gottes Wort findet seine Wege gegen alle Widerstände, Widerstände, die nicht selten auch religiöser Art sind! Aber es sind Einstellungen und hermeneutische Herangehensweisen, durch die der Mensch sich bereits als einer zu verhalten versucht, dem Gottes lebensschaffendes Wort versprochen und der deshalb zum Hören dieses Wortes gerufen ist. Eine Einstellung zum biblischen Text, die damit rechnet, aus ihm Gottes Anrede zu vernehmen, lässt sich am sinnvollsten als eine *hörende* Einstellung verstehen.[53]

Es sei vorausgeschickt, dass mit einer hörenden Einstellung nicht ein bestimmter exegetisch-hermeneutischer Zugang zum biblischen Text bezeichnet werden soll. Biblische Texte werden mit einer Vielfalt von exegetischen Methoden erschlossen, von denen grundsätzlich alle in einer hörenden Einstellung gebraucht werden können. Ob dies faktisch der Fall ist, kann nicht objektiv erhoben werden, sondern muss sich im Vollzug der Bibellektüre erweisen.

Eine hörende Einstellung zur Schrift zeichnet sich – sicher nicht abschliessend – durch folgende Züge aus:

a. Sie liest, unbeschadet ihrer Erwartung des Wortes Gottes, die Bibel als ein *menschliches* Buch, von Menschen in menschlicher Sprache durch menschliche Kulturtechniken verfasst und tradiert und deshalb auch als menschlicher Text zu verstehen. Wenn in der Bibel davon die Rede ist, dass Gott zu Menschen gesprochen hat, dann immer derart, dass er sie als irdische Wesen in je ihrer Situation angesprochen hat. Daraus ergibt sich als hermeneutische Regel, dass die biblischen Texte, gerade wenn man sie als Heilige Schrift begreift, *historisch* gelesen werden sollen. Dazu gehört untrennbar ein zweites: Die Bibel historisch zu lesen, bedeutet, sie kontextuell zu lesen, verortet in einer bestimmten Zeit, in bestimmten ökonomischen, soziologischen, politischen etc. Umständen, aber auch in spe-

---

[53] «Interpreting Scripture theologically involves more than employing the right methods; it is a matter of cultivating the right virtues, virtues commensurate with the status of the interpreter-servant in relation to the scriptural text. The most important virtue is humility» (Kevin J. Vanhoozer, Imprisoned or Free? Text, Status, and Theological Interpretation in the Master/Slave Discourse of Philemon, in: A. K. M. Adam u. a. [Hg.], Reading Scripture with the Church. Toward a Hermeneutic for Theological Interpretation, Grand Rapids, Michigan 2006, 51–93 [92]).

zifischen Weltbildern und Verstehenshorizonten. Für orientalische antike Texte heisst dies zum Beispiel, dass sie aus einer ganz und gar patriarchalen Perspektive verfasst sind. Solche Verstehenshorizonte sind in den hermeneutischen Prozess einzubeziehen, will man der Menschlichkeit der Bibel ernsthaft gerecht werden. Daraus ergibt sich als hermeneutische Regel, dass die Bibel auch *kritisch* zu lesen ist.

b. Eine hörende Einstellung nimmt die Bibel als Buch der Kirche ernst und liest sie deshalb *in Gemeinschaft.* Spricht man von der Kirche als hörender Gemeinschaft, dann ist diese Gemeinschaft nicht der sekundäre Plural der einzelnen Leserinnen und Leser, sie ist der primäre Adressat des durch die Bibel ergehenden Gotteswortes. Die Heilige Schrift begründet Glauben, indem sie die Gemeinschaft der Glaubenden ins Leben ruft, und die auf Gottes Wort hörende Kirche ist konkret Interpretationsgemeinschaft der Schrift.[54] Dem muss auch ihre hermeneutische Praxis entsprechen: Die Bibel wird dort angemessen gelesen, wo man sie gemeinsam liest; Hören auf die Bibel impliziert auch, auf all die zu hören, die sie ebenfalls lesen. Das gilt sowohl im diachronen als auch im synchronen Sinne. Gemeinsames Lesen diachron bedeutet, dass eine gegenwärtige Kirche stets auch auf frühere Auslegungen der biblischen Texte achtet, im Wissen um die eigene historische Begrenztheit, vor allem aber in der Annahme, dass auch den Früheren durch den Heiligen Geist Einsicht geschenkt wurde. Und gemeinsames Lesen synchron heisst, die Bibel mit der ganzen weltweiten Kirche zu lesen, aus unterschiedlichsten Perspektiven, international, interkulturell. Denn die weltweite, in diesem Sinne katholische Kirche glauben bedeutet auch, dass man den *Deus loquens* in vielerlei Stimmen zu hören hofft.

c. Eine hörende Einstellung zur Schrift basiert auf der Einsicht in die menschliche Korrumpierbarkeit Gott gegenüber, und sie schliesst deshalb die Bereitschaft ein, sich vom biblischen Text *korrigieren* zu lassen. Zu den verbreiteten Übeln unter Christenmenschen gehört, dass die Bibel, wenn nicht absichtlich, so doch faktisch selektiv gelesen wird. Das lässt sich nur begrenzt vermeiden, weil wir uns den biblischen Texten gegenüber immer in einer hermeneutischen Schleife befinden, ihnen also mit einem Vorverständnis beggnen. Das lässt sich an jeder Perikopenordnung ablesen. Das Phänomen des Kanons im Kanon, dass man innerhalb der Bibel einzelne Texte andern gegenüber favorisiert, ist sehr verbreitet. Die einen lieben Johannes, andere die Propheten, bei den dritten fun-

---

[54] Matthias Zeindler, Gemeinsam unter dem Wort Gottes. Die Kirche als Interpretationsgemeinschaft der Schrift, in: Marco Hofheinz / Frank Mathwig / ders. (Hg.), Wie kommt die Bibel in die Ethik? Beiträge zu einer Grundfrage theologischer Ethik, Zürich 2011, 323–351.

«... aus dem Wort Gottes geboren»

giert Paulus als Kriterium für die Interpretation auch der übrigen Texte, und in den schnell wachsenden Pfingstkirchen im Weltsüden stehen die apokalyptischen Texte des Alten und Neuen Testaments im Mittelpunkt. Solche Kanones im Kanon können leicht zur Bestätigungs- und Immunisierungsstrategie für die eigene Glaubensperspektive werden. Die hermeneutische Regel, die sich daraus ergibt: Die Bibel soll in der Kirche *in ihrer ganzen Breite* gelesen werden. Und als Antidot für eine immunisierende Lektüre der Bibel sollte eine Maxime im Umgang mit der Heiligen Schrift beherzigt werden, die Romano Guardini so formuliert: «Je mehr eine Aussage in ihr uns stösst, desto grösser die Wahrscheinlichkeit, dass sie wichtig ist.»[55] Denn Gottes Wort ist eines, das bewegt und zur Umkehr ruft, und einem solchen Wort vermag sich nur zu stellen, wer mehr als blosse Bestätigung erwartet.

d. Eine hörende Einstellung zur Schrift lebt in der Erwartung, aus den biblischen Texten *Neues* zu erfahren, nämlich den Trost, die Orientierung und die Erfüllung des seiner Schöpfung zugewandten Gottes. Wie Karl Barth in einem frühen Vortrag es ausgedrückt hat, entscheidet, was von der Bibel erwartet wird, darüber, was aus ihr gehört wird:

«Wir werden in ihr [der Bibel] immer gerade so viel finden, als wir suchen: Grosses und Göttliches, wenn wir Grosses und Göttliches suchen, Nichtiges und ‹Historisches›, wenn wir Nichtiges und ‹Historisches› suchen – überhaupt nichts, wenn wir überhaupt nichts suchen.»[56]

Und gemäss einer Einsicht von Gerhard Sauter «ermöglicht die Erwartungsbereitschaft eine Erfahrung, die in der Gegenwart und im Umgang mit der Überlieferung immer auch des ‹Unerwarteten›, des ganz Neuen gewärtig ist».[57] Das in

---

[55] Romano Guardini, Der Anfang aller Dinge. Meditationen über Genesis, Kapitel I–III, Würzburg 1961, 82. Jürgen Ebach plädiert deshalb «für die Bibel als fremdes Buch: Wenn wir in ihr nicht finden wollen, was wir ohnehin schon kennen, dann vermag sie uns zu sagen, was wir uns nicht selbst sagen können» (Das bekannte Buch – das fremde Buch. Die Bibel, in: Hubert Frankemölle [Hg.], Die Bibel. Das bekannte Buch – das fremde Buch, Paderborn u. a. 1994, 7–22 [21]).

[56] Karl Barth, Die neue Welt in der Bibel, in: Vorträge und kleinere Arbeiten 1914–1921 (GA III.48), in Verbindung mit Friedrich-Wilhelm Marquardt (†) hg. von Hans-Anton Drewes, Zürich 2012, 317–343 (323).

[57] Gerhard Sauter, Erwartung und Erfahrung. Predigten, Vorträge und Aufsätze (Theologische Bücherei 47), München 1972, 301. Das *sola scriptura,* so Elisabeth Gräb-Schmidt, «steht für das Hineinragen des Anderen in die bisherige Interpretation von Selbst, Welt und Gott» (*Sola scriptura:* Zur hermeneutischen Rehabilitierung dieser Exklusivpartikel angesichts der Krise des protestantischen Schriftprinzips in der Neuzeit, in: Christof Landmesser / Hartmut Zweigle [Hg.], Allein die Schrift!? Die Bedeutung der

der Schrift zu hörende Neue ist freilich kein abstraktes ganz Anderes und vollkommen Fremdes, es ist konkret die Verheissung Gottes, wie sie im Leben, Sterben und Auferstehen Jesu realisiert worden ist, die Verheissung von Gottes Liebe, Gerechtigkeit und Frieden, zu der die gesamte Schöpfung unterwegs ist und in der sie deshalb bereits jetzt leben darf. Wer durch die Schrift Gottes Wort hört, erfährt: «Der auferstandene Christus macht das Leben zu einem Fest ohne Ende.»[58] Etwas von dieser Freude wird sich deshalb auch immer wieder in der Lektüre der Heiligen Schrift zeigen.

e. Eine hörende Einstellung zur Schrift weiss darum, dass sie das Wort Gottes erst vernimmt, wo der biblische Text *angeeignet* wird. Das Wort Gottes ist keine Feststellung, die jemand neutral zur Kenntnis nimmt und daraufhin entscheidet, inwiefern er oder sie diese Feststellung akzeptieren und wirken lassen will. Wo Gott spricht, werden Menschen gerufen, in Anspruch genommen, verändert. Das Wort Gottes bewegt. Ingolf Dalferth schreibt deshalb: «Was die Kirche will, sind Hörer (und Täter) des Wortes, nicht – jedenfalls nicht primär – Leser der Bibel.»[59]

f. Eine hörende Einstellung zur Schrift ist nicht mach- und verfügbar, sie beginnt und endet deshalb *im Gebet*. Das Gebet, so wird im ersten Teil des Unser Vaters deutlich (*«geheiligt werde dein Name, dein Reich komme, dein Wille geschehe»*), ist in erster Linie das Gebet darum, dass Gottes Sache wirksam werde. Und wirksam wird diese Sache wesentlich im Ergehen des Wortes Gottes, zu dem dessen Ankommen beim Menschen integrierend dazugehört. Eine hörende Einstellung zur Schrift nimmt deshalb ein, wer um die Gabe des Hörens bittet.

Eine letzte Frage, die nur noch angedeutet werden kann: Woran wird erkennbar, dass uns durch die biblischen Texte Gottes Wort erreicht? Es sind in der Geschichte der Kirche vielerlei Antworten auf diese Frage gegeben worden. Allseits bekannt ist Martin Luthers «Was Christum treibet», ist Jesus Christus doch die lebendige Mitte der Schrift.[60] Der Berner Neutestamentler Ulrich Luz schreibt am Ende seiner grossen *Theologische[n] Hermeneutik des Neuen Testaments*: «Im Blick auf den erhöhten Christus ist eine Interpretation eines biblischen Textes dann wahr, wenn sie Liebe schenkt oder bewirkt.»[61] Ich schlage, manches hier schon Gesagte nochmals aufnehmend, ein weiteres Kennzeichen des Wirkens

---

Bibel für Theologie und Pfarramt, Neukirchen-Vluyn 2013, 64–79 [78]).
[58] Athanasius, Patrologia Graeca 28, 1061 b.
[59] Dalferth, Wirkendes Wort (Anm. 14), 419.
[60] Martin Luther, Vorrede auf die Epistel S. Jacobi und Juede, in: WA, DB VII, 385, 25–27.
[61] Ulrich Luz, Theologische Hermeneutik des Neuen Testaments, Neukirchen-Vluyn 2014, 547.

«... aus dem Wort Gottes geboren»

von Gottes Wort durch die biblischen Texte vor: Das Hören auf diese Texte *befreit* Menschen.[62] Die Bibel ist ein Buch der Befreiungen: der Schöpfung aus dem Chaos, des Volkes Israel aus dem Sklavenhaus Ägypten und später aus dem Exil in Babylon, das Buch der Befreiung vom Tod und allen Todesmächten, zuletzt im Kommen Gottes, der *«alles in allem»* sein wird (1Kor 15,28). In all diesen Befreiungen und darum auch in allen Befreiungserfahrungen, die Menschen durch diese Texte widerfahren, bestätigt sich, was der johanneische Jesus spricht: *«Die Wahrheit wird euch frei machen»* (Joh 8,32).[63]

---

[62] Weinrich formuliert es so: Auf die von Gott gewährte Freiheit werden wir aufmerksam, «wo sich das Wort Gottes bei uns Gehör verschafft, weil es sich um das Wort des sich in seiner Freiheit den Menschen erwählenden Gottes handelt» (Kirche [Anm. 20], 195). Zum Zusammenhang der Freiheit Gottes und des Menschen: Karl Barth, Die Souveränität des Wortes Gottes und die Entscheidung des Menschen (ThSt 5), Zollikon 1939; ders., Das Geschenk der Freiheit. Grundlegung evangelischer Ethik (ThSt 39), Zollikon-Zürich 1953.

[63] Das hermeneutische Kriterium der Befreiung bzw. des Befreitwerdens ist besonders geeignet, die Gehalte der Reformation in einem heutigen Horizont zugänglich zu machen. Anders als der Begriff der Freiheit lässt diese Begrifflichkeit deutlicher erkennen, dass die theologisch verstandene Freiheit sich (1) einem Andern, nämlich Gott, verdankt, und dass sie (2) nichts ist, was einmal endgültig erworben wäre. Vgl. Michael Beintker, Das reformatorische Zeugnis der Freiheit heute. Ist das Reden von der Freiheit eine Möglichkeit, die Bedeutung der Rechtfertigungslehre zu erschließen?, in: ders., Rechtfertigung in der neuzeitlichen Lebenswelt. Theologische Erkundungen, Tübingen 1998, 49–65; Berndt Hamm / Michael Welker, Die Reformation. Potentiale der Freiheit, Tübingen 2008. Eine philosophische Freiheitstheorie als Theorie der Befreiung hat Christoph Menke vorgelegt: Theorie der Befreiung, Berlin 2022.

Julia Enxing

«Wer Ohren hat, höre!» (Mt 11,15)

Über taube Ohren und wache Geister in der aktuellen Schöpfungstheologie

«Wer Ohren hat, höre!» (Mt 11,15)[1] – Welch' eine Aussage, die da im 11. Kapitel des Matthäusevangeliums zu lesen ist. Kaum eine andere Passage des Neuen Testaments hat mehr Potenzial, uns wach zu rütteln, als diese. *«Wer Ohren hat, höre!»* ist die 5-vor-12-Aussage schlechthin. Sie steht im Zusammenhang der Beauftragung der zwölf Jünger und der Verkündigung der lebensverändernden Taten der beiden grossen neutestamentlichen Propheten: Johannes und Jesus. Beide verkörpern und verkündigen das Reich Gottes in radikaler Weise. Ihre Verkündigungsbotschaft und ihre Lebensstile ecken an, erregen Aufmerksamkeit, rufen Zustimmung, aber auch Widerspruch hervor. Der radikalen Verkündigung der beiden Propheten werden Ereignisse zugeschrieben, die als Zeichen einer neuen Zeit, des anbrechenden Reiches Gottes, gedeutet werden: Blinde sehen, Gelähmte gehen, heisst es in Mt 11,5. Direkt oder indirekt rufen Johannes und Jesus die Menschen ihrer Zeit auf: Hört hin! Schaut hin! Etwas Neues beginnt, das euch unbedingt angeht!

Über Johannes den Täufer, einen der Urväter des Christentums, der in einfachen Gewändern auftrat und von dem sich Jesus selbst taufen liess, wird in Verbindung damit etwas Eigenartiges, fast Paradoxes gesagt: *«Wahrhaftig, ich sage euch, unter den von Frauen Geborenen ist niemand Grösseres aufgestanden als Johannes der Täufer»* (Mt 11,11a). Es folgt der irritierende Halbsatz *«Doch die*

---

[1] Alle Bibelstellen entsprechen der Übersetzung der *Bibel in gerechter Sprache*. Für in vielfacher Hinsicht konstruktiv-kritische Kommentare und anregende Anmerkungen danke ich meinem Mitarbeiter Dr. Christian Kern. Durch ihn hat der vorliegende Text an Stringenz und Leser:innenfreundlichkeit gewonnen. Einen wichtigen kritischen Hinweis konnte ich nicht mehr gebührend bedenken: Im Text kommt ein Verständnis von Schöpfung und Vielfalt, von nichtmenschlichem Leben und Konvivialität zum Ausdruck, das auf den ersten Blick verharmlosend wirken kann, expliziert es doch die durchaus bestehenden Grausamkeiten von Natur, Ökologie oder auch Schöpfung nicht. Ich bin mir dessen bewusst und weiss um die Ambivalenzen von Kreatürlichkeit und Kreatur. Dennoch habe ich mich – nicht zuletzt auch aus Kapazitätsgründen – dafür entschieden, mich auf die für mein Plädoyer einer Theologie des Hinhörens auf die nichtmenschliche Schöpfung fokussierte Schönheit der Schöpfung zu beschränken.

Kleinsten in Gottes Welt sind größer als er» (Mt 11,11b). Was soll das heissen? Einerseits wird Johannes der Täufer als der Grösste beschrieben, den kein Menschenwesen überbietet, und dennoch sind es die Kleinsten, die grösser sind als er? Wer sollen diese Kleinsten sein? Mt 11,12 beschreibt die damit in Verbindung stehende Wirklichkeit schonungslos: «*Von den Tagen Johannes des Täufers bis jetzt wird Gottes Welt von Gewalt verletzt und Gewalttätige reißen sie an sich.*» Die Textpassage verknüpft hier die Kleinsten mit Erfahrungen von Gewalt und Unrecht. Diesen Kleinsten, die Gewalt und Unrecht erfahren, gilt die Aufmerksamkeit im Reich Gottes, auf sie lenken die Propheten Johannes und Jesus die Sinne und wecken Kritik an den Gewaltverhältnissen, die sie erleiden.

Was hier in der Bibel steht, flimmert uns auch heute von morgens bis abends auf den XXL-Bildschirmen unserer Wohnzimmer entgegen oder zwitschert durchs Smartphone: Nachrichten, die eine Welt von Gewalt bezeugen, die von Gewalt verletzt ist und die Gewalttätige an sich reissen. Auch in diese Zeit, in unsere heutige Zeit, spricht der Messias hinein. Dass die Ankunft des Messias und die Bereitschaft, sich der Botschaft und ihrer Konsequenz der Nachfolge zu verschreiben, keine Selbstverständlichkeit ist, wusste man bereits vor circa zweitausend Jahren, weshalb es in Mt 11,14 heisst «*Und, wenn ihr es annehmen wollt, er ist Elija, der kommen soll.*»[2] Ob wir unsere Aufmerksamkeit den Kleinsten widmen, ob wir auf sie hören und dem Ruf gegen die Gewalt folgen, in der sie leben, ist eine Frage der Entscheidung, eine Frage des Wollens. Ebenso wie damals erklingt auch heute der Spitzensatz: «*Wer Ohren hat, höre!*»

Mit diesen wenigen biblischen Zeilen aus dem Matthäusevangelium ist mir mein Programm für diesen Beitrag gegeben. Anlässlich dieses Textes frage ich danach, was eine *Theologie des Hörens* sein könnte. Damit verbunden erkunde ich, was oder wen es zu hören gilt und wer genau die Kleinen sein könnten, die selbst Johannes den Täufer in ihrer Grösse übertreffen. Dabei entfalte ich systematisch-theologische Gedanken zum biblischen Text und rekurriere auf die Umweltenzyklika *Laudato si'* von Papst Franziskus. Ich diskutiere und erweitere die dort vorgetragenen Gedanken sukzessiv mit ökotheologischen und erdverbundenen philosophischen Ansätzen.

---

[2] Hervorhebung J. E.

I. Auf das Leben hören: Eine Theologie des Lebens

«*Wer Ohren hat, höre!*» Hierbei handelt es sich nicht einfach nur um einen Imperativ, sondern es geht um ein Hören auf Gott, und insofern lässt sich daraus eine Theologie ableiten. Wenn sich Theologie als «Rede von Gott» übersetzen lässt, dann muss diesem Reden ein Hören vorausgehen. Der biblische Imperativ «*Wer Ohren hat, höre!*» adressiert alle, weshalb auch eine «Theologie des Hörens» eine Jedermensch-Theologie ist (nicht jedermann, nicht jederfrau – jedermensch). Denn Ohren, wie sie hier gemeint sind, haben wir alle. Eine so verstandene Theologie des Lebens soll dabei keinesfalls jenes Leben ohne Hörvermögen exkludieren. Hören, Hörvermögen und Ohren stehen hier *sinnbildlich* für eine aufnehmende, eine wachsame und achtsame Theologie. Solch sinnbildliche Ohren haben alle. Nicht nur manche, nicht nur Fromme, nicht nur Männer, nicht nur Priester und Pastor:innen, nicht nur Politiker:innen, nicht nur Reiche und auch nicht nur Arme. Ohren haben auch nicht nur Menschen. Genau genommen ist es deshalb auch keine Jedermensch-Theologie, sondern eine Theologie für jede:n – oder einfach: eine *Theologie des Lebens*. Ohren stehen als Sinn-Bild für eine sinnliche Theologie, eine Theologie, die nicht nur auf den *Logos*, das Wort, das fleischgewordene Wort, oberflächlich *hört*, sondern es aktiv in sich aufnimmt, an sich heranlässt. Eine Theologie also, die nicht weghört. Eine Theologie, die sich mit allen Sinnen dem Leben aussetzt und dieses aufnimmt.

«*Wer Ohren hat, höre!*» geht jedoch noch einen Schritt weiter. Denn hören meint hier mehr als ein passives Rezipieren. Vielmehr ist das «Höre!» hier von einer derartigen Intensität, dass wohl kaum ein «Hören und es dann so stehenlassen» gemeint sein kann. «*Wer Ohren hat, höre!*» bedeutet auch: Macht etwas aus dem Gehörten und lasst zu, dass das Gehörte etwas mit euch macht! Wer aufmerksam auf das hört, was die von Gewalt verletzte Welt zu sagen hat, der wird ein:e andere:r sein. Eine Theologie des Hörens stösst Veränderungen an, in den Hörenden, aber sie bewirkt noch mehr: Theologien des Hörens können durchaus dem entsprechen, was die klassischen christlichen Sozialwissenschaften als den Dreischritt vom Sehen (und ich ergänze hier das Hören) – Urteilen – Handeln beschrieben haben.

Sehen und Hören stehen hier für die analytische Dimension der Theologie, die zunächst wahrnimmt, wo sie sich befindet, was sie sieht und hört, die hinsieht und hinhört. Dabei merkt sie auch, in welche Welt hinein sie spricht und vor allem auch: aus welcher Welt heraus sie spricht. Für die deutschsprachige akademische Theologie ist dies die privilegierte Situation der weissen, westlichen Welt. Die Welt der Barths und Bonhoeffers, Tillichs, Schleiermachers, der Rahners und Ratzingers und auch die Welt einer Mechthild von Magdeburg und Dorothee Sölle. Sie spricht also aus langer Tradition, manches Mal nicht wegen, sondern trotz dieser Tradition (oder ihr zum Trotz), sie spricht aber auch in eine Welt, in der sie selbst zu häufig als Sprechende und zu selten als Hörende auftritt. Das Sehen und Hören, so scheint mir, muss sie neu lernen.

Urteilen steht hier für die Folgen des Hörens und Sehens. Es ist eine Sache, das Hören verlernt zu haben; eine andere, zu hören und das Gehörte auch zu verstehen und zu bewerten, den Wert des Gesehenen und Gehörten anzuerkennen.

Und dann das *Handeln:* der letzte, aber doch auch entscheidende Schritt. Erst das Handeln zeigt, dass wir das Gesehene und Gehörte wirklich verinnerlicht haben. Geht man diesen Dreischritt rückwärts, nimmt man also unser Handeln als Indikator dafür, was wir gesehen, gehört und wie wir geurteilt haben, so zeigt ein Blick in die Geschichte des Umgangs der Menschen mit der Schöpfung im 21. Jahrhundert, dass wir entweder nicht hingeschaut und nicht hingehört haben oder zu einem falschen Urteil gekommen sind oder nicht urteilsgemäss agieren. Sind wir zu einem falschen Urteil gekommen – nämlich, dass unser Planet Erde offenbar ausreichend Ressourcen für unseren Lebensstil hätte –, dann haben wir uns womöglich verhört oder gar weggehört, haben nicht genau geschaut oder das Wahrgenommene nicht verinnerlicht.

Das Hören und Wahrnehmen des Lebens ist der Beginn einer Theologie des Lebens. Hier drückt sich ein Grundmotiv jüdisch-christlichen Glaubens aus: Die Überzeugung, dass Gott uns in den Anderen, den Nächsten, etwas zu sagen hat, das wir uns nicht selbst sagen können. Und dass wir uns diesem Wort Gottes aussetzen müssen, um es zu hören. Nicht zufällig wird dieses Sich-Aussetzen oft exakt so umgesetzt: In Meditations- und Achtsamkeitskursen, Exerzitien und Einkehrtagen und auch in der stillen (hörenden) Anbetung des «ausgesetzten» Leibes Christi in der katholischen Frömmigkeit. Die in der katholischen Tradition bekannte Anbetung des Allerheiligsten, bei der die konsekrierte Hostie, oft in einem prunkvollen, eigens dafür angefertigten Schau-Gefäss, ausgestellt wird (man spricht hier liturgisch korrekt von der «Aussetzung» des Allerheiligsten), hat durchaus auch diese Dimension: Man selbst setzt sich dem Ausgesetzten aus. Das kann nicht nur für die Knie auf der harten Holzbank, sondern auch für das eigene Gemüt unbequem und anstrengend werden. Wer nicht mehr vierzig Tage in die Wüste geht, nicht auf einen Berg hinaus und auch nicht in die Steppenlandschaft, der:die muss sich der Bedeutung des Hörens umso mehr bewusstwerden. Zwar gibt es in der christlichen wie ausserchristlichen Spiritualität viele Formen dieses «Aussetzens», wahr ist aber auch, dass uns im Wettstreit der Aufmerksamkeitsökonomien die Aufmerksamkeit Gottes wenig, mitunter sogar gar nicht mehr erreicht, geschweige denn lenkt. Und dabei ist es gerade jene Aufmerksamkeit Gottes, die uns als Kinder Gottes, als Gesalbte und Gerufene, als König:innen, Priester:innen und Prophet:innen konstituiert. Doch wie kann es gelingen, dass Israel wieder ein hörendes Volk wird: *«Höre, Israel! Adonaj ist für uns Gott, einzig und allein Adonaj ist Gott»* (Dtn 6,4)? Und wer liefert eigentlich die Kriterien, nach denen wir entscheiden, auf wen wir hören? Wer hilft uns bei der schwierigen Balance des Hörens auf Andere und des Hörens auf uns? Und wer spricht in uns? Und wer im Anderen? Wer sind überhaupt die Anderen und wo machen wir sie zu Anderen?

II. «... füllt die Erde und bemächtigt euch ihrer» – oder: wie gut wir doch gehorchen!

Seit einiger Zeit schon befasse ich mich intensiv mit schöpfungstheologischen Fragen und Debatten. Meine persönliche Herausforderung lautet: Ich fühle mich nicht wohl im Anthropozän, diesem unserem Zeitalter, in dem der Mensch zum grössten Einflussfaktor des Planeten Erde und seiner Ökosysteme geworden ist. Ein ganzes Zeitalter, nur nach uns benannt! Kann das eine Errungenschaft sein? Was ist mit den anderen, den Nichtmenschen? Auf wessen Kosten haben wir Menschen es eigentlich zum Anthropozän gebracht? Zu einem Zeitalter, das nach uns und unserer imaginierten Exklusivität benannt ist? Weshalb ist uns das Einflussnehmen und Einflusshaben so wichtig? Sind wir Menschen wirklich davon überzeugt, dass die Art und Weise, wie wir die Welt beeinflussen, die richtige, oder sogar die einzig wahre sei? Nicht nur mein theologischer Sachverstand ruft mich hier zur Skepsis auf, bereits die Art und Weise, wie ich mich im Zusammenhang des Lebens selbst wahrnehme, lässt mich an der Idee der Besonderheit des Menschen und der besonderen Rechte von Menschen im Umgang mit der Schöpfung zweifeln. Bin nicht ich nur, weil auch andere sind? Andere menschliche und tierliche Tiere, Pflanzen, Wasser, Steine, Elemente usw.? Und: Wo ist eigentlich Gott?

Die *Human-Animal Studies,* eine noch junge wissenschaftliche Disziplin, die der Beziehung zwischen Mensch und Tier besondere Aufmerksamkeit schenkt und damit das Selbstverständnis des Menschen, seine Rolle im Gesamt des Lebens und seinen Auftrag im Ko-Habitat aller Existenzen hinterfragt, macht das Christentum (neben der Entwicklung von Ackerbau und Viehzucht zwischen 7 000 und 4 000 v. Chr. und den Einflüssen der antiken griechischen Philosophie mit ihren Auswirkungen im abendländischen Denken bis in unsere Tage) als einen der drei Einflussfaktoren für die «Entstehung der Mensch-Tier-Grenze»[3] aus. Die *Human-Animal Studies* weisen ihm damit auch eine wesentliche Verantwortung für die Abgrenzung des menschlichen vom nichtmenschlichen Leben zu, für die Ausbeutung planetarischer Ressourcen sowie das Verdrängen der anderen Spezies.[4] Wenn diese Diagnose zutrifft, wenn es also stimmt, dass das Christentum mitträgt an der Schuld der menschlichen Hybris im Umgang mit der Schöpfung, dann steht das Christentum in der Verantwortung, sich hierzu zu verhalten, innezuhalten, hinzuschauen und hinzuhören sowie sich auf eine Umkehr – womöglich auch seiner eigenen theologischen Annahmen – vorzubereiten und einzulassen.

Dabei kommen wir an der womöglich meist rezipierten Bibelstelle zum Mensch-Schöpfungs-Verhältnis nicht vorbei, an Gen 1,28: «*Dann segnete Gott sie, indem Gott zu ihnen sprach: ‹Seid fruchtbar, vermehrt euch, füllt die Erde und bemächtigt euch ihrer. Zwingt nieder die Fische des Meeres, die Vögel des Himmels und alle Tiere, die auf der Erde kriechen.›*»

Erst kürzlich habe ich ein Interview für eine Zeitung gegeben. Die Journalistin begrüsste mich bereits mit diesem Zitat aus der Bibel und sagte dann: «Da haben wir doch alles richtiggemacht!» Vermutlich ist Gen 1,28 der Satz, den die meisten Menschen im Gedächtnis haben, wenn sie danach gefragt werden, was Gott uns denn wohl in der Heiligen Schrift über unseren Umgang mit den nichtmenschlichen Kreaturen mitgeteilt habe. In diesem Bibelvers wird die Beziehung zwischen dem Menschen und der (nichtmenschlichen) Schöpfung thematisiert und als eine Beziehung der Über- und Unterordnung, der Beherrschung und der Unterwerfung mittels Zwang bestimmt. Gott setzt hier den Menschen als Herrscher über die Schöpfung ein, diese Über-/Unterordnung, das *Dominium Terrae*, wird regelrecht als segensreich für den Menschen dargestellt. Diskutiert wird von Theolog:innenseite, ob und in welchem Maße die menschliche Kulturgeschichte als eine Realisierung und Umsetzung dieses radikalen Herrschaftsgebots gesehen werden kann. Der US-amerikanische Theologe John Cobb soll angesichts der Ausbeutung der Schöpfung durch den Menschen in Geschichte und Gegenwart zur Einschätzung gekommen sein, das *Dominium-Terrae*-Gebot sei das einzige göttliche Gebot, das die Menschen wohl vollumfänglich befolgt und

---

[3] Gabriele Kompatscher / Reingard Spannring / Karin Schachinger, Human-Animal Studies, Münster u. a. 2007, 32.

[4] Vgl. Kompatscher/Spannring/Schachinger, Human-Animal Studies (Anm. 3), 32f. – Vgl. Arianna Ferrari, Anthropozentrismus – zur Problematisierung des Mensch-Tier-Dualismus, in: Elke Diehl / Jens Tuider (Hg.), Haben Tiere Rechte? Aspekte und Dimensionen der Mensch-Tier-Beziehung, Bonn 2019, 353–365.

umgesetzt hätten.[5] Der Alttestamentler Jürgen Ebach differenziert hier und macht aus bibelwissenschaftlicher Sicht eine Konnotation von Gen 1,28 geltend, nämlich dass das Gebot, die Erde zu beherrschen, an die Menschheit *als ganze* ergangen sei, dass alle Menschen *gleichermaßen* die Erde beherrschen sollten. Diese Gleichstellung von Menschen als Herrscher:innen in Bezug auf die Schöpfung sei allerdings keinesfalls realisiert, das *Dominium-Terrae*-Gebot in diesem Sinn keineswegs umgesetzt worden.[6] Vielmehr wurde die Beherrschung und Ausbeutung der Schöpfung vielfach auch mit der Ausbeutung und Beherrschung von Menschen durch Menschen verbunden. Wie auch immer man die Ausgestaltung des *Dominium-Terrae*-Gebots durch Menschen interpretiert und zur Kulturgeschichte in Bezug setzt: Es bleibt mit Blick auf Gen 1,28 festzuhalten, dass hier eine Unterscheidung gezogen wird zwischen Menschen und nichtmenschlicher Welt und letztere den Menschen als Herrschaftsobjekt zu- und untergeordnet wird.

Wohl um diesem Gewaltproblem im Text auszuweichen oder es abzuschwächen, ist es in der Theologiegeschichte immer wieder zu selektiven und interessegeleiteten Interpretationen der Passage gekommen. Auch in jüngsten Schöpfungstheologien finden sich Hinweise auf das göttliche Gebot von Gen 1,28, diesen «Auftrag». Interessanterweise scheint hier allerdings ein gewisses Unbehagen Einzug gehalten zu haben, denn meist wird versucht, das hebräische Verb des Urtextes *kabash*[7] – zu Deutsch eigentlich «herrschen/beherrschen/niederzwingen» – theologisch als bloss dem Kontext geschuldet zu interpretieren und es dann abmildernd als *verwalten* oder *hüten* zu übersetzen. Im Englischen findet man hier auch die ebenso abmildernde Übersetzung *stewardship*. Auch Papst Franziskus bedient sich in seiner 2015 publizierten, einflussreichen Enzyklika *Laudato si'* dieser Interpretation und Rhetorik. In LS 67 heisst es:

> 67. Wir sind nicht Gott. Die Erde war schon vor uns da und ist uns gegeben worden. Das gestattet, auf eine Beschuldigung gegenüber dem jüdisch-christlichen Denken zu antworten: Man hat gesagt, seit dem Bericht der Genesis, der einlädt, sich die Erde zu «unterwerfen» (vgl. *Gen* 1,28), werde die wilde Ausbeutung der Natur begünstigt durch die Darstellung des Menschen als herrschend und destruktiv. Das ist keine kor-

---

[5] So eine mündliche Auskunft von Catherine Keller in einem persönlichen Gespräch.
[6] Jürgen Ebach, «Die Welt ist herrlich – die Welt ist schrecklich.» Bibelarbeit über 1. Mose 1,1–2,3, in: ders. «Ein weites Feld – ein zu weites Feld?» (Theologische Reden 6), Bochum 2004, 40–62, bes. 51f.
[7] Beate Ego, Schöpfung als Gabe und Aufgabe. Einführung zu biblischen Schöpfungsvorstellungen, in: Bibel und Kirche 60/1, 2005, 2–9 (7): www.bibelwerk.de/fileadmin/verein/Dokumente/Was_wir_bieten/Materialpool/Themen_Personen/Mensch_Welt_Gott/Einfuehrung_zu_bibl_Schoepfungsvorstellungen_Ego-BiKi_1-09.pdf (03.01.2023).

rekte Interpretation der Bibel, wie die Kirche sie versteht. Wenn es stimmt, dass wir Christen die Schriften manchmal falsch interpretiert haben, müssen wir heute mit Nachdruck zurückweisen, dass aus der Tatsache, als Abbild Gottes erschaffen zu sein, und dem Auftrag, die Erde zu beherrschen, eine absolute Herrschaft über die anderen Geschöpfe gefolgert wird. Es ist wichtig, die biblischen Texte in ihrem Zusammenhang zu lesen, mit einer geeigneten Hermeneutik, und daran zu erinnern, dass sie uns einladen, den Garten der Welt zu «bebauen» und zu «hüten» (vgl. *Gen* 2,15). Während «bebauen» kultivieren, pflügen oder bewirtschaften bedeutet, ist mit «hüten» schützen, beaufsichtigen, bewahren, erhalten, bewachen gemeint. Das schließt eine Beziehung verantwortlicher Wechselseitigkeit zwischen dem Menschen und der Natur ein. Jede Gemeinschaft darf von der Erde das nehmen, was sie zu ihrem Überleben braucht, hat aber auch die Pflicht, sie zu schützen und das Fortbestehen ihrer Fruchtbarkeit für die kommenden Generationen zu gewährleisten. Denn «dem Herrn gehört die Erde» (*Ps* 24,1), ihm gehört letztlich «die Erde und alles, was auf ihr lebt» (*Dtn* 10,14). Darum lehnt Gott jeden Anspruch auf absolutes Eigentum ab: «Das Land darf nicht endgültig verkauft werden; denn das Land gehört mir, und ihr seid nur Fremde und Halbbürger bei mir» (*Lev* 25,23).

«Kabbash» bedeute, der Mensch solle sich, gleich einem guten Hirten oder einer verantwortungsbewussten Verwalterin, des gemeinsamen Hauses/Haushaltes *(oikos)* Erde annehmen und dafür Sorge tragen möge, dass es möglichst vielen möglichst gut gehe. Ausbeutung sei hier also nicht intendiert, ebenso wenig Niederzwingen oder Herrschen, höchstens insofern, dass hier ein vorbildlicher Herrscher gemeint sei, der nicht auf Kosten, sondern zugunsten seiner Untertanen entscheidet. Auch die Metapher des «guten Hirten» wird in diesem Zusammenhang häufig bemüht: So wie der gute Hirte für seine Schafe sorge, so solle der Mensch für alle Tiere sorgen.

Andere wiederum, wie die Theologin Heather Eaton, erachten es aus schöpfungstheologischer Perspektive insgesamt nicht für weiterführend, nur auf einzelne Bibelstellen zu schielen und daraus eine Legitimations- oder Delegitimationsstrategie für das eigene Handeln abzuleiten. Sie sieht eine Gefahr darin, wenn Schöpfungstheologien selektiv Bibelstellen auswählen, um damit den ihnen immanenten Anthropozentrismus zu untermauern.[8] Eine Irritation bisheriger

---

[8] Vgl. Heather Eaton, An Earth-Centric Theological Framing for Planetary Solidarity, in: Grace Ji-Sun Kim / Hilda Koster (Hg.), Planetary Solidarity. Global Women's Voices on Christian Doctrine and Climate Justice, Minneapolis 2017, 19–44. – Vgl. Julia Enxing, Schöpfungstheologie im Anthropozän. Gedanken zu einer planetarischen Solidarität und ihrer (theo)politischen Relevanz, in: Martin Lintner (Hg.), Mensch – Tier – Gott. Interdisziplinäre Annäherungen an eine christliche Tierethik (Interdisciplinary Animal Ethics. Bd. 1), Baden-Baden 2021, 161–180.

anthropozentrischer Vorstellungen, etwa durch einen Verweis auf Gen 9,3-4, wird dabei zugleich kaum zugelassen. In dieser weit weniger bekannten Passage heisst es: «*Alles, was sich regt und in dem Leben ist, das soll euch als Speise dienen. Wie das grüne Gewächs übergebe ich das alles an euch. Doch Fleisch mit seiner Lebenskraft, seinem Blut, sollt ihr nicht essen.*» Wer, wie Noah im Kontext dieses Textes, auf Gott tatsächlich hören würde, müsste streng genommen vegan leben. Auch ein Passus aus dem Dekalog liesse sich vergleichbar kritisch anführen, denn dort wird gesagt: «*Bring niemand um!*» (Ex 20,13). Gott hat uns untersagt, dass wir ein Leben selbst beenden und töten. Weitere bibeltheologische Überlegungen lassen sich anführen: Im oben genannten Vers Gen 1,28 wird den Menschen zwar der Schöpfungsauftrag erteilt, sich zu vermehren und fruchtbar zu sein. Allerdings ist dieser bereits zuvor an die Tiere des Wassers und der Lüfte ergangen. In Gen 1,20-22 wird dementsprechend ausgeführt: «*Da sprach Gott: ‹Die Wasser sollen nur so wimmeln von lebenden Wesen, und über der Erde sollen Flugtiere fliegen – angesichts des Himmelsgewölbes.› Da schuf Gott die großen Seeungeheuer und jedes sich bewegende Lebewesen, von denen das Wasser wimmelt nach ihren Arten, und alle geflügelten Tiere nach ihren Arten. Und Gott sah: Ja, es war gut. Da segnete Gott sie und sagte: ‹Seid fruchtbar, vermehrt euch und füllt die Wasser der Meere. Die Flugtiere aber sollen sich auf der Erde vermehren.›*»

Was bedeutet es, wenn wir, die wir unseren Schöpfungsauftrag als Letzte erhalten haben, uns nun so verhalten, dass alle anderen Spezies an der Erfüllung ihres Schöpfungsauftrags gehindert werden? Nicht nur verhindern wir in unserer aktuellen Art und Weise, mit den Ökosystemen unseres Planeten umzugehen, ihre Vermehrung, wir löschen sie aus. Ist das nicht auch eine Verletzung des göttlichen Gebotes? Können wir die Gebote gegeneinander aufwiegen? Gar aufrechnen?

Dabei möchte ich nicht unerwähnt lassen, dass es sehr interessante Ansätze gibt, beispielsweise den theologischen Topos der *imago Dei* – also die Vorstellung, Gott habe sich in der Schöpfung (nur im Menschen oder auch in anderen Kreaturen?) ein Ebenbild geschaffen – theologisch aufzubrechen.[9] Magdalene L. Frettlöh hat die Gottesbildlichkeit des Menschen in ihrer eindrücklichen Publikation *Wenn Mann und Frau im Bilde Gottes sind* bereits in überzeugender Weise auf eine geschlechtersensible Auslegung hin befragt.[10] Der Theologe Markus

---

[9] Vgl. Markus Mühling, Menschen und Tiere – geschaffen im Bilde Gottes, in: Ulrich Beuttler u. a. (Hg.), Geschaffen nach ihrer Art. Was unterscheidet Tiere und Menschen?, Frankfurt a. M. u. a. 2017, 129–143.
[10] Vgl. Magdalene L. Frettlöh, Wenn Mann und Frau im Bilde Gottes sind. Über geschlechtsspezifische Gottesbilder, die Gottesbildlichkeit des Menschen und das Bilderver-

Mühling nimmt die nichtmenschliche Schöpfung in den Blick. So versteht er den Gedanken der Ebenbildlichkeit in erster Linie als Ausdruck des Beziehungsgefüges und der gegenseitigen Verwiesenheit von Schöpfergott und Schöpfung. Hier rückt die Kraft der Transformation der Heiligen Schrift als Narration in den Vordergrund und wendet sich grundlegend argumentativ gegen eine Interpretation des Genesis-Textes als Legitimation zur Unterwerfung und Ausbeutung – weder auf Grundlage des sogenannten Herrschaftsauftrags noch auf Basis der Gottebenbildlichkeit ist es dem Menschen gestattet, sich das Beziehungsgefüge alles Lebendigen, dessen Teil er ist, zu unterwerfen oder es zu seinen Gunsten auszubeuten.

Vorausgehend habe ich auf *Laudato si'* Bezug genommen und gezeigt, wie darin ein problematischer Anthropozentrismus beibehalten und favorisiert wird, wobei dafür Bibelzitate als allein kontextgebunden gesehen und abmildernd interpretiert werden. Beides wird theologisch infrage zu stellen sein, nämlich sowohl die Argumentation für einen Anthropozentrismus wie auch der Umgang mit biblischen Texten. Die bibeltheologische (methodologische) Herausforderung besteht gerade darin, dass die Heilige Schrift eine schier unerschöpfliche Quelle von sich oftmals sogar widersprechenden Bildern und Metaphern ist, zeitlich im Vor- bzw. Frühchristentum verortet werden muss und dabei nicht als wörtliche Gebrauchsanweisung für das 21. Jahrhundert überfordert werden darf. Was sie ebenfalls nicht leisten kann: Sie kann nicht unser eigenes Nachdenken, unser Fragen, Suchen und Ringen um ein gutes Miteinander ersetzen. Anders gesprochen: Das Lesen der Bibel – das hier natürlich auch nicht vernachlässigt werden soll – ersetzt nicht das Hören. Doch: Welches Hören kann hier gemeint sein und was könnte in diesem Sinne eine *Theologie des Hörens* sein?

III. «Die Schreie der Natur» – oder: warum wir endlich verrückt werden müssen

Eine *Theologie des Hörens* ist eine *ganzheitliche Theologie*. So, wie wir auf unseren Körper hören können oder auf unsere Seele, weil sie uns womöglich etwas «sagen» wollen. Manchmal hören wir dann tatsächlich akustisch nichts. Eine trau-

---

bot, Wuppertal 2002. – Vgl. Magdalene L. Frettlöh, Gott Gewicht geben. Bausteine einer geschlechtergerechten Gotteslehre, Neukirchen-Vluyn ²2009, bes. 153–246. – Vgl. Julia Enxing, Grenzgänge. Theologie angesichts der Unverfügbarkeit Gottes, in: Laura-Christin Krannich / Hanna Reichel / Dirk Evers (Hg.), Menschenbilder und Gottesbilder. Geschlecht in theologischer Reflexion, Leipzig 2019, 164–184.

rige Seele oder ein gebrochenes Herz hört man nicht unbedingt. Eine knackende Schulter oder einen gluckernden Bauch schon. Mit einer hörenden Schöpfungstheologie ist es ähnlich, auch sie muss auf die leisen Töne gefasst sein: Eine «hörende» Theologie zu sein, muss für sie zunächst bedeuten, die *Haltung einer Hörenden* einzunehmen. Dies kann sie nur tun, wenn sie davon ausgeht, dass es etwas zu hören gibt (etwas, das sie nicht bereits kennt) und dass es ein Anderes gibt, das etwas «zu sagen» hat.

1. Wer ist die Andere und was könnte sie sagen?

In der bereits erwähnten Enzyklika *Laudato si'*[11] beschreibt Papst Franziskus die Verantwortung der Menschen, insbesondere der Christ:innen für – so nennt er es – das «gemeinsame Haus». Es geht ihm, wie der Untertitel des Textes besagt, um «Die Sorge für das gemeinsame Haus». Obgleich Papst Franziskus mit seiner sogenannten «Umweltenzyklika» ein wichtiges Zeichen und das Thema der Schöpfung damit neu auf die theologische Agenda setzt, bleibt die im Schreiben zum Ausdruck kommende Theologie der Schöpfung durch und durch einem Anthropozentrismus verhaftet.[12] Kritisiert wird lediglich ein «fehlgeleiteter Anthropozentrismus» (LS 69), ohne dass näher bestimmt wird, was demgegenüber unter einem rechten Anthropozentrismus zu verstehen wäre. Allein die Tatsache, dass der Papst den Planeten Erde als «Haus» beschreibt, womit er sich einer Metapher aus dem zentralen menschlichen Lebensumfeld bedient,[13] die etwas Statisches suggeriert, ist problematisch. Die nichtmenschliche Schöpfung gerät nur insofern in den Blick, als sie Lebensraum des Menschen ist. Wir werden, so Franziskus in LS 36, «stumme Zeugen» von Umweltzerstörung, wenn wir

---

[11] www.vatican.va/content/francesco/de/encyclicals/documents/papa-francesco_2015 0524_enciclica-laudato-si.html (03.01.2023).

[12] Vgl. Sharon A. Bong, Not Only for the Sake of Man: Asian Feminist Theological Responses to Laudato Si', in: Kim/Koster (Hg.), Planetary Solidarity (Anm. 8), 81–96.

[13] Noch dazu einem bestimmten menschlichen Umfeld, denn nicht einmal mehr alle Menschen leben in Häusern. Im Lateinischen steht hier die Wendung domo colenda, also tatsächlich «gemeinsames Haus», während die englische Übersetzung – m. E. gelungener – domo colenda mit common home übersetzt – also einem «gemeinsamen Zuhause», was durchaus etwas anderes ist als ein «Haus». Vgl. www.vatican.va/content/francesco/la/encyclicals/documents/papa-francesco_20150524_enciclica-laudato-si.html (03.01.2023). www.vatican.va/content/francesco/en/encyclicals/documents/papa-francesco_20150524_enciclica-laudato-si.html (30.11.2020). www.vatican.va/content/francesco/de/encyclicals/documents/papa-francesco_20150524_enciclica-laudato-si.html (01.01.2023).

den wirtschaftlichen Profit vor das Wohl derjenigen stellen, die die hohen Kosten unseres Lebensstils zahlen. Erwähnt wird hier «der Rest der Menschheit», hier denkt Franziskus an die Armen und Ärmsten in den Regionen der Welt, die sowohl von Klimakatastrophen als auch von Korruption und (markt)wirtschaftlicher Ungerechtigkeit betroffen sind. Dass nicht nur menschliches, sondern in erster Linie *nicht*menschliches Leben vom Lebensstil der Hightech-Länder betroffen ist, gerät über grosse Teile der Enzyklika aus dem Blick. Dabei spricht LS 49 eigentlich explizit davon, es ginge darum, *«die Klage der Armen ebenso zu hören wie die Klage der Erde».*[14] Die gesamte Heilswirklichkeit, das Heil des gesamten Kosmos, die Vorstellung einer Erlösung der gesamten Schöpfung (und damit auch die Anerkennung eines Leidens der Schöpfung insgesamt und nicht nur des Menschen) geraten damit leider nicht in den Fokus seiner Aufmerksamkeit und Kritik. Schöpfung oder Umwelt oder Natur (ich verzichte an dieser Stelle auf eine nähere Differenzierung der Begriffe) ist nur insofern schützenswert, als sie den Lebensraum für die Spezies Mensch bildet. Der Wert des nichtmenschlichen Lebens an sich – als von Gott ins Dasein gelocktes Leben – droht damit übersehen und überhört zu werden. Dennoch gibt es einige bemerkenswerte Stellen in der päpstlichen Enzyklika, die ein holistisches, kosmisches Verständnis der Verwobenheit allen Lebens erkennen lassen. Hier sind leise Zwischentöne wahrzunehmen, die die Aufmerksamkeit auf den Eigenwert der Schöpfung lenken, deren Klang zumindest hier und da im Text aufhorchen lässt und sich Gehör verschafft. Besonders hervorheben möchte ich an dieser Stelle den Abschnitt LS 117:

> 117. Die mangelnde Sorge, den Schaden an der Natur und die ökologische Auswirkung der Entscheidungen abzuwägen, spiegelt nur sehr deutlich ein Desinteresse wider, *die Botschaft zu erkennen, die der Natur in ihre eigenen Strukturen eingeschrieben ist.* Wenn man schon in der eigenen Wirklichkeit den Wert eines Armen, eines menschlichen Embryos, einer Person mit Behinderung – um nur einige Beispiele anzuführen – nicht erkennt, wird man schwerlich die *Schreie der Natur* selbst hören. Alles ist miteinander verbunden. Wenn sich der Mensch für unabhängig von der Wirklichkeit erklärt und als absoluter Herrscher auftritt, bricht seine Existenzgrundlage selbst zusammen, denn «statt seine Aufgabe als Mitarbeiter Gottes am Schöpfungswerk zu verwirklichen, setzt sich der Mensch an die Stelle Gottes und ruft dadurch schließlich die Auflehnung der Natur hervor» (Hervorhebungen J. E.).

---

[14] Vgl. auch LS 149. Dort wird ausgeführt, dass die Forderung nach einem gesetzlich geregelten Schutz des menschlichen Lebens nicht von einem ebenfalls geregelten Schutz z. B. der Wälder zu trennen sei.

«Wer Ohren hat, höre!»

Hier kritisiert Papst Franziskus ein von ihm beobachtetes menschliches Desinteresse an «der Natur». Dabei ruft er uns dazu auf, auf die Natur zu hören. Genauer: auf die Schreie der Natur. Er schreibt von einer «Botschaft der Natur», die es zu erkennen und verstehen gilt. In ihr seien «eigene Strukturen» eingeschrieben, die, erkenne man sie nicht, zu uns schrien. Wie schlecht müssen wir auf die Natur hören, wenn sie bereits zu schreien begonnen hat? Und wo stehen wir, wenn wir «die Schreie der Natur» nur «schwerlich» hören, wie Papst Franziskus sagt? Einerseits ist alles miteinander verbunden. Die gesamte Schöpfung ist ein Netz, ohne lose Enden, alles ist mit allem verknüpft. Was wir tun, hat Auswirkungen auf das Gesamtgefüge der Schöpfung und jedes Element der Schöpfung beeinflusst ein anderes. Eine grössere Dynamik ist nicht denkbar. Andererseits beschreibt Papst Franziskus eine Dualität: Hier Mensch und dort Natur – beide agieren, sind Akteur:innen, haben eine gewisse *Agency*. Indem sich der Mensch allerdings an die Stelle Gottes setzt, vergisst er sein gottgewolltes Verortet-Sein in eben jenem verwobenen Heilszusammenhang der Schöpfung und erhebt sich über die nichtmenschliche Schöpfung. Dies, so Franziskus, führe dazu, dass sich die Natur gegen den Menschen auflehne. Die Natur wird hier personifiziert dargestellt. An mehreren Stellen in *Laudato si'* erinnert Franziskus – teils explizit, teils implizit – an seinen Namenspatron, den Heiligen Franz von Assisi, für den «Bruder Sonne» und «Schwester Mond», «Bruder Wind» und «Schwester Wasser» ebenfalls schöpferische Subjekte – also Personen – und nicht Objekte unseres Handelns waren.

IV. Der Hymnus jedes Geschöpfes – über Papst Franziskus' entgrenztes Inkarnations- und Offenbarungsverständnis

85. Gott hat ein kostbares Buch geschrieben, dessen «Buchstaben von der Vielzahl der im Universum vertretenen Geschöpfe gebildet werden». Gut haben die Bischöfe von Kanada zum Ausdruck gebracht, *dass kein Geschöpf von diesem Sich-Kundtun Gottes ausgeschlossen ist*: «Von den weitesten Panoramablicken bis zur winzigsten Lebensform ist die Natur eine ständige Quelle für Verwunderung und Ehrfurcht. Sie ist auch eine fortwährende Offenbarung des Göttlichen.» Die Bischöfe von Japan äußerten ihrerseits einen sehr reizvollen Gedanken: «Wahrzunehmen, wie jedes Geschöpf *den Hymnus seiner Existenz singt,* bedeutet, freudig in der Liebe Gottes und in der Hoffnung zu leben.» Diese Betrachtung der Schöpfung erlaubt uns, durch jedes Ding irgendeine Lehre zu entdecken, die Gott uns übermitteln möchte, denn «die Schöpfung zu betrachten bedeutet für den Gläubigen auch, *eine Botschaft zu hören,*

eine paradoxe und lautlose Stimme wahrzunehmen». So können wir sagen: «Neben der eigentlichen, in der Heiligen Schrift enthaltenen Offenbarung tut sich Gott auch im Strahlen der Sonne und im Anbruch der Nacht kund.» Wenn der Mensch auf dieses Sich-Kundtun achtet, lernt er, in der Beziehung zu den anderen Geschöpfen sich selbst zu erkennen: «Ich drücke mich selbst aus, indem ich die Welt zum Ausdruck bringe; ich erkunde meine eigene Sakralität, indem ich die der Welt zu entschlüsseln suche» (Hervorhebungen J. E.).

In dieser Passage wird die gesamte Schöpfung als Teil des göttlichen Offenbarungsgeschehens und Offenbarungshandelns beschrieben. Kein Geschöpf sei davon ausgenommen. In jedem einzelnen Geschöpf, sowie in ihrer Gesamtkomposition, tut sich Gott kund, zeigt uns Gott etwas von sich selbst, vom Lebenswillen der Schöpferkraft. Wenn Gott in jedem und durch jedes Geschöpf zur Schöpfung spricht, dann ist Gott in jedem Geschöpf, dann kann Gott in jedem Geschöpf gehört werden.

Dieser Gedanke erinnert mich an eine Geschichte, die der Kulturökologe und Philosoph David Abram in seinem Werk *Becoming Animal: An Earthly Cosmology* erzählt: Er lernte einmal einen Mann kennen, der sich selbst «die Sprache der Nadelbäume» beigebracht hatte: «In the Pacific Northwest I met a man who had schooled himself in the speech of needled evergreens; on a breezy day you could drive him, blindfolded, to any patch of coastal forest and place him, still blind, beneath a particular tree – after a few moments he would tell you, by listening, just what species of pine or spruce or fir stood above him (whether he stood beneath a Douglas fir or a grand fir, a Sitka spruce or a western red cedar). His ears were attuned, he said, to the different *dialects* of the trees.»[15]

Ich komme auf Franziskus' Worte zurück: Was auf den ersten Blick nicht besonders ungewöhnlich wirkt, erscheint mir allerdings besonders bedenkenswert: Gehen wir wirklich davon aus, dass Gott in jedem Geschöpf anwesend ist und sich durch jedes einzelne Geschöpf – durch die Blattlaus, das Seepferdchen, das Gürteltier und den Fichtenkreuzschnabel – kundtut? Gehen wir wirklich davon aus, dass Gott im Schwein verborgen ist, auch das Schwein nicht ausschliesst? Papst Franziskus zitiert in diesem Abschnitt einen Hirtenbrief der Bischofskonferenz von Kanada, mit dem Titel *«You Love All That Exists ... All Things Are Yours, God, Lover of Life»*[16]. Darin heisst es: «Von den weitesten

---

[15] David Abram, Becoming Animal. An Earthly Cosmology, New York 2010, 171 (Hervorhebung im Original).
[16] Katholische Bischofskonferenz von Kanada. Kommission für soziale Angelegenheiten, Hirtenbrief «You Love All That Exists ... All Things Are Yours, God, Lover of Life» (4. Oktober 2003), 1. Die Zahlen in eckigen Klammern in den Zitaten aus *Laudato si'* be-

Panoramablicken bis zur winzigsten Lebensform ist die Natur eine ständige Quelle für Verwunderung und Ehrfurcht. Sie ist eine fortwährende Offenbarung des Göttlichen.»[17] Und die japanischen Bischöfe sprechen davon, dass «jedes Geschöpf den Hymnus seiner Existenz singt» und sich freut, «in der Liebe Gottes zu leben». Von den beeindruckenden Bergen (Panoramablick) bis hin zu den winzigsten Existenzen soll das Konzert des Lebens, der Hymnus der Existenzen in der Liebe Gottes beheimatet sein.

Ist ein solches Verständnis dem christlichen Glauben immanent? Und dem christlichen Handeln? Was würde es theologisch, schöpfungstheologisch bedeuten, gingen wir tatsächlich davon aus, dass die nichtmenschlichen Existenzen Lebewesen *für sich* und *nicht für uns* seien? Wie kann denn die hier geäusserte Überzeugung, dass selbst das winzigste Lebewesen einen Hymnus des Lebens in und von der Liebe Gottes singt, mit der Vorstellung vereinbart werden, dass Gott uns das nichtmenschliche Leben überlassen habe, damit es uns zu Diensten sei? Es gelingt nicht, eine solche Theologie des Lebens, wie sie in den erwähnten biblischen Texten oder den Reflexionen der kanadischen Bischöfe anklingt, mit dem massiven Artensterben, dem Ökozid des 21. Jahrhunderts, zusammenzudenken. Die *North American Association for Critical Animal Studies* bringt dies auf den Punkt: «If humans killed each other at the rate we kill other animals, we'd be extinct in 17 days.»[18] Dass das Sechste Artensterben, welches gerade zu konstatieren ist, keinesfalls nur ein evolutiver Anpassungsprozess ist, sondern ein von Menschen verursachter Prozess des Auslöschens von Leben, verdeutlicht auch die katholische Theologin Gunda Werner. Sie bezieht sich auf Elizabeth Johnson, die ihrerseits das Verstummen des Hymnus der Geschöpfe beklagt und die menschlichen Verursacher anklagt: «Johnson macht hier auf etwas theologisch ausserordentlich Wichtiges aufmerksam: Wird die theologische Perspektive ernst genommen, dass alle Geschöpfe Gott preisen, so bedeutet das Massensterben der Geschöpfe auch eine Unterbrechung dieses Lobpreises in der Vielheit der Natur, die zugleich Gottes Kreativität ausdrückt. Es sind also längst nicht nur die menschlichen Gottesdienste, die, wenn sie nicht stattfinden, verdeutlichen, dass etwas fehlen könnte. Sondern dieses Schweigen des Lobpreises ist längst da, und zwar unumkehrbar. Diese negative Kontrasterfahrung der Geschöpfe und ihres

---

ziehen sich auf diesen Hirtenbrief.
[17] Katholische Bischofskonferenz, Hirtenbrief (Anm. 16).
[18] North American Association for Critical Animal Studies: What is Critical Animal Studies: www.naacas.net/what-is-cas (03.01.2023).

Lobpreises muss, so Johnson abschließend, dem Geschöpf Mensch einen Impuls zum Handeln geben, um das Leben aller Geschöpfe zu retten.»[19]

Wer gab und gibt uns denn das Recht, die Sänger:innen des Hymnus zum Schweigen zu bringen? Welche tödliche (Theo-)Logik steckt hinter dieser Gewalt?

Ich komme noch einmal auf *Laudato si'* Nr. 85 zurück. In diesem Text wird im Anschluss an die oben zitierte Passage der Gedanke entfaltet, dass jedes Geschöpf nicht nur die Liebe Gottes verkünde, sondern dass es in ihnen Lehren zu entdecken gelte. Botschaften Gottes könnten in der Schöpfung gehört werden. Das Hören, so wird hier verdeutlicht, kommt vom Schauen, vom Betrachten. Die göttliche Heiligkeit (Sakralität) lässt sich in der Welt «entschlüsseln». Zugegeben, man muss manchmal lange suchen, um diese Heiligkeit zu finden. Aber wenn es so ist, wenn selbst die kleinsten Kreaturen heilig und damit Lehrer:innen, Zeug:innen und Liebende sind, dann kann daraus nur geschlussfolgert werden: Wir haben kein Recht, ihre Zeug:innenschaft, ihr Lehrer:innen-Dasein, ihre Gesänge auszulöschen. Wir haben kein Recht dazu, und zwar nicht nur (vermutlich sogar am wenigsten) um unseretwillen, sondern um ihretwillen – oder gar um Gottes willen –, weil Gott auch in ihnen Wohnung genommen, gezeltet hat.[20] Der bereits erwähnte David Abram stellt einen Zusammenhang zwischen unseren technologisierten Gesellschaften und dem Auslöschen der Stimmen der nichtmenschlichen Lebewesen her und verdeutlicht die Verarmung unserer Welt durch die abnehmende Stimmenvielfalt: «As technological civilization diminishes the biotic diversity of the earth, language itself is diminished. As there are fewer and fewer songbirds in the air, due to the destruction of their forests and wetlands, human speech loses more and more of its evocative power. For when we no longer hear the voices of warbler and wren, our own speaking can no longer be nourished by their cadences. As the splashing speech of the rivers is silenced by more and more dams, as we drive more and more of the land's wild voices into the oblivion of extinction, our own languages become increasingly impoverished and weightless, progressively emptied of their earthly resonance.»[21]

Der Skandal der Reduktion oder gar Auslöschung dieser «irdischen Resonanzen», die theologisch gesprochen immer auch eine Abnahme der Stimmen des

---

[19] Gunda Werner, Gottes Liebe gilt nicht nur uns Menschen. Warum wir eine neue christliche Anthropologie und Schöpfungslehre brauchen, in: Herder Korrespondenz Spezial: Verlorenes Paradies? Wie viel Religion die Rettung der Schöpfung braucht, 2020, 15–17 (16).
[20] «Und die Weisheit wurde Materie und wohnte unter uns» (Joh 1,14a).
[21] David Abram, The Spell of the Sensuous. Perception and Language in a More-Than-Human World, New York ²2017, 86.

göttlichen Lebenswillens in der Vielfalt der Kreaturen ist, kann nur bedeuten, dass die Sorge um das «gemeinsame Haus», von dem Franziskus spricht, nicht unser Haus bzw. unsere Häuser meint, sondern das Haus Gottes. Die Wohnstätte Gottes – mit Sallie McFague gesprochen: den Körper Gottes[22]; in der neutestamentlichen Logos-Theologie müsste man eher vom Zelt Gottes sprechen. Die Schöpfung ist dann die Wohnstätte Gottes, eines Gottes, der in gewisser Weise heimatlos ist, da Gott sich nicht punktuell verorten lässt, nicht festlegen lässt, nicht nur in den Menschen oder nur in den Männern, den Weissen, den Privilegierten finden lässt, sondern selbst in den winzigsten Kreaturen, den *«Kleinsten in Gottes Welt»* (Mt 11,11a).

Die an anderer Stelle von Franziskus so stark gemachte Theologie einer Heiligung des Alltags[23] bedeutete dann auch, die geheiligte Schöpfung in unseren Alltag hereinzuholen bzw. uns als Teil derselben zu verstehen. Dass auch dies eine Theologie des Hörens, genauer: des Hörens auf die Natur, bedeutet, macht Franziskus in LS 225 stark:

225. Andererseits kann kein Mensch in einer zufriedenen Genügsamkeit reifen, wenn er nicht im Frieden mit sich selber lebt. Ein rechtes Verständnis der Spiritualität besteht zum Teil darin, unseren *Begriff von Frieden zu erweitern,* der viel mehr ist, als das Nichtvorhandensein von Krieg. Der innere Friede der Menschen hat viel zu tun mit der *Pflege der Ökologie* und mit dem Gemeinwohl, denn wenn er authentisch gelebt wird, spiegelt er sich in einem ausgeglichenen Lebensstil wider, verbunden mit einer Fähigkeit zum Staunen, die zur Vertiefung des Lebens führt. *Die Natur ist voll von Worten der Liebe.* Doch wie können wir sie hören *mitten im ständigen Lärm,* in der fortdauernden und begierigen Zerstreuung oder im Kult der äußeren Erscheinung? Viele Menschen spüren eine tiefe Unausgeglichenheit, die sie dazu bewegt, alles in Höchstgeschwindigkeit zu erledigen, um sich beschäftigt zu fühlen, in einer ständigen Hast, die sie wiederum dazu führt, *alles um sich herum zu überfahren.* Das wirkt sich aus auf die Art, die Umwelt zu behandeln. Eine *ganzheitliche Ökologie* beinhaltet auch, sich etwas Zeit zu nehmen, um den ruhigen *Einklang mit der Schöpfung* wiederzugewinnen, um über unseren Lebensstil und unsere Ideale nachzudenken, um den Schöpfer zu betrachten, der unter uns und in unserer Umgebung lebt und dessen

---

[22] Sallie McFague, The Body of God. An Ecological Theology, London ²2009. – Vgl. Christine Büchner, Die Welt als Körper Gottes. Zum ersten Todestag von Sallie McFague, 13.11.2020: www.feinschwarz.net/die-welt-als-koerper-gottes-zum-ersten-todestag-von-sallie-mcfague/ (03.01.2023).

[23] Vgl. Papst Franziskus, Gaudete et exsultate. Über den Ruf zur Heiligkeit in der Welt von heute. Apostolisches Schreiben (2018): www.vatican.va/content/francesco/de/apost_exhortations/documents/papa-francesco_esortazione-ap_20180319_gaudete-et-exsultate.html (01.07.2023).

Gegenwart «nicht hergestellt, sondern entdeckt, enthüllt werden» muss (Hervorhebungen J. E.).

Hier heisst es, die «Natur ist voll von Worten der Liebe.» Sie zu hören, führt nicht nur zu einer tiefen spirituellen Verwurzelung und grösseren Zufriedenheit, sondern wird sogar als Voraussetzung für einen erweiterten Begriff von «Frieden» bezeichnet. Franziskus stellt den «innere[n] Friede[n]» des Menschen in einen unmittelbaren Zusammenhang mit der «Pflege der Ökologie», mit einer «ganzheitlichen Ökologie». Er schreibt von einem «ständigen Lärm» – der hier leider nicht näher benannt wird –, der die liebevollen Worte der Natur übertöne. Dieser Lärm führe dazu, dass wir Menschen uns getrieben fühlten und «in Höchstgeschwindigkeit» alles um uns herum überfahren würden. Ähnlich äussert sich auch die katholische Theologin Margit Eckholt, die in Rekurs auf Sallie McFague und Hildegard von Bingen aufzeigt, dass eine Wahrnehmung der Natur Voraussetzung für eine der gesamten Schöpfung gegenüber verantwortliche Glaubenspraxis ist: «Im Vertrautwerden mit dem, was ‹Schöpfung› ist, in der Schärfung aller Sinne und der Erfahrung der Welt in ihrer Sinnlichkeit und Sinnenhaftigkeit, kann Sinn aufgehen, kann es zu einem Wahrnehmen der Welt als Schöpfung Gottes kommen, kann das Werk Gottes, des Schöpfers, Töpfers und Gärtners, entdeckt werden.»[24] Auch David Abram hebt die Bedeutung des sinnlichen und der sensuellen Weltbegegnung als Grundlage für ein Verständnis der Sinnhaftigkeit aller Existenzen hervor: «[A] story must be judged according to whether it *makes sense*. And ‹making sense› must be here understood in its most direct meaning: to make sense is *to enliven the senses*. A story that makes sense is one that stirs the senses from their slumber, one that opens the eyes and the ears to their real surroundings, tuning the tongue to the actual tastes in the air and sending chills of recognition along the surface of the skin. To *make sense* is to release the body from the constraints imposed by outworn ways of speaking, and hence to renew and rejuvenate one's felt awareness of the world. It is to make the senses wake up to where they are.»[25]

So eindrücklich die oben skizzierte Botschaft des Papstes und zumindest in Teilen auch bei den zitierten Theolog:innen ist, mir scheint, hier wird ein zu romantisches Naturverständnis zugrunde gelegt. Verklärt ein solches Bild nicht

---

[24] Margit Eckholt, «Unterwegs nach Eden». Schöpfungsspiritualität als Wahrnehmungsschule und Bildungsprozess, in: dies. / Sabine Pemsel-Maier (Hg.), Unterwegs nach Eden. Zugänge zur Schöpfungsspiritualität, Ostfildern 2009, 97–119 (107). – Vgl. dies., Schöpfungstheologie und Schöpfungsspiritualität. Ein Blick auf die Theologin Sallie McFague, München 2009.

[25] Abram, Spell of the Sensuous (Anm. 21), 265 (Hervorhebung im Original).

«Wer Ohren hat, höre!»

die durchaus teils gewaltvollen und todbringenden Worte, die «die Natur» mitunter «spricht»? Tsunamis, Vulkanausbrüche und Erdbeben als «Worte der Liebe» zu bezeichnen, wäre doch sehr zynisch.[26] Um als Theolog:innen ernst genommen zu werden, müssen wir auch Worte dafür finden, wenn «Bruder Wind» mal wieder ganze Landstriche leerfegt und zahlreiche Lebewesen ihrer Existenz beraubt. Und auch die oben erwähnten «Schreie der Natur», die «Klage der Natur» sind Laute tiefster Verzweiflung. Der bereits erwähnte David Abram spricht deshalb von der «wilden Eloquenz der Erde»[27]. Des Weiteren macht Abram deutlich, dass eine spirituelle Verwurzelung im Gesamt der Schöpfung bedeutet, nicht *über* diese zu sprechen, sondern *mit* ihr.[28] Als Ko-Kreaturen sind wir Dialogpartner:innen, wir hören einander zu und sprechen miteinander, nicht (nur) übereinander; alles andere liefe auf eine Monotonie hinaus: «How monotonous our speaking becomes when we speak only to ourselves! And how *insulting* to the other beings – to foraging black bears and twisted old cypresses – that no longer sense us talking to them, but only about them, as though they were not present in our world. As though the clear-cut mountainside and the flooding creek had no sensations of their own – as though they had no flesh by which to feel the vibration of our speaking. Small wonder that rivers and forests no longer compel our focus or our fierce devotion. For we walk about such entities only behind their backs, as though they were not participant in our lives. Yet if we no longer call out to the moon slipping between the clouds, or whisper to the spider setting the silken struts of her web, well, then the numerous powers of this world will no longer address *us* – and if they still try, we will not likely hear them.»[29]

---

[26] Vgl. Andreas Krebs, Die Wiederentdeckung der Erde. Zur Überwindung des christlichen Gnostizismus, in: Julia Enxing / Simone Horstmann / Gregor Taxacher (Hg.), Animate Theologies. Ein (un-)mögliches Projekt?, Darmstadt 2022, 73–95.

[27] Vgl. David Abram, The Earth's Wild Eloquence. Language and the Ecology of Perception, Vortrag am 07.10.2015: www.youtube.com/watch?v=-3xAtCI-sc4 (04.01.2023).

[28] Es wäre selbstverständlich näher zu fragen, wie sich ein solches Miteinander-Sprechen zwischen menschlicher und nichtmenschlicher Schöpfung ereignen könnte, wie eine Responsivität in der Interaktion mit der nichtmenschlichen Schöpfung aussähe; welche anderen Formen der Kommunikation hier stattfinden müssten, damit wir die Sprache der nichtmenschlichen Welt verstehen lernen. Es kann nicht darum gehen, unsere Ko-Kreaturen zu anthropomorphisieren. David Abram führt in seinen Werken zahlreiche Beispiele hierfür an – und lebt diese in seiner persönlichen Lebensführung.

[29] Abram, Becoming Animal (Anm. 15), 175 (Hervorhebung im Original). – «Human language, for us moderns, has swung in on itself, turning its back on the beings around us. Language is a human property, suitable only for communicating with other persons. We talk to people; we do not speak to the ground underfoot. We've largely forgotten the

Das hier zum Ausdruck gebrachte ganzheitliche Verständnis des Lebens und der Schöpfung, die Verknüpfung von Offenbarung Gottes, Inkarnation und Heiligung, Heilshandeln und Erlösung, trennt menschliches Leben nicht von der restlichen Schöpfung, sondern begreift den Menschen als Teil der Bewohner:innen dieses gemeinsamen Lebensraumes Erde. Der Mensch wird damit dezentralisiert, er wird ver-rückt. Lange Zeit waren theologische Anthropologien und Schöpfungstheologien davon bestimmt (und sind es bis heute), den Menschen ins Zentrum der Betrachtung und des Theologietreibens stellen zu müssen – der Mensch steht hier im Zentrum der Theologie, nicht Gott. Es geht um den Menschen, der als besonderer Ort der Offenbarung Gottes ausgemacht wurde. Damit entstand das verzerrte Bild, die Schöpfung sei um uns Menschen als Mittelpunkt herum angeordnet, wobei die Menschen selbstverständlich auf einer höheren Stufe stünden als der Rest der Schöpfung. Papst Franziskus unternimmt eine längst überfällige Ver-Rückung der Menschen, indem er sie – uns – als Mit-Geschöpfe unter anderen versteht, was zu grundlegenden schöpfungstheologischen Verschiebungen führt: Der Mensch wird neu als Ko-Kreatur aller Ko-Kreaturen verstanden. Unser Lebensraum, das Haus, in dem Menschen wohnen, wird zu einem gemeinsamen Haus, einem Ko-Habitat. Unsere Entwicklung wird als jene begriffen, die sie im Grunde war und ist: eine Ko-Evolution: «Our bodies have formed themselves in delicate reciprocity with the manifold textures, sounds, and shapes of an animate earth – our eyes have evolved in subtle interaction with *other* eyes, as our ears are attuned by their very structure to the howling of wolves and the honking of geese. To shut ourselves off from these other voices, to continue by our lifestyles to condemn these other sensibilities to the oblivion of extinction, is to rob our own senses of their integrity, and to rob our minds of their coherence. We are human only in contact, and conviviality, with what is not human.»[30]

Abram macht deutlich, wie sehr wir das Leben insgesamt, seine Lebendigkeit und Sinnlichkeit einschränken, wenn wir die Stimmen unserer nichtmenschli-

---

incantatory and invocational use of speech as a way of bringing ourselves into deeper rapport with the beings around us, or of calling the living land into resonance with us. It is a power we still brush up against whenever we use our words to bless and to curse, or to charm someone we're drawn to. But we wield such eloquence only to sway other people, and so we miss the greater magnetism, the gravitational power that lies within such speech. The beaver gliding across the pond, the fungus gripping a thick trunk, a boulder shattered by its tumble down a cliff or the rain splashing upon those granite fragments – we talk *about* such beings, about the weather and the weathered stones, but we do not talk *to* them» (174) (Hervorhebung im Original).

[30] Abram, Spell of the Sensuous (Anm. 21), 22 (Hervorhebung im Original).

«Wer Ohren hat, höre!»

chen Gefährten überhören oder gar gewaltsam auslöschen. Diesen Gedanken habe ich am Anfang meines Beitrags mit dem biblischen Aufruf *«Wer Ohren hat, höre!»* verknüpft und davon ausgehend nach diesen Kleinsten gefragt, die für das Reich Gottes eine so grosse Bedeutung haben sollen. In den anschliessenden schöpfungstheologischen Diskussionen wurde deutlich: Es gibt gute Gründe, diese Kleinsten als die nichtmenschlichen Mitgeschöpfe, letztlich die zutiefst miteinander verwobene Schöpfung insgesamt zu begreifen. Mit theologischer Legitimation werden grosse Teile der Schöpfung bislang unterworfen und ausgenutzt oder zerstört. Viele Stimmen wurden damit längst ausgelöscht, sie sind stumme Zeug:innen eines notwendigen theologischen Paradigmenwechsels. Eine Theologie des Hörens entsteht genau hier: Sie ruft dazu auf, nicht mehr wegzuhören, nicht mehr die Stimmen der Welt zu überhören oder ihre Zerstörung auszublenden, sondern ihren Klang zu vernehmen und sinnlich-achtsam anders ökologisch zu leben. Daraus entspringt eine Theologie des Hörens: Sie versteht sich als resonante Praxis und offene Wahrnehmung. Die Vielfalt der Stimmen alles Geschaffenen klingt wider im Nachdenken von Menschen.

Wir sind keine isolierten Existenzen und wir sind auch nicht hierzu bestimmt. Unser Wohlbefinden ist nicht vom Wohlbefinden der anderen Kreaturen, egal wie arm oder reich, gross oder klein, hell oder dunkel, zu trennen. Wer Ohren hat, der höre – aufeinander.

Mathias Wirth

Gehorsam als Derivat des Hörens oder Gehörens? Oder: Auskultation als ethische Praxis in Auseinandersetzung mit Pierre Bourdieu

«Der große Widerstand im Unrechtsstaat bleibt nur möglich, wenn der kleine Widerstand gegen das Unrecht im staatlichen Alltag geübt und wie eine kostbare Pflanze gehegt und gepflegt wird».
Fritz Bauer[1]

Käme Gehorsam von Hören und wäre ein reziproker Grundvollzug der Person,[2] handelte es sich um eine kaum zu kritisierende Praxis. Käme Gehorsam aber von Gehören, also aus dem semantischen Feld des Habens und des Herrschens, handelte es sich um eine Handlung mit erhöhtem theologischen Legitimationsbedarf. In diesem Beitrag werden allerdings keine etymologischen oder primär linguistischen,[3] sondern ethische Bezüge des Gehorsams untersucht. Damit ist die Frage gemeint, wie sich Gehorsam faktisch auswirkt. Der Fokus liegt dabei auf dem Christentum. Obwohl es Christentümer gibt, in denen die Kröte des Gehorsams nicht mehr oder nicht unumwunden geschluckt werden muss,[4] ist es doch insgesamt, wie sich in Auseinandersetzung mit dem Soziologen Pierre Bourdieu (1930–2002) zeigen wird, von einem gewissen Gehorsamsambiente geprägt. Das hängt nicht zuletzt damit zusammen, dass es sich beim Gehorsam

---

[1] Fritz Bauer, Die Wurzeln faschistischen und nationalsozialistischen Handelns (Schriftenreihe des Fritz Bauer Instituts 34), Hamburg 2016, 119.
[2] Vgl. Arthur W. Frank, The Voices that Accompany Me, in: Journal of Medical Humanities 41, 2020, 171–178 (177).
[3] Vgl. zu dieser Perspektive insgesamt Judith Huber, Gehören, gehorchen, verstehen, aufhören: Polysemie und Bedeutungswandel bei (Zu-)Hören, in: Magdalena Zorn / Ursula Lenker (Hg.), (Zu-)Hören interdisziplinär, München 2018, 57–71 (bes. 58).
[4] Vgl. Martin Ohst, Varianten protestantischen Subjektdenkens. Zum Glaubensbegriff bei Luther und Schleiermacher, in: Jörg Dierken / Arnulf von Scheliha / Sarah Schmidt (Hg.), Reformation und Moderne. Pluralität – Subjektivität – Kritik (Schleiermacher-Archiv 27), Berlin/Boston 2018, 279–308 (283): «Es geht nicht mehr um ein sich Einfügen in ein kirchlich-sakramentales System der Belehrung und Kräftigung auf der Basis eines pauschalen Glaubensgehorsams, sondern um ein Handeln Gottes am Gewissen des je einzelnen […] Subjekts».

um eine «Sammelsuriumkategorie» (Cornelia Klingert) handelt, die für ein breites Spektrum von Bezügen steht, die auf die Limitierung und Verwiesenheit der Freiheit hinauswollen.[5] Jedenfalls dem Begriff nach sind solche Tatsachen des Lebens innerhalb verschiedener Christentümer, die mit Gehorsam gefasst werden, besonders dort umkodiert worden, wo sie als Handlungsnorm Verantwortungsdiskurse abrogativ betreffen.[6]

Weil der Begriff des Gehorsams zwar weitgehend perhorresziert ist, auch in religiösen Settings, da die wenigsten ihren Glauben, ihr soziales Engagement oder das Desiderat nach Zugehörigkeit mit dem Begriff des Gehorsams verbinden, bedeutet dies nicht, dass die Sache des Gehorsams erledigt sei.[7] Es werden zwar weiterhin strikt dualistische Gehorsamspraxen in autokratischen Exzessen im Kontext von Krieg sowie in aktuellen Ideologisierungen an den Tag gelegt, verbreitet sind aber zudem «kommunikativ-manipulative Form[en] der Autorität», die Herrschaft ausüben und dabei die Auffassung des Gehorsams vermeiden.[8]

Offen geblieben ist in der Theologie mit ihrer traditionellen Rezeption des Gehorsams eine ethische Analyse der Herleitung des Gehorsams entweder aus dem Hören – und hier hört das theologische Ohr immer schon den Glauben mit – oder aus Gehören und Herrschaft. Für die Verhandlung des Gehorsams ist diese Unterscheidung wichtig, weil im Hören-Fall Unbedenklichkeitsatteste ausgestellt werden, die im Gehören-Fall kritisiert werden.[9] Dort, wo es Gründe gibt, den Gehorsam mit dem Hören und dann mit dem Glauben in Verbindung zu bringen,[10] könnte der Gehorsam in ethischer Hinsicht und so, wie er das Leben im Christentum mehr oder weniger explizit prägt, insofern als Problem auffallen,

---

5   Vgl. Dietrich Bonhoeffer, Nachfolge (DBW 4), München 1989, 165.
6   Vgl. Klaus Beckmann, Ist Gehorsam eine Tugend? Ethische Anstöße, ausgehend von Martin Luther und der Theologie der Bekennenden Kirche, in: Angelika Dörfler-Dierken (Hg.), Reformation und Militär. Wege und Irrwege in fünf Jahrhunderten, Göttingen 2019, 37–45 (37), sowie Mathias Wirth, Distanz des Gehorsams. Theorie, Ethik und Kritik des Gehorsams (Religion in Philosophy and Theology 87), Tübingen 2016, 392.
7   Vgl. Marcella Althaus-Reid, Indecent Theology. Theological Perversions in Sex, Gender and Politics, London/New York 2000, 191; Daniel Dravenau, Herablassung, Rigorismus, Konformität. Klassenhabitus und autoritärer Charakter, in: Uwe H. Bittlingmayer u. a. (Hg.), Theorie als Kampf? Zur politischen Soziologie Pierre Bourdieus, Opladen 2002, 447–471 (449), sowie Ruth Großmaß, «Autorität» als sexuierte Dimension sozialer Beziehungen, in: Deutsche Zeitschrift für Philosophie 65, 2017, 475–489 (482).
8   Hilge Landweer / Catherine Newmark, Verdeckte Autorität. Moderne Gefühlsdynamiken, in: Deutsche Zeitschrift für Philosophie 65, 2017, 504–519 (517).
9   Vgl. Beckmann, Ist Gehorsam eine Tugend (Anm. 6), 37.
10 Vgl. Bonhoeffer, Nachfolge (Anm. 5), 53.

Gehorsam als Derivat des Hörens oder Gehörens?

als er Personen zu etwas bewegt, das für sie zu einem auch moralischen Problem wird. Der mit dem Gehorsam verbundene Anspruch hat zum Beispiel gehorsame Körper entstehen lassen, die in kirchlichen Kontexten leicht Ziele sexualisierter Gewalt wurden.[11] Die theologische Rede von Gehorsam verlangt die Beachtung einer «violence of obedience»[12] und erlaubt die Frage, ob Gehorsam mit Gewalt in einer unauflöslichen Weise vertrackt ist.

Die klassische Anbindung des Gehorsams an das Hören[13] ist durch die fundamentaltheologische Formel *fides ex auditu* aus Röm 10,17 nahegelegt.[14] Das führt im Unterschied zu einer verbreiteten Valorisierung des Sehens vor dem Hören, zum Beispiel in der Welt von Metaphernbildungen[15] sowie «sprachlichen Evidentialitätsmarkern»[16], zu einer Suprematie des Hörens: «Das Judentum und das Christentum und der Islam sind Hörreligionen».[17] In historischer Perspektive hat dies im Christentum zu einer Kultur des Gehorsams geführt.[18] Die sich

---

[11] Vgl. Jochen Sautermeister, Theologie unter den Vorzeichen von Missbrauch in der Kirche. Programmatische Konturen in ethischer Absicht, in: ders. / Andreas Odenthal (Hg.), Ohnmacht. Macht. Missbrauch. Theologische Analysen eines systemischen Problems, Freiburg i. Br. 2021, 11–29 (19).

[12] Richard A. Davis, Domestic Violence in Oceania: The Sin of Disobedience and the Violence of Obedience, in: Caroline Blyth / Emily Colgan / Katie B. Edwards (Hg.), Rape Culture, Gender Violence, and Religion. Interdisciplinary Perspectives, Cham 2018, 143–158 (143).

[13] Vgl. Thomas Wabel, Lesendes Sehen und Hören. Intensivierungen von Bild und Text bei Martin Luther, in: Philipp David u. a. (Hg.), Hermeneutik und Ästhetik 2, Leipzig 2020, 149–209 (172).

[14] Im Protestantismus ist diese Formel insbesondere bei Luther um das Element der Annahme und gegen die Gefahr einer externalen *fides infusa*, analog zum Distanzproblem des Gehorsams, zu einer *fides acquisita ex auditu* erweitert worden, vgl. Philipp Stoellger, Der Glaube an den Gekreuzigten. Luthers Kreuzestheologie als Glaubenslehre, in: entwurf 2, 2017, 8–11 (9). Gemeint ist ein Glaube, der vom Hören stammt und dann angenommen wurde und mithin die gesamte Person engagiert.

[15] Vgl. Huber, Gehören (Anm. 3), 63 und mit dem Beispiel von diversen Lichtmetaphern auch Martin Mettin, Kritische Theorie des Hörens. Untersuchungen zur Philosophie Ulrich Sonnemanns, Heidelberg 2020, x–xi.

[16] Huber, Gehören (Anm. 3), 64.

[17] Jürgen Moltmann, Die Hoffnung der Erde. Die ökologische Wende der christlichen Theologie und der christlichen Spiritualität, in: EvTh 74, 2014, 216–226 (226). Vgl. ebenfalls Wilfried Joest, Ontologie der Person bei Luther, Göttingen 1967, 222–223.289; Mettin, Kritische Theorie des Hörens (Anm. 15), 80; Gianni Vattimo, Christentum im Zeitalter der Interpretation, in: ders. / Richard Schröder / Ulrich Engel (Hg.), Christentum im Zeitalter der Interpretation, Wien 2004, 17–32 (29) und Wabel, Lesendes Sehen und Hören (Anm. 13), 172.

[18] Vgl. Heike Delitz, Spannweiten des Symbolischen. Helmuth Plessners Ästhesiologie des Geistes und Ernst Cassirers Philosophie der symbolischen Formen, in: DZPh 53,

bereits abzeichnenden polymorphen Eigenschaften des Gehorsams mit ihren unterschiedlichen Mobilisierungen in Dogmatik und einem eher erfahrungsbasierten Begriff im Unterschied zu einem handlungsbasierten Gehorsamsverständnis in der theologischen Ethik[19] müssten stets auch als mögliche Verharmlosung des Gehorsams diskutiert werden. Wo nämlich die religiöse Plausibilität einer Haltung verteidigt wird, die erst mit einer Wolke von Disclaimern richtig verstanden ist, sich im konkreten Feld jedoch gewaltförmig auswirken kann, besteht Bedarf an einer theologisch-ethischen Analyse.

I. Fokussuche: Der Hören-Gehorsam-Konnex als Ableitungsfehler?

Eine ethisch relevante definitorische Sicht auf den Gehorsam bietet Max Weber, auf den sich Pierre Bourdieu bezieht,[20] wobei Weber Gehorsam nicht mit Hören, sondern mit Herrschaft assoziiert und dabei die Implikaturen der inneren Distanz oder der Externalisierung deutlich herausstellt, wenn er Herrschaft fasst als «[...] jede Chance, für einen Befehl bestimmten Inhalts bei angebbaren Personen Gehorsam zu finden».[21] Hannah Arendt imponiert die Fraglosigkeit dieses Gehorsams, worauf Webers Begriff des Gehorsams als «[...] fraglose[r] Anerkennung seitens derer, denen Gehorsam abverlangt wird»[22], zielt. Arendts eigener Begriff des Gehorsams bleibt ebenfalls ohne Räsonieren, aber auch ohne Zwang.[23] Er kommt damit gerade nicht vom Hören, sondern ist – diese Form von Ableismus kann hier nicht vermieden werden – taub. Hören ohne Fragen, was als Gehorsam und Gehören dechiffriert werden kann, manövriert aber das Subjekt des Hörens in eine Diastase nicht nur zum Gehörten, sondern auch zu sich selbst, und schafft eine Distanz, die Personen verletzlich macht und die normative

---

2005, 917–937 (935) und Großmaß, «Autorität» (Anm. 7), 485.

19 Zu dieser Unterscheidung zwischen Aktivität und Erfahrung im Fall des Hörens, vgl. Huber, Gehören (Anm. 3), 58.

20 Vgl. Gérard Mauger, Über symbolische Gewalt, in: Catherine Colliot-Thélèn / Etienne François / Gunter Gebauer (Hg.), Pierre Bourdieu: Deutsch-französische Perspektiven, Frankfurt a. M. 2005, 208–230 (212f.).

21 Max Weber, Wirtschaft und Gesellschaft, Tübingen 1922, 507. Vgl. weiter Steffani Engler / Karin Zimmermann, Das soziologische Denken Bourdieus – Reflexivität in kritischer Absicht, in: Uwe H. Bittlingmayer u. a. (Hg.), Theorie als Kampf? (Anm. 7), 45.

22 Hannah Arendt, Macht und Gewalt, München 1970, 46.

23 Vgl. Hannah Arendt, Was ist Autorität, in: Ursula Ludz (Hg.), Zwischen Vergangenheit und Zukunft. Übungen im politischen Denken 1, München 1994, 159–200 (159).

Pflicht der grundsätzlichen Verantwortungsübernahme für eigene Handlungen übergeht.[24]

Gehorsam richtet sich so gesehen auf Befehle, die etwas anderes sind als durch das Subjekt anzueignende «konkrete Gebote und Weisungen», die etwa Dietrich Bonhoeffer im Blick hat und für die er Gehorsam fordert, insofern es dabei um das «Gestaltwerden der Gestalt Jesu Christi in unserer Welt geht».[25] Bei Licht besehen handelt es sich bei Bonhoeffer, was symptomatisch ist, um einen idiosynkratischen Begriff von Gehorsam, der sich hier auf eine Gestalt bezieht, die Herrschaft gerade ausgeschlossen hat.[26] Die Beachtung von Geboten und Normen ist zwar mit dem Gehorsam verwandt, entspricht aber nicht den angeführten Definitionen von Weber und Arendt, weil Geboten und Normen sowie dann ihrer Akzeptanz robuste Deliberation vorausgeht. Ihre Fraglichmachung dient der Sache und torpediert sie nicht, wie es beim Befehl der Fall wäre. Diese Art Deliberation implementiert Bonhoeffer in seinem spezifischen Gehorsamsbegriff ausdrücklich: «Erst wenn mich das Gebot nicht nur als Übertreter der Grenzen bedroht, sondern wenn es mich durch seinen sachlichen Gehalt überführt, überwindet, befreit es mich von der Angst und der Ungewissheit [...].»[27] Wenn Bonhoeffer in seiner Ethik Gehorsam auf Gott[28] und den «Ruf Jesu»[29] bezieht, nimmt er eine Limitierung der Zitierfähigkeit des Gehorsams in politischen und sozialen Ordnungen vor.

Abbildungsprobleme des Gehorsams, wie in der Zwischenüberschrift genannt, begegnen überall dort, wo, anders als bei Weber, Arendt oder eben Bonhoeffer, keine Definitionen mitgeliefert werden und Gehorsam mit wechselhaften Assoziationen verbunden wird, die aber bei genauerem Hinsehen als inhaltlich unpräzise oder normativ schwankend ausgewiesen werden können. So gibt es, für den theologischen Kontext nicht unbedeutend, einen Unterschied

---

[24] Vgl. Tobias Gutmann, Moral ohne Prinzipien? Zur Kritik normativer Moraltheorien (Epistemata 586), Würzburg 2018, 220.
[25] Dietrich Bonhoeffer, Ethik (DBW 6), München 1992, 89. Vgl. ähnlich und im Gespräch mit Luther Joest, Ontologie der Person (Anm. 17), 298: «[...] dass der Mensch in dieses sein Eingehen auf Gott und auf seine eigene wahre Stellung gegenüber Gott gebracht wird.»
[26] Vgl. Bonhoeffer, Ethik (Anm. 25), 345.384–385: «Das Gebot als Element des Lebens bedeutet Freiheit der Bewegung und des Handelns, Freiheit von der Angst vor der Entscheidung, vor der Tat, es bedeutet Gewissheit, Ruhe, Zuversicht, Gleichmaß, Freude» (385).
[27] Bonhoeffer, Ethik (Anm. 25), 385. Vgl. auch Vattimo, Christentum (Anm. 17), 29.
[28] Vgl. Bonhoeffer, Ethik (Anm. 25), 107 und Bonhoeffer, Nachfolge (Anm. 5), 56.
[29] Bonhoeffer, Nachfolge (Anm. 5), 46.

zwischen Zugehörigkeit *(belonging)* und Abhängigkeit *(dependence)*.³⁰ Im ersten Fall nimmt die fundierende Deliberation zu, weil alles auch anders sein könnte, und im zweiten Fall nimmt sie ab, weil Alternativen scheinbar oder faktisch nicht zur Verfügung stehen. Die Zugehörigkeit macht Gründe geltend, die im Subjekt

---

³⁰ Vgl. Joest, Ontologie der Person (Anm. 17), 227. Calvins berühmtes Diktum, Personen gehörten nicht sich selbst, sondern der Gottheit, was hier ein Absehen von eigenen Gründen und Willensäusserungen impliziert, wird in der traditionellen Reformierten Theologie mit einem Ethos des Gehorsams verbunden, vgl. J. Patrick Hornbeck, Reforming authority, reforming obedience: Ignatius of Loyola, John Calvin, and the Modern-day Devout, in: Reformation & Renaissance Review 16, 2014, 138–162 (138–139). Besonders für Calvin und nicht zuletzt wegen seiner Nähe zur Geisteshaltung der *Devotio Moderna* war Gehorsam Prämisse aller Tugenden, vgl. Kirk M. Summers, Morality After Calvin. Theodore Beza's Christian Censor and Reformed Ethics, Oxford 2017, 91. Allerdings wird mit falschen Vorstellungen operiert, wenn nicht die Trajektorie dieses Gehorsams miterfasst wird, die mit Calvin auf Christus bezogen ist, vgl. Hornbeck, Reforming authority (Anm. 30), 154. Wenn jedoch gilt, «[...] Calvin urges his followers to seek God's wisdom and will, rather than rely on their own reason and will» (vgl. Hornbeck, Reforming authority [Anm. 30], 139), begegnet ein in doppelter Hinsicht spezifizierter Gehorsam. Erstens basiert er auf der Freiheit der Personen (vgl. Hornbeck, Reforming authority [Anm. 30], 155), aus – jedenfalls waren die Reformatoren davon überzeugt – guten Gründen auf Gott zu setzen. Zweitens bezieht sich diese Anlehnung auf Gott als Autorität *sui generis*. Ein Gehorsam, der sich auf Typ 1, also auf Autorität gegenüber kirchlichen Ämtern bezieht, muss kategorisch von einem Typ 2 unterschieden werden, also einen Gehorsam, der sich auf die Autorität Gottes in ihrer Vermitteltheit bezieht, vgl. Hornbeck, Reforming authority (Anm. 30), 148.155. Wird Gehorsam für beide Diskurse gebraucht, kommt es leicht zu ungültigen Auratisierungen des Typs 1. Damit verbundene Hörfehler stehen am Beginn der biblischen Sündenerzählung, wo das Hören auf falsche Stimmen vom guten Leben trennte, vgl. Summers, Morality After Calvin (Anm. 30), 81. Als Antidot hat Calvin daher die Synodalität eingeführt und kirchliche Autorität einer Dispersion ausgesetzt, vgl. Hornbeck, Reforming authority (Anm. 30), 157. Zwar hat das das Reformierte Christentum nicht vor autoritärer religiöser und politischer Ordnung bewahrt (*«Reformed theocracy»*) (vgl. Hornbeck, Reforming authority [Anm. 30], 159). Eine ebenfalls charakteristische effektive Zurückweisung nicht-gottbezogener Imperative zum Gehorsam, noch dazu in Ungebrochenheit, wurden und werden zum ökumenischen und politischen Differenzpunkt. Trotz des Stereotyps eines auf Gehorsam setzenden Denkrahmens Reformierter Theologie zeigen Details dieses Emblems, auch und gerade bei Calvin, «[...] the role of conscience in the dynamic of religious authority and obedience» (vgl. Hornbeck, Reforming authority [Anm. 30], 158). Dies ermöglicht die Kritik an Gehorsamsvorstellungen, die das deliberative und mithin verantwortliche Subjekt übergehen wollen, vgl. Ohst, Varianten protestantischen Subjektdenkens (Anm. 4), 283 und Summers, Morality After Calvin (Anm. 30), 91. In diesem Zusammenhang erinnert der Präsident der Bundeswehr Universität Hamburg, Klaus Beckmann, an Karl Barths Zusatz beim Ablegen des Beamteneids in Bonn, «Soweit ich es als evangelischer Christ verantworten kann», vgl. Beckmann, Ist Gehorsam eine Tugend (Anm. 6), 42.

selbst liegen,³¹ die Abhängigkeit basiert auf Gründen, die das Subjekt von aussen konfrontieren. Zugehörigkeit braucht keinen Gehorsam,³² weil mit dieser Beziehungsfigur eine Distanz ausgesagt ist, die Zugehörigkeit ausschliesst, da Personen hier wollen können.³³ Wozu dann Gehorsamsforderungen, die stets einen Grund implizieren, der jenseits dessen liegt, was gefordert ist, und zum Beispiel in einer Autorität, nicht aber notwendig in der Sache selbst liegen. Die Forderung nach Gehorsam wäre also inhaltsleer, wenn die adressierte Person ohnehin wollte.³⁴ Solche Abgrenzungen des Gehorsams sind dort nötig, wo eine Verwicklung in das Hören oder das Gehören untersucht werden soll.

Auf dieser Linie kann Gehorsam kaum als Ableitung des Hörens verteidigt werden. Gehorsam kann deshalb nicht vom Hören abgeleitet werden, weil Hören, zum Beispiel auf das Wort Gottes oder auf das Leiden eines Gegenübers, stets auch ein Lesen ist,³⁵ das Deliberation und Affektion engagiert, die beide im Gehorsam delegiert oder sogar unterdrückt werden. Die berühmteste Hörformel der Hebräischen Bibel, das Sch'ma Jsrael (Dtn 6,4f.), besteht auf Deliberation und Affektion in der Beziehung des Menschen zu Adonai. Wer Gott, wie es dort heisst, «[...] von ganzem Herzen, von ganzer Seele und mit aller Kraft» lieben soll, ist als denkendes und fühlendes Wesen angesprochen. Hören führt hier nicht zu Gehorsam, sondern zu einer Freiheit, ohne die Liebe undenkbar wäre. Die fundamentaltheologische Formel *fides ex auditu* lautet nicht «Der Glaube kommt aus dem Gehorsam». Ein Glaube, der vom Hören kommt, wird biblisch mit Erkenntnis und nicht mit Gehorsam assoziiert, weil Gehorsam mit seiner notorischen Distanz, die durch das inhärente Zwangsmoment unübersehbar wird, Reduktion in das Gott-Mensch-Verhältnis einträgt.³⁶ Eine gehorsame Per-

---

³¹ Vgl. Summers, Morality After Calvin (Anm. 30), 103 («[...] God commissioned unique individuals to carry out that task») sowie 111 («[...] key element of the reformers' ethical vision was that everyone should stay in their place»). Vgl. weiter Joest, Ontologie der Person (Anm. 17), 225 mit Rekurs auf Martin Luther: «Es ist ihm ja eben um das Hören des Wortes als Anrede zu tun; ein Vorgang also, der durchaus in der Helle des Personbewusstseins geschieht und den Charakter einer Begegnung hat».
³² Vgl. Erik Meganck, God Returns as Nihilist Caritas, in: Sophia 54, 2015, 363–379 (369).
³³ Vgl. mit Verweis auf Hegel Jörg Noller, Subjektivität als Freiheit. Theologische und philosophische Verhältnisse der Innerlichkeit, in: Annette Haußmann / Niklas Schleier / Peter Schüz (Hg.), Die Entdeckung der inneren Welt. Religion und Psychologie in theologischer Perspektive, Tübingen 2021, 139–151 (139).
³⁴ Vgl. Wirth, Distanz des Gehorsams (Anm. 6), 14.
³⁵ Vgl. Hanna Reichel, Vom Wort zum Kontratext. Theologische Textualität und Kontextuelle Theologie im Anschluss an Karl Barth, in: ThZ 70, 2014, 208–230 (222).
³⁶ Vgl. Mettin, Kritische Theorie des Hörens (Anm. 15), 81, sowie Mathias Wirth, Unhintergehbare Freiheit. Thomas Pröppers Beitrag zur Ethik und Kritik des Gehorsams,

son kann, mit anderen Worten, etwas ganz ohne Überzeugung sagen oder tun, solange ein entsprechendes Motiv besteht, zum Beispiel eine Autorität oder die Angst vor Beschämung.[37] Ein biblisches Gegenbeispiel liefert die Glaubensgeschichte von David, der durch das Hören auf die prophetische Rede Nathans zur Einsicht über die Probleme seines bisherigen Lebenswandels gelangt (2Sam 12,1–25).[38] Diesen Prozess als Gehorsam rubrizieren, würde eine Externalisierung bedeuten, die Davids exogen vermittelte, aber endogen vollzogene Konversion nicht angemessen zum Ausdruck bringt.[39]

Selbstdistanzierungen in Gehorsamsdiskursen widersprechen ausserdem zwei Wirkungen, auf die mit Calvin im Kontext des Hörens-Glaubens-Konnexes hingewiesen wurde: Danach bewirkt das Hören auf das Wort Gottes Freude und Trost.[40] Mit Bezug auf die Begegnung zwischen Nathan und David fällt das Moment der Neuschaffung auf,[41] das ebenso wenig wie Freude und Trost präzise mit dem Begriff des Gehorsams pointiert werden kann. Jedenfalls entspricht dies nicht der Art, wie heute vom Gehorsam gesprochen wird.

Gehorsam firmiert als Problembegriff.[42] Nicht zuletzt wegen der historischen Verwicklung des Gehorsams in gierige Ideologien, in deren Umfeld sich zeigt, Gehorsam «[...] is always the wrong response to the violence of authority».[43] Zwar gilt auch hier der Grundsatz des *abusus non tolit usum*, aber wenn sich zeigen lässt, dass es sich bei der Herleitung des Gehorsams aus dem Hören um einen Ableitungsfehler handelt, weil Gehorsam nur angemessen gefasst werden kann, wenn er mit dem Feld des Gehörens und des Herrschens assoziiert wird, helfen auch Verweise auf Elemente des Gehorsams nichts, die wichtige Anthropologika transportieren, die aber nicht auf den Begriff des Gehorsams angewiesen sind. Es ist keine solche Bestimmung bekannt, die auch aus theologischen Gründen nicht aufgegeben werden soll und die zwingend als Gehorsam rubri-

---

in: ThPh 93, 2018, 563–577 (577).

[37] Vgl. Großmaß, «Autorität» (Anm. 7), 482, und Michael Hirsch, Symbolische Revolutionen und progressiver Etatismus. Pierre Bourdieus politisches Denken, in: ders. / Rüdiger Voigt (Hg.), Symbolische Gewalt. Politik, Macht und Staat bei Pierre Bourdieu (Staatsverständnisse 97), Baden-Baden 2017, 197–230 (215).

[38] Vgl. Victor E. d'Assonville, «... quicquid statuat iustum esse». Bemerkungen zur Buße und Versöhnung mit Hinweis auf Calvins Kommentar zu Psalm 51, in: Hans-Peter Großhans u. a. (Hg.), Schuld und Vergebung. FS Michael Beintker, Tübingen 2017, 31–55 (43).

[39] Vgl. Moltmann, Die Hoffnung auf Erden (Anm. 17), 226.
[40] Vgl. d'Assonville, «... quicquid statuat istum esse» (Anm. 38), 44.
[41] Vgl. d'Assonville, «... quicquid statuat istum esse» (Anm. 38), 46.
[42] Vgl. Wirth, Distanz des Gehorsams (Anm. 6), 134.
[43] Meganck, God Returns (Anm. 32), 369.

ziert werden müsste. Der offensichtlichste Beleg dafür ist die lange Liste an Dispositionsprädikaten, die dem Gehorsam mitgegeben werden müssen, damit er überhaupt verständliche Sinngehalte transportiert. Die Rede zum Beispiel vom «freien Gehorsam» ist allerdings wenig verständlich und kann klarer als Verantwortung beschrieben werden.

II. Vertiefung: Bedrohlichkeit des Gehorsams bei Pierre Bourdieu

Soziologische Forschung versteht Bourdieu als Aufklärung über den «Vollzug einer praktischen Handlung»[44] mit besonderem Rekurs auf das, was in bestimmten sozialen Einheiten als unhinterfragbare Struktur, als «[...] so obvious that we mostly fail to see it» gilt.[45] Soziale Tatsachen werden allerdings aufgrund ihres substantialistischen Nimbus notorisch einseitig gelesen.[46] Eine für die Gehorsamsfrage und die Ethik wichtige Beobachtung bezieht sich bei Bourdieu auf den relationalen Charakter alles Realen.[47] Er wendet sich ausdrücklich gegen eine «substantialistische Ausdeutung» von Strukturen.[48] Mit dem Begriff der Doxa beschreibt Bourdieu soziale Arrangements, die fraglos akzeptiert werden.[49] Ein Befehls-Gehorsams-Diskurs stellt ein relationales Geschehen dar und animiert substantialistische Strukturannahmen darüber, wem Gehorsam geschuldet wird und wer im Modus des Befehls sprechen kann.

---

[44] Sighard Neckel, Die Mechanismen symbolischer Macht. Kabylen und Kapitalismus: Einführendes zur Soziologie Pierre Bourdieus, in: Uwe H. Bittlingmayer u. a. (Hg.), Theorie als Kampf? (Anm. 7), 29.
[45] Kirsten Donskov Felter, Breaking with illusion. The sociology of Pierre Bourdieu as a challenge to theology, in: Studia Theologica 66, 2012, 80–97 (85). Vgl. auch Astrid Reuter, Praxeologie: Struktur und Handeln, in: Detlef Pollack u. a. (Hg.), Handbuch Religionssoziologie, Wiesbaden 2018, 171–202 (172).
[46] Vgl. Donskov Felter, Breaking with illusion (Anm. 45), 82, sowie Engler/Zimmermann, Das soziologische Denken Bourdieus (Anm. 21), 37, und Mauger, Über symbolische Gewalt (Anm. 20), 214.
[47] Vgl. Pierre Bourdieu, Praktische Vernunft. Zur Theorie des Handelns, Frankfurt a. M. 1998, 15, und dazu Engler/Zimmermann, Das soziologische Denken Bourdieus (Anm. 21), 35–38.
[48] Bourdieu, Praktische Vernunft (Anm. 47), 15.
[49] Vgl. Rüdiger Voigt, Das Machtdreieck: Staat – Macht – Legitimität. Bourdieus Versuch, die verborgenen Mechanismen der Macht zu entschlüsseln, in: Michael Hirsch / ders. (Hg.), Symbolische Gewalt. Politik, Macht und Staat bei Pierre Bourdieu (Staatsverständnisse 97), Baden-Baden 2017, 35–53 (36).

Konkret will Bourdieu substantialistische Annahmen als grundsätzlich fehlgeleitet enttarnen und alternativen Handlungsweisen im Raum des Sozialen Geltung verschaffen. Bourdieus Credo hierbei lautet: Strukturen sind nicht unwandelbar.[50] Erforderlich sind dann grundlegende Neuansichten, übrigens auch über den Raum selbst,[51] der ebenfalls substantialistische Annahmen souffliert und Objekt ethischer Deliberation ist.[52] Befehle, die Gehorsam fordern, begegnen mithin auf einer «latenten Ebene» und bedürfen keineswegs nur der «manifesten Ebene» von Imperativen oder Deklarationen.[53] Der Gehorsam hört Befehlsstrukturen, nicht weil sie etwas sagen, sondern weil die gehorsame Person ihnen längst gehört.

Für die ethische Untersuchung des Gehorsams besonders relevant ist Bourdieus Arbeit an einer substantialistischen Struktur, der «symbolischen Gewalt», die Gehorsam unterschwellig, aber nachhaltig protegiert und fordert.[54] Symbolisch ist diese Form von «Herrschafts- und Unterwerfungsbeziehungen», wobei der Gehorsam lediglich ein Posten in dieser Rechnung ist, weil das gewaltförmige Moment verschleiert wird.[55] Bourdieu nennt diese Art der Unkenntlichmachung Verklärung und zeigt dies mit Rekurs auf soziale Arrangements,[56] die ohne Forderung nach explizitem Gehorsam solchen finden: «Damit der symbolische Akt eine derartige, ohne sichtbare Verausgabung von Energie erzielte magische Wirkung ausüben kann, muss ihm eine oft unsichtbare und jedenfalls vergessene, verdrängte Arbeit vorangegangen sein und bei den Adressaten dieses Erzwingungs- und Befehlsaktes diejenigen Dispositionen erzeugt haben, deren es bedarf, damit sie, ohne dass sich ihnen die Frage des Gehorsams überhaupt stellte, das Gefühl haben, gehorchen zu müssen.»[57]

Ein Beispiel für soufflierten Gehorsam liefert die Verwicklung des Christentums in die sexuellen Viten zum Beispiel von homosexuellen Personen: Oft und ohne dass je ausdrücklich ein Befehl zu heterosexueller Praxis ergangen sein muss und sich Personen vielleicht sogar in einem kirchlichen Umfeld bewegen, das in dieser Frage keine Diskriminierung ausagiert, empfinden genannte Perso-

---

[50] Vgl. Bourdieu, Praktische Vernunft (Anm. 47), 49.
[51] Vgl. Bourdieu, Praktische Vernunft (Anm. 47), 18.
[52] Vgl. Mathias Wirth, Korridorizität. Über eine Metapher und Denkform in der theologischen Ethik, in: ZThK 117, 2020, 347–375 (357).
[53] Hirsch, Symbolische Revolutionen (Anm. 37), 223.
[54] Vgl. Bourdieu, Praktische Vernunft (Anm. 47), 173.
[55] Vgl. Terry Rey, Marketing the goods of salvation: Bourdieu on religion, in: Religion 34, 2004, 331–343 (338).
[56] Vgl. Voigt, Das Machtdreieck (Anm. 49), 44.
[57] Bourdieu, Praktische Vernunft (Anm. 47), 174.

nen mitunter eine Gehorsamspflicht gegenüber heteronormativen Praxen. Ohne «sichtbare Verausgabung von Energie», wie Bourdieu schreibt, kommt es zu einer skizzierten Internalisierung eines Gehalts, der nicht als Befehl gehört wurde[58] und selbst dort zu einem Gefühl des Falschseins führen kann, wo der eigenen sexuellen Orientierung gefolgt wird. Tatsächlich verbirgt sich hinter solchen Mechanismen, so Bourdieu, «Sozialisationsarbeit»[59], die nicht nur, aber auch in den Kirchen betrieben wird. Ausdrücklich hebt Bourdieu den Gehorsam als zentrales Thema der Sozialisationsarbeit hervor,[60] der auf die genannten stillen Befehle reagiert und insofern ein sensibles Hören voraussetzt.[61] Wo Gehorsam also tatsächlich vom Hören kommt, begegnet eine längst internalisierte Hörpraxis, die nur im grösseren Zusammenhang des Gehörens-Gehorsams-Kontinuums verständlich wird.

III. Erweiterung: Ethische Vorzugswürdigkeit des Hörens bei Pierre Bourdieu

Das Feld des Religiösen, das Bourdieu primär mit dem Katholizismus im Frankreich des 20. Jahrhunderts zum Gegenstand seiner soziologischen Analysen macht, bedürfe einer präzisen Hörpraxis zur Analyse.[62] Die im vorangegangenen Abschnitt genannte Technik der Verschleierung, die Gehorsam fast magisch evoziert,[63] erweist sich nicht primär als Verwirrung des Sehens, sondern des Hörens und wird konkreter fassbar in der «[...] priesterliche[n] Vorliebe für die verklärende Nachahmung und die verwirrende Ungenauigkeit, die bewusste Polysemie und die gesuchte Zweideutigkeit, das Doppelsinnige oder die methodische Unklarheit [...]».[64] Dagegen könnte leicht eingewendet werden, eine Kritik dieses

---

[58] Einen konkreten Anhaltspunkt finden diese Verhältnisse in der Metapher der Spielregeln, auf die sich im Sinne einer Illusion die einlassen müssen, die in einem bestimmten sozialen Feld konstruktiv interagieren wollen, vgl. Reuter, Praxeologie (Anm. 45), 186 und weiter, über «obedience as part of communal identity», Sarah M. Moses, The Ethics of «Recognition». Rowan Williams' Approach to Moral Discernment in the Christian Community, in: Journal of the Society of Christian Ethics 35/1, 2015, 147–165. Eine Illusion besteht deshalb, weil Spielregeln die Welt künstlich kreieren und einen Immersionsgrad erreichen können, der aus Spiel Ernst macht.
[59] Bourdieu, Praktische Vernunft (Anm. 47), 174.
[60] Vgl. Bourdieu, Praktische Vernunft (Anm. 47), 176.
[61] Vgl. Bourdieu, Praktische Vernunft (Anm. 47), 174.
[62] Vgl. Rey, Marketing the goods of salvation (Anm. 55), 331.
[63] Vgl. Voigt, Das Machtdreieck (Anm. 49), 44.
[64] Pierre Bourdieu, Religion. Schriften zur Kultursoziologie 5, Konstanz 2009, 44.

gesamten Bereichs sei ein unmögliches Unterfangen, weil dabei auch konstruktive Gebrauchsweisen zum Beispiel der metaphorischen Rede nivelliert würden. Dennoch macht Bourdieu auf eine Gefahr aufmerksam, die eine Ethik des Hörens mit einem Fokus auf dichte Beschreibung einkalkulieren muss.

Was Bourdieu mit den kritisierten linguistischen Eigenarten bestimmter kirchlicher Redeweisen im Blick hat, ist eine «Verabsolutierung des Relativen»[65] und mithin eine «Legitimierung des Willkürlichen».[66] Ein Paradebeispiel stellt der Unterschied zwischen einem gedachten Klerus und den Laien dar,[67] aber auch etablierte Eltern-Metaphern, die stets mit der Position von geistlichen Personen mitschwingt. All dies erlaubt Beziehungen und soziale Arrangements, die ohne die religiöse Anbindung willkürlich und illegitim erscheinen müssten.[68] Das Anlegen eines Fells zum Beispiel, das bei den Nuer, an die Bourdieu erinnert, «leopardhäutige Priester» schuf, oder Handauflegung und Gebet,[69] die im Christentum zur Weihe oder Ordination führen, erzeugen mehr oder weniger starke «Konsekrationseffekte»[70], die das Relative einer Person und ihrer Bezüge überhöhen können.[71]

Der Protestantismus hat dabei allerdings, wie Bourdieu andeutet, neue Praxen des Hörens verfolgt.[72] Die Laienpredigt ist die vielleicht signifikanteste neue Hörpraxis der Kirchen der Reformation, aber auch das individualisierte Hören auf biblische Texte, das zu einer Fraglichkeit führt, die wiederum ein neues oder anderes Hören animiert, gehört in diese Sicht hinein. Im Kielwasser dieser neuen

---

65 Bourdieu, Religion (Anm. 64), 53. Das politische Problem dieser Form der Verabsolutierung liegt im Mangel einer Brechung von Macht, vgl. Pierre Bourdieu, Meditationen. Zur Kritik der scholastischen Vernunft, Frankfurt a. M. 2001, 131: «Jeder Fortschritt in der Differenzierung der Macht ist ein weiterer Schutzriegel [...] gegen Tyrannei [...]».
66 Bourdieu, Religion (Anm. 64), 53.
67 Vgl. Bourdieu, Religion (Anm. 64), 78, sowie dazu Donskov Felter, Breaking with illusion (Anm. 45), 87.
68 Vgl. Rey, Marketing the goods of salvation (Anm. 55), 331–333.
69 Vgl. Bourdieu, Religion (Anm. 64), 64.
70 Bourdieu, Religion (Anm. 64), 54.
71 Vgl. Summers, Morality After Calvin (Anm. 30), 121.
72 Vgl. Bourdieu, Religion (Anm. 64), 70, und weiter Joest, Ontologie der Person (Anm. 17), 292, der das *verbum alienum* der Schrift im Anschluss an die Theologie Luthers nicht als Woraufhin von «Aneignung und Stellungnahme», sondern als die ganze Personwirklichkeit betreffende Konfrontation mit einer «Macht der Veränderung [...], die [...] schlechthin widerfährt», beschreibt. Allerdings gilt zusätzlich gegen die Gefahr, daraus eine Instruktions- oder Obödienzgesinnung abzuleiten, die Berücksichtigung eines die Personalität erhaltenden Modus dieser Konfrontation, vgl. Joest, Ontologie der Person (Anm. 17), 297: «Gott ‹behandelt› den Menschen nicht einfach; er gibt sich ihm dar als der Mit-Seiende und so als der Träger und Wirker [des] geistlichen Lebens».

Gehorsam als Derivat des Hörens oder Gehörens?

Praxen wurden Gehorsamsstrukturen, wie die eines priesterlichen Monopols, jedenfalls einer Dispersion unterzogen.[73] Völlig überwunden werden solche Machtstrukturen aber nicht, und Bourdieus Fähigkeit zur ungewöhnlichen Analyse des Gewöhnlichen bringt hier Machtaffinitäten zum Vorschein, die in Kirchen und Theologien kaum als solche bewusst sind und deretwegen sich eine theologisch-ethische Lektüre Bourdieus lohnt. Ein weiteres Beispiel liefert seine Kritik gegenüber selbstsicherer und ungebrochener eschatologischer Rede, denn der Anspruch, richtige Aussagen über die Zukunft der anderen zu machen, lässt sich auch als Akt der Bemächtigung dechiffrieren.[74]

Kritisches Hören kollidiert im sozialen Feld nach Bourdieu erheblich mit dem, was er «klerikale Kultur»[75] nennt, die jahrhundertelang etabliert worden sei, politisch rezipiert ist und mit deren Hilfe Probleme in Gesellschaften gelöst wurden, die weiterhin bestehen.[76] Vor allem leistet das exportierte klerikale Denken mit seiner ausgesprochen hierarchischen Logik einen Beitrag zum Umgang mit Konflikten und orientiert Verhalten auf Strukturen, die nicht fraglich werden und kein alternatives Lesen und Hören zu erlauben scheinen.

Bourdieus zentrales Konzept des Habitus gibt weiter Auskunft über die nachhaltige und somatoforme Wirkung hierarchischer Strukturen in klerikaler Darstellung.[77] Zunächst meint Habitus hier die körperliche Zitation von Machtstrukturen, die in der Weise als gegeben angenommen werden, als der individuelle Körper sich an vorgegebene Strukturen anpasst.[78] Diese Form des Gehorsams ist wiederum mit einem spezifischen Hören verbunden: Aus dem «sprachlichen Habitus» in verschiedenen Kirchen folgt, so Bourdieu pointiert, eine «körperliche hexis»[79], also eine tiefe Prägung oder sogar Formung der Person. Bourdieu negiert dabei eindrücklich Sprache-Körper-Absonderungen, die zum Beispiel in der Debatte um eine geschlechtergerechte Sprache behauptet werden, so als

---

[73] Vgl. Bourdieu, Religion (Anm. 64), 70.
[74] Vgl. Pierre Bourdieu, Die verborgenen Mechanismen der Gewalt, Hamburg 2015, 26, und dazu Voigt, Das Machtdreieck (Anm. 49), 48.
[75] Bourdieu, Religion (Anm. 64), 186.
[76] Vgl. Bourdieu, Religion (Anm. 64), 186, und dazu Donskov Felter, Breaking with illusion (Anm. 45), 81.
[77] Vgl. Bourdieu, Meditationen (Anm. 65), 303, und dazu Mauger, Über symbolische Gewalt (Anm. 20), 224–225.
[78] Vgl. Bourdieu, Religion (Anm. 64), 206, und Pierre Bourdieu, Zur Soziologie der symbolischen Formen, Frankfurt a. M. 1970, 143, sowie dazu Mauger, Über symbolische Gewalt (Anm. 20), 216; Neckel, Die Mechanismen symbolischer Macht (Anm. 44), 30, und Reuter, Praxeologie (Anm. 45), 185.
[79] Bourdieu, Religion (Anm. 64), 230.

wirke das eine nicht auf das andere. Indem Sprache über das Organon des Hörens aber zur *hexis* des Körpers, also zu ihrem Wesen werden kann, sind ihre jeweiligen Soll-Suggestionen aus normativen Gründen unter starkem Legitimierungsdruck. Dies findet etwa Ausdruck in der Art von Kleidung, die eine Person wählt,[80] aber zum Beispiel auch in der Art von Sexualität,[81] die praktiziert wird, und eben auch in dem, was und wie man hört.

Was das Sagbare und Hörbare betrifft, hat sich Bourdieu nicht vor linguistischen Details und Untersuchungen gedrückt und dabei erneut die oben erwähnte Praxis der verschleierten Rede in der Art gefunden, wie Geistliche normofrequent kommunizieren.[82] Wenn Begriffe und Wendungen wie «Direktive» durch «Hinweise» oder «Bischöfliches Palais» durch «Diözesanzentrum» ersetzt werden,[83] hört das Ohr etwas anderes, als der Körper wahrnimmt: Das Ohr hört das, was gesagt wird, und der Körper hört das, was nicht gesagt wird. Weil das Ohr Teil des Körpers ist, wird das gehörte Nicht-Gesagte in einen Habitus übersetzt, der als adäquate Reaktion auf die sanft wirkende Kommunikationstechnik des Klerus boniert wird. Wirksam sind solche Mechanismen, so Bourdieu, weil Religionen insgesamt das Hören auf das Unsagbare favorisieren.[84] Hier wiederum spielt der Gehorsam eine zentrale Rolle, denn die Institution, die das eigentliche Unsagbare vermittelt, bedarf eines Vertrauens, das sich dem üblichen Sehen und Hören entzieht.[85] Dies bleibt nicht ohne körperliche Folgen, was sich besonders im beschriebenen Habitus des Hörens zeigt.

Einen für die Ethik relevanten Umgang mit diesen Hörphänomenen, also der absorbierenden Zu-Gehörigkeit zu einem bestimmten religiösen Feld, bindet Bourdieu an Bewusstmachung: «Nur wer weiß, dass er dem religiösen Feld zugehört, und sich die damit gegebenen Interessen bewusst gemacht hat, die die Effekte der Zugehörigkeit kontrollieren und daraus die Erfahrungen und Informationen gewinnen, die nötig sind, um nichtreduktionistische Objektivierungen zustande zu bringen, die die Alternativen von Innen und Außen, blinder Verbundenheit und partieller Klarheit virtuelle überwinden.»[86] Mit der «nichtreduktionistischen Objektivierung» kommentiert Bourdieu die bereits genannte Verab-

---

80 Vgl. Bourdieu, Meditationen (Anm. 65), 314.
81 Vgl. Bourdieu, Religion (Anm. 64), 207.
82 Vgl. Reuter, Praxeologie (Anm. 45), 177.
83 Vgl. Bourdieu, Religion (Anm. 64), 211.
84 Vgl. Bourdieu, Religion (Anm. 64), 216, und dazu weiter Dravenau, Herablassung (Anm. 7), 462.
85 Vgl. Bourdieu, Religion (Anm. 64), 226.
86 Bourdieu, Religion (Anm. 64), 229.

solutierung des Relativen, also zum Beispiel das Innere des Segments Kirche, in der teilweise erheblich anderes gilt als *extra muros*.[87] Der von Bourdieu vorgeschlagene Akt der Bewusstwerdung von Machtstrukturen und damit verbundenen Abblendungen bedarf einer auditiven und visuellen Aufklärung: Es braucht dazu ein alternatives Zuhören, weil anders etablierte Zugehörigkeitseffekte nicht transformiert werden können, und es bedarf, dafür steht das überraschende «virtuell», einer Deskription der auch somatischen Zustände, wie sie sind. Optionen eines «körperlichen Verlernens»[88] werden von Bourdieu durch Praxen der verschärften Wahrnehmung möglich.

Sollten daraus Konsequenzen für eine Ethik des Hörens gezogen werden, müsste der Konnex zwischen Sprache und Körper in den Blick gelangen. Körper bleiben von Sprache nicht unbetroffen. Solche Körper können wir sehen, wenn der an sie ergangene Befehl zu einem politischen, sozialen oder religiösen Habitus avanciert. Das wiederum setzt ein bestimmtes Hören voraus, das mit den genannten Mitteln dazu geneigt wurde, gierigen Ideologien zu folgen. Das Bedrohliche wird dabei notorisch nicht mitgehört, obwohl es in einer bestimmten Art religiöser Rede steckt. Wenn Bourdieu also eine «vollständige Neuorganisation des Alltags»[89] fordert, weil darin proliferative Normierungen Ausdruck von Herrschaft sein können, die alternative Möglichkeiten verdecken, liefert der Vorschlag der Ableitung des Gehorsams aus dem semantischen Feld des Gehörens einen Beitrag zur Aufklärung der in Rede stehenden religiösen Sprachpraxis. Zugleich wird damit ein Vorschlag zu einer terminologischen und damit die *hexis* betreffenden Neuorganisation[90] in Kirchen und Theologien unterbreitet.

IV. Fazit: Auskultation als ethische Praxis

Die Auskultation als Abhorchen erlaubte lange vor bildgebenden Verfahren in der Medizin Einblicke in das Innere eines Körpers. Der Begriff Einblick ist hier bewusst gewählt, denn das Abhorchen dient ausdrücklich einem Sehen, wörtlich bedeutet das Instrument zur Auskultation, das Stethoskop, «in die Brust schauen».[91] Die hier gemeinte ethische Praxis der Auskultation bezieht sich auf beide

---

[87] Vgl. Mauger, Über symbolische Gewalt (Anm. 20), 219.
[88] Vgl. Mauger, Über symbolische Gewalt (Anm. 20), 218.
[89] Hirsch, Symbolische Revolutionen (Anm. 37), 224.
[90] Vgl. Engler/Zimmermann, Das soziologische Denken Bourdieus (Anm. 21), 39.
[91] Vgl. Brian Hurwitz, Looking at Pain, in: Deborah Padfield (Hg.), Perceptions of Pain, Stockport 2003, 7–13 (8).

genannten Charakteristika und grenzt sich damit signifikant von einer Praxis des Gehorsams ab: Zum einen geht es um ein Hören, das weit geht, tief reicht und nicht an der Oberfläche eines schnellen Imperativs durch Aussetzung von Deliberation korrodiert.[92] Ethische Berücksichtigung verdienen mithin nicht allein die lauten und völlig offensichtlichen Töne, sondern die leisen, für die es besondere Aufmerksamkeit und ein Armamentarium braucht, mit dem sie überhaupt erreicht werden. Bestimmte Schmerzen etwa schreien sich dem Gegenüber nicht entgegen. Sie wahrzunehmen setzt eine Weigerung voraus, Fassaden und Isolation Gehorsam und Glauben zu schenken.

Zum anderen geht es um ein Hören, das zugleich ein Sehen ist, so wie das Stethoskop zugleich hören und sehen will, also umfassende Aufklärung über das sucht, was noch unklar oder sogar gefährdet ist. Diese doppelte Sensorik ist das Gegenteil eines *sacrificium intellectus,* also einer Aufgabe der Vernunft, die mit einer Hör- und Sehverweigerung, auch in der Sache des Glaubens, verbunden sein kann. Eine Ethik des Hörens suspendiert diese Haltung, die glaubt, ohne Auskultation auskommen zu können. Das schliesst ein Subjekt nicht aus, das sich zu etwas verpflichtet.[93] Aber selbst wenn es dies als Gehorsam tituliert, dispensiert dies nicht davon, wegen normativer Soll-Suggestionen hinhören und hinsehen zu müssen, um verantwortlich zu handeln. Eine Ethik der Auskultation erweist sich als kritisch gegenüber den ewigen Postulaten des Definitiven und Absoluten. Weil sie weder dem Hören noch dem Sehen allein traut und beides verbindet, verlangt sie die Verifikation des einen durch das andere. Sie hält damit an der Fraglichkeit all dessen fest, was ihr begegnet, und macht einen Gehorsam unmöglich, der in einer bestimmten religiösen Doktrin und Moral durch impliziten Verweis auf die vermittelte Verborgenheit Gottes eingefordert wird.

Jürgen Moltmann charakterisiert das Hinhören im Unterschied zu gehorsamsaffinen Engführungen als selbstvergessen, aber als konstruktiv orientiert auf Andersheit und auf erhebliche Novität.[94] Damit hat er einen völlig anderen Diskurs als den des Gehorsams vor Augen, in dem nicht offene Andersheit, sondern fixierte Autorität begegnet und in der Selbstvergessenheit durch Selbstverachtung suspendiert wird. Wer sich, so wie Moltmann es beschreibt, auf eine Praxis der Auskultation, also des Hinhörens einlässt, der betritt, wie bei den medizinischen Auskultationen, einen Raum, in dem befehlshaberische und laute Töne schweigen

---

[92] Vgl. Huber, Gehören (Anm. 3), 66, die auf das emblematische «I hear you» verweist, mit dem eine Praxis des Hörens zum Ausdruck kommt, die gerade das Verstehen eines Gegenübers aussagt, und das explizit ohne den Zusatz einer notwendigen Affirmation.
[93] Vgl. Joest, Ontologie der Person (Anm. 17), 223.
[94] Vgl. Moltmann, Die Hoffnung auf Erden (Anm. 17), 226.

Gehorsam als Derivat des Hörens oder Gehörens?

müssen, weil sonst, wie beim diagnostischen Abhören mit dem Stethoskop, nichts gehört werden kann. Das Gehör ist, wie Friedrich Schleiermacher pointiert hat, eben nicht bloss ein Medium des Empfangens, sondern Organon.[95] Ein therapeutisches Ohr hört Wellen, Pathologien und damit verbundene Überlegungen, religiöse Ohren, wenn sie gelassen und gebildet werden,[96] hören auch moralisch. Das aber setzt Freiheit voraus, die von Befehlen getilgt sein kann und das Ohr Schleiermachers verschliesst. Bei Bourdieu ist «[...] die Chance, überhaupt irgendetwas zu antworten»[97] und «[...] [d]ie Neigung und Fähigkeit zu antworten»[98], also das zu tun, was auf das Hören folgen kann, eine Sphäre der Diskriminierung, die auch von religiösen Annahmen über den Gehorsam affiziert ist.

Kommt Gehorsam nun vom Hören oder vom Gehören,[99] ist Gehorsam assoziiert mit religiösem Glauben oder mit Gewalt? Wenn eine Bedeutung des Hörens darin liegt, zu hören, wie andere sind,[100] tritt das Widerspenstige des Hörens mit der Unfähigkeit zur einfachen Abschottung hervor.[101] Wenn Gehorsam aber das Verbot meint, sich Herrschaft zu entziehen und anders zu werden, ist es deskriptiv adäquat, Gehorsam von Gehören sowie Herrschaft abzuleiten und entsprechend normativ zu behandeln.[102] Anders gesagt: Gehorsam betont Rivalität und wirkt kontrastiv und ruft so forciertes Zurückweichen zugunsten hegemonialer Expansion auf.[103] Hören dagegen betont Reziprozität und bringt so, in günstigen Fällen, Berücksichtigung und Kontraktion zugunsten von Andersheit hervor.[104] Vor diesem Hintergrund betritt völlig verschiedene Welten, wer hört und wer gehorcht. Wer hört, kann getroffen, wer gehorcht, kann genommen werden.

---

[95] Vgl. Friedrich Schleiermacher, Sämtliche Werke III. Abt., Bd. 7, Berlin 1842, 93.
[96] Vgl. Großmaß, «Autorität» (Anm. 7), 482.
[97] Bourdieu, Meditationen (Anm. 65), 86.
[98] Bourdieu, Meditationen (Anm. 65), 86.
[99] In sprachwissenschaftlicher Perspektive ist der Befund relativ eindeutig, denn hier kann ein Konnex zwischen Gehorchen und Gehören nachgewiesen werden, der allerdings eine Anlehnung an das weitere semantische Feld des Hörens nicht ausschliesst, vgl. Huber, Gehören (Anm. 3), 68.
[100] Vgl. Frank, The Voices (Anm. 2), 177.
[101] Mettin, Kritische Theorie des Hörens (Anm. 15), 208–209.
[102] Vgl. Großmaß, «Autorität» (Anm. 7), 488, die den Gehorsam als Ausdruck von «asymmetrischen Beziehungen» vorstellt.
[103] Vgl. Mathias Wirth, Von Anaximander bis Zimzum. Raumgabe als ethischer und religiöser Respons auf Verkörperung, in: Julia Gruevska (Hg.), Körper und Räume (Studien zur Interdisziplinären Anthropologie), Wiesbaden 2019, 153–177 (154).
[104] Vgl. Mathias Wirth, Transgender und Ethik. Über Formen von Kontraktionen in theologischer Perspektive (Habilitationsschrift Bern 2023).

Frank Mathwig

«... a gift that God himself needs» (Nick Cave)

Über die Rede vom Hören Gottes

> «Ein Mann rupfte eine Nachtigall und sprach,
> da er nur wenig zu essen fand:
> ‹Du bist nur eine Stimme und sonst nichts›.»
> *Plutarch*[1]

I. Zwei Fragerichtungen

«Können Sie mich hören?» Die obligatorische Frage in Zeiten digitaler Kommunikation dient normalerweise der Vergewisserung, dass die Audiotechnik funktioniert. Gleichzeitig führt sie bereits mitten ins Thema. Denn die Frage provoziert eine Antwort, die zwar gewöhnlich beabsichtigt ist, aber der Grammatik der Frage widerspricht. Mladen Dolar beginnt seine Studie *His Master's Voice* mit einer Anekdote. In einer Schlacht der italienischen Armee befiehlt der Kommandant seinen in Schützengräben kauernden Soldaten «‹Zum Angriff, Männer!›». Obwohl er seinen Befehl immer lauter wiederholt, geschieht nichts. Bis sich «eine dünne Stimme aus dem Graben erhebt und geniesserisch sagt: ‹Che bella voce!› – ‹Was für eine schöne Stimme!›»[2] Der Soldat hatte die *Stimme* des Kommandanten *gehört*, aber offensichtlich nicht auf dessen *Wörter*. Das Missverständnis beruht aus phänomenologischer Sicht darin, dass das *Hörereignis* – die Schallwellen bzw. Laute, die auf die Ohren des Soldaten trafen – von diesem nicht als *Hörakt* antizipiert wurden – bei dem die Geräusche im Raum einer regulativen *Hörordnung* als Gehörtes identifiziert werden.[3] Hören wird *gehört*, Gehörtes muss *verstanden* werden. Die Differenz zwischen *Hören* und *Gehörtem* betrifft auch die Ausgangsfrage der Sprechperson an das Auditorium. Genau

---

[1] Zitiert nach Mladen Dolar, His Master's Voice. Eine Theorie der Stimme, Frankfurt a. M. 2014, 7.
[2] Ebd.
[3] Vgl. Bernhard Waldenfels, Das Lautwerden der Stimme, in: Doris Kolesch / Sybille Krämer (Hg.), Stimme. Annäherung an ein Phänomen, Frankfurt a. M. 2006, 191–210 (195).

besehen, zielt sie nicht auf die akustische Hörbarkeit der sprechenden Person, sondern auf das kommunikativ-regulative Verstehen des Auditoriums. Wäre es um das Hören als akustisches Ereignis gegangen, hätten niemand auf die Frage antworten können. Denn eine Frage kann – wie jede andere grammatische Form – nicht gehört werden. Sie erschliesst sich erst auf der Ebene der kognitiv-kommunikativen Verarbeitung des Gehörten. Die korrekte Ausgangsfrage hätte also lauten müssen: «Können Sie mich *verstehen?*» Bei dieser Formulierung wäre die Frage nach dem Hören schon vorausgesetzt bzw. hätte sich erübrigt, weil sie keine verneinende Antwort zulässt.

Ein gelingendes Sprechen über das Hören schliesst zwar Hörereignisse notwendig mit ein, kommt aber nicht hinter seine Verortung in einer normierenden Hörordnung zurück. Der Diskurs über das Hören – so geräuschvoll er auch verlaufen mag – kann sein eigenes Thema nicht hören. Vom Gehörten führt kein Weg zum Hören zurück. Was «laut wird, *findet hier und jetzt statt.* Es kommt aus einer bestimmten Richtung, wenn es mit einem Male den Schleier der Stille zerreisst.»[4] Sobald sich das Hören ereignet hat, bricht es gewissermassen alle Brücken unwiderruflich hinter sich ab. Was übrig bleibt und zum diskursiven Gegenstand werden kann ist stets nur Gehörtes als Gegenstand von Kommunikation. «Eine Kommunikation teilt die Welt nicht mit, sie teilt sie ein.»[5] Kommunikation bewirkt einen Zugang zur Welt durch Zäsur. «Sie sagt, was sie sagt; sie sagt nicht, was sie nicht sagt.»[6] Um vom Gehörten zum Hören vorzudringen, müsste vor das «registrierende» (Waldenfels), kommunikativ verortete Stimmenhören zurückgegangen werden, zu dem, «was» – mit Jean-Luc Nancy – «im Gesagten anders als das Gesagte ist».[7] Nötig wäre eine auditive Subtraktionspraxis, die freilich nicht eingeübt, sondern nur gedacht werden kann. Hören erscheint aus dieser Perspektive als konditioniertes und dressiertes Stimmenhören, das eine hohe Alltagstauglichkeit aufweist, weil es uns etwa davor bewahrt, den Gewitterdonner als Aufforderung und die Durchsage auf dem Bahnsteig als Begrüssung misszuverstehen.

Allerdings führen diese knappen Bemerkungen schon auf eine Einbahnstrasse, die die theologischen Diskurse über das Hören üblicherweise kennzeichnet. Denn die Rede vom Hören Gottes lässt zwei Lesarten zu: Der üblichen Frage, wie Gottes Schöpfung ihren Schöpfer hört *(genetivus objectivus),* steht die nur auf den ersten Blick abenteuerliche Frage gegenüber, ob und wie Gott seine

---

[4] Waldenfels, Lautwerden (Anm. 3), 196f.
[5] Niklas Luhmann / Peter Fuchs, Reden und Schweigen, Frankfurt a. M. 1989, 7.
[6] Ebd.
[7] Jean-Luc Nancy, Zum Gehör, Zürich/Berlin ³2014, 45.

«... a gift that God himself needs»

Schöpfung hört *(genetivus subjectivus)*. Auf die Hörfähigkeit Gottes kann aus seiner Frage *«Wo bist du?»* (Gen 3,9) bei der ersten Begegnung mit den Menschen geschlossen werden. Wer fragt, erwartet eine Antwort und wer eine Antwort erwartet, muss in der Lage sein, diese auch zu hören. *Post lapsum* gibt sich Gott seinen Geschöpfen als Hörender zu erkennen. Jacob Taubes hat diesen Zusammenhang betont: «Erst nach der Sünde, da die Glut des paradiesischen Urstands kühl geworden, *hört* Adam die Stimme Gottes. Gott steht am Tore der Welt und spricht fragend hinein in die Welt. [...] Im Stand der Sünde, im Zwischen von Schöpfung und Erlösung kann Adam den Ruf Gottes nur ‹hören› und ‹glauben›.»[8] Jedes Gebet setzt auf die Hörfähigkeit Gottes. Die biblische Begründung für diese Unterstellung lautet bestechend einfach: *«Der das Ohr eingepflanzt, sollte der nicht hören?»* (Ps 94,9)

Komplementär dazu hat die christliche Theologie – allen voran in ihren reformatorischen Varianten – das Gott-Mensch-Verhältnis als Hör-Beziehung konzipiert und die menschliche Hörfähigkeit des göttlichen Wortes behauptet. Die Reformatoren waren hochsensible Akustikexperten, wie etwa Heinrich Bullingers instruktive Bemerkungen zum Hören in der *Confessio Helvetica posterior* oder die einschlägigen Passagen im *Heidelberger Katechismus* zeigen.[9] Sie folgen dem Christuswort: *«Meine Schafe hören auf meine Stimme, und ich kenne sie, und sie folgen mir. [...] Einem Fremden aber werden sie nicht nachfolgen, sondern sie werden ihm davonlaufen, weil sie die Stimme der Fremden nicht kennen.»* (Joh 10,27.5)[10] Diese Botschaft durchzieht nicht nur das Kirchen- und Politikverständnis der reformiert-reformatorischen Bekenntnisse von den *Berner Thesen* von 1528 bis zur *Barmer Theologischen Erklärung* von 1934. Aus ihr leiten die Reformatoren auch die zentrale Bedeutung der Predigt ab: *«Doch wie sollen sie anrufen, an den sie nicht glauben? Wie sollen sie an den glauben, von dem sie nichts gehört haben? Wie sollen sie hören, wenn niemand da ist, der verkündigt? Und wie soll man verkündigen, wenn man nicht gesandt wurde?»* (Röm 10,14f.)[11] Errettung und

---

[8] Jakob Taubes, Abendländische Eschatologie. Mit einem Nachwort von Martin Tremel, Berlin 2007, 16f.
[9] Vgl. Martin Ernst Hirzel / Frank Mathwig (Hg.), «... zu dieser dauernden Reformation berufen.» Das Zweite Helvetische Bekenntnis: Geschichte und Aktualität, Zürich 2020 und Martin Ernst Hirzel / Frank Mathwig / Matthias Zeindler (Hg.), Der Heidelberger Katechismus – ein reformierter Schlüsseltext, Zürich 2015.
[10] Vgl. Heinrich Bullinger, Das Zweite Helvetische Bekenntnis (= ZHB). Ins Deutsche übertragen von Walter Hildebrandt und Rudolf Zimmermann, 4. Nachdruck der Gedenkausgabe, Zürich [6]2017, cp. XVII, 83.
[11] Vgl. Bullinger, ZHB (Anm. 10), cp. XVIII, 84.

Erlösung folgt aus dem Hören: «*Amen, Amen, ich sage euch: Wer mein Wort hört und dem glaubt, der mich gesandt hat, hat ewiges Leben*» (Joh 5,24).[12]

II. Hören und Gehörtes

Im reformatorischen Hörverständnis ist bereits eine Verschiebung angelegt, die die späteren theologischen Diskurse über das Hören prägen und irritieren wird: der Übergang vom Hören auf das Gehörte. Hören wird als gehörtes Hören von intentionalen sprachlichen Äusserungen verstanden, egal ob Sprechen im Spiel ist und gehört werden kann oder nicht. Dieses Verständnis wird von der indoeuropäischen Sprachgeschichte bestätigt. Nomen, die von Verben des Hörens abgeleitet sind, beziehen sich im Allgemeinen auf Inhalte gehörter sprachlicher Äusserungen und nicht auf Geräusche und Klänge im Sinn des physikalisch Gehörten. Die dafür verwendeten Ausdrücke haben meist einen onomatopoetischen Ursprung, im Deutschen etwa *Knall, Klirren* oder *Bellen*, im Englischen beispielsweise *crash, bang* oder *pop*.[13] In den indoeuropäischen Sprachen spiegelt sich eine Denkentwicklung wider, die einerseits im Logos-Ideal der Antike und andererseits in ihrer notorischen Rhetorik-, Kontingenz- und Leibskepsis gründet. In der Antike wird das *epos*, die mündliche oder schriftliche Äusserung, unterschieden vom *logos*, der Sammlung *(legein)* von Wörtern, die dem universalen Grund, Ursprung oder Prinzip entsprechen. «Dieses Verbinden und Trennen von Worten, der Wechsel von Zusammenhalten und Auseinanderhalten mit dem Grund, betätigt sich nicht nur *sprechend*, in der Aussage, sondern *hörend*, im Vernehmen dessen, was heraus-gesagt ist, der Entsprechung unter den Worten. [...] Denn was vernommen wird, das ist jedesmal das Unterste von allem, die *archē*. Es ist, so gesehen, nicht etwas bloss *Logisches* im Sinne des Aussagens, sondern ein *Akroamatisches*, ein Zu-Hörendes, das ursprünglich zum Begründungsgefüge gehört. [...] Denn der *logos* ist Eines, ein Ganzes, das zum Anhören bestimmt ist und sich erst als Zu-Hörendes vollständig bestimmt – als reiner *Gedanke*».[14]

Ulrich Lincoln entdeckt die Denkfigur des auf einen Grund bezogenen Hörens auch in den Texten der Bibel, mit dem *sch'ma Israel* als «akroamatische[n] Imperativ» im Zentrum. «Gott spricht – und die geschaffene Welt hört das Wort

---

12 Vgl. Bullinger, ZHB (Anm. 10), cp. XXVI, 129.
13 Vgl. Eve Sweetser, From Etymology to Pragmatics. Metaphorical and Cultural Aspects of Semantic Structure, Cambridge 1990, 34f.
14 Vgl. Manfred Riedel, Logik und Akroamatik. Vom zweifachen Anfang der Philosophie, in: Philosophisches Jahrbuch 91, 1984, 225–237 (227f.).

«... a gift that God himself needs»

und findet damit ins Leben».[15] Für den Theologen verweist das Hören im Kontext der fundamentalen Erwählungsszene von Ex 19f. auf «gerade kein punktuelles, verklingendes [...], sondern eine Kontinuität und Konsequenz, die das ganze Leben der im Bund stehenden bestimmt und in diesem Sinne identitätsstiftend ist».[16] Die Hörwirkungen werden vollständig aus dem Gehörten abgeleitet, eine Relevanz des Hörereignisses wird explizit ausgeschlossen. Die «Geburt der Hörwelt aus dem Laut» wird «durch eine fertige Hörordnung» ersetzt.[17]

Gerade reformierten Ohren ist die biblische Dominanz des «Wortes» ganz vertraut: Gott selbst, als Fleisch gewordenes Wort in Jesus Christus (Joh 1,14), seine Kirche, als Schöpfung des Wortes Gottes und der Auftrag, das Wort Gottes aller Welt zu verkündigen (Mt 28,18–20) – Wörter über Wörter. Wörter brauchen Ohren. Entsprechend deutlich betont auch die Bibel das menschliche Hören: «*Wer Ohren hat, der höre!*» (Mt 13,9). Über Menschen, die Ohren haben, aber nicht hören, sagt Jesus einige Verse später: «*An ihnen erfüllt sich die Weissagung Jesajas: Hören sollt ihr, hören, aber nicht verstehen; sehen sollt ihr, sehen, aber nicht erkennen. Denn das Herz dieses Volkes ist hart geworden und mit ihren Ohren hören sie nur schwer und ihre Augen halten sie geschlossen, damit sie mit ihren Augen nicht sehen und mit ihren Ohren nicht hören, damit sie mit ihrem Herzen nicht zur Einsicht kommen, damit sie sich nicht bekehren und ich sie nicht heile. Ihr aber seid selig, denn eure Augen sehen und eure Ohren hören.*» (Mt 13,14–16) Wer nicht hören will, dem ist das Heil verwehrt. *Wer nicht hört, gehört nicht dazu.*

Hinter der Fokussierung auf ein kommunikatives Verständnis von Hören als mediale Ausdrucksgestalt[18] steht ein soteriologisches Motiv, wie Lincoln zusammenfassend festhält: «Es ist die drängende Frage nach dem normativen und soteriologischen Status des Hörens, die den Glauben Israels und der frühen Kirche gleichermassen bestimmt und umtreibt. Dieser Imperativ impliziert einen Ruf zur Aufmerksamkeit, der seinen besonderen Ernst vor dem Hintergrund eines jederzeit möglichen und tatsächlich erlebten Nicht-Hörens erhält.»[19] Die Konstruktion von Hören als Gegenbegriff zu einem Nicht-Hören, das von den Hörenden selbst («Verstockung», «verstocktes Herz») verschuldet und deshalb selbst zu verantworten ist, leistet einem pädagogisch-didaktischen Hörverständnis Vorschub. In diesem Sinn wird zustimmend auf Ulrich H. J. Körtner verwie-

---

[15] Vgl. Ulrich Lincoln, Die Theologie und das Hören, Tübingen 2014, 67.
[16] Lincoln, Theologie (Anm. 15), 69.
[17] Waldenfels, Lautwerden (Anm. 3), 195.
[18] Vgl. Mirjam-Christina Redeker, Wahrnehmung und Glaube. Zum Verhältnis von Theologie und Ästhetik in gegenwärtiger Zeit, Berlin/New York 2011, 301–331.
[19] Lincoln, Theologie (Anm. 15), 77.

sen. «Metaphorisch gesprochen ist die Bibel eine Schule des Hörens. Wer in ihr lernt, Gott reden zu hören, dessen Ohr ist auch geschult, die Schöpfung von Gott reden zu hören.»[20] Die Frage nach dem Hören Gottes wird mit einem didaktischen Programm aus einer hierarchischen Kommunikationskonstellation heraus beantwortet. Hören schrumpft auf das Gehörte im illokutionären und – im Blick auf die Sanktionsgewalt – performativen Schema von anweisender Anrede und reaktivem Gehorsam zusammen. Damit die Hörrechnung aufgeht, muss das Gehörte als immer schon Bekanntes vorausgesetzt werden. Hören begegnet nicht als «hörendes», sondern ausschliesslich als «gehörtes Hören».[21] Es «überspringt [...] die Sinnlichkeit hin auf deren Sinn».[22]

Hans-Joachim Kraus rekonstruiert ein biblisches Hörschema auf der Grundlage von Spr 22,17f.: *«Neige dein Ohr den Worten der Weisen und höre sie, und nimm dir mein Wissen zu Herzen. Schön ist es, wenn du sie in dir bewahrst, wenn sie bereitstehen auf deinen Lippen.»* Der reformierte Alttestamentler fasst zusammen: «Hören – erkennen – im Inneren bewahren. Auf diesen drei Akten steht jede Tradition.»[23] Hören wird als dreigliedrige Aktkomposition verstanden, bestehend aus verschiedenen Handlungsaktionen, die durch die Hörgehalte zu einer Einheit verbunden sind. Aus der biopolitischen Perspektive Michel Foucaults bildet das Hören als internalisierte Selbststeuerung bei Kraus eine Alternative zum pädagogisch-didaktischen Schema von Lincoln und Körtner. Beide Modelle unterstellen eine kausale Relation der Hörwirkungen, die das Hören in eine Zeitstruktur einbettet, als Voraussetzung für die unterstellte Hörintentionalität. Natürlich schafft sich der «Laut der Stimme» – mit Waldenfels – «seinen Zeit-Raum». Dieser darf aber nicht «mit einem Gefüge von Zeit- und Raumstellen» gleichgesetzt oder verwechselt werden.[24]

Die von Lincoln, Körtner und Kraus diskutierten normativ-kommunikativen Hörkonstellationen begegnen an vielen Stellen in der Bibel. Aber sie präsentieren nur *einen* – für die kirchliche und theologische Rezeptionsgeschichte zweifellos zentralen – Ausschnitt aus dem komplexen biblischen Hörpanorama. Darüber hinaus stellt sich die Frage, ob der Fokus auf die *Geltung* der Hörwirkungen aus

---

[20] Ulrich H. J. Körtner, Theologie des Wortes Gottes. Positionen – Probleme – Perspektiven, Göttingen 2001, 188.
[21] Waldenfels, Lautwerden (Anm. 3), 198.
[22] David Espinet, Phänomenologie des Hörens. Eine Untersuchung im Ausgang von Martin Heidegger, 2., erg. Aufl., Tübingen 2016, 211.
[23] Hans-Joachim Kraus, Hören und Sehen in der althebräischen Tradition, in: ders., Biblisch-theologische Aufsätze, Neukirchen-Vluyn 1972, 84–101 (93).
[24] Waldenfels, Lautwerden (Anm. 3), 197.

dem Gehörten – Gott hat's gesagt, gefordert oder befohlen – die *Genese* des Hörens nicht auf den Kopf stellt.[25] Bedeutet Körtners biblisches Lernprogramm «Gott reden zu hören», nicht nur den Erwerb einer technischen Kompetenz, die das, wozu sie befähigen soll – Gott in der Schöpfung zu hören –, bereits voraussetzt? Muss eine Person nicht gehört haben, um hören wollen zu können – einmal unterstellt, dass Hören gewollt und verweigert werden kann? Und liegt dem Geltungsschema «Hören – erkennen – im Inneren bewahren» von Kraus nicht eine entgegengesetzte Genese zugrunde? Salomo bittet Gott im Traum um ein *«Herz, das hört»* (1Kön 3,9). Das Herz gilt in Ägypten und Israel als «das Organ, durch das Gott ‹gehört› wird und durch das Gott den Menschen ‹einwohnt›».[26] Muss dieses Einwohnen Gottes nicht vorausgesetzt werden, damit er überhaupt gehört werden kann? Die Hörbemächtigung durch Gott lässt sich nicht plausibel mit irgendwelchen medientheoretischen Koronarfunktionen erklären, wie Erich Zenger vorschlägt: «Das Herz ist nach diesem Konzept jene Stelle im Menschen, wo alle Sinnes-Eindrücke zusammenlaufen, gespeichert und verarbeitet werden. Vom ‹Herzen› gehen dann die Urteile und die Entscheidungen des Menschen aus. Insofern ist das ‹Herz› der Ort im Menschen, der alles, was von aussen kommt, ‹hört› und dann darauf reagiert.»[27] Das Missverständnis zeigt sich bereits auf ästhetischer Ebene, wenn die nüchterne Erklärung des Theologen mit der Ergriffenheit verglichen wird, die den Protagonisten aus Jean Pauls *Flegeljahren* überkommt, als seine «Herzohren» erstmals eine Haydn-Symphonie erleben: «Walt [...] wurde durch das ihm neue Wechselspiel von Fortissimo und Pianissimo [...] in einen Strom gestürzt und davongezogen, gehoben, untergetaucht, überhüllt, übertäubt, umschlungen und doch – frei mit allen Gliedern. Als ein Epos strömte das Leben unten vor ihm hin, alle Inseln und Klippen und Abgründe desselben waren eine Fläche – es vergingen an den Tönen die Alter – das Wiegenlied und der Jubelhochzeit-Gesang klangen ineinander, eine Glocke läutete das Leben und das Sterben ein – er regte die Arme, nicht die Füsse, zum Fliegen, nicht zum Tanzen – er vergoss Tränen, aber nur feurige, wie wenn er mächtige Taten hörte – und gegen seine Natur war er jetzt ganz wild.»[28]

---

[25] Zum schwierigen Verhältnis von Genese und Geltung vgl. Philipp Stoellger, Genesis der Geltung und Geltung der Genesis. Eine Frage der Deutungsmacht, in: ZKph 8, 2014, 21–33.
[26] Erich Zenger, «Gib deinem Knecht ein hörendes Herz!» Von der messianischen Kraft des rechten Hörens, in: Thomas Vogel (Hg.), Über das Hören. Einem Phänomen auf der Spur, Tübingen 1996, 27–43 (41).
[27] Ebd.
[28] Jean Paul, Flegeljahre. Eine Biographie, in: ders., Werke. Bd. 2, München 1959, 742.

Dagegen krankt die theo-kardiologische Deutung Zengers an einem doppelten Reduktionismus: Einerseits verlegt er die Funktionen, die wir heute dem Gehirn und Nervensystem zuordnen, in das Herz. Damit rutscht das Herz zwar nicht in die Hose, aber das Gehirn in den Brustkorb. Andererseits erklärt er das hörende Herz zu einer einfachen Reiz-Reaktions-Verarbeitungsmaschine von Wahrgenommenem und Gehörtem. Beides wirft die Frage auf, warum in den biblischen Texten überhaupt ein alternatives Hörorgan begegnet, wenn es lediglich die Funktion der Ohren dupliziert. Auf grundsätzlicher Ebene: Gibt sich Gott seiner Schöpfung ausschliesslich in den Weisen zu hören, wie sich die Schöpfung selbst Gehör verschaffen kann? Die Metaphern vom hörenden und sehenden Herz (Antoine de Saint-Exupéry) lassen Hörkonstellationen und -ereignisse erahnen, die dem Herz einen eigenen Sinn zutrauen, jenseits seiner bloss instrumentellen Nutzung als Sehhilfe oder Hörgerät.

Eine offenbarungsaffine Wort-Gottes-Theologie bemüht sich darum, eine Konfundierung des göttlichen Wortes mit seiner menschlichen Verschriftlichung, Hermeneutik und den Methoden seiner wissenschaftlichen Erklärung und Begründung zu vermeiden. Das geht auf Kosten der Aufmerksamkeit dafür, das Offenbarungsereignis im Hören vor einer Determinierung auf das Geoffenbarte zu schützen. So droht eine Grammatikalisierung des Offenbarungs*ereignisses* zum Offenbarungs*text*. Auf das Wachhalten dieser Differenz zielt die Unterscheidung zwischen «hörendem» und «gehörtem Hören» und ist deshalb theologisch von grundlegender Bedeutung. Die Unterscheidung klingt für unsere Ohren ungewöhnlich, weil die deutsche Schriftsprache über keine begriffliche Entsprechung verfügt wie etwa das Schweizerdeutsch mit *lose* und *ghöre,* das Englische mit den Ausdrücken *listen* und *hear* oder das Französische mit der Unterscheidung zwischen *écouter* und *entendre.*[29] Die Differenz lässt sich im Deutschen nur indirekt mit dem aktivitätsbasierten Ausdruck *Hören* und dem erfahrungsbasierten Lexem *Zuhören* wiedergeben.[30] Bernhard Waldenfels erwähnt die beiden Hörmodi mit Verweis auf eine Differenzierung Max Imdahls zwischen einem «sehenden und wiedererkennenden Gegenstandssehen».[31] Das wieder-

---

[29] Waldenfels, Lautwerden (Anm. 3), 195; zur französischen Sprachvariante vgl. Dominique Willems / Klaas Willems, Verbales Wortfeld, Norm und Polysemie. Eine synchronische Analyse des verbalen hören-Paradigmas im Französischen, in: ZrP 126, 2010, 237–274; Nancy, Gehör (Anm. 7), 9–15.

[30] Vgl. Judith Huber, Gehören, gehorchen, verstehen, aufhören: Polysemie und Bedeutungswandel bei ‹(Zu-)Hören›, in: Magdalena Zorn / Ursula Lenker (Hg.), (Zu-)Hören interdisziplinär, München 2018, 57–71 (58).

[31] Max Imdahl, Cézanne – Braque – Picasso. Zum Verhältnis zwischen Bildautonomie und Gegenstandssehen, in: Wallraf-Richartz-Jahrbuch 36, 1974, 325–365 (325).

erkennende Sehen bildet den Normalfall – Imdahl spricht von einer Überordnung –, bei dem «im Sehen eines in der Realität vor Augen tretenden Gegenstandes das im Sehenden schon vorgefasste Konzept dieses Gegenstandes optisch eingelöst wird».[32] Wiedererkennendes Sehen nimmt das Gesehene im Rahmen einer vorgegebenen, internalisierten Sehordnung wahr. Sehen besteht in diesem Modus wesentlich aus Akten des Einordnens – resp. der «Bezugnahme» (Imdahl) –, bei dem das Gesehene als «Exemplar» eines Ordnungselements *erkannt* wird. Dagegen profiliert das sehende Sehen in seiner «optischen Unmittelbarkeit» einen gegenüber der vorgegebenen Gegenstandsordnung subversiven «Entdeckungszusammenhang».[33] Die Konstruktion des Bildes ist «nicht mehr eingeschränkt durch Gegenstandsabbildung, das heisst sie besteht unabhängig von solchen Repräsentationssystemen, die an der Norm gewohnter Gegenstandswahrnehmung orientiert sind. Als eine optisch autonome, allein nach der Evidenz ihrer immanenten, rein formalen Regelung bestimmte optische Konstruktion veranlasst das Bild ein autonomes, von den ‹Normalisierungen der Erfahrung› freigesetztes Sehen und ist zugleich die Organisationsform dieses autonomen Sehens: Ohne das Bild kommt ein solches, unvordenkliche Erfahrungen eröffnendes Sehen nicht zustande.»[34]

Der Kunsthistoriker verweist in diesem Zusammenhang auf Dieter Henrichs Kategorie des *Unvordenklichen,* die der Philosoph in Auseinandersetzung mit der Hegelschen Ästhetik entwickelt hat:[35] «Wird Vermittlung [zwischen Selbstbeziehung und unverfügbarem Grund; FM] unvordenklich genannt, so bedeutet dies, dass sie vollzogen werden muss, ohne dass man sich ihrer versichern kann. Sie entspricht damit dem, als was sich zuvor modernes Bewusstsein schon verstanden hat: mit sich selbst zusammengeschlossen zu sein und aus der Macht solcher Gegenwart zu leben, darin aber zugleich aus unverfügbarem Grund und somit jenseits seiner selbst zu sein.»[36] Deshalb könne eine daran anschliessende Kunst «auch nicht als Abbildung oder Widerspiegelung aufgefasst werden. Denn sie ist ebensosehr ein Vollzug, der allem Bildlichen sich entgegenstellt und den Genuss des Verweilens in der Gegenwart der reinen Erscheinung verweigert.

---

[32] Ebd.
[33] Vgl. zum Begriff Marco Hofheinz, «Er ist unser Friede.» Karl Barths christologische Grundlegung der Friedensethik im Gespräch mit John Howard Yoder, Göttingen 2014, 67–73.
[34] Imdahl, Cézanne (Anm. 31), 325.
[35] Vgl. Dieter Henrich, Kunst und Kunstphilosophie der Gegenwart (Überlegungen mit Rücksicht auf Hegel), in: Wolfgang Iser (Hg.), Immanente Ästhetik, ästhetische Reflexion. Lyrik als Paradigma der Moderne, München 1966, 11–32.
[36] Henrich, Kunst (Anm. 35), 20.

Zwar schafft sie Gebilde. Aber deren Sinn ist es, das Vertraute und je schon Verstandene umzubilden oder gar zu verbilden [...]. So entstehen Bilderwelten, die einzig dadurch von eigener Art sind, dass sie das Bewusstsein vermitteln, von Bildlichkeit emanzipiert zu sein. Sie entspringen einer Handlung, die sichtbare Gegenständlichkeit unterläuft, und sie werden nur dort angemessen wahrgenommen, wo sie die gleiche Handlung auslösen.»[37] Imdahl projiziert das dialektische Selbstverhältnis auf die «optisch autonome[n], ein autonomes Sehen freisetzende[n] und organisierende[n] Bildkonstruktion[en]»[38] von Cézanne, Braque und Picasso. Zwar bleiben die ersten beiden Künstler – im Gegensatz zum letztgenannten – der gegenständlichen Malerei verhaftet, emanzipieren sich aber – mit den Worten Henrichs – von der vorgegebenen «Bildlichkeit» im Sinn einer objektiven, jenseits ihres «Vollzugs» bestehenden Bildordnung. In gewisser Hinsicht nähern sich hier Seh- und Hörereignis an. Bei beiden ist die Person intrinsisch mit dem Vollzug, Erleben oder der Bemächtigung des extrinsischen Ereignisses verbunden. Freilich lenkt Imdahls missverständlicher Begriff der Autonomie von dieser Pathosdimension des Ereignisses eher ab. Zwar wird Autonomie weder auf den Status der Künstlerin oder des Künstlers noch den der Betrachtenden bezogen, sondern qualifiziert die *Situation* des Kunstschaffens und -betrachtens. Aber das, was bei Imdahl unter Autonomie firmiert, muss radikaler gedacht werden. Es besteht in der Totalität des Moments, der sich nicht in die Zeit hineinnehmen und geschichtlich konservieren lässt, nicht nur weil er sich dort augenblicklich in einen Totalitarismus verkehren würde. Theologisch gewendet geht es um die pneumatologische Lücke, die gefüllt werden kann, sofern sie leer und unbesetzt bleibt.

III. Eine falsche Alternative: Jerusalem versus Athen

«Der Apostel versichert uns, am Anfang sei das Wort gewesen. Was am Ende stehen wird, lässt er im Ungewissen.»[39] George Steiners Bemerkung formuliert auch einen Zweifel an der theologischen Hörkonzentration auf das ausgesprochene oder zu sprechende Wort. Zumindest probehalber sollte sich Theologe auf den Gedanken einlassen, erstens, dass Gott keine Ohren braucht und zweitens, dass Ohren auch wortlos die Botschaft hören können. Den Menschen der Bibel

---

37 Henrich, Kunst (Anm. 35), 22.
38 Imdahl, Cézanne (Anm. 31), 325.
39 George Steiner, Der Rückzug aus dem Wort, in: ders., Sprache und Schweigen. Essays über Sprache, Literatur und das Unmenschliche, Berlin 2014, 53–89 (53).

bereitete es jedenfalls keine Mühe, sich die Schöpfung selbst als sprach- und hörbegabt vorzustellen. In poetischer Konzentration konstatiert Ps 19,2–4: «*Der Himmel erzählt die Herrlichkeit Gottes, und das Firmament verkündet das Werk seiner Hände. Ein Tag sagt es dem andern, und eine Nacht tut es der anderen kund, ohne Sprache, ohne Worte, mit unhörbarer Stimme.*» Die Schöpfung hat sich eine Menge zu sagen, ohne dabei eine Sprachgrammatik zu bemühen und physiologische oder metaphorische Stimmbänder zu strapazieren. Die biblischen Zeugnisse von eigentümlichen Sprach- und Hörbegabungen werden häufig als Merkmal eines theologischen Hörsinns Jerusalems gedeutet, dem kontrastierend ein philosophischer Sehsinn Athens gegenübergestellt wird: «Das Auge ist nicht das Hauptorgan der jüdisch-christlichen Tradition. Sie hat eher eine Ohr- und Hörkultur hervorgebracht. Jacob Taubes, als jüdischer Rabbi und abendländischer Philosoph in der jüdischen und in der hellenistischen Kultur zu Hause, schreibt: ‹Wenn Hellas das Auge der Welt genannt wird, so lässt sich von Israel sagen, dass es das Gehör der Welt ist.› […] Die Griechen haben das Dasein sehend, die Hebräer haben es hörend und empfindend erlebt. […] Man traute den Augen nicht, nicht der Unmittelbarkeit der Erscheinungen. […] Darum hat diese Kultur eher Objekte des Hörens als des Sehens hervorgebracht. Sie hat Sprache geschaffen, sie hat Lieder geschaffen. Das Bilderverbot, die Skepsis gegen die Sichtbarkeiten ist ihre Begabung und ihre Grenze.»[40]

Die bis in die Gegenwart hinein bemühte binäre Erkenntniskonstellation beruht auf komplexen Voraussetzungen und bildet eine zeitgenössische Variante des alten Streits der Fakultäten. Sie zielt darauf, das biblische Bilderverbot als theologische Erkenntnismethode gegen konkurrierende wissenschaftliche Konzepte zu verteidigen. Unterstützung erhält die binäre Konstruktion aus der Linguistik, nach der die «Metaphern für Kognition und Intellekt» in oralen Gesellschaften «eher aus der Quelldomäne ‹Hören› denn aus ‹Sehen› (mit dem Spezialfall ‹Lesen›)» gewonnen werden.[41] Das gilt allerdings nicht für die deutsche Sprache, in der bereits im Mittelhochdeutschen «nahezu alle Wandelerscheinungen, die von einem Verb der visuellen Wahrnehmung ausgehen» vollzogen waren.[42] Der linguistische Befund sollte als Warnung vor einer überzogenen

---

[40] Fulbert Steffensky, Hören und Gehorchen, in: Zuhören e. V. (Hg.), Ganz Ohr. Interdisziplinäre Aspekte des Zuhörens, Göttingen 2000, 140–149 (141); vgl. dazu Frank Mathwig, Wo sind wir, wenn wir fragen? Zum Frage-Antwort-Ereignis im Heidelberger Katechismus, in: Martin Ernst Hirzel / Frank Mathwig / Matthias Zeindler (Hg.), Der Heidelberger Katechismus – ein reformierter Schlüsseltext (reformiert! 1), Zürich 2013, 245–283 (272f.).
[41] Huber, Gehören (Anm. 30), 70.
[42] Volker Harm, Regularitäten des semantischen Wandels bei Wahrnehmungsverben des Deutschen, Stuttgart 2000, 219.

Dichotomisierung der beiden Wahrnehmungsmodi gelesen werden: Wird das komplexe Verhältnis zwischen beiden übersehen, stiftet die idealtypische Gegenüberstellung mehr Verwirrung als Klarheit. Darüber hinaus besteht das Risiko, dass sie aus theologischer Sicht genau das verspielt, was sie zu leisten oder sogar zu retten vorgibt: eine alternative oder komplementäre *Art und Weise des In-der-Welt-Seins* und nicht nur unterschiedliche wahrnehmungsphänomenologische *Zugänge zur Welt*. Eine Differenzierung von Welt*zugängen* behauptet spezifische Weisen, *wie* auf das Objekt «Welt» referiert wird: Auf Welt kann sich *sehend* und/oder *hörend* (und/oder *schmeckend, riechend, tastend*) bezogen werden. Eine Unterscheidung zwischen der Art und Weise des *In-der-Welt-Seins* geht umgekehrt davon aus, dass das In-der-Welt-Sein spezifische Weisen der Weltwahrnehmung bestimmt: Die durch das Sehen konstituierte «*Seh*welt» sieht anders aus als sich die durch das Hören konstituierte «*Hör*welt» anhört. Die Differenz besteht nicht im Blick auf die spezifische Art der Sinneswahrnehmung. Ein Hund bleibt *dieser* Hund, egal ob er gesehen oder gehört wird, und eine Pizza bleibt *diese* Pizza, unabhängig davon, ob daran gerochen oder hineingebissen wird. Das gilt aber nicht in gleicher Weise für die Welt, *in* der gesehen und gehört wird. Sehen erlaubt einen Abstand zum Gesehenen, der dem Hören verwehrt ist. Es gehört zur Natur des Hörens, «nie anders zustande zu kommen als im Modus des Im-Klang-Seins. [...] Das Ohr kennt kein Gegenüber, es entwickelt keine frontale ‹Sicht› auf fernstehende Objekte, denn es hat ‹Welt› oder ‹Gegenstände› nur in dem Mass, wie es inmitten des akustischen Geschehens ist».[43] Gleichzeitig ist das Hören im Gegensatz zum Sehen stets flüchtig. Deshalb gibt es wohl die Möglichkeit eines «flüchtigen Sehens», aber keine analoge Operation eines «flüchtigen Hörens». Weiter kann zwar selektiv gesehen aber nicht selektiv gehört werden. Die Augen können fokussieren und dem Sehen eine Richtung geben. Die Ohren sind dagegen der Totalität der Schallwellen ausgeliefert. Schliesslich verfügt einzig der Hörsinn über keinen physiologischen Schutz- oder Verweigerungsmodus. Weghören gelingt nur metaphorisch oder indirekt durch Unaufmerksamkeit oder Ablenkung oder gewaltsam durch Eliminierung der Schallquelle. Gegen das Hören hilft nur Gewalt. Die Sehwelt ist eine aktive, die angeeignet werden muss. Sie konstituiert sich präzis durch Selektion zwischen Gesehenem und Ausgeblendetem. Die Hörwelt ist dagegen eine erlittene oder pathische, in der sich die Hörenden wiederfinden. Sie besteht genau in der Weise, wie die Welt in die Hörenden eindringt und sich ihrer

---

[43] Peter Sloterdijk, Wo sind wir, wenn wir Musik hören, in: ders., Der ästhetische Imperativ. Schriften zur Kunst, Berlin 2014, 50–82 (52).

bemächtigt. Deshalb kann zwar Gesehenes mit Gehörtem vermittelt werden und umgekehrt – der Hund kann sowohl gesehen als auch gehört werden –, aber das Sehen und Hören selbst sind inkommensurabel und nicht substituierbar. Sehen und Hören stehen insofern für unterschiedliche Weisen der Weltaneignung und des In-der-Welt-Seins. Die Unterscheidung alternativer Weisen der Welterkenntnis sind demgegenüber sekundär. Darauf spielt die oben missverständlich zitierte Unterscheidung von Hören und Sehen des Rabbiners und Philosophen Jacob Taubes an: «In der Offenbarung hört Israel die Stimme Gottes. Mit ‹höre Israel› wendet sich Mose an die Stämme. In der *keriath schma* [dem Verlesen des *Sch'ma Israel* beim Morgen- und Abendgebet; FM], im ‹Rufen des Höre›, nimmt der Jude täglich das ‹Joch des Königtums des Himmels› auf sich. Die Wirklichkeit Israels schwingt zwischen Gehor-sam und Ungehor-sam gegen Gott.»[44] Es geht also nicht um den Hörsinn allgemein, auch nicht um das Hören von Gottes Wort, sondern präzise um das Hören *in* der Offenbarung Gottes: «Im Feuer der Offenbarung Gottes ist die Stimme Gottes hörbar, aber keine Gestalt sichtbar. Die Offenbarung ist nichts ausser der Stimme Gottes. Die Stimme Gottes aber sprüht Feuerflammen.»[45] Hinter der scheinbaren Komplementarität von Sehen und Hören – das visuelle Feuer und die akustische Offenbarungsstimme – verbirgt sich die paradoxe Zumutung, dass das Feuer *als Offenbarung Gottes* nicht gesehen werden kann, sondern *gehört* werden muss. Feuer ist Feuer bleibt Feuer. Im *Zischen, Rauschen* oder *Prasseln* wird Offenbarung gehört. Die göttliche Offenbarung macht Israel nicht informierter oder schlauer, das Volk *weiss* weder mehr als andere noch als es selbst vorher wusste. Das *Hör*ereignis, das Hören der *Stimme* und nicht irgendeines *Wortes* Gottes, also das Hören selbst, ist *Gehorsams*ereignis. An dieser Stelle gilt es, alle reformatorisch-rechtfertigungstheologischen Formeln hinter sich zu lassen.[46] Hier kommt kein Gehorsam aus dem Hören, sondern das Hören ist der Gehorsam. Daraus folgt die höchst irritierende Einsicht, dass es kein ungehorsames Hören gibt. Ungehorsam kann nicht hören. Gehorsam ist keine moralische Pflichtübung aus einem Gehörten, sondern der biblische Hörmodus, die Art und Weise der Verortung im Sein. Gehorsam und Im-Hören-Sein umschreiben sich wechselseitig.

Die Deutung Taubes' konfrontiert der Alttestamentler Jürgen Ebach mit einer verblüffenden exegetischen Pointe. In der an die Bundesszene erinnernden

---

[44] Jacob Taubes, Abendländische Eschatologie, Berlin 2007, 27.
[45] Taubes, Eschatologie (Anm. 44), 16.
[46] Wie die rechtfertigungstheologisch motivierte Figur eines «intentionalen Hörens» scheitert, demonstriert der Versuch von Ulrich Lincoln, «Auf einmal ist ein Horchender gefunden.» Theologische Erwägungen zum menschlichen Hören, in: WzM 69, 2017, 203–215.

Frank Mathwig

Passage in Dtn 4,11f. begegnet in Vers 12 eine eigentümliche Formulierung, die in der Zürcher Bibel lautet: «*Und der Herr sprach zu euch aus dem Feuer. Den Schall der Worte habt ihr gehört, nur einen Schall, doch eine Gestalt habt ihr nicht gesehen.*» Im hebräischen Text heisst es dagegen: «*Und es sprach Jhwh zu euch mitten aus dem Feuer, eine Stimme von Worten konntet ihr hören, doch eine Gestalt konntet ihr nicht sehen – ausser einer Stimme.*»[47] In der Bibel gibt es viel zu sehen, mit Ebach: «Nicht das Sehen schlechthin ist in Bezug auf Gott ausgeschlossen, wohl aber das Sehen einer Gestalt. Sehen kann man die Wirkungen der Taten Gottes, sehen kann man die Lehre der Gebote und sehen kann man die Stimme Gottes. (Dass man sie auch und vor allem hören kann, versteht sich und wird auch in Dtn 4 mehrfach gesagt.) Die Gestaltlosigkeit Gottes (nicht nur in keiner Tiergestalt abbildbar, sondern auch weder männlich noch weiblich [...]) wird zum Grund des Verbots, sich ein Bild Gottes zu machen. Der Schöpfer geht in keinem Geschöpf auf. Rabbinisch formuliert: ‹Die Welt ist nicht der Ort Gottes. Gott ist der Ort der Welt›.»[48] Die Stimme Gottes muss mit allen Sinnen als seine Stimme gehört werden.

Die ungewöhnliche Formulierung vom Sehen der Stimme Gottes unterläuft die Jerusalem-Athen-Dichotomie. Dahinter steht das in den meisten Sprachen bekannte Phänomen sogenannter *intra-field changes* bei den Wahrnehmungsverben: «ein Verb erweitert seine Bedeutung von einer Sinnesmodalität hin zu einer anderen».[49] Dabei folgen die Ausweitungen einem unidirektionalen, also unumkehrbaren Polysemie-Ranking, das in der Evidentialität und Verlässlichkeit der Sinneswahrnehmungen gründet. Das Sehen und Hören haben dabei Vorrang vor den übrigen Sinneswahrnehmungen, wie bereits Augustinus in seinen *Confessiones* feststellt: «Das Sehen ist nur dem Auge eigentümlich. Wir gebrauchen aber dieses Wort auch von den anderen Sinnen, wenn wir sie auf das Erkennen richten. Wir sagen ja nicht ‹horch [*audi*], was da schimmert›, oder ‹riech [*olefac*] nur, wie es glänzt›, oder ‹schmeck [*gusta*] doch, wie es leuchtet›, oder ‹fühl an [*palpa*], wie hell es ist›. Für all diese Eindrücke gebrauchen wir das ‹Sehen› [*videre*]. Dagegen sagen wir nicht nur ‹schau [*vide*] nur, was für ein Lärm; schau

---

[47] Jürgen Ebach, Die Einheit von Sehen und Hören. Beobachtungen und Überlegungen zu Bilderverbot und Sprachbildern im Alten Testament, in: Rainer M. Jacobi / Bernhard Marx / Gerlinde Strohmaier-Wiederanders (Hg.), Im Zwischenreich der Bilder, Leipzig 2004, 77–104 (86).
[48] Ebach, Einheit (Anm. 47), 88.
[49] Huber, Gehören (Anm. 30), 61.

nur, welcher Geruch; schau nur, was für ein Geschmack; schau nur, wie hart das ist›.»[50]

Im vorliegenden Zusammenhang ist aber noch ein zweiter Aspekt von Sprachentwicklung bedeutsam, die sogenannten *trans-field changes*. Es handelt sich um «Bedeutungserweiterungen aus dem semantischen Feld der ‹Wahrnehmung› heraus [...] hin zu sozialen Bedeutungen».[51] Ein Beispiel dafür ist das *sch'ma Israel*, bei dem das *sch'ma* «je nachdem [.] ‹hören›, ‹zuhören›, ‹verstehen›, oder ‹gehorchen› bedeuten kann [...] Im Deutschen kann nicht nur *hören* in der Bedeutung ‹gehorchen› gebraucht werden [– ‹Der Hund hört überhaupt nicht› –], sondern das ‹Hören› findet sich allein schon in den Wörtern *ge-horchen, hör-ig* und *Ge-horsam* selbst».[52] In der deutschsprachigen Exegese werden diese Bedeutungserweiterungen der eigenen Sprache häufig direkt auf den hebräischen Text übertragen.[53] Aus dem Aufruf «Höre» wird dann ein *Zu-hören*, aus dem auf ein *Gehorchen* geschlossen wird, sodass der anfängliche Aufruf in eine moralische Aufforderung mündet. Gegen eine unbedachte Parallelisierung steht bereits der linguistische Befund, dass sich die *trans-field changes*, im Gegensatz zu den *intra-field changes*, nicht sprachübergreifend, sondern innerhalb der einzelnen Sprachen eigenständig vollzogen haben. Theologisch nivelliert die sprachliche Analogisierung vor allem die beiden Aspekte, die Taubes im Blick hat: Einerseits geht es nicht um die Kenntnisnahme einer göttlichen Offenbarung, sondern um das Hören *in* der Offenbarung Gottes. Andererseits bildet die Dichotomie von Gehorsam und Ungehorsam keine wählbare Handlungsoptionen, sondern die eine *Wirklichkeit* Israels. Die daraus folgende Konsequenz für das Hören, die beim Rabbi lediglich anklingt, bringt Martin Heidegger in seiner Vorlesung über den Logos bei Heraklit auf den Punkt: «Wir hören nicht, weil wir Ohren haben, sondern wir haben und können haben die Ohren, weil wir hören. Wir Menschen hören aber auch nur z. B. den Donner des Himmels, das Rauschen des Waldes, das Fliessen des Brunnens, das Klingen des Saitenspiels, das Rattern der Motoren, den Lärm der Stadt, wir hören das nur, insofern wir dem allem in irgendeiner Weise gehören und nicht gehören.»[54]

---

[50] Augustinus, Confessiones. Bekenntnisse. Lateinisch und Deutsch, eingeleitet, übersetzt und erläutert von Joseph Bernhart, München [4]1980, 10, X, 35, 54 (573).
[51] Huber, Gehören (Anm. 30), 71.
[52] Huber, Gehören (Anm. 30), 67.
[53] Vgl. exemplarisch Hans-Christoph Schmitt, Gehorsam (AT): www.bibelwissenschaft.de/stichwort/19146/ (08.05.2021).
[54] Martin Heidegger, Heraklit (GA 55), hg. von Manfred S. Frings, Frankfurt a. M. [3]1994, 247.

Die philosophische Bemerkung über die Korrelation von Hören und Gehören legt eine Fährte, wie über die Kirche als Hörgemeinschaft nachzudenken wäre. So selbstverständlich die Formel von der «Hörgemeinschaft Kirche» gebraucht wird, so unklar ist, mit welchem Organ Kirche eigentlich Gott hört. Wenn Hören auf die Rezeption und Decodierung akustischer Signale reduziert würde, dann schrumpfen die kirchlichen Hörquellen auf die Pfarrpersonen, Liturg:innen, Kirchenchöre, Kirchenmusik und den Lärm eines gelangweilten Kirchenpublikums zusammen. Dann würden die Kirchenbesucherinnen und -besucher immer nur das hören, was sie *selbst* hören. Soll das nicht alles gewesen sein, muss *Gehorsam* aus dem *Hören* über die Bande des *Gehörens* gespielt werden. Gehören meint nicht das freie Besitz- und Verfügungsverhältnis einer kapitalistischen Eigentumslogik, sondern die im Bundesschluss am Sinai unauflösbar besiegelte Gemeinschaft Gottes mit seinem Volk. Der fulminante Auftakt der ersten Frage/Antwort des *Heidelberger Katechismus* bildet insofern die präzise Paraphrase zum *sch'ma Israel*: «Was ist dein einziger Trost im Leben und im Sterben? Dass ich mit Leib und Seele im Leben und im Sterben nicht mir, sondern meinem getreuen Heiland Jesus Christus gehöre.»[55] Hören in der Bibel verortet die Hörenden im Hör-, Klang- und Offenbarungsraum Gottes. Und was hören sie dort? Sie «horchen» den (nicht *dem!*) sich offenbarenden Gott – nicht *auf* Gott, nicht *auf* seine Offenbarung und nicht *auf* das von Gott *Offenbarte*. Jean-Luc Nancy hat für diese Unmittelbarkeit des anwesenden Lauschens den Ausdruck «vernehmen» *(écouter)* vorgeschlagen, der «allem ‹sagen hören› (eher als ‹rauschen hören›)» vorausgeht und in dem «ein ‹Sagen-hören›» enthalten ist, «mag der wahrgenommene Laut nun Sprache sein oder nicht. Doch eben dies ist vielleicht umkehrbar: In jedem Sagen [...] gibt es Vernehmen, und im Vernehmen selbst, an seinem Grunde, ein Horchen. Das würde besagen: Vielleicht muss der Sinn nicht bloss Sinn machen (oder *logos* sein), sondern überdies klingen.»[56] Das Klangliche ist «tendenziell methexisch (das heisst in der Ordnung der Teilnahme, des Teilens oder der Ansteckung)».[57]

---

[55] Zitiert nach Georg Plasger / Matthias Freudenberg (Hg.), Reformierte Bekenntnisschriften. Eine Auswahl von den Anfängen bis zur Gegenwart, Göttingen 2005, 154.
[56] Nancy, Gehör (Anm. 7), 14.
[57] Nancy, Gehör (Anm. 7), 21.

IV. Eine kurze Gegenprobe: *Hearingness* versus *Deafness*

Dass der Glaube aus dem Hören kommt (Röm 10,17) und dass selig sind, die nicht mehr sehen und doch glauben (Joh 20,29) sind eingängige Ohrwürmer für christliche sozialisierte Ohren. Aber macht der schwankende Luftdruck physikalischer Schallwellen den Glauben? Dazu ein kurzer Wortwechsel zwischen einer Schülerin und ihrem Lehrer an einer Gehörlosenschule: «Wissen Sie was [...], Gott ist gehörlos!» – Wie kommst Du darauf? – «Na ich bete und er antwortet nicht – ganz einfach, er ist gehörlos!»[58] Die verblüffende Schlussfolgerung der gehörlosen Schülerin ist in mehrfacher Hinsicht theologisch aufschlussreich: Einerseits erklärt sie das Schweigen Gottes nicht – wie zu erwarten wäre – mit ihrer eigenen Gehörlosigkeit. Für sie hängt die Möglichkeit, Gott zu hören, nicht von der eigenen physiologischen Hörfähigkeit ab. Andererseits kehrt sie den Spiess um und schliesst vom Schweigen Gottes messerscharf auf *dessen* Gehörlosigkeit. Das Ausbleiben der Stimme oder das Verstummen Gottes liegt nicht daran, dass die Menschen Gott nicht hören, sondern daran, dass Gott die Menschen nicht hört. Nebenbei präsentiert die Schülerin auch eine inklusiv-egalitäre Lösung des Theodizee-Problems: Gott überhört die Menschen nicht, sondern hört sie schlicht nicht, nicht weil er nicht hören will, sondern weil er nicht hören kann. Wenn Gott Hören und Sehen vergeht, ändert sich alles: Weil Gott niemanden hört, *unabhängig* davon, ob jemand sprechen kann oder nicht, kann niemand Gott hören, *unabhängig* davon, ob jemand hören kann oder nicht. Ein gehörloser Gott würde sich notgedrungen allen Menschen gegenüber – ob hörend oder gehörlos, ob sprechend oder sprachlos – gleich verhalten und alle gleichbehandeln. Die Hörenden hätten den Gehörlosen und die Sprechenden den Sprachlosen nichts voraus, weil Gott nicht hören und deshalb nicht antworten kann. Und wenn es nichts zu hören gibt, dann kann auch nichts überhört werden.

Natürlich begegnet diese befremdliche Argumentation nicht in der Theologie. Aber warum eigentlich nicht? Müsste eine Theologie – vor allem, wenn sie die Selbstoffenbarung Gottes ins Zentrum rückt – nicht genau an diesem Punkt einzusetzen? Das Nichthören und Schweigen – theologisch die «Verborgenheit Gottes»[59] – bilden keine Ausnahmesituation, sondern den menschlichen und

---

[58] Thomas Günzel, Der gehörlose Gott. Mit gehörlosen Jugendlichen über Gott ins Gespräch kommen, in: Gottfried Lutz / Veronika Zippert (Hg.), Grenzen in einem weiten Raum. Theologie und Behinderung, Leipzig ²2007, 196–209 (196). Ein ergänzendes, vielleicht sogar Gegennarrativ findet sich bei Bertolt Brecht, Mutter Courage und ihre Kinder. Eine Chronik aus dem Dreißigjährigen Krieg, in: ders., Stücke II, Berlin, Weimar ²1975, 90f.

[59] Vgl. Haig Khatchadourian, How to Do Things with Silence, Boston/Berlin 2015;

Frank Mathwig

deshalb auch kirchlich-theologischen Normalfall. Es geht nicht um die Frage, ob und wie Gott die Gebete sprachloser Menschen hört und ob und wie Gott auf die Gebete gehörloser Menschen antwortet. Vermutlich ist das eine Frage, die nur hörenden und sprechenden Menschen in den Sinn kommen kann. Das Beispiel der gehörlosen Schülerin präsentiert die *Inversion*, nicht *Negation* – also die Umkehrung aber nicht Bestreitung – einer theologischen Reflexion über das Hören. Die theologische Normalperspektive findet sich gespiegelt in der Situation des jungen Sam wieder, von dem die hörbeeinträchtigte Linguistin Carol Padden und der gehörlose Pädagoge Tom Humphries berichten. Sam erkannte eines Tages, «dass seine Freundin tatsächlich höchst seltsam war. Sie spielten bei ihr zuhause, als plötzlich ihre Mutter hereinkam und lebhaft die Lippen bewegte. Wie durch einen Zauber nahm das Mädchen das Puppenhaus und stellte es an einen anderen Platz. Sam war völlig perplex und ging nach Hause, um sich bei seiner Mutter zu erkundigen, was für ein Leiden das Mädchen von drüben eigentlich genau hätte. Seine Mutter erklärte, sie sei ‹hörend› und könne deswegen nicht ‹gebärden›; stattdessen würden sie und ihre Mutter ‹sprechen›, ihre Münder bewegen und so miteinander kommunizieren.»[60]

Gehörlose Menschen nehmen – wie die *Deaf-Culture-Studies* gezeigt haben – ihre *Deafness* häufig erst wahr, wenn sie sich in der Welt der Hörenden oder als ihr gegenübergestellt erleben. Aus gesellschaftlicher Sicht gibt es *gehörlose* Menschen, nicht weil sie gehörlos sind, sondern weil es *hörende* Menschen gibt und *vice versa*. Jede Abweichung setzt eine positive Normalitätsordnung voraus, von der abgewichen werden kann.[61] Auch das Nachdenken über das Hören Gottes erfolgt stets im Kontext historischer, gesellschaftlicher und eigener Sprach- und Hörgewohnheiten. Deshalb kann der Gott in Kirche und Theologie – entgegen

---

Daniel Howard-Snyder / Paul K. Moser (Hg.), Divine Hiddenness. New Essays, Cambridge 2002 (darin bes. den dialogischen Text von John L. Schellenberg, What the Hiddenness of God Reveals: A Collaborative Discussion); Adam Green / Eleonore Stump (Hg.), Hidden Divinity and Religious Belief. New Perspectives, Cambridge 2015; John L. Schellenberg, Divine Hiddenness and Human Reason, Ithaca/London 1993; und aus musiktheoretischer Sicht: Salomé Voegelin, Listening to Noise and Silence. Towards a Philosophy of Sound Art, New York 2010; John Cage, Silence, Middletown 1973.

[60] Carol Padden und Tom Humphries, Gehörlose. Eine Kultur bringt sich zur Sprache, Seedorf 1991, 21f.; zitiert nach Chae-Lin Kim, (Nicht-)Hören: Deafness vs. Hearingness, in: Zorn/Lenker (Hg.), (Zu-)Hören (Anm. 30), 105–118 (106).

[61] Vgl. ebd. sowie Michele Friedner / Stefan Helmreich, Sound Studies Meets Deaf Studies, in: Senses & Society 7, 2012, 72–86. Die Defizitperspektive zeigt sich anschaulich darin, dass die Erfindung des Telefons durch den Sprachtherapeuten und -lehrer für Gehörlose, Graham Bell, und die Miterfindung des Telefons durch den halb gehörlosen Thomas Alva Edison explizit auch darauf zielten, Hörbeeinträchtigungen zu kompensieren.

«... a gift that God himself needs»

allen Behauptungen von seiner gänzlichen Andersheit – gar nicht anders *gedacht* werden, als in Kategorien mehr oder weniger starker Normalabweichung. Sein ganz-anders-Sein kann *sprachlich* immer nur als Abweichungsgrad zur Normalität bestimmt werden. Gottes Andersheit lässt sich nicht auf den Begriff bringen oder in einem Sprachspiel deklinieren. Das ganz Andere wäre notwendig die Leerstelle jeglicher Kommunikation darüber. Insofern bleibt das Hören Gottes – als *genitivus objectivus* und *genitivus subjectivus* – unbestimmt.

V. Immersion: «Der Gott der Ohren»[62]

Faithless und *Pink* können ein Lied davon singen: «God is a DJ». Die eine zerrt den von Kurt Cobain angeknabberten *Chocolate Jesus* von Tom Waits auf die Tanzfläche. Die anderen finden Heilung und Gerechtigkeit in ihrer vom Summen zwischen Stimme und Beat erfüllten Kirche. R. Murray Schafer, der mit Glen Gould nicht nur den Klavierlehrer teilte, hatte Anfang der 1970er Jahre ein Projekt lanciert, bei dem weltweit die akustischen Dimensionen von Orten, Räumen, Landschaften und Situationen aufgezeichnet wurden, um deren «akustische Identität» zu erforschen.[63] Der kanadische Klangforscher und Komponist wollte «Landschaft mit den Ohren sehen»,[64] entwickelte Theorien zu «Soundscape» und «Akustischer Ökologie» und leistete wichtige Vorarbeiten für aktuell intensiv diskutierte Immersionskonzepte. Immersion (lat. *immersio*) bezeichnet ursprünglich das physikalische Eintauchen eines Objekts in eine Flüssigkeit und im übertragenen Sinn die Absorbierung von Objekten oder Lebewesen durch ihre Umwelt. Etwas salopp formuliert geht es um eine ästhetische Adaption der christlichen Taufe. Mit dem Eintauchen befindet sich die Person – wie die Musikwissenschaftlerin Marie Louise Herzfeld-Schild bemerkt – «nicht mehr auf dem Trockenen, sondern ist rundum von Wasser umgeben, was zu veränderten Sinneswahrnehmungen und einer veränderten Erfahrung der Naturgesetze (wie z. B. der Schwerkraft) führt. [... Der Mensch] ist im Wasser ganz anders auf seine Körperlichkeit angewiesen – die Stärken und Schwächen des Körpers bekommen

---

[62] Friedrich A. Kittler, Der Gott der Ohren, in: Dietmar Kamper / Christoph Wulf (Hg.), Das Schwinden der Sinne, Frankfurt a. M. 1984, 140–155.
[63] Vgl. Sabine Breitsameter, Hörgestalt und Denkfigur. Zur Geschichte und Perspektive von R. Murray Schafers *Die Ordnung der Klänge,* in: R. Murray Schafer, Die Ordnung der Klänge. Eine Kulturgeschichte des Hörens, Berlin 2010, 7–32.
[64] Breitsameter, Hörgestalt (Anm. 63), 15.

andere Bedeutungen.»[65] Immersion kann weder auf der Seite des Wassers oder der Musik noch auf der Seite des Subjekts lokalisiert werden, sie ereignet sich im Moment des Aufeinandertreffens. «Musikalische Immersion ist aus diesem Blickwinkel nicht in erster Linie (nur) durch die Medien charakterisiert, die immersiv auf das Ich einwirken; sie ergibt sich vielmehr aus einer spezifischen Begegnung zwischen Musik und Ich, die zu einer veränderten Aufmerksamkeit des Ich selbst führt und damit die neue Umwelt bewirkt; eine Umwelt, die nur in der Wahrnehmung des Ich, im Verhältnis zum Ich, zu einer neuen Umwelt wird.»[66]

Natürlich lassen sich solche Resonanzereignisse nicht angemessen beschreiben. Sie wollen erlebt werden. Ein Vorschlag: Tolerante Nachbar:innen, ein bequemes Sitzmöbel, eine gute Musikanlage und eine technisch anständige Aufnahme von Pink Floyds *The Dark Side of the Moon*. Wer wenig Zeit hat, kann sofort den achten Track *Brain Damage* anwählen, der nahtlos in den letzten Track *Eclipse* übergeht. Die Lautstärke sollte den üblichen Pegel deutlich überschreiten. Wer sich dann noch intellektuell unterfordert fühlt, kann zu Friedrich A. Kittlers verrücktem Essay *Der Gott der Ohren* greifen. Roger Waters' Gesang im von ihm komponierten und getexteten *Brain Damage* liefert eine Art Protokoll darüber, was mit den Hörenden während des Hörens geschieht. Der Sound streift nur kurz die Ohren, um sich dann sein eigenes Hörorgan zu schaffen. Der Wahnsinn *(the lunatic)* beginnt harmlos zwischen Lachen und Kinderspielen auf der Wiese, begegnet dann im Flur, der sich wenig später als der in der eigenen Wohnung herausstellt, und nistet sich schliesslich im Kopf ein. Begleitet wird der akustische Kreuzweg von Waters' harmlos-unbeteiligter Protokollstimme und einer Musik, die erst Fahrt aufnimmt, als längst alles zu spät ist. Verräterisch mutet allein das gesampelte Lachen an, das an mehreren Stellen des Albums und auch auf der dritten Stufe des Wahnsinnsparcours irgendwo im Hintergrund auftaucht, sich aber längst im Hirn festgesetzt hat: «You lock the door / And throw away the key, / There's someone in my head but it's not me.» Die Musik flutet keinen Raum, vielmehr macht sie sich ihren eigenen, in dem sie die Hörenden platziert. Hören ist – in unserer derzeit so epidemiologisch aufgerüsteten Sprache – hemmungslose Kontamination. *Brain Damage* singt – wie Kittler anmerkt – «nicht von Liebe oder sonstwelchen Themen – es ist eine einzige und positive Rückkoppelung zwischen Sound und Hörerohren. Klänge verkünden, was von

---

[65] Marie Louise Herzfeld-Schild, Musikalische Immersion. «Hörende Anwesenheit spüren», in: Navigationen – Zeitschrift für Medien- und Kulturwissenschaften 19/1, 2019, 71–88 (71f.).
[66] Herzfeld-Schild, Immersion (Anm. 65), 72.

«... a gift that God himself needs»

Klängen vorangestellt wird. Und das überbietet alle die Wirkungen, die das alte Europa vom Buch der Bücher oder unsterblichen Dichtern versprach.»[67]

Unabhängig vom Urteil des Literatur- und Medienwissenschaftlers trifft zu, dass die Menschen der Bibel und die, die darin lesen, eine Rückkopplung zwischen dem dort Bezeugten und ihrem Leben erwarten oder erhoffen. Das Gehörte oder Gelesene wird dann nicht als Äusserung oder Text erlebt, sondern als Klang oder Atmosphäre des Raumes, in dem gehört oder gelesen wird. Entscheidend sind nicht die Raumattribute, die nüchterner oder esoterischer ausfallen können, sondern die Gewissheit, in diesem und keinem anderen Raum zu sein oder sein zu können. Theologisch wird diese Gewissheit unter dem Topos «Begegnung» und für freiere Geister unter George Batailles «Kitzeln»[68] gefasst. Immersion kann theologisch mit Dietrich Ritschl als «Bewohnen d[er] biblischen Geschichten» oder als Stehen im biblischen «Sprachstrom» ausbuchstabiert werden.[69]

Bleibt die Frage des Titels nach dem Geschenk, das Gott selbst braucht. In einem Vortrag über *Love Songs* geht Nick Cave am Rande auf die Bedeutung seiner Gottesbeziehung für das eigene künstlerisches Schaffen ein: «I found through the use of language, that I wrote God into existence. Language became the blanket that I threw over the invisible man, that gave him shape and form. The actualising of God through the medium of the Love Song remains my prime motivation as an artist. The Love Song is perhaps the truest and most distinctive human gift for recognising God and a gift that God himself needs. God gave us this gift in order that we speak and sing Him alive because God lives within communication.»[70] Auch wenn die letzten Wörter an Christoph Schwöbel erinnern mögen, irritiert der übrige Teil durch die seltsamen Subjektzuschreibungen. Da wird Gott lebendig geschrieben, gesprochen und gesungen und erhält durch die Gabe der *Love Songs* Gestalt und Form. In einer Antwort auf die Frage «A Prayer to who?» in seinem Blog *Red Hand Files* setzt der australische Musiker noch eins drauf: «There is as much chance of our prayers being answered by a

---

[67] Kittler, Gott (Anm. 62), 150.

[68] Vgl. Georges Bataille, Zwei Fragmente über das Lachen, in: ders., Die Freundschaft nebst Das Halleluja (Die Atheologische Summe II), München 2002, 182–188.

[69] Dietrich Ritschl, Die Protestanten und das Wort, in: ders., Theorie und Konkretion in der Ökumenischen Theologie. Kann es eine Hermeneutik des Vertrauens inmitten differierender semiotischer Systeme geben?, Münster 2005, 159–163 (163); Dietrich Ritschl / Martin Hailer, Diesseits und jenseits der Worte. Grundkurs Christliche Theologie, Neukirchen-Vluyn 2006, 376–379.

[70] Nick Cave, Words ... The Love Song. A lecture by Nick Cave, in: AnOther Magazine Autumn/Winter 2004, 397–400 (397).

God that exists as a God that doesn't.»[71] Tatsächlich ist das Zitat eine passgenaue Reaktion auf die Erfahrung des gehörlosen Mädchens. Unverständlich wirkt es nur, wenn das inverse Verhältnis zwischen Hören und Gehörtem bzw. Sprechen und Gesprochenem ausgeblendet wird. Dann brechen die üblichen Kausalitäts-, Hierarchie- und Copyright-Probleme auf.

Wie so häufig zeigt sich auch hier das jüdische Denken weitaus geschmeidiger als das christliche: «Rabbi Levi sprach: Der Heilige, gelobt sei Er, zeigte sich ihnen wie dieses Bild, dessen Gesicht in alle Richtungen gewandt ist. Tausende blicken es an, und es sieht jeden einzelnen an. So auch der Heilige, gelobt sei Er, da Er sprach; jeder einzelne aus dem Volk Israel sagte: ‹Die Rede war mit mir›. Es heisst nicht, ‹Ich bin, sondern bin der Herr, dein Gott›. Rabbi Jossi bar Chanina sprach: ‹Gemäss der Kraft eines jeden einzelnen sprach die [göttliche] Rede›.»[72] Nick Cave schliesst nahtlos an die rabbinische Auslegung aus dem 13. Jahrhundert an, die die Triade plausibel macht: Gott hören – Gott gehören – Gottes (Sprech-)Organ werden.

Der Untertitel «Über die Rede vom Hören Gottes» nötigt dazu, über die darin vorausgesetzten Hörkonstellationen nachzudenken. Als Frage taugt er nur dazu, die Unmöglichkeit der Frageperspektive offenzulegen. Wenn es zutrifft, dass sich im Kontext des jüdisch-christlichen Denkens «Hören» nicht auf «Gehorsam», sondern auf «Gehören» reimt, wäre es absurd, den/die Hörsinn/e nach/auf ein Aussen zu richten. Vielmehr gälte es, Gott, sich und alles andere aus Gott herauszuhorchen. Der Elchtest der gehörlosen Schülerin für die theologische Normalperspektive auf das Hören erweist sich dann als echte theologische Alternative: Die Option, Gott zu hören oder nicht zu hören, besteht nicht. Möglich wäre allenfalls, sich in Gott zu verhören – in den beiden grammatisch analogen Formen des sich Verlaufens und sich Verliebens.

---

71 www.theredhandfiles.com/a-prayer-to-who/ (24.01.2023).
72 Moshe Idel, A E I O U. Die laut gelesene Tora. Stimmengemeinschaft in der jüdischen Mystik, in: Friedrich Kittler / Thomas Macho / Sigrid Weigel (Hg.), Zwischen Rauschen und Offenbarung. Zur Kultur- und Mediengeschichte der Stimme, Berlin 2002, 19–53 (25). Und wenig später präzisiert Idel: «Während der polymorphe visuelle Aspekt als ein Bild beschrieben wird, nämlich die sichtbare Offenbarung Gottes, die jeden einzelnen Empfänger anders anschaut und folglich auch ihrerseits je unterschiedlich angeschaut wird, bleibt die geschriebene Tora als solche unerwähnt. Die Vorstellung vom äussersten Entgegenkommen oder Anpassen der Stimme Gottes bedeutet freilich nicht, dass auch der Inhalt in dem Sinne angepasst wurde, dass er dem Fassungsvermögen eines jeden bei der Offenbarung anwesenden Israeliten entsprach; gemeint ist eher ein Anpassen des Volumens der göttlichen Stimme an die Aufnahmefähigkeit jedes einzelnen Hörers.» (26).

Alexander Deeg

Verschwebendes Schweigen

Zur Dialektik von Wort und Stille im evangelischen Gottesdienst[1]

I. «Wer hören will, muss still sein!» – Einige liturgisch-homiletische Problemanzeigen

Der Glaube kommt aus dem Hören, so schreibt Paulus in Röm 10,17: ἄρα ἡ πίστις ἐξ ἀκοῆς, ἡ δὲ ἀκοὴ διὰ ῥήματος Χριστοῦ. Und so übersetzt etwa auch die neue Basis-Bibel («Der Glaube kommt vom Hören auf die Botschaft ...») das Wort *akoé*, das im Griechischen sowohl den Akt des Hörens bezeichnen kann als auch das, was zu Ohren kommt. In diese zweite Richtung weist die Übersetzung der Zürcher Bibel, nach der der Glaube «aus der Verkündigung» kommt. Martin Luther übersetzte: «So kommt der Glaube aus der Predigt ...» – eine Übersetzung, die sich bis heute erhalten hat, wobei in der neuesten Lutherbibel immerhin eine Anmerkung angebracht wird, in der es heisst: «Andere Übersetzung: aus dem Hören».

Es ist durchaus ein Unterschied, ob der Glaube nun aus der Predigt kommt oder aus dem Hören – ob also zunächst der Akt des Redens wahrgenommen wird, die Verkündigung, oder der Akt des offenen Ohres, das Hören. Und es scheint mir, dass sich an dieser Stelle eine nicht untypische und vor allem hoch problematische *déformation protestante* in die Bibelübersetzung eingeschrieben hat. Zwar betonen die Protestanten die Bedeutung der *viva vox evangelii*, der lebendigen Stimme des Evangeliums, und des *verbum externum*, des äusseren Wortes – aber anstatt entschieden den Akt des Hörens in den Mittelpunkt zu

---

[1] Bei dem folgenden Beitrag handelt es sich um die schriftliche Fassung meines Vortrags im Rahmen der Berner Ringvorlesung am 26. April 2021, der wiederum auf meinen Beitrag zur Eröffnung des Liturgiewissenschaftlichen Fachgesprächs am 18.03.2019 in Leipzig zurückgeht. Vgl. Alexander Deeg, Stille und der Gottesdienst in der Kirche des Wortes, in: ders. / Christian Lehnert (Hg.), Stille. Liturgie als Unterbrechung (Beiträge zu Liturgie und Spiritualität 33), Leipzig ²2021, 9–29. Die Auslegung der Elia-Erzählung verdanke ich vor allem Dr. Jan-Dirk Döhling, dem ich dafür und für viele weitere theologisch-exegetische Gespräche und Inspirationen herzlich danke.

Alexander Deeg

stellen, schiebt sich schon im 16. Jahrhundert und bis heute das Reden in den Vordergrund.

Damit geht eine eigentümliche Verschiebung der Macht einher: Da protestierten die Reformatoren (zu Recht!) gegen eine sich in Tradition und Hierarchie, in Klerus und Weihe ausdrückende und abbildende kirchliche Macht, etablierten aber selbst sehr schnell eine Macht- und Zentralstellung des akademisch gebildeten Pfarrers auf der Kanzel, sodass es lediglich zu einer Machtverschiebung kam. Die himmlische Stimme wird im Medium des predigenden Pfarrers konzentriert, wie es der berühmte Holzschnitt aus der Cranach-Schule zeigt, der im Berliner Kupferstichkabinett aufbewahrt wird. Der «Strahl» des göttlichen Wortes geht von Gott-Vater aus und über den Sohn und den Heiligen Geist unmittelbar zum Prediger auf der erhöhten Kanzel, unter der sich die Gemeinde versammelt hat.[2] Die *akoé,* durch die das Wort Christi wirksam wird, wird zunächst als Kanzelrede konzeptualisiert – mit all den Konsequenzen, die dies für die Geschichte des evangelischen Gottesdienstes hatte und bis heute hat. Ich deute diese nur sehr knapp und in – zugegeben – überzeichnender Zuspitzung an:

– Der Gottesdienst droht insgesamt homiletisiert zu werden; von der Begrüssung zu Beginn bis zum Segen am Ende wird er zur Anrede eines oder einer Geistlichen an die versammelte Gemeinde.

– Das «Wort», um das es geht, droht damit horizontalisiert zu werden – es droht zur Verständigungsbemühung zwischen Pfarrer:innen und Gemeinde zu werden, anstatt offen zu sein für das, was ich mir selbst nicht sagen kann.

– Die anderen Gestalten des Wortes jenseits des gesprochenen (das gesungene Wort, das gegessene und getrunkene Wort) drohen, in den Hintergrund gedrängt zu werden.[3]

– Das Kirchenbild verschiebt sich – und die Kirche wird vor allem zu einer «sendenden», nicht zuerst zu einer empfangenden. Dies scheint mir besonders in Zeiten der Corona-Pandemie wahrnehmbar. Die digitale Transformation hat (nicht nur, aber doch vor allem!) eine sendende Kirche gezeigt, eine Kirche, die – mit besten Absichten – Botschaften von sich gibt, die trösten und ermutigen will. In vielen Wortmeldungen war zu hören, dass eine solche

---

[2] Die Abbildung des Werks aus dem Jahr 1545 ist im Internet mehrfach greifbar, vgl. www.zeno.org/Kunstwerke/B/Cranach+d.+J.,+Lucas%3A+Unterschied+zwischen+dem+ evangelischen+und+katholischen+Gottesdienst (19.11.2022).

[3] Vgl. dazu Alexander Deeg, Das äußere Wort und seine liturgische Gestalt. Überlegungen zu einer evangelischen Fundamentalliturgik (APTLH 68), Göttingen 2012, 496–534.

Kirche langweilt, weil sie an der Erwartbarkeit ihrer Botschaft und an der Konventionalität ihrer Rede zu ersticken droht. Wann, wenn nicht in der Zeit der Krise, gäbe es die Chance zu einer Unterbrechung, zu einem Innehalten, zu einem gemeinsamen Hinhören, zum Schweigen und zur Stille?[4]

Die These dieses Vortrags ist schnell zusammengefasst: Um zu hören, müssen wir zunächst einmal still sein und unser Dauergerede unterbrechen. Die in vieler Hinsicht hilfreiche Formel von der «Kommunikation des Evangeliums», die nicht nur die Praktische Theologie seit vielen Jahren bestimmt,[5] hat meiner Wahrnehmung nach mindestens drei entscheidende Probleme: Erstens droht sie eine Kirche des Dauergeredes und der dauernden Sendung zu stabilisieren; zweitens führt sie (entgegen ihrer ursprünglichen Intention!) allzu leicht dazu, das Evangelium als ein Objekt der Kommunikation zu betrachten, als etwas, was die Kirche «hat» und «austeilt»; und drittens kommt es genau dadurch zur Stabilisierung einer Innen-Aussen-Dualisierung, die meint, wir müssten als Kirche (von drinnen) denen da draussen eine Botschaft sagen – anstatt zu erkennen, wie der Christus längst «da draussen» ist und auf uns wartet![6]

Vielleicht ist es – etwas pathetisch gesagt – Zeit für eine Umkehr der Kirche, die sich zunächst in ihrer gottesdienstlichen Praxis zeigt. Diese Umkehr zu begründen und zu konturieren, dienen die folgenden Überlegungen. Sie beginnen mit einer biblischen Meditation, versuchen eine kleine Phänomenologie der Stille und des Schweigens und wenden das Erarbeitete dann gottesdienstlich an.

II. Die Stimme verschwebenden Schweigens oder: Zur Theologie der Stille und des Hörens

In der Wüste sind Stille-Erfahrungen möglich, die die Natur in Mitteleuropa nicht bietet (laut ist der Wald im Vergleich zu dem, was man in einer Wüste erleben kann). In der Wüste ist eine biblische Erzählung verortet, die theologisch für die Wahrnehmung von Stille bedeutsam ist.

---

[4] Vgl. dazu auch Alexander Deeg, «Gott ist dabei» und Jesus ist weg!? Eine Himmelfahrtshomiletik in Zeiten des Krieges, in: www.feinschwarz.net/gott-ist-dabei/ (19.11.2022).

[5] Vgl. Michael Domsgen / Bernd Schröder (Hg.), Kommunikation des Evangeliums. Leitbegriff der Praktischen Theologie (APrTh 57), Leipzig 2014.

[6] Vgl. auch Alexander Deeg, «Ob's denn wahr ist?». Die Erinnerung an die eine grosse Frage 100 Jahre nach Karl Barths «Not und Verheißung der christlichen Verkündigung», in: PTh 111, 2022, 265–281.

Alexander Deeg

«... und nach dem Feuer kam ein stilles, sanftes Sausen», so heisst es in 1Kön 19,12 in Luthers wunderbarer Alliteration. Es kam eine «Stimme verschwebenden Schweigens», so übersetzt Martin Buber die hebräischen Worte *qol demamah daqah* (קול דממה דקה) und bleibt damit näher am hebräischen Text.

Was war geschehen? Der Prophet Elia hatte sich ein Kapitel vorher als strahlender Held erwiesen. Am Karmel hatte er einen eindrucksvollen Sieg gegen die Baalspropheten errungen: Feuer fiel vom Himmel, als er betete. Das Feuer entzündete das Opfer Elias – und der lautstarke Spott gegenüber den Priestern Baals erwies sich als berechtigt, ebenso wie sich die lautstarken Gebete der Baalspriester als sinnlos erwiesen. Elia nutzte daraufhin die Gunst der Stunde, liess die Baalspriester ergreifen und tötete 450 Männer selbst am Bach Kischon.

Doch dann wendet sich das Blatt. Elia muss fliehen – und kann bald nicht mehr. «Es ist genug», sagt er nun bereits in der Wüste südlich von Beersheba, «so nimm nun, HERR, meine Seele; ich bin nicht besser als meine Väter» (1Kön 19,4). Was für eine Wende – vom strahlenden Sieger zum lebensmüden Propheten! Nur das zweimalige Eingreifen eines Engels, Brot und Wasser ermöglichen die Fortsetzung des Weges hin zum Gottesberg, dem Horeb, in der Wüste Sinai.

Als Elia dort ankommt, fragt Gott: «Was machst du hier, Elia?» (1Kön 19,9). Der Prophet legt gleich los, erzählt seine Geschichte. Gott aber geht darauf nicht ein, sondern lässt Elia eine eigentümliche Performance erleben, die vor allem auch ein Klang-Ereignis ist: «Geh heraus und tritt hin auf den Berg vor den HERRN!» (1Kön 19,11). Es kommt ein grosser, starker Wind; «der HERR aber war nicht im Winde (1Kön 19,11). Es kommt ein Erdbeben; «aber der HERR war nicht im Erdbeben» (V. 12). Es kommt ein Feuer; «aber der HERR war nicht im Feuer» (V. 12). Und was dann kommt, ist das stille, sanfte Sausen, die Stimme verschwebenden Schweigens (V. 12). Erst jetzt verhüllt Elia sein Antlitz mit seinem Mantel und tritt hinaus. Und dann fragt Gott, genauso, wie er schon einmal gefragt hat: «Was tust du hier, Elia?» (V. 13), und dieser antwortet erneut.

Die doppelte Anrede an Elia und die doppelte Antwort des Propheten gaben immer wieder Anlass zu literarkritischen Scheidungshypothesen. Aber diese sind immer nur die zweitbesten Erklärungen. Die Spannung verweist vielmehr auf das Geschehen *zwischen* den beiden Fragen Gottes. Was geschieht? Ich würde nicht sagen: eine Gottesoffenbarung, vielmehr: der Entzug einer Offenbarung! Gott ist *nicht* in der «Stimme verschwebenden Schweigens». Jedenfalls sagt das der biblische Text: Er sagt dreimal, dass Gott *nicht* ist – nicht im Wind, nicht im Erdbeben, nicht im Feuer. Er werde vorübergehen, hat er verheissen – und was bleibt, ist die *Stimme verschwebenden Schweigens.* Fast nichts! Was bleibt, ist der *Entzug.* Es wäre m. E. zu bequem, zu sagen, Gott *sei* in der Stille (so sehr das manchen Frömmigkeiten entsprechen würde!). Richtiger wäre es, vom *Entzug Gottes* zu sprechen, von einem von Gott selbst inszenierten und daher einigermassen paradoxen *Gottesschweigen*. Ein Ereignis der Stille, aus dem heraus sich erst ein neuer Dialog Gottes mit Elia entwickelt und ein neues Hören möglich wird.

Vielleicht hat Elia dieses Schweigen Gottes ganz besonders nötig, damit er neu ins Hören und damit in die Erwartung findet – und das *Steigerungsspiel*, in das er Gott hineingepresst hat, beendet. Gott, der sich im noch kräftigeren Regen, im noch lodernderen Feuer, im noch lauteren Donner erweist – nein, so ist er eben nicht! Er ist nicht im Erfolg, nicht in der sichtbaren oder hörbaren Evidenz. Nicht einfach zu haben! Und er ist nicht so da, dass sich ein Prophet, so gottesfürchtig er auch sein möge, anmassen könnte, über ihn zu verfügen – und eigenmächtig den vermeintlichen Willen des HERRN zu vollstrecken. Elia ist – ohne einen Befehl des HERRN – zum 450fachen Mörder am Bach Kischon geworden. Natürlich: Er meinte es gut! Aber er war, so könnte man die Geschichte aus 1Kön 18 nun im Rückblick lesen, zu weit gegangen. Hatte sich vergangen an dem, was den Gott Israels auszeichnet: Er ist der, der er sein wird; er erweist sich als der, der handelt und überraschend entgegenkommt (vgl. Ex 3,14). Er lässt sich nicht einspannen – nicht in die Religionspolitik Ahabs, aber auch nicht in die Eigenmächtigkeit seines Propheten. Er ist gerade als der Verborgene immer neu und überraschend präsent.

So sehr ich Felix Mendelssohn-Bartholdys *Elias* (1846) schätze – an dieser Stelle überzeugt mich weder die Textgestalt (die wahrscheinlich vom Dessauer Pfarrer Julius Schubring stammt) noch die Dramaturgie der Horeb-Szene im Oratorium. Bei Mendelssohn-Bartholdy singt der Chor: «Und nach dem Feuer kam ein stilles sanftes Sausen. Und in dem Säuseln nahte sich der Herr.» Gleich darauf folgt Jes 6,3 als kaum zu überbietender Ausdruck der Gegenwart Gottes. Mendelssohn-Bartholdy scheint die Absenz, die sich in der Stimme verschwebenden Schweigens ereignet, nicht auszuhalten, den Entzug nicht wirklich zuzulassen – und zu schnell bei der Präsenz zu landen, wie so oft in der Geschichte der Auslegung von 1Kön 19. Ich entdecke in der Erzählung von Elia am Horeb drei Aspekte, die für eine Theologie der Stille grundlegend sein könnten.

(1) Die Stille, die nach Wind und Erdbeben und Feuer am Horeb eintritt, ist nicht *stumm*. Der hebräische Text spricht interessanterweise von einer *Stimme*, der *Stimme* verschwebenden Schweigens. Es geht um fast nichts, aber nicht um gar nichts. Menschen reagieren, wie aus vielen Experimenten bekannt ist, häufig panisch, wenn sie in eine völlig schallisolierte Kammer geführt werden, die sich

Alexander Deeg

technisch herstellen lässt – und wenn sie auf einmal ausser den Geräuschen ihres Herzens, ihres Blutes, *nichts* hören. Absolute Stille wirkt bedrohlich, konfrontiert mit dem möglichen Nicht-Sein von Welt. Ob die Jünger im Boot mit Jesus auch deshalb so erschrecken, als sich der Wind auf das Wort Jesu hin legte – und, wie Mk 4,39 sagt – eine «grosse Stille» entstand? Die Bedrohlichkeit der Stille bringt in der Bibel wohl am besten Ps 115,17 zum Ausdruck: «Die Toten werden dich, HERR, nicht loben, keiner, der hinunterfährt in die Stille.»[7] Die Stille ist hier der Ort des Todes. In 1Kön 19 hingegen ist die Stille nicht absolut; es bleibt eine Stimme zu hören. Im rabbinischen Judentum ist oft beobachtet worden, dass die Worte *Wüste* und *Wort* eng miteinander verwandt sind: *midbar* und *dabar* haben fast denselben Konsonantenbestand. Ist die Stille so die Quelle des Wortes und die *Stimme* verschwebenden Schweigens der Anfang der erneut hörbar werdenden Gottesstimme?

(2) Gott ist nicht einfach *in* der Stille. Problematisch erscheinen mir vorschnelle Äquivokationen, die Gott und die Stille identifizieren. Dadurch würde m. E. erneut vereindeutigt, was die Stille im Entzug doch gerade öffnet. So einfach ist es nicht mit ihm:ihr, mit Gott, so einfach macht sie es uns nicht – nicht in den Worten, die wir haben, nicht in den Bildern, die wir produzieren, und auch nicht in der Stille, die wir erfahren.

(3) Die Voraussetzung für das Hören ist eine Unterbrechung, das Zurücktreten der eigenen Logik, in der Menschen gefangen sind – auch der Prophet Elia.[8] Der Prophet ist zum Macher geworden, zum Religionspolitiker und Vertreter einer «JHWH-first-Ideologie». Was er neu lernen musste, war das Hören![9] Stille ist nicht Selbstzweck, sondern führt Menschen aus sich heraus, öffnet sie, macht sie erwartungsvoll: «Sei stille dem HERRN und warte auf ihn» (Ps 37,7).

Es gibt eine Sehnsucht nach Ausbruch aus dem Lärm der Welt, den Menschen machen und der Menschen umgibt. Und es gibt – als eine gleichsam zweite Ebene darüber oder darunter – eine Sehnsucht danach, durch den Lärm der Welt hin-

---

7 Vgl. phänomenologisch auch Kristin Wenzel, Erfahrungsraum Stille. Eine ästhetisch-phänomenologische Betrachtung (Kaleidogramme 159), Berlin 2018, 14, die die Bedrohlichkeit durch das Nichts zeigt, die sich in der Erfahrung von Stille ereignen kann.
8 Vgl. dazu grundlegend auch Ulrich Lincoln, Die Theologie und das Hören (HUT 65), Tübingen 2014, 107f.
9 Im Neuen Testament könnte die Maria-und-Martha-Perikope (Lk 10,38–42) genauso gelesen werden: Es geht um die Unterbrechung der eigenen Logik der vielbeschäftigten Martha, damit das Hören, das sich *jetzt* als das bessere Teil erweist, möglich wird.

durch und jenseits des Lärms der Welt «Gott» zu hören! Diese Sehnsucht ist kein modernes bzw. neuzeitliches Phänomen. Sie zieht sich durch die Jahrhunderte. So schreibt z. B. Thomas von Kempen in dem Bestseller des 15. Jahrhunderts, in seiner «Nachfolge Christi»:

> «Ich bin des vielen Lesens und Hörens oft so überdrüssig. In dir ist alles, was ich suche und ersehne. Schweigen mögen alle Lehrer, verstummen alle Geschöpfe vor deinem Angesichte. Sprich du allein zu mir!»[10]

Um der Geräuschkulisse der Welt zu entgehen, braucht es die Unterbrechung, die auf das Andere hören lässt.

III. Stille und Schweigen oder: Zur Phänomenologie von Unterbrechung und Ereignis

Mit 1Kön 19 habe ich versucht, in Umrissen theologischen Boden zu bereiten für die Behandlung eines Phänomens, das keineswegs nur Theolog:innen interessiert, sondern auch Sprach-, Theater- und Musikwissenschaftler:innen, Musiker:innen, Schriftsteller:innen, Schauspieler:innen und viele andere. 2018 legte Kristin Wenzel eine «ästhetisch-phänomenologische Betrachtung» mit dem Titel «Erfahrungsraum Stille» vor, in dem sie grundlegend *Schweigen* und *Stille* unterscheidet: «Schweigen ist absichtsvoll und zweckbestimmt. Stille hingegen geschieht.»[11] In theologische Unterscheidungen übertragen, liesse sich sagen: Schweigen und Stille verhalten sich zueinander wie Oblate und Leib Christi oder Bibel und Wort Gottes. Das eine «haben wir», kennen wir und können wir herstellen – das andere entzieht sich. Im Blick auf Schweigen und Stille liesse sich sagen: Das eine ist *Unterbrechung*, das andere *Ereignis*.

Kristin Wenzel arbeitet phänomenologisch, geht von der (leiblichen!) Wahrnehmung und davon aus, «dass sich in der Stille der Körper, die Geste, die Haltung[,] aber auch der (atmosphärische) Raum *zeigen* und erfahren werden können.»[12] Das heisst, Wenzel bestimmt nicht, «*was Stille ist*», sondern fragt, «was sich *in der* Erfahrung von Stille *zeigt*» – bzw. negativ: was sich nicht zeigt und

---

[10] Thomas von Kempen, Die Nachfolge Christi, hg. und erläutert von Josef Sudbrack SJ, Kevelaer [4]2018, 18.
[11] Wenzel, Erfahrungsraum Stille (Anm. 7), 213.
[12] Wenzel, Erfahrungsraum Stille (Anm. 7), 11. *Leib* wird im weiteren Verlauf des Buches mit Merleau-Ponty im Unterschied von Körper als das spezifische Zur-Welt-Sein des Menschen verstanden.

im Schweigen, in der Stille entzogen wird.[13] Dies ermittelt sie, indem sie Kunstwerke betrachtet, natürlich unter anderem die «Mutter» aller Schweigekompositionen: John Cage's 4'33", uraufgeführt 1952 in der Maverick Concert Hall mit dem Pianisten David Tutor am Klavier.[14] Ich fasse Wenzels Beobachtungen zu Schweigen und Stille in fünf Aspekten thetisch zusammen.

(1) *Die Verweigerung zeigt auf intensive Weise das, was eigentlich erwartet wurde.* Paradoxerweise intensiviert der Entzug das Geschehen und spielt so ein nicht einfach aufzulösendes Spiel zwischen Absenz und Präsenz, wobei neue und andere Aspekte sichtbar werden – etwa das Theatralische eines jeden Konzerts.[15] Es zeige sich, «[...] dass es nicht *das* Neue ist, das wir hören: In der Stille stellt sich vielmehr ein *neuartiges Hören* ein, indem das Gewohnte in neuem Gewand erscheint»[16].

Ob es in der Geschichte der Kirche jemals eine Schweige*predigt* gab!? Wenn ja, dann trüge sie sicher nicht den Titel 4'33", sondern eher 14'33" oder 24'33". Man stelle sich die Prediger:innen einer Schweigepredigt vor. Ein Ringbuch müssten sie wohl haben. Und auch umblättern. Aber ansonsten wäre da: Schweigen! Der leibliche Vorgang des Predigens würde durch den Entzug der Stimme auf bedrängende Weise selbst in den Mittelpunkt der Aufmerksamkeit gerückt; vielleicht würde die Erwartung gross, endlich ein Wort zu hören. Vielleicht würde umgekehrt befreiend erlebt, wie gut es sein kann, wenn nicht geredet wird. Vielleicht würde nur die Irritation gross. Vielleicht würde die Stille durch die einsetzenden Gespräche im Kirchenschiff übertönt, durch Unmut oder Verwunderung, weil Menschen es so schwer aushalten, dass da *nichts* ist.

(2) *Die ästhetische Konstellation, in der das Schweigen inszeniert wird, zeigt, dass das Abwesende Anwesendes voraussetzt.* Das klingt banal, ist aber für die Gestaltung von Stille bedeutsam. Stille ist auch in der Hinsicht nicht einfach *nichts.*[17] 1970 entstand Daniel Burens Werk *In and Out the Frame,* das im Internet vielfach betrachtet werden kann. Zu sehen ist eine Wand mit farbigen vertikalen Streifen. An einer Stelle dieser Wand ist ein Bilderrahmen montiert – ohne Bild darin! Damit zeigt sich «in the frame» nichts anderes als «out of the frame» – und doch wird durch den Rahmen die Wandgestaltung auf andere Weise sichtbar.

---

[13] Wenzel, Erfahrungsraum Stille (Anm. 7), 11; vgl. auch 17f.
[14] Beeinflusst wurde John Cage durch die ein Jahr zuvor ausgestellten *White Paintings* von Robert Rauschenberg (1951).
[15] Vgl. Wenzel, Erfahrungsraum Stille (Anm. 7), 71f.; vgl. dazu auch Albrecht Wellmer, Versuch über Musik und Sprache (Edition Akzente), München 2009, bes. 254.
[16] Wenzel, Erfahrungsraum Stille (Anm. 7), 215.
[17] Vgl. Wenzel, Erfahrungsraum Stille (Anm. 7), 59.

(3) *Die ästhetische Situation ist durch Leiblichkeit gekennzeichnet.* 2004 wurde 4'33" in der BBC im Radio übertragen.[18] Dazu mussten die Notfallsysteme, die ansonsten verhindern, dass nichts gesendet wird, ausgeschaltet werden. Gleichzeitig aber zeigt sich in diesem Experiment, «dass sich die Stille nicht übertragen lässt».[19] Eine Stille im Radio ist einfach ein Ausfall des Sendesignals; eine Stille im Konzertsaal bedeutet das leibliche Involviertsein in eine bekannte ästhetische Situation, die sich nun aber völlig neu darstellt. Erfahrungen von Schweigen und Stille setzen leibliche Präsenz voraus, weswegen es alles andere als leicht ist, im digitalen Raum gemeinsam still zu sein.[20]

(4) Stille verweist nicht nur auf die ästhetische Situation und fokussiert diese, sondern weist darüber hinaus auf das «Undarstellbare».[21] Die Erfahrung des Entzugs, die mit der Stille verbunden ist, verweist zugleich auf das, was sich in der üblichen, erwarteten Darstellung nicht zeigen lässt – nicht in den Klängen der Musik, nicht in den Worten der Predigt – das Unhörbare, Unsagbare.[22]

(5) *Stille ist Atmosphäre.* Stille ist nach Wenzel nicht nur Wahrnehmungskategorie des Individuums, sondern gleichzeitig auch das, was – mit Gernot Böhme und Hermann Schmitz – als «Atmosphäre» bezeichnet werden kann. Es «gibt» Stille, in die Menschen eintauchen können. Gleichzeitig aber gilt – wie für jede Atmosphäre: «Stille lässt sich nicht speichern oder denken.»[23] Auch deshalb ist die Radio-Übertragung von 4'33" sinnlos oder jedenfalls etwas völlig anderes, als es 4'33" in seiner Aufführung war und neu werden kann. Stille lässt sich nicht willentlich herbeiführen; die «ästhetische Erfahrung des *In-der-Stille-seins*» entspricht nicht der willentlichen Entscheidung für die Stille.[24]

---

[18] Vgl. dazu Wenzel, Erfahrungsraum Stille (Anm. 7), 45f.
[19] Wenzel, Erfahrungsraum Stille (Anm. 7), 47.
[20] Vgl. zur Leiblichkeit im Ausgang von Merleau-Ponty bes. Wenzel, Erfahrungsraum Stille (Anm. 7), 177f.
[21] Vgl. Wenzel, Erfahrungsraum Stille (Anm. 7), 50–52.
[22] Vgl. Wenzel, Erfahrungsraum Stille (Anm. 7), 189f.
[23] Wenzel, Erfahrungsraum Stille (Anm. 7), 194.
[24] Wenzel, Erfahrungsraum Stille (Anm. 7), 151.

IV. Sehnsucht nach Stille, Angst vor der Stille oder: Zum Verlust der Stille und ihren Konsequenzen

Stille ist ein Sehnsuchtsort für viele und zugleich ein utopischer Zustand in der gegenwärtigen Welt. Susan Sontag hat bereits 1969 im Blick auf die Kunst ihrer Tage den herrlich paradoxen Satz formuliert: «Die Kunst unserer Zeit plädiert lauthals für die Stille.»[25] Damit hat sie eine m. E. auch im kirchlichen Kontext beobachtbare Paradoxie auf den Punkt gebracht. Es liesse sich sagen: Die Kirche unserer Zeit plädiert lauthals für die Stille!

Die der Sehnsucht nach Stille spiegelbildlich entgegengesetzte Wahrnehmung ist die vom zunehmenden Lärm der Welt. Auch der Begriff «Lärm» bedarf einer genaueren Bestimmung. Dazu kann man Kurt Tucholsky zitieren, der einmal sagte: «Der eigene Hund macht keinen Lärm – er bellt nur.» Lärm ist nicht einfach ein bestimmter, physikalisch messbarer Geräuschpegel, sondern ist jener Schall der Umgebung, der von anderen, von Fremdkörpern verursacht wird und in das eigene momentane Sound-Design nicht hineinpasst. Der Lärm – das sind die anderen! Die Mitreisenden im Zug, das startende Flugzeug, die Motorsäge im Garten des Nachbarn. Betrachteten wir Lärmpegel nur physikalisch, so wäre eine interessante Beobachtung zu machen: eine Autobahn und eine Aufführung von Tschaikowskys Nussknacker in einem Konzertsaal liefern beinahe identische Schallpegel.[26] Weil bei dem Phänomen «Lärm» Physisches, Psychisches und Soziales zusammenkommen, ist Lärm nicht einfach messbar.

Menschen sind ständig von «Schall» umgeben, der sie aber im Allgemeinen nicht stört. Auffallend in diesem Kontinuum sind zwei Abweichungen: Lärm und Ruhe.[27] Ruhe bedeutet nicht die generelle Abwesenheit von Schall, sondern die Abwesenheit von Schall, der durch nicht-natürliche Fremdkörper verursacht wird.[28] Es gibt daher laute Ruhe (wie die Wellen am Meer) und leisen Lärm (wie den tropfenden Wasserhahn).[29]

Seit der Industrialisierung und Urbanisierung nehmen die Geräusche durch nicht-natürliche Fremdkörper zu – und werden als Problem wahrgenommen.

---

[25] Susan Sontag, Ästhetik der Stille, in: dies., Gesten radikalen Willens. Essays, Frankfurt a. M. 2011, 11–50, 22.
[26] Vgl. grundlegend Gerald Fleischer, Die Lärmgesellschaft und ihr akustischer Müll, in: Evangelische Akademie Baden (Hg.), Der Verlust der Stille. Ansätze zu einer akustischen Ökologie (Herrenalber Forum 13), Karlsruhe ²2001, 9–26.
[27] Vgl. Fleischer, Die Lärmgesellschaft (Anm. 26), 9.
[28] Ebd.
[29] Vgl. Fleischer, Die Lärmgesellschaft (Anm. 26), 10.

Verschwebendes Schweigen

Das verwundert nicht, denn Geräusche dringen in den Körper ein, der ihnen gegenüber mehr oder weniger schutzlos ausgeliefert ist. Lorenz Oken (1779–1851) schrieb in der ersten Hälfte des 19. Jahrhunderts: «Das Auge führt den Menschen in die Welt, das Ohr führt die Welt in den Menschen ein.»[30] Die Natursehnsucht der Romantiker im frühen 19. Jahrhundert war eine erste Bewegung gegen den Lärm der Welt. Aus dem späten 19. Jahrhundert stammt die Gründung erster Lärmschutzvereinigungen (so z. B. in Wien). Seit der Erfindung der Dampfeisenbahn ist die Kritik am lärmenden Verkehr belegt, die mit dem Aufkommen des Automobils rapide zunimmt. Die Kritik an der Stadt und allem Städtischen ist auch eine Lärmkritik – und die entsprechenden Gegenbewegungen richten sich gegen den Lärm: Jugendbewegung, Wanderbewegung, Singbewegung. Luigi Russolo (1885–1947) schrieb 1913 sein Buch *Die Geräuschkunst*[31] (*L'Arte di rumori*, Milano 1916), in dem die Idee einer seit dem 19. Jahrhundert verloren gehenden Stille deutlich zum Ausdruck kommt:

«Das Leben von früher war nichts als Stille. Im neunzehnten Jahrhundert, mit der Erfindung der Maschinen, entstand das Geräusch. Heute triumphiert das Geräusch und beherrscht unumschränkt die Empfindung der Menschen. Durch viele Jahrhunderte hat sich das Leben in der Stille abgespielt, oder zumeist leise [...].»[32]

Das war – nicht verwunderlich – auch die Zeit, in der in den liturgischen Bewegungen die Stille neu entdeckt wurde.

Seit den 1960er und dann in den 1970er Jahren nimmt sich die ökologische Bewegung auch des Themas «Lärm» an. Neue Begriffe entstehen – wie «Lärmverschmutzung» und «akustische Ökologie».[33] Im Zeitalter der Digitalisierung schliesslich sehen viele, wie Byung-Chul Han und Werner Thiede, das Verschwinden der Stille, der Kontemplation, als eines der grossen Probleme.[34]

Gegenwärtig sagen in Umfragen über 50 % der Deutschen, sie fühlten sich durch Lärm belästigt. Gegenakzente erlangen Popularität. Man denke an die er-

---

[30] Zitiert bei Karl Karst, Schule des Hörens. Das Ohr – eine Erkundung, in: Evangelische Akademie Baden (Hg.), Der Verlust der Stille (Anm. 26), 73–87 (73).
[31] Luigi Russolo, L'Arte di Rumori, Milano 1916.
[32] Zitiert bei Justin Winkler, Die Klanglandschaft zwischen stummem Lärm und sprechender Stille, in: Evangelische Akademie Baden (Hg.), Der Verlust der Stille (Anm. 26), 56–72 (61).
[33] Vgl. dazu und zu dem ebenfalls in dieser Zeit entstandenen Begriff «Soundscape» Winkler, Die Klanglandschaft (Anm. 32).
[34] Vgl. Alexander Deeg, Liturgie – Körper – Medien. Herausforderungen für den Gottesdienst in der digitalen Gesellschaft, in: ders. / Christian Lehnert (Hg.), Liturgie – Körper – Medien. Herausforderungen für den Gottesdienst in der digitalen Gesellschaft (Beiträge zu Liturgie und Spiritualität 32), Leipzig 2019, 9–28.

staunliche Begeisterung, die 2005 der Film *Die große Stille* auslöste (Philipp Gröning, F, CH, D). 167 Minuten wird das Leben in der Grande Chartreuse der Kartäuser nördlich von Grenoble gezeigt. 167 Minuten Ruhe! Keine Soundunterlegung, kaum menschliche Stimmen.

Auszeiten in Klöstern sind begehrt, wie auch spirituelle Retraite-Seminare und Bücher, die dazu helfen, in die Stille zu finden. Auch hier liesse sich sagen: Der Markt der Wellness-Industrie schreit die Angebote der Stille lauthals in die Welt. Interessanterweise unterbricht all das die ökonomische Logik ja gerade nicht, sondern es hat sich ein Markt der Stille entwickelt, und die Stille ist teilweise zum Produkt und Angebot geworden, wodurch das Loslassen und die Unterbrechung der eigenen Logiken letztlich verhindert wird.

Viele Phänomene lassen sich mit der Sehnsucht nach Stille erklären. Vielleicht sogar die etwas eigentümliche Karriere des Liedes *Stille Nacht* (EG 46), das 2018 200 Jahre alt wurde. Das Weihnachtschristentum, dessen Entstehung als typisch moderne Gestalt christlichen Lebens Matthias Morgenroth einleuchtend beschrieben hat, hat vielleicht auch mit der Sehnsucht nach himmlischer Ruh schon jetzt auf dieser Erde zu tun.[35]

Bei aller Begeisterung für die Stille darf aber auch die Ambivalenz nicht übersehen werden, die das Phänomen Stille begleitet und sich in der Angst vor der Stille und der durch sie ausgelösten Stillevermeidung zeigt. Immer mehr Menschen gehen dauerbeschallt durch ihre Welt (freilich durch Kopfhörer immer umgeben von ihrem eigenen Schall und in ihrer eigenen Soundscape beheimatet; ungestört durch den Lärm der anderen!). Und als im ersten Lockdown 2020 das öffentliche Leben wirklich vielerorts ruhte, war die Stille für viele ein bedrohliches Signal für eine Welt, die nicht mehr in Ordnung ist.

Die Stille macht aus zwei Gründen Angst: (1) Da ist die Angst vor dem Nichts, das mich in der Stille anfällt. Und da ist (2), existenzieller, aber zugleich schlichter, die Angst vor meinem Selbst, mit dem ich in der Stille plötzlich konfrontiert bin. Pascal Mercier schreibt in seinem *Nachtzug nach Lissabon*: «Die Menschen ertragen die Stille nicht, es würde heißen, dass sie sich selbst ertragen müssten.»[36] Dagmar Nick lässt ihr Gedicht «Späte Stunde» mit den Worten beginnen: «Wie schwer heut die Stille ist. / Ich kann meinen Herzschlag hören, / ich fühle ihn mit den Händen.»[37] Und Sören Kierkegaard hat sich bereits im 19. Jahrhundert ausführlich mit der Stillevermeidung des modernen Menschen beschäftigt:

---

[35] Vgl. Matthias Morgenroth, Heiligabend-Religion. Von unserer Sehnsucht nach Weihnachten, München 2003.
[36] Zitiert bei Wenzel, Erfahrungsraum Stille (Anm. 7), 213.
[37] Dagmar Nick, Märtyrer. Gedichte, München 1947, 35.

«Es ist schwer für ein Kamel, durch ein Nadelöhr zu gehen, und schwer für den Weltlichen Stille zu finden, er sei nun mächtig oder gering, schwer sie zu finden im Lärm des Lebens, schwer sie zu finden, da wo sie ist, falls er nicht selber den Lärm mitbringt.»[38]

Ein weiterer Aspekt sei zur gegenwärtigen Karriere der Stille auf dem Hintergrund des Lärms der Welt erwähnt. Es könnte sein, dass die Wahrnehmung der zunehmend lauten oder lärmenden Welt objektiv falsch ist (so sehr sie sich subjektiv niemand, der so empfindet, absprechen lassen wird). So versucht Maximilian Probst in einem 2016 erschienenen Text den kulturpessimistischen Mythos zu dekonstruieren, als sei die Welt immer lauter geworden.[39]

«Unsere modernen Arbeitswelten konkurrieren mit Schweigeklöstern. Weil keine Telefone mehr schrillen und alle nur noch lautlos E-Mails hin- und herschieben. Weil das Trommelfeuer der Schreibmaschinen erstorben und das harmlose Getuschel der Computertastatur an ihre Stelle getreten ist. Weil die Angestellten heute auf leisen Gummisohlen einherschleichen und allenfalls der Chef noch wagt, mit Ledersohle und Absatz sein Kommen anzukünden.»

Neben diese subjektiven Beobachtungen aus der Gegenwart stellt Probst historische Wahrnehmungen, die zeigen, dass es früher auch nicht ruhig war. Die Situation in Rom etwa wird sowohl von Horaz als auch von Juvenal als so lärmend beschrieben, dass in der Nacht kaum daran zu denken war, zu schlafen. Juvenal meint: «Sehr reich muss man sein, um in Rom schlafen zu können.» War es nun früher lauter oder leiser als heute?

«Als einer der wenigen objektiven Indikatoren, die von der Veränderung des Stadtlärms zeugen, gilt Historikern die Feuerwehrsirene. Sie musste so laut eingestellt sein, dass sie die Alltagsakustik der Stadt übertönte. In New York wurde sie im 20. Jahrhundert nach und nach lauter, weil der Stadtlärm zunahm. In den 1920er Jahren war dann ein weiteres Aufdrehen nicht mehr nötig. Der Automobilverkehr nahm zu, und zu ihrer Überraschung stellten Akustiker in Messungen fest: Die alten Pferdefuhrwerke machten mit ihren metallbeschlagenen Rädern weit mehr Lärm, als es die neuen Autos mit ihren Gummireifen taten.»

---

[38] Zitiert bei Lincoln, Theologie (Anm. 8), 109; im Original: SKS 5,392; GW 14, 114f.
[39] Maximilian Probst, Himmlische Ruh? Die Deutschen klagen über Lärm und sehnen sich nach Stille. Dabei ist die Gesellschaft viel zu leise, in: Die ZEIT 53 (2016): www.zeit.de/2016/53/laerm-ruhe-stille-gesellschaft-deutschland (19.11.2022).

Alexander Deeg

Natürlich weiss Probst um Autobahnlärm und Fluglärm, aber ob es wirklich flächendeckend immer lauter wurde? Oder ob sich hier nicht einfach eine Spielart des Kulturpessimismus zeigt? Noch einmal Probst:

> «In allen zentralen Gesellschaftsräumen der westlichen Welt ist dergestalt die Stille auf dem Vormarsch. Kirchen etwa waren früher Orte des prallen Lebens. Auf den Genrebildern flämischer Meister sieht man Kinder in den Seitenschiffen einem Schwein hinterherjagen. Heute sind auch diese prächtigen Räume zu stillen Örtchen geworden, das meist nur noch von den Andachtsspezialisten, von religiösen oder kunstliebenden Versenkungsvirtuosen angesteuert wird.
> Oder man nehme das Eisenbahnabteil: Alte Romane und Filme zeigen diesen emblematischen Ort der rasenden Moderne als eine veritable Quasselbude. Heute setzt sich ein Grossteil des Zuges aus Ruheabteilen zusammen. Der einzige Satz, der auf einer langen Fahrt dann noch fällt, wird nicht von den Fahrgästen gesprochen und lautet: «Die Fahrkarten bitte!» Jedenfalls so lange, bis die lärmenden Schaffner von geräuschlos arbeitenden Kontrollautomaten wegrationalisiert werden.[40]
> In dieser Welt erscheint die Sehnsucht nach Stille reichlich schräg. Warum tun wir uns das an? Warum sehnen wir uns nach etwas, womit wir schon längst gesegnet sind? Warum meinen wir, uns von der Friedhofsruhe unserer Arbeitswelt ausgerechnet in exklusiven Stille-*Retreats* erholen zu müssen? Warum diese Exzesse?
> Vielleicht, weil die Geschichte ein Dickschiff ist: Wenn es 2.000 Jahre lang in eine Richtung steuert – mehr Stille bitte –, hält es noch eine Weile diesen Kurs, auch wenn die Motoren längst schweigen.»

Die Gefahr kulturpessimistischer Dekadenznarrative von der verschwindenden Stille stellt Probst treffend vor Augen. Freilich aber greift seine Wahrnehmung an einem entscheidenden Punkt zu kurz, da er nur auf den messbaren Schall blickt und die neuzeitliche Beschleunigung, die Hartmut Rosa ebenso lebendig wie wirkungsvoll beschrieb,[41] und den mit ihr einhergehenden Stille-Verlust nicht beachtet. Es geht nicht nur um objektiv messbare Schallpegel, sondern um das Empfinden von Menschen, die in der sich immer nur dynamisch stabilisierenden und sich daher beschleunigenden Moderne keinen «ruhigen Ort» mehr finden.

---

[40] Inzwischen wirbt die Bahn mit dem «Komfort Check-in», der es ermöglicht, ungestört und ohne Ticketkontrolle mit der Bahn unterwegs zu sein.
[41] Vgl. Hartmut Rosa, Beschleunigung. Die Veränderung der Zeitstrukturen in der Moderne, Frankfurt a. M. 2005.

V. Stille, Schweigen, Gottesdienst – katholische und evangelische Perspektiven

Ich kehre nach diesen Erkundungen zum Gottesdienst zurück und zu der Frage: Hat die Reformation die Stille aus dem Gottesdienst vertrieben? War die Reformation – angetrieben vom Pathos des Verstehens und der Mitteilung – ein Programm zur liturgischen Stillevermeidung?

Keine Lesung ohne Predigt, so Luther 1523.[42] Kein Abendmahl ohne die laut als *promissio* hörbaren Worte der *verba testamenti*.[43] Liegt die Entwicklung eines von vielen als verplappert erlebten Gottesdienstes sozusagen in der Wurzel der reformatorischen liturgischen Neuorientierung? Und gehen wir geschwätzigen Protestanten so genau an dem vorbei, wonach sie die Menschen, die Gottesdienste besuchen, doch sehnen würden? Und schlimmer: vorbei an dem, was die Pointe des Gottesdienstes ausmachen würde: stille zu werden, damit Gottes Stimme hörbar wird?

In vielen Confiteor-Formulierungen (wo diese denn in der Liturgie begegnen) wird die Sehnsucht nach Ruhe aufgenommen und zu Beginn des Gottesdienstes zur Sprache gebracht. Aus der dann als hektisch und laut oder lärmend beschriebenen Woche kommen wir in den Gottesdienst, um hier Ruhe zu finden. Aber dann finden wir keine Ruhe, sondern der Liturg redet und redet. Etwa Fulbert Steffensky wehrt sich seit Jahren dagegen, dass der evangelische Gottesdienst zerredet wird. Er schreibt.

«Woran aber leide ich in evangelischen Gottesdiensten und bei ihren Predigten? [...] Das erste [Leiden] ist das der Predigthäufung. Die Pfarrer predigen nicht nur auf der Kanzel. Sie begrüßen und hängen an ihre bescheidenen Sonntagsscherze noch eine kleine Besinnung. Sie verabschieden wortreich und oft banal. Sie haben eine Taufe, und es gibt eine neue Predigt. Es mag sein, dass es bei den Gemeinden gut ankommt, wenn der Gottesdienst auf diese Weise familiarisiert und verplappert wird. Aber das Schweigen geht verloren. Es wird erstickt im Müll des Dahergesagten. Es geht das verloren, was zum Wesen des Gottesdienstes gehört: die Anbetung.»[44]

---

[42] Vgl. Martin Luther, Von Ordnung Gottesdiensts in der Gemeine, in: WA 12, Weimar 1891, 35,10–18.
[43] So die Stossrichtung in Luthers *Formula Missae et Communionis* von 1523 und in seiner *Deutschen Messe* von 1526; vgl. dazu Michael Meyer-Blanck, Liturgie und Liturgik. Der Evangelische Gottesdienst aus Quellentexten erklärt, Göttingen ²2009, 45–74.
[44] Fulbert Steffensky, Schwarzbrot-Spiritualität, Stuttgart 2005, 85f.

Natürlich gab es Gegenbewegungen – am radikalsten vielleicht Rudolf Otto mit seinem Weg hinein in das *sacramentum silentii*.[45] Fünf Minuten lang sollte die Gemeinde gemeinsam schweigen und dabei ins Gebet finden; als Körperhaltung schlug Otto das Knien vor. Dann sollten drei Töne einer Gebetsglocke das Schweigen beenden und die Gemeinde sollte miteinander das Vaterunser beten.

Das war immer noch ein gemässigtes Programm im Vergleich zum Gottesdienst der Quäker, für die die «Stille Andacht» der eigentliche Gottesdienst ist. Das Ziel, das William Penn immer wieder formulierte: Durch die Abkehr vom Äusseren, vom Hörbaren, soll die Aufmerksamkeit auf das Innere gerichtet werden.[46]

Gegen beides, gegen Otto und gegen die Quäker, wandte sich der reformierte Theologe Karl Barth 1922:

> «Was der von den Quäkern, von den Berneuchenern und anderen Sondergruppen her auch in weitere kirchliche Kreise eingedrungene sogenannte ‹schweigende Dienst› eigentlich soll, hat uns noch niemand einleuchtend klar machen können. Daß es ‹schön› und allenfalls seelenhygienisch nützlich sei, wenn eine ganze Kirche voll Menschen fünf Minuten lang gemeinsam schweigt, wird zwar behauptet. Man kann die Sache aber auch als peinlich empfinden. Hat sie geistlichen Sinn? Läßt sie sich theologisch begründen und rechtfertigen? Widerstrebt sie nun nicht doch dem Wesen des Gottesdienstes als *Gemeinde*versammlung, in der das Gebet gerade nicht doch wieder privatisiert werden, in der also gemeinsam und darum in der einen oder anderen Form *laut* gebetet werden sollte? Und verführt sie nicht zu der Vorstellung von einem wortlosen Gebet, das nun, alle Ausnahmen vorbehalten, das rechte Gebet im Ganzen gerade nicht sein dürfte?»[47]

Der vielfach umstrittene und inzwischen zurückgetretene Kardinalpräfekt der Kongregation für den Gottesdienst und die Sakramentenordnung Robert Kardinal Sarah sieht ganz umgekehrt den Verlust der Stille als entscheidendes Problem der Liturgiereform des Zweiten Vatikanischen Konzils, die zweifellos auch einen Schritt hin zu einer Liturgieauffassung bedeutet, wie sie die Kirchen der Reformation 450 Jahre vorher entwickelt haben. Sarah beschreibt die Notwendigkeit, Stille zu finden, gerade auf dem Hintergrund einer «Welt von heute»[48], die er (durchaus klischeehaft) als lärmende Welt beschreibt.[49] Er sagt:

---

[45] Vgl. Katharina Wiefel-Jenner, Rudolf Ottos Liturgik, Göttingen 1997.
[46] Vgl. Wilmer A. Cooper, Art. Quäker, in: TRE 28, 1997, 35–41 (38).
[47] Karl Barth, Die Kirchliche Dogmatik. Bd. III/4, Zollikon-Zürich 1951, 123.
[48] Robert Kardinal Sarah / Nikolaus Diat, Kraft der Stille. Gegen eine Diktatur des Lärms, mit einem Vorwort von Benedikt XVI., Kißlegg ³2017, 44.
[49] Vgl. Sarah/Diat, Kraft der Stille (Anm. 48), 44f.

«Unsere Zeitgenossen meinen, das Gebet bestünde darin, Gott vollzutexten, zu heulen und vor Ihm zu zappeln. Doch das Gebet ist viel einfacher. Es besteht darin, Gott, der leise in uns spricht, zuzuhören.»[50]

In der Stille sieht er vor allem die Chance, Distanz zu wahren – und in der Distanz und Zurückhaltung Gott zu begegnen.[51] Im Blick auf die Liturgie heisst es bei ihm: «Die heilige Stille ist ein Grundgesetz für alle Liturgiefeiern.»[52] Deshalb übt er Kritik an der Liturgiereform und ihren Folgen: «Unter dem Vorwand der Pädagogik erlauben sich Priester endlose, flache und horizontale Kommentare. Diese Hirten haben Angst, dass die Stille vor dem Allerhöchsten die Gläubigen verwirre.»[53] Es gebe die Gefahr des Zerredens – und es gelte: «Ohne das Geheimnis sind wir auf die Banalität der irdischen Dinge beschränkt.»[54] Dabei weiss Sarah, dass Stille nicht einfach machbar ist. Er schreibt:

«Die Stille ist eine Haltung der Seele. Wenn man sie erzwingt, würde sie übertrieben, leer und künstlich erscheinen. In der Liturgie der Kirche kann die Stille nicht eine Pause sein, die zwei Riten voneinander trennt; sie ist selbst ein eigener Ritus, der alles einhüllt. Die Stille ist der Stoff, aus dem alle unsere Liturgien geformt sein sollten. Nichts soll die stille Atmosphäre des Gottesdienstes zerstören, weil sie sein natürliches Klima ist. Aber die Zelebrationen werden ermüdend, denn sie sind mit penetrantem Geschwätz aufgebläht. Die Liturgie ist krank.»[55]

So sei es für die Liturgie der Zukunft entscheidend, dass sie die Stille wiederentdeckt.[56] Sarah startet mit dem Verweis auf die vermeintlich fehlende Stille einen Generalangriff auf die Liturgiereform des Zweiten Vatikanischen Konzils im Kontext eines nun ebenfalls kulturpessimistischen antimodernen Affekts, der ein nie realisiertes Ideal von einst gegen die düster gezeichnete gegenwärtige Realität stellt. Es zeigt sich (erneut!), dass die Sehnsucht nach Stille auch zu einem liturgiepolitischen Argument und zum Thema in durchaus «lauten» liturgischen Diskussionen werden kann.

---

[50] Sarah/Diat, Kraft der Stille (Anm. 48), 69.
[51] Vgl. Sarah/Diat, Kraft der Stille (Anm. 48), 157.
[52] Ebd.
[53] Sarah/Diat, Kraft der Stille (Anm. 48), 158.
[54] Sarah/Diat, Kraft der Stille (Anm. 48), 161.
[55] Sarah/Diat, Kraft der Stille (Anm. 48), 168.
[56] Vgl. Sarah/Diat, Kraft der Stille (Anm. 48), 178.

Alexander Deeg

VI. Schweigen in Kunst und Gottesdienst oder: Pause und Unterbrechung

Für die liturgietheologische Reflexion, aber auch für die liturgische Praxis erscheint mir die oben eingeführte Unterscheidung Kristin Wenzels zwischen Schweigen und Stille hilfreich. Schweigen als eine bewusste Unterbrechung im System der Sprache ist liturgisch machbar. Durch sie wird einerseits das (umgebende) Sprechen intensiviert, andererseits öffnet sich die Rede für «Unaussprechliches».[57]

In den empirischen Studien zum Gottesdienst wurde in den vergangenen Jahren deutlich, wie sehr Gottesdienstfeiernde Phasen der *Stille* zu schätzen wissen.[58] Diese begegnen praktisch vor allem im Kontext des Fürbittgebets und werden dort häufig als zu kurz empfunden. Geschätzt werden die Stillephasen vor allem deshalb, weil sie Raum für Eigenes inmitten der gemeinsamen Feier bieten. So sagt Hannelore (65 Jahre, verheiratet):

> «Manchmal wär' schön, wenn dann Zeit für eigene Gedanken noch ist, obwohl, wenn die nicht ist, dann mach' ich mir die einfach so (lacht). Also ich bring da schon das unter, was ich gerne dann auch im Gebet formuliere. Also das sind einfach meine eigenen Gedanken, die ich dann einbringe.»[59]

In dieser Hinsicht ist das Schweigen im Kontext des Fürbittgebets keine Unterbrechung, sondern die Ermöglichung der *participatio actuosa* der Gemeinde, die Möglichkeit, Individuelles in der Gemeinschaft des Betens zu verorten.[60]

Damit Schweigen als Intensivform des Sprechens bzw. als Öffnung für Unaussprechliches erscheinen könnte, bräuchte es zweifellos andere Orte des Schweigens. Wenn etwa vor der biblischen Lesung eine Phase des Schweigens stünde, könnte sich die Erwartung auf die dann zu hörenden Worte der Bibel

---

[57] Wenzel, Erfahrungsraum Stille (Anm. 7), 33.
[58] Vgl. Uta Pohl-Patalong, Gottesdienst erleben. Empirische Einsichten zum evangelischen Gottesdienst, Stuttgart 2011, 149–154.
[59] Pohl-Patalong, Gottesdienst erleben (Anm. 58), 147.
[60] Vgl. dazu vor allem Eva-Maria Faber, die die Frage nach gemeinschaftlicher Liturgie und individueller Frömmigkeit stellt und aus dieser Perspektive die katholische Liturgie seit dem Zweiten Vatikanischen Konzil bedenkt. Im Blick auf die Praxis werden dabei auch Phasen der Stille in besonderer Weise bedacht und gewürdigt (dies., Persönliches in Gemeinschaft. Liturgisches Beten in der Spannung von Intimität und öffentlich-sozialer Handlung, in: Ingolf U. Dalferth / Simon Peng-Keller [Hg.], Beten als verleiblichtes Verstehen. Neue Zugänge zu einer Hermeneutik des Gebets [QD 275], Freiburg u. a. 2016, 198–229 [220–228]).

richten und die bewusste Pause das Folgende intensivieren. Ähnlich war wohl Martin Luthers Intention, der in seiner *Deutschen Messe* vor den Einsetzungsworten in der Abendmahlsliturgie eine Phase der Stille vorschlug.[61]

Solche Pausen könnten auch an anderen Stellen der Dramaturgie der Liturgie eine entscheidende Rolle spielen – wie dies etwa Christian Gansch, Dirigent und Trainer für Führungskräfte, in einem Interview zur Bedeutung der Pause sagt:[62]

«[...] es sind gerade die Pausen, die der Musik die Struktur geben! Komponisten haben Pausen stets bewusst gesetzt – um Erwartung zu wecken, um Spannung aufzubauen und um Raum zu geben, das bis dahin Gehörte verarbeiten zu können. Das beste Beispiel sind die Symphonien von Bruckner: Er war der Komponist des ‹Nichts›. Ohne die Pausen in seinen Symphonien wären wir nicht in der Lage, seine kolossale Musik zu verarbeiten. Wie im Leben gilt auch in der Musik: Bevor Neues entstehen kann, muss man erst einmal Platz dafür schaffen.»

VII. Stille als Dimension des Gottesdienstes und Haltung der Feiernden

Wenn es aber nicht um Momente und Phasen des absichtsvollen *Schweigens* geht, sondern um *Stille,* dann geht es wohl eher um eine grundlegendere liturgische *Erfahrung* bzw. *liturgische Haltung.* Sie war es, die Romano Guardini als gefährdet betrachtete – bzw. als gegenwärtig nicht mehr vorhanden. Sie betrifft nicht nur die Liturg:innen, sondern die ganze Gemeinde; aber zunächst stehen diejenigen in der Verantwortung, die für die Gottesdienste der Kirche in besonderer Weise beauftragt sind.

Stille als liturgische Haltung kann nicht anempfohlen, sondern bestenfalls eingeübt werden. Menschen können offen werden für Stille, die Angst vor der Stille verlieren und mit der Stille die Erwartung des neuen Wortes *jenseits* der Stille (und jenseits der Stimme verschwebenden Schweigens) gewinnen.

Wenn Liturg:innen diese Haltung leben, so wird sie sich auch in der Haltung der Mit-Feiernden spiegeln. In dieser Hinsicht ist René Girards mimetisches Konzept bedeutsam.[63] Girard hat bekanntlich von der «Allmacht der Mimetik» in

---

[61] Vgl. Rudolf Stählin, Die Geschichte des christlichen Gottesdienstes von der Urkirche bis zur Gegenwart, in: Leiturgia. Handbuch des evangelischen Gottesdienstes. Bd. 1, Kassel 1954, 1–80 (58).

[62] http://sinfonisches-consulting.de/images/dwnld/think_forward_Interview_komplett.pdf (22.11.2022).

[63] Vgl. auch Pierre Bourdieus Habituskonzept. Mit diesem soziologischen Konzept

menschlichen Gesellschaften gesprochen.[64] Darin erkannte er das Problem einer sich eskalierenden Gewalt. Aber man könnte darin auch die Chance zu einer erneuerten Feier des Gottesdienstes sehen – wenn Liturg:innen zeigten und darstellten, was eine Haltung der Stille bedeutet. Zentral ginge es dabei wohl um ein liturgisches Handeln, das die Unverfügbarkeit Gottes wahrt und der Erwartung liturgische Gestalt gibt. Nach Hartmut Rosa ist Unverfügbarkeit mit der Wahrung von Fremdheit und Irritierendem verbunden.

> «Das kulturelle Antriebsmoment jener Lebensform, die wir modern nennen, ist die Vorstellung, der Wunsch und das Begehren, Welt *verfügbar* zu machen. Lebendigkeit, Berührung und wirkliche Erfahrung aber entstehen aus der Begegnung mit dem *Unverfügbaren.*»[65]

In dieser Hinsicht übrigens erkennt Rosa eine Paradoxie: Frust und Zorn auf das Leben und die Gesellschaft mögen ihren Grund «nicht in dem [haben], was uns immer noch verwehrt ist, sondern in dem, was wir verloren haben, weil wir über es verfügen und herrschen.»[66] Stille in der Liturgie würde so bedeuten, die eigene Planbarkeit aufzugeben, die Liturgie nicht nach dem Muster «meiner» Dramaturgie zu gestalten und so liturgiepragmatische Nichtintentionalität einzuüben. Michael Meyer-Blanck meinte zur Rolle des Predigers einmal, ein Prediger müsse etwas wollen und das Wollen wollen.[67] Ja, aber in der Liturgie geht es vielleicht doch darum, das Wollen gerade nicht zu wollen.[68] Nicht «das Evangelium» kommunizieren wollen, sondern *Konstellationen* zu eröffnen, in denen sich das Evangelium immer neu ereignen kann – das wäre eine Liturgie, die erwartet, das neue Wort zu hören. Etwa so, wie es Ps 81 erleben lässt, in dem es heisst: *«Eine Sprache höre ich, die ich bisher nicht kannte ...»* (V. 6b). Damit aber wären wir wieder am Anfang, bei Paulus und der *akoe,* dem Hören auf das, was ich mir nicht selbst sage.

---

ist dem Begriff der Haltung gemein, dass auch sie geprägt ist durch sozialen Kontext, Genese usw. *(opus operatum)* und gleichzeitig neu das Handeln prägt *(opus operandi).*
[64] René Girard, Ich sah den Satan vom Himmel fallen. Eine kritische Apologie des Christentums, Frankfurt a. M. u. a. 2008, 37.
[65] Hartmut Rosa, Unverfügbarkeit. Vorlesung in der Reihe «Unruhe bewahren», 22./23.3.2018, Graz u. a. ³2019, 8.
[66] Rosa, Unverfügbarkeit (Anm. 65), 133.
[67] Vgl. z. B. Michael Meyer-Blanck, Entschieden predigen, in: LS 60, 2009, 8–12.
[68] In dieser Hinsicht liesse sich dann der wesentliche Unterschied zwischen einem liturgischen und einem homiletischen Paradigma markieren. Vgl. zu deren wechselseitiger Interaktion Deeg, Das äussere Wort (Anm. 3).

Roman Brotbeck

Ohrgänge

Übungen zu einem engen und weiten Hören

«Ich bin nur noch Ohr, unsäglich ergriffenes Ohr.»
Robert Walser[1]

I. Die guten Augen und schlechten Ohren der Neandertaler-Menschen

Unter den klassischen fünf Sinnen ist der Gehörsinn der komplexeste. In der Vorwelt – wie im 19. Jahrhundert die paläontologischen Zeiten genannt wurden – müssen dem menschlichen Ohr immer mehr und immer gegensätzlichere Aufgaben zugetragen worden sein, so dass es heute zum wichtigsten Organ für die menschliche Kommunikation geworden ist. Deshalb wandte ich mich im Rahmen der Ringvorlesung der Theologischen Fakultät nicht gestikulierend und Grimassen schneidend an die Augen des Publikums, sondern mit meiner Stimme an dessen Ohren.

Diese Ohren sind quasi mikroskopisch fein eingestellt, so dass ähnliche Wörter wie «blöd», «Blut», «blutt», «Blatt», «brat», «brät», «Brot» problemlos unterschieden werden können. Auch wenn ich bei der Aussprache dieser Wörter einen französischen Akzent imitierte, könnte das menschliche Ohr nicht nur alle Wörter immer noch genau unterscheiden, sondern auch die Art des Akzentes erkennen, und viele werden hinter meinem Französisch-Imitat sogar die berndeutsche Färbung meines Sprechens heraushören können.

Das Gehör ist zudem der einzige zyklische unserer Sinne, denn er kennt das Oktavphänomen, mit dem die Verdoppelung der Schallwellen als oktavierter «gleicher» Ton identifiziert wird. Davon leben die Klangfarben der Kirchenorgeln mit ihren Oktavtürmungen von 32-Fuss- bis 1-Fuss-Registern. Wir können mit dem Ohr gut sieben solcher Oktavzyklen wahrnehmen, während der Sehsinn nur knapp eine Oktave erkennt. Deshalb verschmelzen die Grenzzonen unserer Sehwahrnehmung – Ultraviolett und Infrarot – zum Farbkreis, der in vielen Kul-

---

[1] Geschichten (SW 2), Zürich/Frankfurt a. M. 1985, 9.

turen der Menschheit als Regenbogen magisch verehrt wird. Alle anderen Sinne kennen das Phänomen der Oktave nicht.

Als der Pastor und Kirchenliederdichter Joachim Neander (1650–1680) in einer verwunschenen Höhle Lieder wie *Lobe den Herren, den mächtigen König der Ehren* schrieb, ahnte er nicht, dass er 200 Jahre später zum Namensgeber eines Menschen werden könnte, dessen Entdeckung die biblische Schöpfungsgeschichte fundamental infrage stellen sollte. In der nach Neander benannten Höhle wurden 1856 Teile eines Skeletts entdeckt, das man einer früheren Menschenform zuordnete, die in der Folge Neandertaler genannt wurde. Dieser Neandertaler – und andere Nachbarn des *homo sapiens*[2] – üben bis heute eine enorme Faszination aus. Vor allem die paläontologische «Kain-und-Abel-Geschichte», nämlich weshalb der *homo sapiens*, der über Jahrtausende hinweg mit den Neandertaler-Menschen koexistierte, diesen vor 40 000 Jahren verdrängte, beschäftigt die Wissenschaft bis heute. Unter den zahlreichen Theorien finde ich für unser Thema jene des amerikanischen Paläo-Anthropologen Frank Trinkaus am interessantesten. Er beobachtete mit seinem Forscherteam, dass der Neandertaler-Mensch an einem sogenannten *Surfer's ear* litt, bei dem Knochenwucherungen den Gehörgang verstopfen. Die Forschenden hatten zudem die eustachische Röhre des Neandertalers nachgebildet und entdeckten, dass diese Verbindung zwischen Mittelohr und Nasen-Rachenraum ähnlich kurz war wie bei heutigen Kleinkindern. Die Krankheitserreger gelangen dadurch leichter aus dem Rachen ins Ohr, was bei Kleinkindern gehäuft zu Mittelohrentzündungen führt. Während bei heutigen Kindern die eustachische Röhre später wächst, blieb sie beim Neandertaler kurz. Die Forschungsgruppe um Frank Trinkaus schließt daraus, dass viele Neandertaler-Menschen ihr ganzes Leben lang mit Ohrentzündungen zu kämpfen gehabt haben könnten und womöglich über längere Abschnitte schlecht hörten oder gar taub waren.[3]

---

[2] Vgl. zum Beispiel den jüngst in Sibirien entdeckten «Denisov»-Menschen, der mittels eines Fingerknöchelchens genetisch rekonstruiert wurde. Vgl. Zenobia Jacobs u. a., Timing of archaic hominin occupation of Denisova Cave in southern Siberia, in: Nature (London), Bd. 565 (7741), 2019, 594–599.

[3] Vgl. Erik Trinkaus / Mathilde Samsel / Sébastien Villotte, External auditory exostoses among western Eurasian late Middle and Late Pleistocene humans, August 2019, PLOS ONE 14(8): e0220464, 2019 https://doi.org/10.1371/journal.pone.0220464 (04.03.2023). Erik Trinkhaus / Xu Jie Wu, External auditory exostoses in the Xuchang and Xujiayao human remains. Patterns and implications among eastern EurAsian Middle and Late Pleistocene crania, December 2017, PLOS ONE 12/12: e0189390 DOI https://doi.org/10.1371/journal.pone.0189390 (04.03.2023).

Zwar hatten die Neandertaler-Menschen grössere Augen als wir, und auch die Hirnregionen für den Sehsinn waren stärker entwickelt als bei uns. Es wird deshalb angenommen, dass sie in der Nacht sehr viel besser sahen als der moderne Mensch; sie konnten heranschleichende Feinde wohl mit dem Auge erkennen und Beutetiere auch in der Nacht erlegen. Aber dieser evolutive Vorteil scheint die Nachteile der erkrankten Ohren nicht kompensiert zu haben. In der meist multifaktoriellen Begründung, weshalb der Neandertaler-Mensch ausstarb, könnten die schlechten Ohren also ein wichtiger Mitgrund gewesen sein.

II. Das hörende Nicht-Hören

Der gut hörende *homo sapiens* hatte somit einen wichtigen evolutionären Vorteil, und er konnte das Ohr zum zentralen Sicherheits- und Kommunikationsorgan ausbauen. 1988 sagte mir der Komponist Karlheinz Stockhausen (1928–2007) bei einer Autofahrt durch das verkehrsbelastete Zürich,[4] dass er – wenn er mal da oben sei – dafür sorgen werde, dass die Menschen Klappohren bekommen würden. Stockhausen ist nun schon seit 15 Jahren «da oben», aber er konnte seine Idee glücklicherweise beim Allmächtigen noch nicht durchsetzen. Wenn wir nämlich die Ohren wie die Augen schliessen könnten, hätte das für unsere Lebenssicherheit verheerende Folgen. Es ist für uns von zentraler Wichtigkeit, dass wir immer hören, vor allem auch nachts; und zwar paradoxerweise gerade, um hoffentlich «nichts» zu hören.

Wir tun das fast immer. Es ist dieses Hören, das uns mitteilt, dass wir nicht aufpassen müssen, also zum Beispiel in Ruhe ein Gespräch führen, eine Tasse Tee trinken oder einschlafen können. Dieses Nicht-Hören begleitet uns während des ganzen Lebens, auch jetzt, wenn Sie dies lesen. Vielleicht haben Sie Kinder oder Enkelkinder zu Hause oder einen *Pot-au-feu* auf dem Herd. Wenn sie davon nichts hören, wissen Sie, dass alles in Ordnung ist: Die Kinder spielen friedlich, und der Kochtopf überschäumt nicht; es schleicht auch kein Einbrecher herum. Sie müssen also das Buch nicht weglegen und können weiterlesen. Das ist das «*Standby*-Hören».

Beim *Pot-au-feu* kommt uns noch ein zweiter Sinn zu Hilfe, der ähnlich wie das Gehör auch immer aktiv ist, nämlich der Geruchssinn: Auch mit ihm riechen wir in der Regel nichts; und das beruhigt uns. Erst wenn es verbrannt oder nach

---

[4] Anlässlich der siebentägigen Spezialsendung zum 60. Geburtstag von Karlheinz Stockhausen auf Radio DRS 2 (heute SRF 2 Kultur) vom 15.08. bis 21.08.1988.

Rauch riecht, stellen wir auf «Achtung Gefahr!» um. Ähnlich beim Hören: Wenn jetzt die Kinder ohrenbetäubend schrien, in Ihrem Rücken eine Türe verdächtig quietschte oder es in der Küche zischte, würden Sie das Buch zuklappen und höchst alarmiert die Situation analysieren: Woher kommt der Ton? Wie hoch ist die Gefahr? Wie bringe ich mich in Sicherheit? Oder: Wie schreite ich ein? Das ist das «Gefahren-Hören».

Das Nichthören und das höchst konzentrierte Hören stehen also ganz nahe beieinander, und beide garantieren uns die Sicherheit im Leben. Das *Standby*-Hören sagt uns, dass alles, was da zum Beispiel im Abendverkehr dröhnt, für uns persönlich nicht unmittelbar gefährlich ist; das Angst-Hören setzt ein, wenn in diesem Kontinuum des Nichthörens etwas Auffälliges passiert. Wenn dies hinterlistig geschieht, zum Beispiel sich jemand hinter einem Baum versteckt, um uns zu erschrecken, wird unser hörendes Nichthören quasi reingelegt; entsprechend schlimm können diese Schrecksekunden dann sein.

III. Die vier Hörformen von Pierre Schaeffer

Interessanterweise wird das Hören in der französischen Musikwissenschaft stärker thematisiert als im deutschen Sprachraum. Das könnte auch mit der Sprache zu tun haben, denn im Französischen gibt es mehrere Verben für das deutsche Verb «hören»: *ouïr, écouter, comprendre, entendre*. Führend bei diesen Betrachtungen zum Hören waren der 1910 geborene und 1996 verstorbene Komponist und Musikästhetiker Pierre Schaeffer sowie dessen Schüler François Bayle (*1932). Pierre Schaeffer war vorerst Rundfunkingenieur und begründete nach dem Zweiten Weltkrieg die sogenannte *musique concrète*. Das ist eine experimentelle und radiogene Tonbandkunst, die ohne Instrumente auskommt und nur mit aufgenommenen Klängen arbeitet und komponiert.

In seinem 1966 publizierten musikästhetischen Hauptwerk *Traité des objets musicaux*[5] unterscheidet Schaeffer vier Hörformen und benennt sie mit vier verschiedenen Verben, die im Deutschen alle mit «hören» übersetzt werden können: das erste ist *ouïr*, abgeleitete von der *ouïe*, dem Hörsinn oder der Hörfähigkeit. Mit *ouïr* meint Schaeffer dieses bereits ausgeführte Nichthören, ohne allerdings den von mir eben gemachten Bezug zu unserer Sicherheit im Alltagsleben herzustellen. Er charakterisiert sie als *perceptions brutes*.[6] Sein Schüler und

---

[5] Pierre Schaeffer, Traité des objets musicaux. Essai interdisciplines, Paris 1966.
[6] Schaeffer, Traité (Anm. 5), 116.

Nachfolger François Bayle brauchte dafür später auch den Begriff der *écoute évitée*, also das vermiedene Hören, quasi das Hören ohne hören.[7]
Die zweite Hörform benennt Schaeffer mit dem Verb *écouter*. Gemeint ist damit das beunruhigte Hören, das uns aufweckt, weil sich eine Gefahr ankündigt. Schaeffer beobachtet sehr gut, dass wir bei dieser Hörform nicht eigentlich den Klang hören wollen, sondern nur an der Herkunft des Klanges und den Rückschlüssen daraus interessiert sind und darob zuweilen das Hören auch vergessen können.

Eine Freundin von uns wollte einmal in einer lauen Sommernacht im Burgund draussen auf der Terrasse schlafen: Mitten in der Nacht weckte sie uns. Ein Mann würde durch den Garten stapfen und die Pflanzen giessen. In Wirklichkeit waren es aber die rund ums Haus weidenden und wasserlassenden *Charolais*-Kühe, deren trockenes Abreissen des Grases tatsächlich menschlichen Schritten ähneln kann. Trotzdem hätte die Freundin, wenn sie denn genau zugehört hätte, schon festgestellt, dass das kein Mensch sein konnte, aber angstgetrieben wie sie war, fixierte sie sich so sehr auf die Ursache der Klänge, dass sie darüber das exakte Zuhören vergass.

Ausgehend von diesen beiden Hörformen, die unser Leben sichern, kommt Schaeffer zu den zwei weit komplexeren Hörformen. Auch sie sind gegensätzlich angelegt, denn in der einen ist das Hören ein Mittel, in der andern kommt das Hören zu sich selbst.

Diese beiden Hörformen benennt Schaeffer mit *entendre* und *comprendre*. Mit *comprendre* ist ein verstehendes Hören gemeint, das auf Zeichen beruht, die wir uns intersubjektiv erworben haben. Es ist das Hören, das uns erlaubt in mehreren Sprachen zu kommunizieren, mit dem wir unseren Alltag bewältigen, das uns auch bei schwierigen Konfliktlösungen hilft und mit dem wir lehren und lernen. Die Paläontologen sind sich bis heute nicht sicher, ob der Neandertaler diese differenzierte Form des Hörens beherrschte. Womöglich war er auf ein zusätzliches Gestikulieren angewiesen, um sich verständigen zu können. Die Erkenntnisse basieren auf wenigen Hinweisen, weil bisher nur ein einziges Zungenbein eines

---

[7] Christoph von Blumröder hat sich am musikwissenschaftlichen Institut der Universität Köln über viele Jahre hinweg mit François Bayle und der Akusmatik auseinandergesetzt. Von den zahlreichen Publikationen sei hier auf die jüngste verwiesen: François Bayle, Komposition und Musikwissenschaft im Dialog VIII (2010–2016). Aventure d'écoute / Adventure of Listening / Abenteuer des Hörens, Wien 2020. Im darin abgedruckten Vortrag: J'écoute, donc je suis (298–313) gibt Bayle einen Kurzabriss seiner Hörkonzepte.

Neandertalermenschen in der Kebara-Höhle in Israel gefunden wurde,[8] welches sich nicht grundlegend von jenem des modernen Menschen unterscheidet und deshalb ein wichtiges Indiz dafür ist, dass die Neandertaler-Menschen sprechen konnten.

Der *homo sapiens* hat dieses verstehende Hören nicht nur enorm differenziert, indem er Sprachmodelle entwickelte, die eine ständige Sprachentwicklung und die Integration neuer Wörter erlaubt; er hat darüber hinaus mit der Erfindung der Schrift auch einen Ersatz für dieses Kommunikationshören gefunden. Mit der Schrift sind wir auf das akustische Hören nicht mehr unbedingt angewiesen. So ist es möglich, dass Sie hier eine verschriftlichte Version jenes Referates lesen können, das ich am 12. April 2021 gehalten habe. Die Schrift erlaubt es, das Hören zu verschieben, nicht nur um ein paar Monate, sondern um Jahrzehnte und Jahrhunderte: Deshalb können wir lesend Stimmen von Menschen hören, die schon lange nicht mehr unter uns weilen.

IV. *L'écoute réduite* oder die Utopie vom reinen Hören

Nach dem Hören im Sinne des *comprendre,* welches dank der Schrift auf das Hören gar nicht mehr zwingend angewiesen ist, folgt bei Schaeffer das *entendre*. Er wird es später zur *écoute réduite* einschränken, wohl weil *entendre* zu allgemein einfach «hören» bedeutet, auch wenn *tendre l'oreille* (die Ohren spitzen) im Verb anklingt. Françoise Bayle nennt es die *écoute pure ou absorbée;* das reine, quasi das aufgesogene Hören.

Dieses Hören findet statt, wenn uns etwas so vollumfänglich erfasst, dass wir uns ihm ganz überlassen, zum Beispiel, wenn wir vom Zischen eines Wasserfalles, vom Klang eines Gedichtes, von einer fremden Sprache, vom Gesang der Vögel, vom Rauschen des Waldes, dem Brechen der Wellen, dem Klang einer Stimme, der Magie grosser Musik überwältigt werden. Dieses reine Hören ist ein durchaus seltener Sehnsuchtsort von uns Menschen, denn mit ihm entfliehen wir dem kommunikativen Alltag mit seinen Störungen und Stolpersteinen. Wir können uns dem Hören ganz überlassen, ohne an etwas anderes zu denken. Die-

---

8 Vgl. Ruggero d'Anastasio u. a., Micro-biomechanics of the Kebara 2 hyoid and its implications for speech in Neanderthals, United States: Public Library of Science, PloS one, 2013, Bd. 8/12, p.e82261-282261 https://doi.org/10.1371/journal.pone.0082261 (04.03.2023). Eine kurze Zusammenfassung der Diskussion findet sich, in: Bärbel Auffermann / Jürg Orschiedt, Die Neandertaler. Auf dem Weg zum modernen Menschen, Stuttgart 2006, 66f.

Ohrgänge

ses Hören betrifft paradoxerweise auch die Stille, beispielsweise wenn eine Musik in der Stille lange nachklingt und niemand zu applaudieren wagt, wenn im Hochgebirge kein Laut mehr zu vernehmen ist, weil jedes Echo fehlt, oder wenn wir einen leeren Sakralraum betreten und zu erschauernd Lauschenden werden, auch wenn wir nicht gläubig sind.

Pierre Schaeffer steigert diese *écoute pure* zur *écoute réduite*, die für ihn das Ideal des Hörens bedeutet und der er im *Traité* ein langes Kapitel widmet.[9] Es ist ein Hören, das nicht nur alle anderen Hörformen ausser Kraft setzen, sondern auch die Herkunft der Klänge auslöschen möchte. Darin sieht er den Vorteil der *musique concrète* gegenüber traditioneller Instrumentalmusik: Wenn eine Harfenistin ein Arpeggio spielt, sieht man, wie der Klang entsteht, und auch, wenn das nur über Lautsprecher zu hören ist, stellt man sich innerlich vor, wie die Harfenistin das spielt. Bei der *musique concrète* kann unser Trieb, nach dem Grund und der Herkunft eines Klanges zu suchen, unterwandert werden. Wir hören abstrakte Klänge, die wir nicht zuordnen können und auch nicht sollen. Diese Forderung bleibt auch deshalb paradox, weil Schaeffers *musique concrète* nur aus aufgenommenen Geräuschen gebildet ist. Geräusche aktivieren aber unser «Angst-Hören», bei dem wir die Herkunft der unbekannten Geräusche erkennen möchten. Genau dies will Schaeffer seinen Zuhörenden verbieten. Das Hören wird dadurch zu einer Art Regime dogmatisiert; es gibt ein «richtiges» und ein «falsches» Hören. Wer sich ablenken lässt, hört «falsch»; wer die Quelle eines Klanges sucht, hört «falsch», wer bei gesungenen Worten wie «Freiheit» oder «König der Ehren» über die Freiheit oder Gott nachdenkt, hört «falsch». Das ist so, wie wenn man bei einer fotografischen Collage im Sinne eines *regard réduit* verlangen würde, das Foto nur als abstraktes Gebilde wahrzunehmen und nie nach dem Abgebildeten zu fragen.

Um eine solche *écoute réduite* zu ermöglichen und Fremdeinflüsse bzw. ein «Falschhören» einzuschränken, entwickelte Schaeffers Schüler François Bayle akusmatische Räume mit Lautsprecherlandschaften.[10] Diese sind funktionalschmucklos gehalten und drängen die Zuhörenden dazu, sich ablenkungsfrei den elektronischen Kompositionen zu widmen. Man könnte diese Studios als Hör-

---

[9] Schaeffer, Traité (Anm. 5), 261–385.
[10] Der Begriff der Akusmatik geht auf die Überlieferung zurück, nach der die neuen Studierenden von Pythagoras hinter einem Vorhang Platz nehmen mussten und dem Meister nur zuhören durften; sie mussten auf die Gesten und die Physiognomie von Pythagoras verzichten, wurden davon aber auch nicht abgelenkt. Diese Akusmatiker genannten Schüler konnten die Wahrheit nur hörend erfahren.

tempel bezeichnen, in denen bei abgedunkeltem Licht die Wahrheit reinen Hörens zelebriert wird.

Es sind die elektro-akustischen Nachfolger der grossen Konzertsäle des 19. Jahrhunderts, die ebenfalls Tempeln nachempfunden waren und die Funktion weltlicher Sakralräume übernahmen; anstelle der Heiligen stehen dort Büsten der grossen Komponisten in den Mauernischen; eine Komponistin habe ich in diesen Nischen bisher noch keine entdeckt.

Pierre Schaeffers Position der *écoute réduite* ist in den 1950er Jahre keine isolierte Erscheinung, vielmehr entspricht sie dem Zeitgeist der 1950er und 1960er Jahre. Nach dem Missbrauch der Musik zu Propagandazwecken, heroischen Aufmärschen und zur aufmunternden Begleitung des Vernichtungskrieges wollten die jungen Komponisten – es waren auch damals immer noch mehrheitlich Männer – die Musik von Inhalten, Emotionen, Pathos reinhalten. Sie konzentrierten sich auf Struktur und Konstruktion; Mathematik wirkte vertrauensvoller als Gefühle. Im Bereich der elektronischen Musik ging die sogenannte Kölner Schule um Karlheinz Stockhausen herum noch viel weiter als Schaeffer, denn hier wurde die Klangsynthese proklamiert, bei der nicht mit aufgenommenen und konkreten, sondern mit synthetisch hergestellten Klängen komponiert wurde, die man so weder in der Natur noch bei traditionellen Instrumenten findet. Das Suchen nach der Herkunft der Klänge in der realen Welt musste hier nicht unterdrückt werden, weil es sich um synthetische Neuschöpfungen handelte. Für den damals noch bekennenden Katholiken Stockhausen war das auch eine neue Form von geistlicher Musik, die mit dem abstrakten Gottesbegriff korrespondierte.

Dieses Streben nach struktureller Reinheit greift in der Musik nach 1950 über den Bereich des Zeitgenössischen weit hinaus; erinnert sei etwa an die kühlobjektiven Bach-Interpretationen von Helmut Walcha oder die kristallenen Mozart-Einspielungen des LaSalle-Quartetts, aber auch an neue Konzerträume, in denen das ideale Hörerlebnis im Zentrum steht, allen voran in der neuen Berliner Philharmonie von Hans Scharoun (1963).

Es ist interessant, dass diese Tradition neuer Konzertsäle in den letzten Jahren mit gewichtigen Bauten weitergeführt wurde, die alle dem Ideal akustischer Räume verpflichtet sind und bei denen Star-Akustiker eine ebenso wichtige Rolle spielen wie die Architekten.[11] Konzertsäle wie das KKL Luzern ver-

---

[11] Zum Beispiel Kultur- und Kongresszentrum (KKL) Luzern 1998 (Architekt: Jean Nouvel; Akustik: Russell Johnson), Philharmonie de Paris 2015 (Architekt: Jean Nouvel; Akustik: Harold Marshall und Tateo Nakajima); Elbphilharmonie Hamburg 2016 (Architekten: Herzog & de Meuron; Akustik: Yasuhisa Toyota).

zichten auf Ornamente und Ausschmückungen; sie sind schon fast klinisch sauber gestaltet. Unzählige Klangdiffusoren verhindern jede Unregelmässigkeit in der Klangentfaltung; dicke akustische Isolationswände schirmen den Raum gegen die Aussenwelt ab, und man hört eine Stecknadel auf den Boden fallen. Deshalb klingen die Konzertsäle wie eine CD. In diesen neuen Konzertsälen werden nur ausnahmsweise Kompositionen aufgeführt, die für sie konzipiert wurden; meistens werden historische Werke gespielt, die für völlig andersartige Säle und Konzerträume komponiert wurden und die nun raumakustisch im Sinne der *écoute pure* umdesignt und uniformiert werden.

Ein Raum wie zum Beispiel das Berner Münster stellt das «unreine» Gegenkonzept zum KKL-Saal dar: Da ist nichts uniformiert, und eine *écoute pure* wird durch den historischen Bau, die zahlreichen Gegenstände oder den sogenannten Himmlischen Hof abgelenkt, und auch die Akustik ist wegen des Nachhalls höchst mangelhaft und unausgeglichen. Aber die musikalischen Ereignisse und Erlebnisse können im Münster stärker und umwerfender sein als in den reingefegten modernen Konzertsälen.

In der Musikwissenschaft konnte sich diese Theorie einer *écoute pure* sehr lange halten. Dabei geht es nicht nur um Räume, die alles hörbar machen, sondern auch um Menschen, die alles hörend verstehen sollten. Von ihnen wird verlangt, dass sie eine Komposition in allen strukturellen Beziehungen erfassen, weil sie sonst den Ansprüchen des Werks nicht gerecht werden. Dieses Denken ist bis heute wirksam. In jedem Pausengespräch vernimmt man Gesprächsfetzen wie «man müsste solch ein Werk mehrfach hören, um es ganz zu verstehen», «ich verstehe einfach zu wenig von der Musik», «ich hätte halt doch die Konzerteinführung besuchen sollen». Hinter solchen Bemerkungen steht das totalitäre Ideal, ein Werk «richtig» zu hören und umfassend zu verstehen. Und jene, die diesem Anspruch hörend nicht genügen, fühlen sich banausisch. Dass ein Nicht-Verstehen auch Sinn machen könnte und vielleicht dem Werk sogar inhärent ist, steht gar nicht zur Debatte.

V.   *L'écoute élargie* oder das offene Ohr

Der ungarisch-französische Philosoph Peter Szendy publizierte 2001 einen aufschlussreichen Essay mit dem Titel *Écoute. Une histoire de nos oreilles*,[12] in dem

---

[12] Peter Szendy, Écoute. Une histoire de nos oreilles, Paris 2001. Deutsche Übersetzung: Peter Szendy, Höre(n). Eine Geschichte unserer Ohren, Paderborn 2015.

er diesen Fetisch des strukturellen Hörens – er nennt es das grosse oder das totale Hören – geisselt. Peter Szendy bezeichnet darin das strukturelle Hören sogar als totalitär, weil es keine Ablenkung, keine Nachlässigkeit und auch kein Sich-beim-Hören-Zuhören zulässt. In einer interessanten Volte zeigt Szendy, dass dieses absolute Hören auf Richard Wagners Verehrung für den tauben Beethoven zurückgeht, der gemäss Wagner das grosse Glück gehabt habe, die oberflächlichen Geräusche der Alltagswelt nicht mehr wahrnehmen zu müssen, und der sich deshalb ganz auf das innere Hören habe konzentrieren können.[13]

Polemisch fragt Szendy, ob denn nicht besser das Werk nur noch sich selbst zuhören soll. Tatsächlich schrieb Arnold Schönberg 1918 seinem Schwager Alexander von Zemlinsky, der in Prag aus Rücksicht gegenüber der Hörerschaft Teile von Schönbergs sinfonischer Dichtung *Pelleas und Melisande* kürzen wollte, in Bezug auf den Hörer:

> «Den Hörer kenne ich so wenig, wie er die Rücksicht auf mich kennt. Ich weiss nur, dass er vorhanden ist und, soweit er nicht aus akustischen Gründen ‹unentbehrlich› ist (weil's im leeren Saal nicht klingt), mich stört.»[14]

Für Szendy wird hier aus Respekt vor dem quasi als heilig erklärten Werk ein hörerloses Hören postuliert, weil keine real Hörenden den Forderungen des Werks genügen können.[15] Erstaunlicherweise gibt es dieses Ideal des reinen oder des strukturellen Hörens bis heute.

Ich selbst bin aber überzeugt, dass wir Menschen dies letztlich nicht können. Denn unser Ohr ist ein viel zu komplexes und agiles Organ, als dass es sich so einschränken lässt. Und wir sollten es auch nicht. Statt der *écoute réduite* sollten wir eher die *écoute élargie* proklamieren.[16] Wir haben während Jahrtausenden gelernt hat, im Bruchteil einer Sekunde von einem Hörmodus in den anderen zu wechseln. Oft überlagern sich die verschiedenen Hörformen, und wir können uns beim Hören auch zuhören, indem wir uns fragen, warum wir wohl jetzt gerade nicht aufgepasst haben. Wir können zerstreut hören und dann wieder in eine konzentriertere Hörhaltung wechseln und diesen Prozess sogar noch reflek-

---

13 Szendy, Höre(n) (Anm. 12), 136–138.
14 Brief vom 23. März 1918, in: Arnold Schönberg, Ausgewählte Briefe, Mainz 1958, 52.
15 Szendy, Höre(n) (Anm. 12), 142–145.
16 «Ecoute élargie – ‹Leere Stimmen› und ‹objets sonores› in der Musik nach 1945» war der Titel eines dreijährigen SNF-geförderten Forschungsprojektes der Hochschule der Künste Bern (2015–2019). Die Promovierenden in diesem Projekt, Dorothea Schürch und Gaudenz Badrutt, gaben wichtige Impulse, die in mein Referat eingeflossen sind. Dafür sei ihnen hier herzlich gedankt.

tieren. Wir können während der Kantate BWV 3 *Ach Gott, wie manches Herzeleid* einen vorbeifahrenden Krankenwagen hören, und wenn in der Bass-Arie der Kantate von «Höllenangst» und «unermessnen Schmerzen» gesungen wird, werden wir geradezu gezwungen, einen Bezug vom Krankenwagen zum Textinhalt der Arie herzustellen, und falls wir selbst schon einmal mit einem Krankenwagen transportiert wurden, werden wir all dies auch mit diesen eigenen Erinnerungen kurzschliessen. Wir können solches Assoziieren, diese *écoute élargie*, nämlich gar nicht bewusst unterdrücken; das haben wir von unseren paläontologischen Vorfahren geerbt, und in der Evolution hat es sich offensichtlich als Vorteil erwiesen, dass Vieles unserer Kontrolle entzogen ist. So müssen wir mit der Komplexität und den zahlreichen Aufgaben, die unser Ohr für uns übernimmt, leben und sie als grosses Faszinosum annehmen lernen, das uns in jedem Moment überrascht.

Nachtrag: Zu den Musikbeispielen

Die ersten Überlegungen zum Referat vom 12. April 2021 gehen ins Jahr 2019 zurück. Da schrieb ich Matthias Zeindler, dass ich eine performative Musikanlage bräuchte. Um die Unmöglichkeit eines rein strukturellen Hörens erfahrbar zu machen, wollte ich nämlich Werke von Pierre Schaeffer, seinem Schüler Luc Ferrari und Karlheinz Stockhausen abspielen. Anhand von Ferrari und Stockhausen beabsichtigte ich zu zeigen, wie zwei Komponisten sich vom Dogma der *écoute pure* und der strukturorientierten Musik entfernten; provozierend und mit Fetzen aus dem Alltagsleben spielend bei Luc Ferrari, die selbst gebaute Struktur auflösend und teilweise zerstörend bei Karlheinz Stockhausen. Die gute Musikanlage hätte ich vor allem für Stockhausens *HELIKOPTER-STREICHQUARTETT* benötigt. Das Werk ist Teil der Oper *MITTWOCH aus LICHT* und in der von Stockhausen entwickelten Technik der Formelkomposition geschrieben. Alle musikalischen Strukturen (Tonhöhen, Pausen, Geräusche, Klangfarben, Rhythmen und Längen) sind von einer komplexen Superformel abgeleitet, mit der Stockhausen das ganze siebenteilige und 29 Stunden dauernde Werk komponierte. Er schrieb von 1977 bis 2003 an diesem bisher längsten Werk der Musikgeschichte; es basiert auf dem *Urantia-Book*, einem sektenähnlichen und mit kosmischen Fantasien angereicherten Bibelverschnitt, der ideologisch und historisch im wirtschaftsliberalen Amerika des frühen 20. Jahrhunderts zu verorten ist. Dieser theologisch durchaus fragwürdige Hintergrund interessiert hier aber nicht, sondern die Tatsache, dass Stockhausen während der 25 Jahre dauernden

Roman Brotbeck

Kompositionsarbeit von *LICHT* die Formelstruktur seiner Musik zunehmend mit *musique-concrète*-Elementen überlagert; im Falle des *HELIKOPTER-STREICH-QUARTETTS* ist diese Überlagerung so radikal, dass von Anfang bis Ende der Komposition die Rotoren der vier Helikopter dominierend zu hören sind. Die Mitglieder des Quartetts sind auf die vier Helikopter verteilt und durch ein kompliziertes Funksystem miteinander verbunden; sie spielen fast nur Glissandi. Dieser Streicherklang vermischt sich mit dem Rotorengeräusch zu einem undurchdringbaren Flimmern, und die komplexe Formel-Struktur wird so verwischt, dass sich selbst der Komponist mit einem System von Farben orientieren musste, um seine Formelableitungen verfolgen zu können. Das Publikum hört dem Ganzen in einem verdunkelten Saal zu, in den die Bild- und Tonsignale auf vier Screens übertragen werden.

Musikästhetisch ist das *HELIKOPTER-STREICHQUARTETT* für mich kein Meisterwerk und seine Aufführung heute ökologisch und ökonomisch verantwortungslos und im Internetzeitalter auch ein Widersinn. Aber ich hätte mit diesem Werk vorführen wollen, welches Schlamassel es mit unseren Ohren anrichtet: Da sind die dominierenden Helikopter, die bei uns unterschiedlichste Konnotationen auslösen; da sind die Streicher hoch oben in den Lüften, die zwischendurch in ihre Mikrofone Zahlen sprechen, die wir akustisch zwar gut vernehmen, aber wir verstehen nicht, was sie bedeuten. Da ist eine sich wenig verändernde Musik, die uns – verbunden mit dem gleichmässigen Schollern der Helikopterrotoren – auch ablenkt und in einen *Standby*-Modus versetzt. Da sind das ständige Sich-beim-Hören-Zuhören und die damit verbundenen Sinnfragen: Weshalb ein Streichquartett auseinanderreissen und in je vier Helikopter verpflanzen; dort aber mit einem Klickband, auf dem die Taktzahlen eingesprochen sind, erneut genauestens koordinieren? Alle Hörformen unseres Ohres wären bei diesem Musikbeispiel durcheinandergeworfen worden: *une écoute élargie par excellence!*

Als sich abzeichnete, dass das Referat nicht in Präsenz stattfinden kann, verwarf ich diese Idee, weil die wichtigen tiefen Frequenzen der Helikopter nur auf einer guten Anlage vermittelt werden können. An Weihnachten 2020 hoffte ich dann, das Referat im Berner Münster halten zu können, weil dort grosse Abstände zwischen den Zuhörenden hätten garantiert werden können. Der Münster-Organist Daniel Glaus erklärte sich bereit, absonderliche Experimente zu spielen, um die hier exponierten vier Hörformen sinnlich wahrnehmbar zu machen. Dazu hätte eine lange und immer unruhiger werdende Stille gehört, bei der der Raum des Münsters zum Klanginstrument geworden wäre. Die strikte Auflage, alle Hochschulveranstaltungen *online* durchzuführen, verhinderten auch diese Pläne.

Ohrgänge

Da zu dieser Zeit Gottesdienste wieder erlaubt waren, hätten wir das Referat als Gottesdienst *faken* müssen ...

So musste ich nach einer dritten Lösung suchen: Ich wählte ein historisches Werk, das mit hoher Wahrscheinlichkeit niemand kannte und beim ersten Hören einfach und unterkomplex erscheint. Franz Schubert hat es komponiert und es trägt den rätselhaften Titel *Franz Schuberts Begräbniß-Feyer* [sic!] D. 79. Es ist ein Nonett für je zwei Hörner, Klarinetten, Fagotte, Posaunen und ein Kontrafagott. Für das *Online*-Referat wählte ich die Interpretation mit Heinz Holliger und dem Kammerorchester Basel.[17] Mich interessierten zuerst einmal die Reaktionen der Zuhörenden auf das unbekannte Stück. Ich gab bloss bekannt, dass Franz Schubert es komponiert habe. Damit wollte ich das bei klassischer Musik häufig auftretende Verhalten vermeiden, sich der unwichtigen Frage zu widmen, wer das Werk komponiert haben könnte.

Die Reaktionen auf das erste Hören des stark repetitiven Trauermarsches waren erstaunlich: Neben Assoziationen von Natur, Trauer, Alphorn und eindrücklichen Bildern wie «langsames Schreiten schwarz gekleideter Männer, sehr offiziell» haben fast alle über das Hören reflektiert und die Wirkung der Komposition kommentiert. Der Grund liegt in der wiederholungsreichen Musik: «Keine Entwicklung: monoton, aber auch suggestiv»; *«Un peu ennuyeux»*; «Kommt da noch anderes?»; «eher spannungsfrei, einschläfernd». Sehr interessant war bei den Reaktionen, dass einige gegen Schluss der Komposition Veränderungen in der Wiederholungsstruktur feststellten: «Komplexität wird gesteigert. Keine Alphorn-Assoziation mehr»; «größer werdende Trauer». Sogar eine Art Finalwirkung liess sich heraushören: «Erhabenheit, getragen, Bedauern, Vergänglichkeit – etwas Schönem nachtrauernd». Das letzte wirkt fast so, als hätte diese Person den von mir verschwiegenen Titel der Komposition gekannt! Spannend sind diese Beobachtungen, weil diese Veränderungen in der Musik selbst nicht stattfinden. Es ist also die Kreativität des Hörens, welche diesen Sinn hineininterpretiert. Wiederholungen sind eben fürs Hören nicht bloss Wiederholungen; sie verändern ihre Wirkung.

Dieses erste Hören war eine Art Präludium zum eigentlichen Experiment, bei dem ich aufzeigen wollte, wie das Hören durch Informationen und Vorinterpretationen beeinflusst werden kann. Und weil *Franz Schuberts Begräbniß-Feyer* sehr

---

[17] Franz Schubert, Symphonie Nr. 8 «Unvollendete». Mit weiteren Werken von Franz Schubert, Anton Webern und Roland Moser. Kammerorchester Basel, Leitung Heinz Holliger, CD Sony 2021. Die Interpretation von Franz Schuberts Begräbniß-Feyer ist auf Youtube anzuhören: www.youtube.com/watch?v=RTcdd2rqPNA (04.03.2023).

Roman Brotbeck

unterschiedlich beurteilt wird, erlaubte ich mir, drei dieser Interpretationen vorzustellen und anschliessend jeweils einen Teil des Trauermarsches abzuspielen.

Musikalischer Scherz zum Schulaustritt

Für den Musikwissenschaftler und Schubert-Spezialist Hans-Joachim Hinrichsen ist diese Komposition trotz des Titels «als Scherz mit vielleicht ein klein wenig Bitterkeit»[18] zu verstehen, ein Gelegenheitswerk, welches Schubert für den bevorstehenden Austritt aus dem ihm tief verhassten Wiener Stadtkonvikt komponiert hatte. Hinrichsen vermutet, dass das Werk von seinen Mitschülern uraufgeführt wurde. Schubert hat den Trauermarsch in «der ungewöhnlichen und für Blasinstrumente besonders unpraktikablen Tonart es-Moll intoniert», für Hinrichsen ein weiterer Hinweis, dass das Stück «[s]o ernst [...] nicht gemeint gewesen sein kann».[19] Falls das Werk also von Mitschülern aufgeführt wurde, muss das ziemlich schrecklich geklungen haben.

Verfremdete Trauermusik für einen kriegsbegeisterten Dichter

Für Roland Moser, der zu diesem Werk 2019 den *Echoraum zu Franz Schuberts Begräbnis-Feyer* komponierte, könnte Schubert den Trauermarsch zum Tod des Schriftstellers Theodor Körner geschrieben haben, der am 26. August 1813, also zwei Wochen vor Schuberts Komposition, in Mecklenburg-Vorpommern als Mitglied des Lützowschen Freikorps im Krieg gegen die napoleonischen Truppen gefallen war. Er war nicht einmal 22 Jahre alt geworden. Theodor Körner galt als aufsteigender Stern unter den deutschen Dichtern und trug schon mit 21 Jahren den Titel «kaiserlich-königlicher Hoftheaterdichter». Schubert hatte ihn zu Beginn des Jahre 1813 kennengelernt und wurde durch ihn bestärkt, sich künftig nur noch der Musik zu widmen.

Hinter der *Begräbniß-Feyer* könnte sich also eine Reverenz an den gefallenen Freund verstecken. Dadurch gewänne die Tonart es-Moll eine andere Bedeutung, sie ist nicht als Scherz, sondern tief ernst gemeint. Und die Hornpartien mit den zahlreichen gestopften Tönen bekämen ihren Sinn. Das Horn ist zu Zeiten Schuberts noch ein reines Naturhorn, quasi ein Alphorn, das nur die natürlichen

---

[18] Hans-Joachim Hinrichsen, Nonett in es für Bläser (D 79), in: Walter Dürr / Andreas Krause, Schubert-Handbuch, Kassel 1997, 468.
[19] Hinrichsen, Nonett (Anm. 18), 468.

Ohrgänge

Obertöne realisieren kann. Da aber das Horn eine gewundene Rohrführung hat, kann man mit Hand und Arm in den Schalltrichter greifen und so die Tonhöhe verändern. Das Verfahren nennt sich Stopfen, und es ist hochkomplex: Je nach Stopftechnik kann der Ton unterschiedlich vertieft, bei Vollstopfung aber auch erhöht werden. Alle Stopfungen verändern die Klangfarbe des Instrumentes. Bei der *Begräbniß-Feyer* komponierte Schubert viele chromatische Zwischentöne und sogar Triller, so dass die reinen und ungestopften Töne sich nicht entfalten können. In übertragenem Sinne könnte man sagen: Theodor Körner, der in seinen Kriegs- und Jagdgedichten immer wieder den Hörnerschall lobte, sind hier die reinen Töne abhandengekommen. Kein freies Schmettern, sondern viele gedrückte Töne.

Gespenstermarsch an der Todesschwelle

Für den Schweizer Oboisten, Komponisten und Dirigenten Heinz Holliger, der das kaum gespielte Werk für Sony aufnahm, ist Franz Schuberts *Begräbniß-Feyer* kein Nebenwerk, sondern das Schicksalswerk des jungen Schubert. Er sieht darin den innersten Kern von Schuberts Musik enthalten, die sich immer in Todesnähe bewege.

Im chromatischen Umspielungsmotiv erkennt er ein Kreuzmotiv in der Tradition der Passionsmusik. Ein ähnliches Motiv erscheint zu Beginn der sogenannten *Unvollendeten,* die Schubert 1822 beim ersten Ausbruch seiner syphilitischen Erkrankung komponierte, und dann nochmals in den Durchlaufskizzen zum Fragment der D-Dur-Sinfonie, an der Schubert kurz vor seinem Tod noch arbeitete. Holliger schrieb mir dazu in einem Brief:

«Kurz vor seinem Tod führt Schubert die Zuhörenden an die geheimnisvolle, nie erklärbare Schwelle, die zu überschreiten keinem Lebenden je gegeben ist.»[20]

In «Franz Schuberts Begräbniß-Feyer», komponiert am 13. September 1813 quasi in der Hälfte seines kurzen Lebens, erklingt für Holliger diese «nie erklärbare Schwelle» ein erstes Mal. Holliger verwirft auch die These einer Trauermusik zu Theodor Körner. «Solche Werke schreibt man nur für sich selber»,[21] ist sein lakonischer Kommentar dazu, deshalb habe Schubert auch die schwärzeste aller Tonarten gewählt. Der Musikästhetiker Christian Friedrich Daniel Schubart

---

[20] Fax von Heinz Holliger an Roman Brotbeck, übermittelt als E-Mail von Holligers Assistentin Barbara Golan am 20.03.2021.
[21] Fax von Heinz Holliger (Anm. 20).

schrieb 1786 im Gefängnis von Hohenasberg die Ideen zu einer Ästhetik der Tonkunst nieder. Er war für zehn Jahre ins Gefängnis gekommen, weil er die Mätresse des Herzogs Carl Eugen von Württemberg, Franziska von Hohenheim, als «Lichtputze, die glimmt und stinkt», verspottet hatte. Schubart charakterisierte es-Moll folgendermassen:

> «*Es moll. Empfindungen der Bangigkeit des aller tiefsten Seelendrangs; der hinbrütenden Verzweiflung; der schwärzesten Schwermuth, der düsteren Seelenverfassung.* Jede Angst, jedes Zagen des schaudernden Herzens, athmet aus dem gräßlichen *Es moll*. Wenn Gespenster sprechen könnten; so sprächen sie ungefähr aus diesem Tone»[22].

Mein Versuch, das Hören mit diesen drei verschiedenen Erklärungsvarianten zu lenken und mit Anekdoten zu anzureichern, um vorzuführen, wie Kommentare die musikalische Rezeption dominieren können, scheiterte kläglich. Nur bei einer Person wurde die Musik nach den Kommentaren anders gehört, wobei hier der Hinweis auf die *Unvollendete* die stärkste Assoziationskraft hatte. Eine andere Person schrieb zu Recht: «Ihre Bemerkungen zu den einzelnen Interpretationen haben mich etwas verwirrt, abgelenkt.»

Dies darf uns freuen, denn es beweist die Macht der Musik, und in diesem Falle spezifisch die Macht der Interpretation von Heinz Holliger. Denn dies war der Haken meines Störversuchs: Ich verfügte nur über diese Aufnahme mit Heinz Holliger, der natürlich seiner beinahe religiös geprägten Interpretation diese «nie erklärbare Schwelle» zum Tod mit aller Kraft einverleibte. Für die andern Beispiele hätte ich mindestens eine Interpretation haben müssen, die das Scherzhafte betont und den Trauermarsch wie eine Guggenmusik gespielt hätte. Diese fand ich aber unter den seltenen und musikalisch zum Teil unzulänglichen Aufnahmen nicht. So hoffte ich irrigerweise, meine Kommentare könnten Holligers Interpretation ausser Kraft setzen. Dass es misslang, zeigt, dass sich unsere Ohren von einer überzeugten und überzeugenden Interpretation nicht korrumpieren lassen.[23]

---

[22]   Christ[ian] Fried[rich] Dan[iel] Schubart's Ideen zu einer Ästhetik der Tonkunst, hg. von Ludwig Schubart, Wien 1806, 378 (Kursivierungen im Original).

[23]   Allen Zuhörenden, die bei diesen aufschlussreichen Hörübungen mitgemacht haben, möchte ich herzlich danken.

Johanna Di Blasi

«Less noise, more conversation»: Überlegungen aus dem reformierten Labor

I. Rauschen

Als ich kurz nach dem Jahreswechsel 2020/2021 mit Peter Sloterdijk ein Telefoninterview führte – es rauschte und knisterte in der Leitung –, beschrieb ich ihm meine Arbeitsstätte, das *RefLab* in Zürich, als Mischung aus *Online Community*, Sprachlabor und theologischem Salon. Der Philosoph bemerkte räuspernd:

«Aha, das ist für mich eine neuartige soziale Form und ich staune darüber, dass es dergleichen schon gibt. Aber in historischer Sicht sollte es einen nicht wundern, denn aus der reformierten Gemeinde des 17. Jahrhunderts ist ein Gutteil dessen entstanden, was man heute ein Publikum nennt: und zwar durch die Benutzung der damals fortgeschrittenen Printmedien auf der anlaufenden Bugwelle der Gutenberg-Galaxis. Heute sind wir an einer anderen mediengeschichtlichen Stelle angekommen. Ich bin gerne bereit und neugierig, eine alternative Form zu erproben.»

Als ich wissen wollte, ob Digitalität seiner Ansicht nach der Spiritualität entgegenkomme, beide sind schliesslich ungreifbar, antwortete der Philosoph augenzwinkernd:

«Radio Eriwan würde sagen, im Prinzip ja, aber nur wenn man zugibt, dass man sich an digitalem Feuer verbrennen kann.»

Kann man sich an digitalen Feuern verbrennen? Sicherlich, *Digital Burnout* oder *Social Media Burnout* gibt es durchaus; das Leiden beschäftigt zunehmend Therapeut:innen und Psychiater:innen. Kann man sich an digitalen Lagerfeuern wärmen? Ich denke, das geht ebenfalls. Es gibt in digitalen Lebenswelten – und tatsächliche, reale Lebenswelten sind es ja für immer mehr Menschen[1] – spirituelle Lagerfeuer, die Wärme spenden und spirituelle Nomad:innen anziehen.

Die folgenden Überlegungen sind aus meiner Praxis als Social-Media-Redakteurin geschöpft und einem Ringen widerstreitender Gefühle entsprungen, die

---

[1] Gerade für die im analogen kirchlichen Betrieb in unseren Breiten – in anderen Weltgegenden zeigen sich vollkommen andere Bilder – schon länger schmerzlich vermissten Jüngeren, die Generation Z und Y, ist die digitale Welt eine massgebliche Lebenswelt. Als Generation Y oder Millennials wird die Generation der von den frühen 1980er bis zu den späten 1990er Jahren Geborenen gefasst, als Generation Z die Post-Millennials.

zu klären und ordnen mir das Aufschreiben half. Auf der einen Seite gibt es wundervolle Spielräume, schier unendliche Potenziale sich zu vernetzen, enthusiasmierende Freiheit und Beweglichkeit, andererseits Konformismus, omnipräsente Marketinglogik und Gängelung durch kommerzielle Plattformen, die uns ihre Regeln aufdrücken, uns nach ihrem Bild formatieren, sich von unseren Daten ernähren.

Meine Leitfragen für die folgenden Überlegungen lauten: Entwickeln sich in einer zunehmend digitalen und hybriden Welt auch neue Weisen des Hörens, Sehens und Wahrnehmens? Welche Konsequenzen könnte das für das Hören der christlichen Botschaft haben? Können wir im Netz etwas anderes wahrnehmen als Werbung oder Information? Gibt es Lücken in der Matrix, durch die Erfahrungen eines Jenseits des Netzes, vielleicht sogar eines radikal Anderen schlüpfen können? Oder handelt es sich – so die pessimistische Einschätzung – um einen abgedichteten Raum, gefüllt mit Echokammern und *Filter Bubbles*?[2]

Inzwischen ist deutlich, dass der digitale Raum nicht nur eine parallele Geografie darstellt, sondern den analogen Raum und das Verhalten darin mit formt und umbaut. Mit dem Netz verbinden sich hochfliegende Erwartungen wie auch tiefgreifende Ängste: sich darin zu verheddern, zu verlieren, mit *Fake* behelligt zu werden, auch und gerade dort, wo Authentizität grossgeschrieben wird. Haben wir es beim digitalen Lebensraum menschheitsgeschichtlich mit etwas grundsätzlich Neuem zu tun, auf das sich unsre Sinne und «Fühler» erst einstellen müssen, oder gibt es mediale Kontinuitäten? Das sind Fragen, die zunehmend ins Blickfeld der Forschung rücken.

Im sozialmedialen Raum erfolgt Kommunikation, und das macht wohl die schier magische Faszination des Mediums aus, sinnesübergreifend. Deswegen übertrifft die digitale Revolution alle vorangegangenen Medienrevolutionen. Hinzu kommt, dass praktisch alles und jedes, auch sämtliche Abgründe, irgendwo im Netz präsent sind. Dies liess den Philosophen Boris Groys bemerken, es existiere mit dem Internet eigentlich kein psychisch Unbewusstes mehr. Auch die Bezeichnung «präsentische Moderne» beschreibt diese Gleichzeitigkeit der Internet-Streaming-Kultur, die sich auch als grosses Rauschen offenbart.

---

[2] Mit *Filter Bubble* oder Informationsblase wurde 2011 ein medienwissenschaftlicher Begriff zur Bezeichnung von algorithmisch gelenkten und auf tatsächliche oder vermeintliche Interessen von Nutzer:innen zugeschnittenen Informationsflüssen eingeführt. Als Begriffsurheber gilt der Internetaktivist und Medienkritiker Eli Pariser. Den Rand der *Filter Bubble* bei werbegestützter christlicher Kommunikation im Netz bilden passende Profile wie auch solche, die sich durch religiöse *Postings* belästigt fühlen; hier errechnen an Nutzerprofilen orientierte Algorithmen also eine Art von digitaler Missionierungslinie.

«Less noise, more conversation»

Für eine *Theologie des Hörens* fehlen, wenn es um eine isolierte Betrachtung gehen soll, im multi- und crossmedial-digitalen Raum wahrscheinlich die Grundlagen.[3] Multi- und Transmedialität ist im digitalen Raum so selbstverständlich, dass wir es nicht mehr als Besonderheit bemerken. Inzwischen wird kaum noch von «multimedial» gesprochen, ja diese Terminologie klingt mittlerweile veraltet; anders als vor 15 oder 20 Jahren, als dieser Ausdruck ständig gebraucht wurde, um das «Neue» der «Neuen Medien» im «Cyberspace» zu charakterisieren, ein mittlerweile ebenfalls veralteter Begriff.

Social-Media-Plattformen unterliegen Konjunkturen und stetigem Wandel. Ich erinnere mich an das frühe *Metaversum Second Life*, wo Museen und Zeitungsverlage virtuelle Dependancen eröffneten und zu virtuellen Events einluden. Die Parallelwelt entvölkerte sich allerdings überraschend schnell wieder und viele Avatare, auch meiner, hängen heute entseelt in diesem mit Architekturen und Accessoires liebevoll dekorierten *Metaversum*.

Unter den Bedingungen der «Liquid Modernity» (Zygmunt Bauman) wechselt auch Kirche ihren Aggregatzustand und erfindet sich als *Liquid Church* neu. Kirche wird zum Innovationslabor, das sich Know-how aus den *Creative Industries* und der digitalen *Creator Economy* borgt – und nunmehr wie selbstverständlich *Design Thinking* praktiziert, die «Marke» Kirche oder Christentum «entwickelt» und *Content* produziert. Die Massenmedien gerieten schon eher in schwierige Fahrwasser. «Partizipation» der Hörer:innen und Leser:innen – das *User First Prinzip* – wurde mit der Medienkrise erst so richtig virulent, als der Rückgang von Abonnements mit dem Einbruch der Werbeanzeigen zusammenfiel, verschärft durch die Internetkonkurrenz und die Wirtschaftskrise 2008 und Folgejahre. Gleichzeitig und kontraintuitiv wurden Inhalte schnell produzierter, austauschbarer *Content*. Den Ausdruck *Content* für Medieninhalte hörte ich zum ersten Mal in meiner Zeit als Feuilletonredakteurin im Zuge der verschärften Medienkrise um 2010 herum. In Medienhäusern liefen *Change Prozesse*, Spezialresorts wurden aufgelöst und in neu eingerichteten *Newsrooms* wurde nun von persönlichen Handschriften gelöster, konfektionierter *Content* produziert, der in diversen Längen und Kanälen laufen konnte; ein Niedergang des Journalismus, wie wir ihn kannten. Inzwischen ist alles *Content*: von aus dem Internet gefischten Nachrichten bis zu persönlichen Postings von Influencer:innen. In Museen waren es rückläufige Subventionen, die (im angelsächsischen Raum schon seit den 1980ern) zu einem Umlenken auf *user-oriented-museology* geführt

---

[3] *Crossmedia* bezeichnet die Kommunikation über mehrere inhaltlich, gestalterisch und redaktionell verknüpfte Kanäle.

hatten: *collection-driven institutions* wurden zu *visitors-centered museums*. Ähnliches erleben wir bei der digitalen Beteiligungskirche, die herausfinden will, was Menschen überhaupt wollen, welcher *Content* Anklang findet und inwieweit Theologie «Deutungshoheit» abgeben sollte.

Internet-Influencer:innen springen in die Bresche und scharen in *Social Media Follower* um sich. Sie funktionieren als Identifikationsfläche besonders gut, wenn sie gerade keine Experten sind; beliebt sind die bloggende Religionsstudentin oder der Jesus-verliebte Baseballstar. Das derzeit dominierende Modell des Internet-Influencers (von engl. *to influence*, beeinflussen) aus dem Influencer-Marketing weist interessanterweise Analogien zu religiösen Figuren wie Predigern oder Gurus auf. Auch Influencer:innen treten aus der Menge hervor, wirken Kraft ihrer Worte und Persönlichkeit und scharen Gefolgschaft um sich: Follower:innen, die zu ihnen aufblicken und den *Lifestyle* ihrer Vorbilder – bei *Brand-Influencern* deren konkrete Konsumvorlieben – kopieren möchten.[4]

Angesichts einer das Individuum chronisch überfordernden Angebotsfülle im digitalen Kapitalismus, der «Ökonomie der Unknappheit» (Philipp Staab), erfahren es Konsument:innen anscheinend als entlastend, wenn auch Spiritualität und Religion durch die subjektive oder quasi-persönliche Instanz des Influencers vorsortiert werden. Indem Influencer:innen Persönliches preisgeben, entsteht bei Followern der Eindruck, ihre Vorbilder persönlich zu kennen. Solche parasozialen Beziehungsmuster spielen auch beim christlichen Influencerwesen eine Rolle; mitunter ist hier auch von Christfluencern oder Sinnfluencern die Rede (Influencer und Sinn).[5]

In *Social Media* lassen sich zwei unterschiedliche Strategien unterscheiden: Die Influencerstrategie und der Aufbau einer Dachmarke. Letzteres verfolgt das *RefLab*[6] mit dem Fokus auf ein Team; vielleicht könnte man hier von einem

---

[4] Eine Kritik an Influencern als «eine der wichtigsten Sozialfiguren des digitalen Zeitalters» leisten Ole Nymoen und Wolfgang M. Schmitt mit ihrem Buch *Influencer. Die Ideologie der Werbekörper* (Berlin 2021). Schmitt ist selbst ein prominenter Influencer.

[5] Erfolgreiche christliche Influencer heißen Jess Conte (2,2 Millionen Instagram-Follower), John Christ (1,3 Millionen) oder Li Marie (13 Tausend); im deutschsprachigen Raum Jana Highholder (knapp 40 Tausend), Maike Schöfer (ja.und.amen; 24,1 Tausend) oder Theresa Brückner (theresaliebt; 18,9 Tausend). Sie posten erbauliche Zitatkacheln, kurze Videobotschaften oder Fotografien aus ihrem Leben.

[6] Das seit den 1990er Jahren boomende Format des Lab ist eine Mischung aus Wissenschaftslabor, Designstudio und Künstleratelier. Typisch sind Methoden wie *design thinking*, interdisziplinäres Arbeiten, Antidisziplinarität, Disruption und kurze Wege von der Idee zum Produkt *(rapid prototyping)*. Prototyp ist das *MIT Media Lab*, eingerichtet von Nicholas Negroponte und Jerome Wiesner, dem ehemaligen Berater von John F. Kennedy, in Cambridge/Massachusetts. Hier war das Ziel, die Universität und die Start-

Teamfluencer-Modell sprechen. *Yeet*, das einige Wochen nach dem *RefLab* gestartete evangelische Netzwerk, verbindet als Dachmarke für Influencer:innen beide Strategien.[7] Das interdisziplinäre *RefLab* gilt inzwischen als eines der innovativsten Projekte im deutschsprachigen kirchlichen Feld. Es widmet sich dem sozialmedialen Umbruch und entwickelt laufend «digitale Produkte»: Blogbeiträge, Podcasts, Vlogs (Blog + Video). Die *RefLab*-Devise lautet: *«Less noise, more conversation».* Die Zielgruppe wurde definiert als «bildungsnah, kirchenfern und digital affin». Bereits in der Projektskizze strich der *RefLab*-Begründer, der Schweizer Theologe Stephan Jütte, den fluiden Aggregatzustand heraus:

> «Christlicher Glaube wird [...] nicht als feststehendes Corpus, sondern als etwas sich in der Auseinandersetzung mit Partnern und Kritikern Entwickelndes begriffen.»[8]

Ein frühes *Mission Statement* betont die Kommunikation auf Augenhöhe:

> «Wir bringen Gott oder das Evangelium nicht zu den Menschen. Wir denken, dass Gott schon lange bei den Menschen, im Alltag, in der Kultur und Kunst ist. Darum gibt es kein Drinnen und Draussen, keinen Kern inmitten von Nebensächlichkeiten und keine Wahrheit ausserhalb der Wirklichkeit, in der wir alle zusammenleben.»

Für die Laborarbeit räumte die Trägerin, die evangelisch-reformierte Landeskirche Zürich, nicht nur einen atmosphärisch schönen Dachraum in ihrem Hauptquartier in der Zürcher Innenstadt frei, sondern eröffnete auch einen gedanklichen Freiraum. Im Zentrum stehen professionell erstellte Medieninhalte im persönlich gehaltenen Blogger-Stil, die das *RefLab* eigenverantwortlich veröffentlicht. Social-Media-Kanäle nutzt das *RefLab* vorwiegend als Werbekanäle für seine Internetplattform www.reflab.ch, zu der auch das als digitaler Garten gestaltete, animierte Archiv (RefLab World) gehört. Im *RefLab* interpretieren Poetry-Slamer die Weihnachtsgeschichte, Zukunftsforscherinnen denken über das Heilige im Zeitgeist nach und Theologen bloggen über Whisky-Spiritualität. Dossiers sind Spiritualität, Klimaerhitzungskrise oder Ukrainekrieg gewidmet. Das *RefLab* bietet aktuell elf Podcast-Formate an, von «Mindmaps», «Theo-Lounge» und «Unter freiem Himmel» bis zum Spiritualitätspodcast «Holy Em-

---

up-Szene enger zusammenzuführen. Zur Lab-Kultur siehe auch meine Laborstudie *Das Humboldt Lab* (Bielefeld 2019), erschienen bei transcript.
[7] Der Vorteil des Influencermodells besteht darin, dass einzelne charismatische Persönlichkeiten binnen kurzer Zeit grosse Followerzahlen erzielen können. Dachmarken wachsen in der Regel langsamer, aber sie haben den Vorteil, dass sie nicht mit einer zentralen Person stehen oder fallen.
[8] Interne Planungsskizze «Reformiertes Laboratorium: Konzept» der Reformierten Landeskirche Zürich (Stephan Jütte), 06.02.2019.

bodied» und den Theologiepodcasts «Geist.Zeit» und «Ausgeglaubt». «Ausgeglaubt» von Stephan Jütte und Manuel Schmid gehört zu den erfolgreichsten Religionspodcasts in der Schweiz. *RefLab*-Podcast wurden in den drei Jahren seit der Gründung eine halbe Million Mal heruntergeladen. Allein die Insta-Gemeinde zählt inzwischen über 10 000 Follower:innen. Das Experiment *RefLab* zeigt, dass eine einzelne Landeskirche eine Social-Media-*Community* aus «Kirchendistanzierten» in der Grössenordnung einer *Megachurch* aufbauen kann.[9]

Die religiöse und christliche «Besiedlung» des digitalen Netzes ist soziologisch und religionswissenschaftlich bislang kaum erforscht; insbesondere mangelt es an Daten. Die Zurückhaltung mag mindestens teilweise mit der eingangs angerissenen Berührungsscheu («sich verbrennen») zusammenhängen, dem Gefühl, digitale Lebenswelten hätten mit dem, was Kirche, christliche Gemeinden und Theologie ausmache, wenig zu tun; oder seien für Glaube und Spiritualität sogar kontraproduktiv. In der einflussreichen britischen Studie *Spiritualise. Revitalising spirituality to address 21st century challenges* wird das «*connecting*» im «*cyberspace*» in einem Nebensatz abgetan: als «opium».[10]

> «We are all surrounded by strangers who could so easily be friends, but we appear to lack cultural permission not merely to ‹connect› – the opium of cyberspace – but to deeply empathise and care.»[11]

Die digitale Sphäre als Raum ohne Tiefe und Empathie, ohrenbetäubendes Rauschen, Platzhalter für Oberflächlichkeit, Ort der Versuchung und kommerziellen Verführung? Die aktuelle, 2022 herausgekommene Studie *Religionstrends in der Schweiz. Religion, Spiritualität und Säkularität im gesellschaftlichen Wandel*, basierend auf Datenerhebungen aus der Vor-Corona-Zeit, reisst das Thema Digitalität und Kirche lediglich im Ausblick kurz an:

---

[9] Das *RefLab*-Team besteht aus acht Mitarbeitenden mit insgesamt 700 Stellenprozenten, sechs davon erarbeiten Medieninhalte; die Lab-Leitung obliegt seit 2022 Evelyne Baumberger und Manuel Schmid; das Jahresbudget entspricht in etwa den Aufwendungen einer kleineren Schweizer Kirchgemeinde.

[10] Jonathan Rowson (Hg.), Spiritualise: revitalising spirituality to address 21st century challenges, London 2014, 7. *Spiritualise* basiert auf einer umfangreichen Studie, in deren Rahmen mehr als 300 Interviews geführt wurden, mit Angehörigen verschiedener Religionen und Konfessionen wie auch mit Atheisten und Agnostikern: www.thersa.org/reports/spiritualise-revitalising-spirituality-to-address-21st-century-challenges (08.02.2023). Inzwischen ist eine zweite Edition online verfügbar: www.jonathanrowson.me/spiritualise (08.02.2023).

[11] Rowson, Spiritualise (Anm. 10), 7.

«Erste Forschungen zeigen, dass die Kirchen auf die Einschränkungen der Covid-19-Pandemie durchaus auch innovativ reagiert und neue, digitale Formen ihrer Tätigkeit gefunden haben.»[12]

II. Flüstern

Können wir im Netz etwas anderes wahrnehmen als Werbung oder Information? Gibt es Lücken in der Matrix, durch die Erfahrungen eines Jenseits des Netzes, vielleicht sogar eines radikal Anderen schlüpfen können? Oft sind es die kleinen Formate und feinen Zwischentöne, die tiefer gehen. Wir erleben im Netz unkonventionelle Formen der Predigt (Insta-Predigt) und auch so etwas wie Herzenskommunikation. Auch über kühle digitale *Interfaces* überträgt sich Empathie. Dies lässt sich dem pauschalen Diktum der Oberflächlichkeit von Social Media entgegenhalten. Die urchristliche *koinonia,* das gemeinsamen Meditieren, Beten und sich über spirituelle Erfahrungen und Wünsche Austauschen, feiert im Netz in Form von *micro communities* Auferstehung.

Ich gehöre selbst einer solchen Gruppe an: einem Meditationskreis, der sich immer donnerstags über den Instant-Messaging-Dienst WhatsApp zusammenschliesst. Seit Corona ist der Kreis in den hybriden Modus gewechselt. Meditiert wird in einer Zürcher Innenstadtkirche und darüber hinaus in Kanada, Russland, Frankreich. Jene, die nicht physisch anwesend sein können, verbinden sich geistig. «Liebe alle, ich bin gerne aus der Ferne dabei» oder «Just wanted to check in if tonight's meditation takes place in the church», lauten Notizen, die Mitglieder in den Gruppenchat schreiben. Im *RefLab* nutzen wir die Fasten- oder Passionszeit, um mit dem Instagram-Live-Format zu experimentieren. Hier sehen Follower:innen in Echtzeit, was wir filmen, und können spontan reagieren. Die Idee ist es, zu kurzen Unterbrechungen des Gewohnten einzuladen und Community noch stärker zu erfahren. Auf eindrückliche Weise erzielte der verstorbene Philosoph, Psychoanalytiker und Psychiater Hinderk Emrich mit Facebook-Einträgen Unterbrechungen. Er postete unterschiedliche Interpretationen von Kompositionen aus Klassik und Jazz, die er aus Youtube fischte und lustvoll kommentierte: «Polyphonie des Jazz vom Schönsten», «Hier nun die Fassung von Rachmaninow: hört mal rein!!»; oder Lutosławskis Variationen auf ein Paganini-Thema: «Ist das nicht wunderschön lebendig?» Ich habe Hinderk Emrich gefragt, was er von *Social Media* hält. Er sagte, es sei für ihn spannend zu beobachten, was Menschen dort

---

[12] Religionstrends in der Schweiz. Religion, Spiritualität und Säkularität im gesellschaftlichen Wandel, hg. von Jörg Stolz u. a., Wiesbaden: Springer VS (Open Access) 2021, 187.

Johanna Di Blasi

von sich zeigen und welche Rituale sie erfinden. Bei seinen eigenen Postings war Emrich wichtig, «etwas einzubringen, das es in dem Kanal sonst nicht gibt».

Fluoreszierende Blüten der Poesie, die überraschend im digitalen Sumpfland gedeihen, bewirken ebenfalls Unterbrechung oder Verlangsamung. In unverbrauchten Signifikantenräumen bekommt religiöse Sprache wieder etwas Tastendes. Auffallend viele weibliche Protagonistinnen tummeln sich im digitalpoetischen Feld, etwa die Hildesheimer Literaturpfarrerin Birgit Mattausch, die im Netz als «Frau Auge» unterwegs ist. Zum Totensonntag 2022 bloggte sie in unnachahmlichem Lapidarstil:

«Das Basilikum ist über Nacht erfroren.
In der Gießkanne Eis
Manchmal wäre es besser, etwas wäre nie passiert. Dann würde man es auch nicht vermissen.
Leuchtender Himmel hinter kahlem Baum hinter Taubenschwarm hinter Schnee hinter Garagen.»[13]

Die Netz-Pfarrerin Janna Horstmann, seit 2022 im *RefLab*-Team, postete auf Instagram zu Kathedralen:

«Ich möchte nicht in einer Welt ohne Kathedralen leben [...] Ich brauche sie gegen die Gewöhnlichkeit der Welt. [...] Ich möchte nicht in einer Welt ohne Kirchen leben. Ich brauche ihre kalkweiss-kalten Mauern. Ich will ein bisschen Unendlichkeit spüren. Ein bisschen Beständigkeit. Irgendwas das bleibt. Weil ich nicht bleibe. [...] Ich will Kirchen mit Blumenmeeren fluten und meine Gedanken mit Papierfliegern in ihnen fliegen lassen. [...] Ich möchte nicht in einer Welt ohne Kathedralen leben. Ich brauche ihr Geheimnis, um meins mit dir zu teilen. Ich brauche ihre Stärke, damit ich verletzlich sein kann. Ich brauche ihre Herrlichkeit für mein Hurra.»[14]

Sogar taktile Erfahrungen sind im Netz möglich – und millionenfach bezeugt, und zwar bei dem der Synästhesie verwandten ASMR-Phänomen *(autonomous sensory meridian response)*. ASMR-Videos sind Flüster- und Raschelvideos, die auf Youtube millionenfach angeklickt werden. Hören und zum Teil auch Sehen gehen hier über in Fühlen. ASMR-Empfängliche berichten über Kopfkribbeln *(tingles)*, Beruhigung, sogar Linderung im Fall von Panikstörungen oder Depressionen. Der Informationswert der ASMR-Videos tendiert gegen null. Es geht tatsächlich um die Materialität des Akustischen, um das heilsame Berührtwerden durch tech-

---

[13] Birgit Mattausch, Das Basilikum ist über Nacht erfroren, https://frauauge.blogspot.com/ (08.02.2023).
[14] Janna Horstmann, Ich möchte nicht in einer Welt ohne Kathedralen leben, Instagram 29. September 2022 (Auszug).

nisch übertragene Geräusche und Stimmen von ASMR-Influencer:innen, fremde Menschen, die zu intimen Partner:innen und Quasi-Freunden werden. Als «Queen of ASMR» gilt Maria Viktorovna (2,18 Millionen Abonent:innen auf Youtube), ihre Fans kennen die blonde Frau auch als «Gentle Whisperer». Hunderte Relax- und Einschlafvideos hat die aus Russland eingewanderte Amerikanerin und Werbeunternehmerin seit 2011 kostenfrei ins Netz gestellt. Die Klickzahlen bewegen sich an der Milliardengrenze. Maria Viktorovna erklärt auf ihrem Kanal:

> «In this world of stress and chaos I wish my channel to be your secret island of relaxation and peace. I'm here to comfort you, to share my love and care with you, to make you feel relaxed and stress free through creative and soothing videos. Let me try and keep you company at hard times, let me calm you down and help you sleep on restless nights, let me be your friend and be a trigger for your tingles (ASMR) or simply help you find beauty and peace in places you might have never thought of looking. ♥.»[15]

Digitales Hören reicht dank feinster Resonanzen und hochleistendem Hightech-Equipment ins Taktile bis zu den Spitzen der aufgestellten Körperhärchen. Eine wohlige und zugleich sinnfreie Wiederverzauberung der Welt geschieht, in der Geschenkpapierrascheln, mit Fingerspitzen über Haarbürsten Tasten oder mit Schminkpinseln Klappern in den Hörhimmel entrückt. Auch Gottesdienste haben hohes ASMR-Potenzial (insbesondere katholische Messen). Die Welt der kleinen beruhigenden Geräusche gilt es bei digitalen Gottesdienstformaten neben der visuellen Ästhetik stärker mitzubedenken.[16]

Es ist kaum zu übersehen, dass Muster aus der religiösen Tradition in der virtuellen Welt in abgewandelter Form und häufig ohne erkennbaren Transzendenzbezug wiederkehren. Auch Jesus-Liebende sind überzeugt, dass seine Liebe ihnen ganz persönlich gilt. Hier kommt im Unterschied zu ASMR-Beziehungen allerdings der Glaube hinzu, dass es sich trotz des steilen Gefälles Gott-Mensch um eine wechselseitige, wenn nicht sogar symmetrische Liebe handelt. Das Sich-persönlich-angesprochen-Fühlen, ohne eigentlichen Informationsgehalt, kennen wir auch aus der Bibel, zum Beispiel aus der Dornbuscherzählung aus Exodus 3,1 bis 4,17. Der Philosoph Christoph Menke schlüsselt sie in *Theorie der Befreiung* eindrucksvoll kommunikationstheoretisch als Verbindung von Ästhetik (das Wunder des brennenden, aber nicht verbrennenden Busches) und persönlichem

---

[15] www.youtube.com/c/gentlewhisperingasmr/about (08.02.2023).
[16] Vgl. meine dreiteilige Blogserie zu dem Phänomen: Die Parallelwelt von ASMR, RefLab 2022. www.reflab.ch/die-parallelwelt-von-asmr-1-das-ist-pure-liebe-nicht-wahr/ (08.02.2023).

Angesprochensein durch eine Stimme auf, die Mose dem Boten Gottes zuschreibt und die «Mose, Mose» ruft.[17] Der französische Anthropologe und Katholik Bruno Latour notierte in seinem Buch *Jubilieren. Über religiöse Rede* über die Engelsrede:

> «Machen Sie einen Test: Stellen Sie alles zusammen, was die Engel der Bibel sagen, und Sie erfahren nichts, fast gar nichts. Der Informationsgehalt dieser zahllosen Anweisungen bleibt nahe null. Die Engel überbringen keine Botschaften. Sie verändern das Leben derer, an die sie sich wenden.»[18]

Während in diesen Erzählungen die Ästhetik des Auges und des Ohres zusammenspielen, haben wir in der westlich-cartesianischen Wissenschaftskultur die getrennte Betrachtung und unterschiedliche Gewichtung des Hör- und Sehsinns verinnerlicht – der Hörsinn gilt vielfach als tiefer und ganzheitlich durchdringend, das Sehen dagegen als Phänomen der Oberfläche. In dem suggestiven Essay *The eye of the storm: visual perception and the weather* (2005),[19] der meine Wahrnehmung verändert hat, beschreibt der britische Anthropologe Tim Ingold eine sommerliche Gewittererfahrung an der schottischen Küste als multisensorische und immersive Erfahrung. Der durch Gewitter und Sturm in Nässe gebadete Forscher registriert im Selbstversuch, wie die Veränderung der äusserlichen Welt durch den Wolkenbruch nicht nur andere Sinnesimpulse setzt, sondern auch die innere Stimmung verwandelt. Mit Maurice Merleau-Pontys Überlegungen aus *Eye and mind* und James Gibsons Unterscheidung von Medium, Substanz und Oberfläche im Hinterkopf stellt Ingold diese Erfahrung in Kontrast zu distanzierter Landschaftsbetrachtung der Kunst der abendländischen Tradition.

Während es zu Landschaft als Panorama sehr viele Abhandlungen gebe, finde sich das Wetterphänomen, das beständigem Wandel unterliegt und kein sicherer Bestandteil einer wahrnehmbaren Oberfläche ist, unterrepräsentiert und mit ihm subjektives Erleben und Imagination. Der Anthropologe nimmt den:die Leser:in mit auf einen Trip jenseits eingeübter westlich-rationaler Seh-, Hör- und Denkweisen. Der Himmel ist nicht länger eine greifbare Luft- und Gashülle, die mehr oder weniger unverbunden über der festen Erdoberfläche schwebt, auf der Menschen sich vermehren, ausbreiten und in kolonisierenden Expansionen bewegen, sondern ein körperliches, durchdringendes und tönendes Phänomen. Die Dichotomie von Hören als immersivem Erlebnis und Sehen als vermeintlichem Prozess

---

17 Vgl. Christoph Menke, Theorie der Befreiung, Berlin 2022, 115–120.
18 Bruno Latour, Jubilieren. Über religiöse Rede, Berlin 2016, 49.
19 Tim Ingold, The eye of the storm: visual perception and the weather, in: Visual Studies, Bd. 20/2, October 2005, 97–104 (98).

der Oberfläche und mysteriöser Übersetzungsleistung retinaler Reize in immaterielle, mentale Bilder erscheint hinfällig.

Die Vorstellung, nach der das Licht der Welt bis zur Retina des Auges reicht und das Kopfinnere ein dunkler, unbeleuchteter Raum ist, sei tief in der abendländisch-descartschen Denktradition verankert, schreibt Ingold. Im Gegensatz dazu stehe in der westlichen Denktradition das Bild der Ohren als Öffnungen, die Klang und Schall ins Innere des Kopfes hineinlassen.

> «In this topology the ears are imagined as holes that let the sound in, whereas the eyes are screens that let no light through. Inside the head, then, it is noisy but dark. As sound penetrates the innermost sanctum of being, mingling with the soul, it merges with hearing. But light is shut out. It is left to vision to reconstruct, on the inside, a picture of what the world is like on the outside. Such pictures can of course be wrong, and it is for this reason that philosophers through the ages have been so much more concerned with optical than with aural illusions.»[20]

Ingold begreift Wetter und Welt dagegen als multisensorische Surround-Medien aus Sehen, Hören und Fühlen und Spiel von Licht, Wärme, Kälte, Wind, Klang.[21] Von der immersiven Wettererfahrung an Schottlands Küste aus schlägt der Anthropologe den Bogen zu Kosmologien indigener Völker wie auch zu künstlerischer Welterfahrung:

> «Painters know this. They know that to paint what is conventionally called a ‹landscape› is to paint both earth and sky, and that earth and sky blend in the perception of a world in continuous formation. They know, too, that the visual perception of this earth-sky, unlike that of objects in the landscape, is in the first place an experience of light. I believe we can learn from them.»[22]

Himmel und Erde, immaterielle und materielle Welt nicht als getrennte Entitäten, sondern zusammen mit Menschen und Tieren als fliessendes Kontinuum: «Earth and sky are inextricably linked within one indivisible field.»

---

[20] Ingold, The Eye (Anm. 19), 98. Ingold verweist auf René Descartes› optische Studien von 1637, in denen er Sehvermögen als kognitives («indoors») Vermögen versteht und Licht als rein physikalisches Phänomen. «So it was that sight, understood as a purely cognitive phenomenon (‹outdoors›).»

[21] «Quintessentially, light is an experience of being. [...] This is what Merleau-Ponty means by the magic – or delirium – of vision: the sense that at every moment one is opening one's eyes for the first time upon a world-in-formation» (Ingold, The Eye [Anm. 19], 99).

[22] Ingold, The Eye (Anm. 19), 104.

«In the cosmologies of many non-western peoples – commonly but somewhat inaccurately described as animistic – it is through the interiority of this medium, and not across the earth's exterior surface, that life is conducted. Among the inhabitants of the medium are a variety of beings, including the sun and the moon, the winds, thunder, birds, and so on. These beings lay their own trails through the sky, just as terrestrial beings lay their trails through the earth. Nor are earth and sky mutually exclusive domains of habitation. Birds routinely move from one domain to the other, as do powerful humans such as shamans.»[23]

Der Vertreter einer *New Ontology* oder eines *New Materialism* resümiert:

«Knowing must be reconnected with being, epistemology with ontology, thought with life.»[24]

Wie sieht es mit der digitalen Lebenswelt aus, in der immer mehr Menschen immer mehr Zeit verbringen, wo sie sich verbinden und in Austausch begeben mit anderen, aber auch mit mittlerweile erschreckend avancierter KI, wo sie lesen, lernen, schauen, hören, fühlen? Lassen sich auch in digitalen Pluri- und Metaversen gemachte Erfahrungen im ingoldschen Sinn als multisensorische synthetische Erfahrungsprozesse begreifen? Welche Sinne verbünden sich synästhetisch? Welche Horizonte öffnen sich, welche verschliessen sich? Wie verändert sich Wahrnehmung und wie verändern wir uns in digitalen Lebensumfeldern, über die sich in Abwandlung von Ingold sagen liesse:

Among the inhabitants of the medium are a variety of beings, including algorithms, avatars, bots and humans. These beings lay their own trails through the digital sky, just as terrestrial beings lay their trails through the earth.

III. Fragen

Wer «folgt» christlichen Internet-Plattformen und Influencer:innen? Welches Nutzungsverhalten zeigt sich, welche Erwartungen gibt es und welche Rituale lassen sich beobachten? Mit der Pilotstudie *Digital Communities* der *Evangelischen Arbeitsstelle midi – Zukunftswerkstatt für die Kommunikation des Evangeliums*, herausgegeben vom Soziologen Daniel Hörsch, liegen nun erstmals Daten zur Followerschaft christlicher Influencer:innen im deutschsprachigen Raum

---

[23] Ebd.
[24] Ebd.

vor. Die Pilotstudie nimmt die *Insta-Community* in den Blick; in *Follow-ups* sollen weitere Kanäle untersucht werden.

Nach drei Jahren des Experimentierens liegen auch für das Zürcher *RefLab* erstmals statistische Daten zu Followern vor. Die empirische Nutzer:innen-Umfrage des *RefLab* entstand in Zusammenarbeit mit dem Schweizerischen Markt- und Sozialforschungsinstitut LINK[25] mit dem Ziel, die Nutzer:innen besser zu verstehen.[26] Die Umfrage besteht aus zwei Teilen: einer Online-Befragung mit E-Mail-Adressen aus dem *RefLab*-Newsletter (zirka 4600 Adressen) und einem kleinen Teil aus *Social Media* (mittels Werbeanzeigen auf Facebook und Instagram). Insgesamt wurden 478 Interviews durchgeführt (vom 28. Mai bis 07. Juli 2022), 82 Interviews davon kamen aus *Social Media*. Und zweitens eine repräsentative *Online Panel*-Befragung in Deutschland, um insbesondere das Podcast-Verhalten abzufragen: insgesamt 1055 Interviews (vom 1. bis 11. Juli 2022).

Die überproportional hohe Rücklaufquote von zirka zehn Prozent lässt sich als sehr hohes Engagement der Fans des reformierten Lab interpretieren. Von der Facebook-Community sind zirka 60 % der Befragten zwischen 16 und 49 Jahre alt. Bei Instagram ist die Followerschaft noch einmal deutlich jünger. Bei den Newsletterempfänger:innen ist es umgekehrt: 66 % sind über 50 Jahre alt. Das ist insofern nicht überraschend, als beim Start des *RefLab*-Projektes die meisten E-Mail-Adressen aus bestehenden Adressen-Datenbanken der Reformierten Kantonalkirche in Zürich herangezogen wurden. Im Verlauf der vergangenen drei Jahre sind neue Abonnent:innen dazukommen.

Das *RefLab* erreicht mit Blogbeiträgen, Podcasts und Vlogs (Blog + Video) zu Themen aus Religion, Ethik und Spiritualität inzwischen also überproportional jene Altersgruppe, die in Gottesdiensten kaum anzutreffen ist, die unter 50-Jährigen. Über die digitale Kommunikation bleibt ein Anteil der Ausgetretenen (hier überwiegen die 30–49-Jährigen) kirchlich verbunden. Der Frauenanteil ist auf Instagram am höchsten (72,1 % weiblich, 27,8 % männlich). Gleichzeitig ist dort durch rege Teilnahme und Kommentierung der Community-Charakter am deutlichsten zu spüren.

Ein zentrales Ergebnis der *RefLab*-Umfrage ist, dass vier von zehn Follower:innen der Gruppe der «Kirchendistanzierten» angehören. Die Resultate der Interviews auf Facebook und Instagram zeigen auf, dass zirka zwölf Prozent aus der Kirche ausgetreten sind und 29 % zwar Kirchensteuern zahlen, aber nicht in Kirchen aktiv sind. Wenn wir das auf unsere Followerschaft von ca. 20 000 Abon-

---

[25] www.link.ch (08.02.2023).
[26] Die folgenden Daten sind der unveröffentlichten Studie des RefLab entnommen, die Luca Zacchei verantwortet hat.

nent:innen hochrechnen, dann sind schätzungsweise 8 000 Abonnent:innen als «distanziert» zu betrachten (40 %). [27] Genau diese Gruppe sollte das *RefLab* schwerpunktmässig ansprechen. Dieses Ergebnis – kirchendistanzierte Follower:innen im Zahlenumfang einer *Megachurch* – aus den Bemühungen einer einzelnen Landeskirche heraus lässt sich der verbreiteten Skepsis entgegenhalten, Kirche erreiche, egal welche Anstrengungen unternommen würden, «immer nur dieselben Leute», den engen Kreis Nahestehender. Durch das *RefLab* fühlt sich mehr als ein Drittel der Befragten stark bis sehr stark mit der Kirche verbunden. Das Ergebnis lässt sich auch als Beleg dafür nehmen, dass Distanz zur Kirche nicht notwendig mit Entfremdung von Christentum, Religion und Transzendenzbezug einhergeht, sondern tatsächlich mit Formen von *believing without belonging*. Werden jedoch regelmässiger Kirchenbesuch und Gebet als Massstab für Christlichkeit angelegt, wie es bei konventionellen Religionsstudien immer noch gemacht wird, scheint diese Gruppe als nicht mehr christlich auf.

Über das Nutzungsverhalten konnte die Studie ermitteln, dass *Follower:innen* Formate mit festen Formen und Gewohnheiten am liebsten haben. Thematisch sehen sie die Kompetenz des *RefLab* vor allem bei Theologie und Religion und – das war überraschend – wünschen genau davon noch mehr. Für Podcasts nehmen sie sich Zeit. Sie hören Podcasts am liebsten zu Hause, nicht um abzuschalten, sondern um etwas zu erfahren, ihren Horizont zu erweitern oder in eine andere Welt einzutauchen. In den jüngeren Zielgruppen der 16- bis 29-Jährigen und 30- bis 39-Jährigen wird mindestens einmal pro Woche ein *RefLab*-Podcast angehört, das ist jeder zweite der Befragten. Ungefähr 17 % hören sogar einen *RefLab*-Podcast täglich. Überwiegend werden Podcasts bis zum Schluss gehört, ohne zu skippen oder die Wiedergabegeschwindigkeit zu erhöhen. Auch werden gelegentlich mehrere Folgen am Stück gehört (*binge listening* wie bei Netflix). Bei den Angeboten werden Authentizität und Fachkompetenz am meisten geschätzt. Fast jeder zweite Befragte sucht und findet in Blogbeiträgen aktuelle Themen und Denkanstösse, die Beitragslänge aber könnte nach Meinung der Nutzer:innen kürzer sein.[28]

---

[27] Kirchenstudien weisen auf die gute Ansprechbarkeit Distanzierter hin. Allerdings müssen ihre Bedürfnisse genau berücksichtigt werden. «Religionssparsamkeit» wird von diesem Personenkreis als normal und nicht als Defizit empfunden. Vgl. z. B. https://spi-sg.ch/kirchenstatistik-der-schweiz-hohe-mitgliederzahl-bei-fragiler-kirchenbindung/ (08.02.2023).

[28] Hinsichtlich der Aufmerksamkeitsspanne lassen sich gegenläufige Trends beobachten: Zum einen immer kürzere Formate (TikTokisierung) und zum anderen die bereitwillige Investition von Lebenszeit. Folgen von «Die neuen Zwanziger» von Wolfgang M. Schmitt und Stefan Schulz dauern mehrere Stunden; der ZEIT-Podcast «Alles gesagt?» endet, wenn alles gesagt ist, und kann zwischen zwölf Minuten und acht Stunden dauern.

«*Less noise, more conversation*»

Die Studie gibt auch Aufschluss darüber, wie Follower:innen zur reformierten Plattform finden: neben Algorithmen, die infolge bezahlter Werbung Posts in Feeds spülen, sind es vor allem Empfehlungen aus dem näheren Umfeld von Familie und Freunden sowie Vorschläge in Sozial Media, d. h. der *Bottom-up*-Ansatz funktioniert. Die Nutzer:innen weisen laut der Umfrage ein überdurchschnittliches Bildungsniveau auf, viele sind Akademiker:innen (zirka zwei Drittel). Mehr als 90 % lesen ausser digitalen Beiträgen auch regelmässig Bücher und Zeitschriften. Daraus lässt sich die Persistenz einer protestantischen Lesekultur auch unter digitalsozialen Bedingungen ablesen. Vom Bildungsniveau her entspricht die erreichte Zielgruppe dem Personenkreis, der mit dem ursprünglichen Plan anvisiert wurde, in Zürich eine reformierte Stadtakademie zu gründen.[29] Als Planungsgrundlage diente von Beginn an das zielgruppenbasierte Sinus-Milieu-Modell. Das *RefLab* spricht besonders stark das Milieu der «Postmateriellen» an. Bislang unausgeschöpfte Potenziale liegen in der Ansprache weniger privilegierter Milieus (z. B. «adaptiv Pragmatische») mit einfacheren Beiträgen zu populären Themen.

Als digitales Projekt wirkt das *RefLab*, abgesehen von schweizerdeutschen Beiträgen, im gesamten deutschsprachigen Raum. Die Zahl der deutschen Abonnent:innen (49 %) übersteigt sogar jene aus der Schweiz (35 %). Der Grossteil der *RefLab*-Community gibt als Konfession evangelisch-reformiert an (77,4), freikirchlich sind 10,3 %, 8,6 % sind römisch-katholisch und nur 0,6 ohne Konfession. Legt man den Fokus nur auf Facebook und Instagram und lässt die Newsletter-Abonnent:innen weg, so zeigt sich ein stärkeres Gewicht auf postevangelikal beziehungsweise freikirchlich (evangelisch-reformiert 56,1 %, freikirchlich 28 %), allerdings ist die Datenlage mit etwas mehr als 80 Interviews dünn. Postevangelikale sind in Kommentarspalten überproportional aktiv und zeigen grosses Interesse an *Community-Building*, was auch bei Live-Veranstaltungen sichtbar wird. Eine interessante Zielgruppe, die in Folgestudien in den Blick zu nehmen wäre, ist die Gruppe der Postsäkularen: Menschen ohne religiöse Sozialisation, die sich religiösen und spirituellen Themen zuwenden.

---

[29] Erwachsen ist das Reformierte Lab aus der Hochschularbeit in einem mehrjährigen Prozess, in dessen Beginn allerdings etwas anderes stand: die Idee der Gründung einer reformierten Stadtakademie in Zürich. In einer Synodeversammlung 2014 hatte sich eine grosse Mehrheit für die Verfolgung des Vorhabens ausgesprochen. Nach dem Reformationsjubiläum war das Desiderat erneut aufgegriffen worden. In einer umfangreichen Marktanalyse wurden verschiedene Modelle durchgespielt. Angesichts eines als hart umkämpft angesehenen Zürcher «Kulturmarktes» kristallisierte sich schliesslich die Idee eines «Reformierten Laboratoriums» heraus – als «kirchlicher Lernort» mit besonderer Zielrichtung auf den digitalen Raum.

Bei der *RefLab*-Umfrage handelt es sich um eine quantitative Studie. Die wesentlich aufwendigere religionssoziologische Pilotstudie *Digitale Communities der Evangelischen Arbeitsstelle midi*,[30] online verfügbar, nimmt erstmals die Followerschaft christlicher Influencer:innen auf der Plattform Instagram breit und phänomenologisch-deskriptiv in den Blick: auf der Grundlage von Daten von 2828 Follower:innen von 13 christlichen Influencer:innen überwiegend aus dem evangelischen Contentnetzwerk Yeet.[31] Dieses unterstützt laut Selbstauskunft «christliche Creator*innen». Die Studie arbeitet u. a. Profilschwerpunkte, Reichweite, Geschlechterverteilung und Frömmigkeitsstile heraus und unternimmt im vielleicht interessantesten Teil eine netzwerktheoretische Analyse christlicher digitaler Communitys. Ein zentraler Befund der Studie lautet:

> «[...] dass es den FollowerInnen um Authentizität des/der Influencer*n im Glauben geht und dieser Umstand mit ursächlich dafür ist, dass sie dem Profil folgen (75,6 %). Dieser Befund korreliert mit dem Befund, dass für zwei Drittel der Content für die eigene Spiritualität relevant ist. Es gelingt den Influencer*innen offensichtlich, auf authentische Weise Glauben, Spiritualität und Religion so zur Sprache zu bringen, dass dies Resonanz findet. Digitale Communities können daher als Resonanzraum für authentischen Glauben, Spiritualität und Religion angesehen werden.»[32]

Hier zeigt sich ein Unterschied zwischen den beiden Modellen: Beim *RefLab* (Dachmarke) spielten Authentizität und persönliche Ausstrahlung der Redakteur:innen ebenfalls eine wichtige Rolle, aber ebenso entscheidend ist die Bewertung der Inhalte als professionell und informativ (fast jeder zweite Befragte findet in Blogbeiträgen des *RefLab* Denkanstösse und aktuellste Themen). Hier kommt sicherlich zum Tragen, dass das *RefLab* redaktionelle Inhalte erstellt und sozialmedial bewirbt. Zurück zu *midi* und den Influencer:innen: Ihre Followerschaft ist gemäss der Umfrage noch deutlich weiblicher als von den Autor:innen der Studie angenommen: 85,5 % sind weiblich, 12 % männlich und 1 % divers.

> «Frauen und die Generation Y und Z sind das Rückgrat der digitalen Communities.»[33]

Mehr als die Hälfte der Teilnehmenden an der *midi*-Umfrage sind zwischen 20 und 39 Jahre alt (58,4 %). Verschwindend gering ist der Anteil der unter 20-Jäh-

---

[30] Digitale Communities. Eine Pilotstudie zur Followerschaft von christlichen Influencer*innen auf Instagram, hg. von Daniel Hörsch, midi. Evangelische Arbeitsstelle für missionarische Kirchenentwicklung und diakonische Profilbildung. Online verfügbar unter www.mi-di.de/materialien/digitale-communities (08.02.2023).
[31] https://yeet.evangelisch.de/ (08.02.2023).
[32] Digitale Communities (Anm. 30), 45.
[33] Digitale Communities (Anm. 30), 48.

rigen (3,6 %). Die Altersgruppe 40 bis 59 Jahre macht ein Drittel aus (33,1 %). Mehr als zwei Drittel (85,5 %) haben Kontakt zu einer Kirchgemeinde, rund ein Drittel ist ohne Kontakt. Zum Vergleich: Beim *RefLab* ist dieser Anteil etwas grösser: vier von zehn Follower:innen (40 %) sind kirchendistanziert. Die Mehrheit der von *midi* Befragten stuft sich als spirituell/religiös ein (90,8 %). Mehr als die Hälfte gehört also den Generationen Y und Z an, junge Erwachsene und Menschen im jungen mittleren Alter. Die besuchen kaum Gottesdienste, sind aber überwiegend Kirchenmitglieder. Die Autor:innen der Studie stellen fest:

«Die Mehrheit der InfluencerInnen dieser Studie leisten offenbar einen wichtigen Beitrag zur digitalen Mitgliederbindung.»[34]

Auch neue Muster sozialer Beteiligung und Interaktion werden wahrgenommen und nicht nur als Ausdruck «gelebter Religion» gewertet, sondern als Hinweise auf eine Art von allgemeinem Priestertum.

«Unter dem Gesichtspunkt des Priestertums aller Gläubigen zeichnen sich die Follower*innen offenbar durch eine Mündigkeit in ihrem Christsein aus.»[35]

Die Ergebnisse aus der Studie entkräften den Verdacht, dass das Digitale und das Analoge unverbunden nebeneinanderstünden. Das Digitale übernehme vielmehr eine «Brückenfunktion» zwischen institutionalisierter Kirche und individuell-religiöser Praxis. Die Analyse neuer Gemeinschaftsmuster und veränderter Erwartungen an Community ist besonders erhellend. Die Position der Influencer:innen im dezentralen Netz veranschaulicht die Studie mit der Metapher der Brückenköpfe. Follower:innen docken bei Influencer:innen an, gleichzeitig «folgen» sie anderen. Es bilden sich jeden Moment neue Konstellationen – Kirche im Netz fliesst.

«Die Studie hat gezeigt, dass 95,6 % der Followerschaft vielfältige Beziehungen zu anderen Profilen von christlichen Influencer*innen unterhalten. Unter netzwerktheoretischen Gesichtspunkten haben wir es bei den Befragten offenbar mit eng miteinander verknüpften Clustern von Personen zu tun, die sich durch ‹starke Beziehungen› und eine große Dichte auszeichnen. Die Influencer*innen gelten dabei als Brückenköpfe.»[36]

Die neuen religiösen Formen seien subjektgebundener und digitale *Communities* «Ausdruck einer digital liquiden Kirche». Digitale *Communities* würden wesent-

---

[34] Ebd.
[35] Digitale Communities (Anm. 30), 50.
[36] Digitale Communities (Anm. 30), 52.

lich zum Aufbau von «schwach gebundenen, eher unverbindlichen Netzwerken» beitragen,

«[...] die zu wenig bis nichts verpflichten. Netzwerktheoretisch überbrücken Digitale Communities strukturelle Löcher im kirchlichen Netzwerk.»[37]

Auch in liquiden digitalen *Communities* liessen sich allerdings unterschiedliche Verbindlichkeitsstufen und Grade von Nähe und Distanz beobachten; einer Kern-*Community* stehe eine Menge an «stillen Followern» gegenüber. «Stille Followerschaft» sei im Digitalen weit verbreitet, also Follower:innen, die sich eher zuschauend verhalten. Eine Logik der Digitalität bestehe darin, «dass durch die neuen Wirkungsmöglichkeiten des Einzelnen im Digitalen und vor dem Hintergrund von vernetzten Kommunikationszusammenhängen Institutionen geschwächt werden.» Deswegen halten es die Autor:innen der Studie für zielführend,

«[...] wenn Kirche sich im Digitalen als ‹schwache Organisation› begreifen würde, die helfend, beratend und moderierend agiert.»[38]

Welche Theologie ist einer «schwachen Organisation» angemessen? Wahrscheinlich eine «schwache Theologie». Vielleicht bietet «Das schwache Denken» («Il pensiero debole») Anregungen. So lautet der Titel eines philosophischen Sammelbandes, den der postmoderne italienische Philosoph Gianni Vattimo zusammen mit Pier Aldo Rovatti herausgegeben hat. Vattimos Postulat eines «schwachen Denkens», das nicht auf Beherrschbarkeitsphantasien basiert, entspringt der Einsicht, die Welt nie umfassend wahrnehmen zu können – und ist durchaus vom christlichen Motiv der Schwäche als Stärke inspiriert.

«Es gibt keine objektiven, zeitlosen Strukturen. Martin Heidegger hatte recht, als er sagte, dass das Sein nicht als Gegenstand gedacht werden kann. Dasselbe meint auch Dietrich Bonhoeffer, wenn er sagt: ‹Einen Gott, den es gibt, gibt es nicht.›»[39]

Die Theologin Birgit Dierks, neben Valentin Dessoy Mitorganisatorin des Strategiekongresses *Auflösung – Kirche reformieren, unterbrechen, aufhören? (2022)*, meint, der «Kipppunkt» für das System Kirche sei überschritten – aber es seien zumindest noch ausreichend Mittel da, um den Auflösungsprozess zu forcieren.[40]

---

[37] Digitale Communities (Anm. 30), 53.
[38] Digitale Communities (Anm. 30), 9.
[39] «Ich kann nicht länger Du zu Gott sagen», Interview mit dem Philosophen Gianni Vattimo, in: Herder Korrespondenz 72/9, 2018, 23–26; www.herder.de/hk/hefte/archiv/2018/9-2018/ich-kann-nicht-laenger-du-zu-gott-sagen-ein-interview-mit-dem-philosophen-gianni-vattimo/ (05.07.2023).
[40] «Noch fünf Jahre, dann kollabiert das System Kirche», Interview mit Birgit Dierks

«Es braucht Räume für Menschen, die eine Transformation leben wollen. Lassen Sie mich das am Beispiel der Entwicklung von einer Raupe zum Schmetterling erläutern. In einer Raupe bilden sich dabei zuerst vereinzelte Zellen, die vom System bekämpft werden. Später verklumpen die sich und dadurch entsteht dieser Transformationsprozess zum Schmetterling. Es braucht also einen Rahmen, wo sich Menschen, die Transformation schon in sich spüren, verbinden können.»[41]

Der Theologe Valentin Dessoy betrachtet dezentrale Vernetzung als Schlüssel einer neuen Kirche:

«Die Gesellschaft verändert sich stark, ähnlich wie im Mittelalter. Wir sind mittendrin im Umbruch. Die Gesellschaft, wie wir sie kennen, ist 300 Jahre alt. Die sozialen Medien verändern sie extrem. Dadurch passen unsere Prozesse, Reaktionen und Kontrollmechanismen irgendwann nicht mehr. Die nächste Kirche muss das Neue integrieren. Das geht nur, wenn sie netzwerkartig, sehr dezentral ist. Fokussiert wirklich auf den Kern dessen, was Erfahrung ist. Keine Wissenstransportation mehr. Keine Moralinstanz.»[42]

Also *Liquid Church* als notwendiges Säurebad und Labor für die (Er)Lösung struktureller Verkrustung und Taufbecken für spirituell-geistige Erneuerung? Oder aber «Liquidierung» von Kirche? Die fliessende Kirche ist schwer zu fassen, ihre Zukunft kaum vorhersehbar, das liegt an ihrem Aggregatzustand. Unsere Arbeit in dezentralen Netzen betrachte ich als Form von visionsgeleitetem Aktivismus und gleichzeitig als teilnehmende Beobachtung. Wir bewegen uns in *Social Media* nach Spielregeln, die wir nicht gemacht haben. Wir wissen um den kommerziellen Charakter der Kanäle, die Verwandlung selbst von Individuen in Gegenstände von Marketing. Wie schon bei der letzten grossen Medienrevolution ist auch diesmal die Herausforderung, Reformation mit Humanismus zu verbinden, und zwar einem «Digitalen Humanismus», der den Menschen wieder zum Massstab macht und ins Zentrum technologischer Entwicklungen stellt.

Das Web 4.0 oder mobile Netz, das am Horizont auftaucht, wird Emotionen erkennen können, Maschinen werden sich wechselseitig steuern und die virtuelle Realität wird sich in eine nahezu gleichwertige Lebenswelt verwandeln. Das mobile Netz ist insoweit bereits angekommen, als User:innen im Alltag mit ihren Smartphones immer wieder bei Plattformen und Persönlichkeiten andocken,

---

und Valentin Dessoy, in: jesus.de, 12.12.2022: www.jesus.de/glauben-leben/theologe-noch-fuenf-jahre-dann-kollabiert-das-system-kirche/ (08.02.2023).
[41] Ebd.
[42] Ebd.

denen sie folgen. In der Literatur findet sich der Begriff *canopy*: Man schlüpft wie unter einen Baldachin oder tragbaren Himmel, öffnet eine Meditations-App, joggt mit dem Spiritualitätspodcast im Ohr oder lässt als neue Spielart von religiöser Interpassivität einen *Chatbot* stellvertretend beten. Hier zeichnen sich neue Rituale ab, der Forschungsbedarf ist gross. Ein hohes Ziel wäre: «Um die Spielregeln spielen!», so wie es die Kulturwissenschaftlerin Nora Sternfeld für das post-repräsentative Museum formuliert hat.[43] Dazu bräuchten wir allerdings eine andere Form von Kanälen. Was wir aber in der bestehenden digitalen Lebenswelt machen können, ist: eine andere Sprache einbringen, andere Denkansätze, einen anderen Geist.

---

[43] Vgl. Nora Sternfeld, Um die Spielregeln spielen! Partizipation im post-repräsentativen Museum, Bielefeld 2012. Ähnlich tiefgreifende und verunsichernde Umbrüche, wie sie Kirche erlebt, erschüttern den Kulturbetrieb und die Massenmedien schon länger. Es wurde viel diskutiert über wirkliche Transformation versus blosse Schauspiele der Veränderung. Die Simulation von Erneuerung ohne wirklichen strukturellen Wandel bezeichnet Sternfeld als «Transformismus».

Magdalene L. Frettlöh

Vom Ganz-Ohr-Sein zum Schauen vis-à-vis? – oder: Plädoyer für eschatische Synästhesien[1]

«Im neuen Aeon werden die Sinne der Sinn,
wird ausserhalb der Sinne kein Sinn sein.
Das meint die paulinische Formel ‹Jetzt im Glauben –
einst im Schauen› (2. Korinther 5,7) zum mindesten *auch*.»
Kurt Marti[2]

«Kein Zung kann je erreichen / die ewig Schönheit gross; /
Man kann's mit nichts vergleichen, / die Wort sind viel zu bloss. /
Drum müssen wir solchs sparen / bis an den Jüngsten Tag; /
Dann wollen wir erfahren, / was Gott ist und vermag.»
Johann Walter[3]

---

[1] Gegenüber der am 17. Mai 2021 gehaltenen Vorlesung wurde die Publikationsfassung um den vorliegenden Abschnitt III.3 erweitert. Ein ursprünglich dreigliedriger biblisch-theologischer Teil: III. Das gegenwärtige Schauen (des Angesichts) Gottes als Vorschein des Künftigen; 1. Den sehenden und sich sehen lassenden Gott sehen und zugleich gegenüber Gott das Nachsehen haben; 2. Das Angesicht Gottes schauen im Tempel; 3. Gottes Glanz im aufgedeckten Antlitz des Auferweckten schauen – mit einem Exkurs *Nicht (mehr) sehen und doch hoffend glauben. Joh 20,24–29 und Caravaggio* musste aus Umfangsgründen gestrichen werden. Der biblische Befund wird hier nur summarisch am Ende von Abschnitt II aufgenommen. Der Vortragsstil wurde beibehalten.

[2] Kurt Marti, Unter der Hintertreppe der Engel. Wortstücke und Notizen. Werkauswahl in 5 Bänden. Band 2, Zürich: Nagel & Kimche 1996, 256–257 © Nagel und Kimche in der Verlagsgruppe HarperCollins Deutschland GmbH, Hamburg (abgedruckt unter «Sinne als Sinn», in: Läuten und eintreten bitte. Ein Lesebuch im Jahreslauf, hg. von Ralph Kunz / Andreas Mauz, Zürich ²2021, 173).

[3] EG 148,2 (*Herzlich tut mich erfreuen die liebe Sommerzeit,* nicht im RG). EG 148 gehört zu den sinnlichsten Liedern zum Ende des Kirchenjahres; der in Strophe 2 formulierte eschatologische Vorbehalt hält Johann Walter (1496–1570), den Herausgeber des *Geistlichen Gesangbüchleins* von 1524, des ersten evangelischen Chorgesangbuches, gerade nicht davon ab, das Leben im «ewig Paradeis» (Strophe 3) schon jetzt in sinnlicher Farbenpracht auszumalen, beginnend mit der Charakterisierung der Ewigkeit als «liebe Sommerzeit» (Strophe 1). Dies wird dann noch verstärkt, wenn das Lied nach der beschwingten Melodie von *Wie lieblich ist der Maien* (EG 501) gesungen wird.

Magdalene L. Frettlöh

«Wie seltsam, dass wir sehen müssen,
um das wahrzunehmen, was wir nicht sehen können.»
Hannah Arendt[4]

Das Apostolische und das Nicaenische Glaubensbekenntnis münden in die Hoffnung auf Auferstehung der Toten und ein ewiges Leben ein: Während es im *Apostolicum* «*Credo [...] carnis resurrectionem, et vitam aeternam*» heisst: «Ich glaube eine Auferstehung des Fleisches und ein ewiges Leben», bekennt das *Nicaenum*: «*[...] exspecto resurrectionem mortuorum et vitam venturi saeculi*» – «Ich erwarte eine Auferstehung der Toten und ein Leben der zukünftigen Welt». Die christliche Dogmatik hat – über Konfessionsgrenzen hinweg recht einmütig – jenes erwartete Leben der zukünftigen Welt vornehmlich in Gestalt von zwei Lebensakten gedeutet: als *visio Dei* und *fruitio Dei*, als Gottesschau und Gottesgenuss, oder, wie Karl Barth diese beiden Motive in der Eschatologie seiner *Göttinger Dogmatik* übersetzt: «Gott schauen, wie er *ist* [...], und Gott lieben, wie er geliebt sein *will*.» Und Barth fügt sogleich hinzu: «Dazu hat Gott die Welt und den Menschen geschaffen.»[5] *Eschatische Menschen sind demnach liebende Genussmenschen, Gottesgenussmenschen – mit allen Sinnen*. Dass theologische wie kirchliche Traditionen nicht selten diese sinnenfreudige *vita aeterna* entsinnlicht, weil entleiblicht und spiritualisiert haben, steht auch an der Wiege dieser Vorlesung.

I. Begründete und zugleich angefochtene Hoffnung

Wir tun gut daran, uns zunächst auf den Sprechakt solcher Rede zu besinnen, handelt sie doch von dem, «*was kein Auge gesehen und kein Ohr gehört hat und was in keines Menschen Herz aufgestiegen ist, was Gott denen bereitet hat, die ihn lieben*», wie Paulus der Gemeinde in Korinth (1Kor 2,9) unter Anspielung auf Jes 64,3 mitteilte. Und dies tat er im Wissen darum, dass solche eschatische Weisheit sich allein dem Zeugnis der heiligen Geistkraft verdankt: «*Uns aber hat Gott es offenbart durch den Geist; der Geist nämlich ergründet alles, auch die Tiefen Gottes*» (1Kor 2,10).[6] Kommt danach sogar innertrinitarisch dem Geist eine

---

[4] Hannah Arendt / Martin Heidegger, Briefe 1925 bis 1975 und andere Zeugnisse. Aus den Nachlässen hg. von Ursula Ludz, Frankfurt a. M. 1998, 207 (Brief Hannah Arendts an Martin Heidegger vom 20. März 1971 aus New York).
[5] Karl Barth, «Unterricht in der christlichen Religion». Dritter Band: Die Lehre von der Versöhnung / Die Lehre von der Erlösung 1925/1996 (GA II.38), hg. von Hinrich Stoevesandt, Zürich 2003, 485.
[6] Vgl. dazu Friedrich-Wilhelm Marquardt, Was dürfen wir hoffen, wenn wir hoffen

hermeneutische Funktion zu, um Gott über sich selbst aufzuklären, Gott sich selbst zu erschliessen, um wie viel mehr bedürfen wir, wenn wir eschatologisch reden, dieses Hermeneuten. Denn wir haben keine eigene Anschauung von dem, was ein Leben jenseits der Todesgrenze ausmacht, so dass unsere eschatologischen Begriffe leer blieben[7] ohne das in alle Wahrheit führende Wirken der Heiligen Geistkraft.[8] Und auch den einen, den Gott von den Toten auferweckt hat, sehen wir ja nicht, und die, die ihn – nach dem Zeugnis der Evangelien – sahen, konnten es gleichwohl kaum glauben und haben uns also mit ihrer Augenzeug:innenschaft kaum etwas voraus.[9]

Darum ist es angebracht, den Mund nicht allzu voll zu nehmen und sich etwa die Mahnung Calvins in dieser Sache zu Herzen zu nehmen,

«dass wir noch bei den ersten Anfängen stecken, wenn wir das Begreifen unseres Verstandes mit der Erhabenheit dieses Geheimnisses [der *visio* und *fruitio Dei*, MLF] vergleichen! Um so mehr müssen wir in diesem Stück auf Bescheidenheit halten, damit wir nicht unser Mass vergessen und uns der Glanz der himmlischen Herrlichkeit nicht übermannt, je kühnlicher wir unseren Flug in die Höhe lenken! Denn wir fühlen es auch, wie uns solche masslose Gier, mehr zu wissen, als uns gebührt, immerfort kitzelt; daraus sprudeln dann zuweilen leichtfertige und schädliche Fragen hervor. *Leichtfertige* Fragen nenne ich solche, aus denen sich keinerlei Nutzen ziehen lässt. Aber schlimmer noch ist das *zweite:* Menschen, die sich in solchen Fragen gefallen, verwickeln sich in gefährliche Gedankenspielereien; deshalb nenne ich solche Fragen ‹schädlich›.»[10]

Diese Mahnung aber hat Calvin selbst keineswegs davon abgehalten, mit starken Worten von der *visio* und, mehr noch, der *fruitio Dei* zu sprechen und seine Ge-

---

dürften? Eine Eschatologie. Bd. 3, Gütersloh 1996, bes. 31.489f.; ders., Eia, wärn wir da – eine theologische Utopie, Gütersloh 1997, 547–550.

[7] Vgl. Immanuel Kant, Kritik der reinen Vernunft, B 75: «Gedanken ohne Inhalt sind leer, Anschauungen ohne Begriffe sind blind.»

[8] Vgl. Joh 16,13.

[9] Vgl. etwa Mt 28,17; dazu: Benjamin Schliesser, Doubtful Faith? Why the Disciples Doubted until the End (Mt 28:17), in: Treasures New & Old: Essays in Honor of Donald A. Hagner, ed. C. S. Sweatman and C. B. Kvidahl (Glossa House Festschrift Series 1), Wilmore, KY 2017, 165–180, sowie den Exkurs im Abschnitt II.3.

[10] Johannes Calvin, Inst III (1559), 25,10: «[...] si mentis nostrae conceptio cum mysterii huius sublimimatate conferatur. Quo nobis in hac parte magis colenda est sobrietas, ne moduli nostri immemores, quo maiore audacia in sublime transvolabimus, fulgor caelestis gloriae nos obruat. Sentimus etiam uti immodica cupido pluquam fas est sciendi nos titillet; unde subinde et frivolae et noxiae quaestiones scaturiumt; frivolas voco, ex quibus nulla potest elicit utilitas. Sed hoc secundum deterius, quod qui sibi in illis indulgent, perniciosis speculationibus sese implicant; quamobrem vovo noxias.»

meinde aufzufordern, «allezeit *der ewigen Seligkeit* [zu] *gedenken,* die das Ziel der Auferstehung ist»[11]. Die *fruitio Dei* wird bei Calvin als Teilhabe an allen göttlichen Gütern geradezu zur eschatischen *unio Dei:*

> «Wenn der Herr seine Herrlichkeit, Kraft und Gerechtigkeit mit den Auserwählten teilen, ja wenn er sich ihnen selber zum Genuss geben und, was noch herrlicher ist, mit ihnen gewissermassen in Eins zusammenwachsen wird, – dann sollen wir daran denken, dass in dieser Wohltat jederlei Seligkeit beschlossen liegt.»[12]

Auch wenn menschliche Vorstellungen, Worte und Bilder immer hinter der Wirklichkeit des *regnum gloriae* zurückbleiben und die ganze Pracht *(dóxa)* der Ewigkeit nur bruchstückhaft einzufangen wissen,[13] darf diese Hoffnung doch nicht verschwiegen werden, denn nach 1Petr 3,15b ist die Gemeinde Jesu Christi dazu angehalten, «*stets bereit zu sein, Rede und Antwort zu stehen, wenn jemand von euch Rechenschaft fordert über die Hoffnung, die in euch ist*». Auskunftsfähig zu sein über den Logos der Hoffnung, die uns motiviert und im Innersten bewegt – damit wird nicht nur die verfolgte, leidende Gemeinde des Ersten Petrusbriefes beauftragt, sondern das ist die theologische und allemal eschatologische Aufgabe schlechthin.

Es gibt ja nicht nur die Versuchung, von den Eschata zu viel zu sagen, den Mund zu voll zu nehmen und gleichsam ungedeckte Schecks auszugeben, sondern auch die Gefahr, zu wenig zu sagen. Wir sollen unsere Hoffnung bezeugen – nicht nur, weil es uns *geboten* ist, Hoffnungsrechenschaft abzulegen, sondern auch weil es in der Eschatologie nicht um eine Vertröstungs-, sondern um eine

---

[11] Calvin, Inst III (1559), 25,10: «[...] semper nobis in mentem veniat aeterna foelicitas, resurrectionis finis».

[12] Calvin, Inst III (1559), 25,10: «Si dominus gloriam, virtutem, iustitiam suam cum electis participabit, imo se ipsum illis fruendum dabit, et quod praestantius, quodammodo in unum cum ipsis coalescet: meminerimus sub hoc beneficio omne foelicitatis genus contineri.»

[13] Vgl. Calvin, Inst III (1559), 25,10: «[...] wenn man von ihrer [der ewigen Seligkeit, MLF] Herrlichkeit alles gesagt hätte, was aller Menschen Zungen zu sagen vermögen, so hätte man doch kaum den kleinsten Teil von ihr auch nur flüchtig berührt! Denn obwohl wir in Wahrheit hören, das Reich Gottes werde voll Glanz und Freude, voll Seligkeit und Herrlichkeit sein, so bleibt doch das alles, was man nennen mag, unserem Empfinden ganz fern und gleichsam in Rätsel eingehüllt, – bis jener Tag gekommen ist, an dem er uns selber seine Herrlichkeit enthüllen und sie uns von Angesicht zu Angesicht schauen lassen wird.» / «[...] de cuius excellentia so omnia dicta fuerint quibus omnium hominum linguae sufficiant, vix tamen infima eius particula delibata fuerit. Nam utcunque vere audiamus, regnum Dei claritate, gaudio, foelicitate, Gloria fore refertum: illa tamen quae nominantur, a sensu nostro remotissima et quasi aenigmatibus involute manent, donec venerit dies ille, quo nobis suam gloriam ipse facie ad faciem conspiciendam exhibebit.»

Hoffnungslehre geht, die das Leben hier und heute zu orientieren und Menschen im Leben und im Sterben getrost und trotzig zu machen vermag. Gerade in der Lehre von den sogenannten letzten Dingen geht es um das Leben im Vorletzten. Recht verstandene Eschatologie ist – um nur *ein* heute so wichtiges Motiv zu nennen – eine *Quelle der Resilienz* gegen die Mächte des Todes. Dem soll auch die Modellierung der *vita aeterna* dienen, auch wenn diese in der Theologie- und Kirchengeschichte nicht selten herhalten musste, um Menschen zum Aushalten und Ertragen unerträglicher Lebenssituationen zu bewegen, statt zum Auf- und Widerstand *gegen* diese – etwa nach den Motti «durchs Kreuz zur Krone» oder «aus dem irdischen Jammertal in den himmlischen Freudensaal».

Einem so verstandenen eschatologischen Reden, das seinen Weg finden muss zwischen der allzu vollmundigen und der kleingeredeten oder ganz verschwiegenen Hoffnung, bleibt der Zweifel als Bruder zugesellt. In einer unerlösten Welt sind Hoffnung und Zweifel ebenso wie Glaube und Zweifel Geschwister. Hoffnung ist angefochtene Hoffnung. Sie ist nicht selten wie die Hoffnung Abrahams *«Hoffnung wider alle Hoffnung»* (Röm 4,18). Deshalb ist sie manchmal kleinlaut, darum darf sie nicht verstummen. Sie bleibt vielmehr angewiesen auf die an Gott gerichtete Bitte: *«[...] lass mich nicht zuschanden werden in meiner Hoffnung»* (Ps 119,116b). Und sie lebt aus dem Vertrauen darauf, dass *«[...] die Hoffnung der Elenden [...] nicht auf ewig verloren»* bleibt (Ps 9,19b).

II. Von der Hoffnung, einst das heute noch Unsichtbare zu schauen

Angefochten wird die Hoffnung von der Unsichtbarkeit[14] dessen, worauf sie hofft. Die Unsichtbarkeit ihres Gegenstandes aber gehört konstitutiv zum Wesen

---

[14] Es bedürfte hier eigentlich einer Reflexion auf verschiedene Gestalten des Unsichtbaren: Bernhard Waldenfels unterscheidet im Anschluss an Maurice Merleau-Pontys *Phänomenologie der Wahrnehmung* (frz. Original: Paris 1945; Berlin 1966) und *Das Sichtbare und das Unsichtbare* (frz. Original: Paris 1964; München 1986) drei elementare Arten von Unsichtbarkeit: «Es gibt zunächst *das Unsichtbare innerhalb der Welt*, ein faktisch Unsichtbares: *un invisible de fait*, so etwa die Rückseite eines Gegenstandes, ein Ding, das sich hinter einem anderen verbirgt, oder vieles, das im Nebel der Unbestimmtheit verharrt. [...] Davon zu unterscheiden ist ein *Unsichtbares außerhalb oder jenseits der Welt*, ein absolut Unsichtbares: *un invisible absolu*, das mit dem Sichtbaren nichts zu tun hätte [...] Als dritte Möglichkeit bleibt das Unsichtbare dieser Welt: *l'invisible de ce monde* [...] Die Rückbindung an die Diesheit der Welt besagt, dass das Unsichtbare von Fall zu Fall mit dem verbunden bleibt, was sich zeigt, und der Genitiv bezeichnet eine entsprechende

der Hoffnung.[15] Sie ist darum oft Hoffnung wider den Augenschein, kontrafaktische Hoffnung. Hebr 11,1 verbindet diese mit der *pistis*: «*Der Glaube aber ist eine Wirklichkeit dessen, was man hofft, ein Überzeugtsein von Dingen, die man nicht sieht.*» Im Kirchenlied *Es kennt der Herr die Seinen* wird diese Einsicht noch gesteigert, wenn es in Strophe 2 (EG 358) – in einer vierfachen Bindung des Glaubens an das Wort – heisst:

«Er kennet seine Scharen / am Glauben, der nicht schaut /
Und doch dem Unsichtbaren, / als säh er ihn, vertraut;
der aus dem Wort gezeuget / und aus dem Wort sich nährt /
und vor dem Wort sich beuget / und mit dem Wort sich wehrt.»

Vom Hoffen auf das, was heute noch nicht sichtbar ist, spricht der Apostel Paulus in einem der sinnlich stärksten Hoffnungstexte seiner Gemeindekorrespondenzen, im achten Kapitel des Briefes an die Gemeinde in Rom. Es sind für unser Thema gerade deshalb wichtige Verse, weil es hier um die Sehnsucht nach der Enthüllung der eschatischen *dóxa* aller Geschöpfe geht:

«Denn ich bin überzeugt, dass die Leiden der Gegenwart nicht ins Gewicht fallen gegenüber der *dóxa*, die uns einmal unverhüllt zuteil werden soll. Die (ganze) Sehnsucht der Schöpfung ist ja darauf gerichtet, dass einmal vor aller Augen ans Licht kommt, wer die ‹Söhne [und Töchter, MLF] Gottes› sind. [...] Wir wissen nämlich, dass die ganze Schöpfung einmütig bis zum heutigen Tag seufzt und in Wehen liegt. Aber nicht nur das, sondern auch wir selbst, die wir als erste Frucht schon den Geist (bekommen) haben, auch wir seufzen innerlich noch in der sehnsüchtigen Erwartung der

Zugehörigkeit zur Welt» (Bernhard Waldenfels, Das Unsichtbare dieser Welt oder: was sich dem Blick entzieht, in: Rudolf Bernet / Antje Kapust [Hg.], Die Sichtbarkeit des Unsichtbaren, Paderborn 2009, 11–26 [13]). Bedarf es für den unsichtbaren transzendenten Gott, der sich dennoch innerweltlich sehen lässt, noch einer vierten Kategorie von Unsichtbarkeit, ist der biblische Gott doch weder absolut unsichtbar noch gehört SEINE:IHRE Unsichtbarkeit zur Welt? Oder doch, nämlich in Gestalt der «Unsichtbarkeit des Fremden» (16f.), der sich (mir) entziehen kann (17–20)? Es wäre spannend, (auch) diesen Text Waldenfels' (und andere Beiträge dieses Sammelbandes) auf theologische Anschlussmöglichkeiten hin zu befragen, zumal Waldenfels' phänomenologisch-hermeneutischer Grundsatz: «Was sich von sich selbst her zeigt, lässt sich nur an sich selbst, an seinen eigenen Erfüllungs- und Erfolgsbedingungen messen; jede Anwendung äußerer Maßstäbe würde unweigerlich schon Erfahrung voraussetzen» (12) m. E. dem offenbarungstheologischen Diktum «Gott wird nur durch Gott erkannt» korrespondiert.

[15] Dass unser Hoffen unsichtbaren Hoffnungsgütern gilt, ist ja eine Alltagserfahrung, mit der wir alle vertraut sind: Ich hoffe, dass es an Pfingsten nicht regnet, denn wir wollen eine Velotour machen. Auch wenn noch so verlässliche Wetterprognosen uns mit ihren Icons eine Mischung aus Sonnenschein und Wolken für die Pfingsttage verheissen – das Wetter, das uns dann tatsächlich erwartet, können wir gleichwohl noch nicht sehen.

Vom Ganz-Ohr-Sein zum Schauen vis-à-vis?

Einsetzung in die Stellung der Söhne und Töchter, der Erlösung unseres Leibes. Denn gerettet sind wir im Hinblick auf die Hoffnung(, die sich erst erfüllen muss). Ein Hoffnungsgut, das mensch (schon) sehen kann, ist ja kein Hoffnungsgut (mehr), – wie kann man erhoffen, was man schon sieht? Wenn es aber so ist, dass wir erhoffen, was wir noch nicht zu sehen bekommen haben, so heisst das: wir halten beharrlich danach Ausschau.»[16]

Dass sie miteinander seufzen und stöhnen unter den Leiden einer unerlösten Welt und sich nach Erlösung, d. h. nach Offenbarung der *dóxa* jedes Geschöpfs, sehnen, verbindet – in diesen nicht nur eschatologisch, sondern auch ökologisch kühnen Aussagen des Apostels Paulus – die Menschheit mit Flora und Fauna. Auch die Begabung mit dem Gottesgeist versetzt Menschen noch nicht in den Stand der Erlösung, die als eine Erlösung *des Leibes* und nicht *vom Leib* in den Blick kommt. Die heilige Geistkraft entzieht Menschen nicht der Passionsgemeinschaft der Schöpfung, sondern lässt sie umso mehr das ja meist von ihnen selbst verursachte Leiden der Mitgeschöpfe wahrnehmen und macht sie *differenzsensibel:* Sie können die Welt, wie sie ihnen vor Augen liegt, nicht länger für die einzige und die ganze Wirklichkeit halten, sondern strecken sich ebenso beharrlich wie hoffnungsvoll nach der noch ausstehenden Enthüllung ihrer Identität aus.

Denn – so lässt sich die paulinische Hoffnung mit einem Vers aus dem Ersten Johannesbrief verknüpfen: *«Ihr Lieben, jetzt sind wir Kinder Gottes, und es ist noch nicht zutage getreten, was wir sein werden. Wir wissen aber, dass wir, wenn es zutage tritt, ihm gleich sein werden, denn wir werden ihn sehen, wie er ist»* (1Joh 3,2). Hier zielt die Hoffnung auf ein wesentliches Sehen, ein unverkennbares Erkennen Gottes und sogar auf eine Gleichgestaltung mit Gott. Die eschatische Offenbarung der unverstellten *dóxa* wird eine Identität ans Licht bringen, die die Stellung der Töchter und Söhne Gottes, die ja als Geschwister Jesu Christi Erb:innen Gottes sind (wenn denn Kindschaft biblisch eher ein Rechts-, denn ein biologischer Begriff ist), noch übertrifft.

Weil unser Hoffen unsichtbaren Hoffnungsgütern gilt, verbindet sich mit ihm die Erwartung eines eschatischen Schauens, in dem die geschöpfliche wie die göttliche Identität und auch die messianische Identität des Jesus von Nazareth in voller Klarheit aufstrahlen. Diese Hoffnung hat sich vor allem in die «einfache Gottesrede» (Friedrich Mildenberger) der Kirchenlieder eingeschrieben:

So mündet Jürgen Henkys' Adventslied *Das Volk, das noch im Finstern wandelt* (RG 375/EG 20) in die Strophe ein: «Dann stehen Mensch und Mensch zu-

---

[16] Röm 8,18f.22–25; Übersetzung im Anschluss an Klaus Haacker, Der Brief des Paulus an die Römer (ThHKNT 6), Leipzig ³2006, 183f. Vgl. auch 2Kor 4,16–18.

sammen / vor eines Herren Angesicht, / und alle, alle schaun ins Licht, / und er kennt jedermann mit Namen.» Anna Martina Gottschicks *Herr, mach uns stark im Mut, der dich bekennt* (RG 865/EG 154) bittet in der ersten und letzten Strophe «Lass uns dich schaun im ewigen Advent» und lautet in seiner dritten Strophe: «Welch ein Geheimnis wird an uns geschehn! / Leid und Geschrei und Schmerz muss dann vergehn, / Wenn wir von Angesicht / dich werden sehn. / Halleluja, Halleluja!» Die fünfte Strophe von Rudolf Alexander Schröders Glaubens-Lied *Wir glauben Gott im höchsten Thron* (RG 270/EG 184), die dem dritten Credo-Artikel gilt, heisst: «Den Geist, der heilig insgemein / lässt Christen Christi Kirche sein, / bis wir, von Sünd und Fehl befreit, / ihn selber schaun in Ewigkeit.» Und das ökumenische Lied *Ich wollt, dass ich daheime wäre* (EG 517) identifiziert in seiner zweiten Strophe dieses Zuhause: «Ich mein, daheim im Himmelreich, / da ich Gott schaue ewiglich.»

Solches poetische Sich-Aussprechen einer Hoffnung auf ein Schauen Gottes erst *jenseits* des irdischen Lebens[17] erweckt den Eindruck, dass die sinnliche Wahrnehmung Gottes im Hier und Jetzt nicht durch den Sehsinn erfolgt. Wie aber ist sie dann möglich? In die Lücke der ausgeschlossenen Gottesschau rückt dann für die Zeit des Vorletzten, also die messianische Zwischenzeit der Kirche[18],

---

[17] Dass es auch andere Stimmen gibt, die von einer bleibenden Unmöglichkeit des Menschen, Gott schauen zu können, ausgehen, sei dabei nicht übersehen. Dazu gehört auch Jochen Kleppers Kirchenlied *Gott wohnt in einem Lichte, dem keiner nahen kann* (RG 696,1–5; EG 379,1–5), das den kategorischen Unterschied zwischen Gott und Mensch besingt. Doch ist hier die Unnahbarkeit Gottes für den Menschen gerade nicht Ausdruck der Gottesferne oder der Gottverlassenheit des Menschen. Im Gegenteil: Weil Gott aus dem für den Menschen un(v)erträglichen göttlichen Lichtglanz in der Menschwerdung des Gottessohnes heraus- und in die Nacht der Menschen eintritt, verschwindet die bange Angst des Menschen (Strophe 3) und ein doppeltes Bild der Nähe Gottes leuchtet auf – im Anschluss an Apg 17,28 die Gottesimmanenz des Menschen und die Providenzmotive der göttlichen Begleitung und Führung des Menschen: «Nun darfst du in ihm leben / und bist nie mehr allein, / darfst in ihm atmen, weben / und immer bei ihm sein. / Den keiner je gesehen / noch künftig sehen kann, / will dir zur Seite gehen / und führt dich himmelan» (Strophe 5). Die Theologik ist stringent: Ein Gott, der neben uns geht oder uns vorangeht und in dem wir leben, kann nicht von Angesicht zu Angesicht geschaut werden. Dieser Spannung, die sich auch in anderen Liedern Jochen Kleppers findet, wäre noch tiefer nachzugehen.

[18] Zur Existenz der Kirche in der messianischen Zwischenzeit siehe Karl Barth, Die Kirchliche Dogmatik. Bd. IV/1, Zollikon-Zürich 1953, 810–826 (§ 62.3 Die Zeit der Gemeinde); Giorgio Agamben, Kirche und Herrschaft. Übersetzt von Nikolaus Wyrwoll und Barbara Hallensleben (Epiphania/Egregia 4), Freiburg/Schweiz 2011, 51–62; Magdalene L. Frettlöh, «... als ob nicht» – Vorsicht Hochspannung! 1Kor 7,29–31. 20. Sonntag nach Trinitatis (21.10.2012), in: GPM 66, 2012, 445–452.

Vom Ganz-Ohr-Sein zum Schauen vis-à-vis?

die Zeit des *Hörens* mit dem *Ohr* als Schlüsselorgan. Biblische Texte aber sprechen (auch) eine andere Sprache:
Ein Primat des Hörens gegenüber dem Sehen – nicht selten verbunden mit jener Entgegensetzung von Jerusalem und Athen, nach der «die Griechen das Dasein sehend, die Hebräer hörend und empfindend erlebten»[19] – lässt sich für das biblische Zeugnis nicht aufrechterhalten, gilt hier doch: «*Ein hörendes Ohr und ein sehendes Auge – Adonaj hat sie ja beide geschaffen*» (Spr 20,12).[20] Martin Luthers Überzeugung, dass das Reich Christi «ein hör Reich, nicht ein sehe Reich [sei]. Denn die augen leiten und füren uns nicht dahin, da wir Christum finden und kennen lernen, sondern die ohren müssen das thun»[21], entspricht in ihrer Audiozentriertheit nicht dem biblischen Befund.

---

[19] Thorleif Boman, Das hebräische Denken im Vergleich mit dem griechischen, Göttingen ⁷1983, 9. In dieser Tradition steht etwa auch Hans-Joachim Kraus, Hören und Sehen in der althebräischen Tradition, in: ders., Biblisch-theologische Aufsätze, Neukirchen-Vluyn 1972, 84–101. Vgl. zur Kritik auch den Beitrag von Frank Mathwig in diesem Band, bes. Abschnitt III.
[20] Zur begründeten Infragestellung der häufig begegnenden Diastase eines jüdischen Primats des Hörsinns und eines griechischen Primats des Sehsinns vgl. für den biblischen Befund, fokussiert auf ein Schauen Gottes: Friedhelm Hartenstein, «Das Angesicht JHWHs». Studien zu seinem höfischen und kultischen Bedeutungshintergrund in den Psalmen und in Exodus 32–34 (FAT 55), Tübingen 2008, bes. Teil II mit einer synoptischen Übersicht über das Vorkommen des «Angesichts JHWHs» in den Psalmen; ders., Vom Sehen und Schauen Gottes. Überlegungen zu einer theologischen Ästhetik aus der Sicht der Alten Testaments, in: Elisabeth Gräb-Schmidt / Reiner Preul (Hg.), Ästhetik (Marburger Jahrbuch Theologie 22), Leipzig 2010, 15–37; ders. / Jutta Krispenz, Art. Angesicht Gottes, in: Michael Fieger (Hg.), Wörterbuch alttestamentlicher Motive, Darmstadt 2013, 32–35; Bernd Janowski, Konfliktgespräche mit Gott. Eine Anthropologie der Psalmen, Neukirchen-Vluyn ²2006, 85–97; ders. / Klaus Scholtissek, Art. Angesicht / Schauen Gottes, in: Handbuch theologischer Grundbegriffe zum Alten und Neuen Testament. Studienausgabe, hg. von Angelika Berlejung / Christian Frevel, Darmstadt ⁵2016, 93–95. Zur Gleichgewichtung von Hören und Sehen siehe auch Silvia Schroer / Thomas Staubli, Die Körpersymbolik der Bibel, Darmstadt 1998, 115–135.137–150; mit der sprechenden Pointe: «Der Glaube kommt (auch) vom Sehen» (123); eine grössere Eindeutigkeit (auch Wahrhaftigkeit?) des Sehens gegenüber dem Hören vertreten Thomas Staubli / Silvia Schroer, Menschenbilder der Bibel, Ostfildern 2014, 199–204.205–209: «Hören und Sehen gehen oft Hand in Hand (Num 24,16; Jes 6,9f) als zwei Aspekte eines umfassenden Wahrnehmens und Verstehens. Allerdings hat das Sehen gegenüber dem Hören einen stärkeren Realitätsbezug. Das Gehörte kann sich beim Sehen als wahr oder als Lüge erweisen. [...] Das Auge ist ein direkter Zeuge der Realität, während das Ohr oft Zeuge menschlicher Deutung von Realität ist» (201f.).
[21] Martin Luther, Predigt zu Ps 8 am 6. August 1545 in Merseburg, in: WA 51, 11–22, (11,29f.).

Auch die Qualifizierung des Hörens als der wichtigsten Sinneswahrnehmung im diesseitigen und der des Schauens im jenseitigen Leben mit den entsprechenden Schlüsselorganen Ohren hier und Augen dort ist fraglich. Sie wird dadurch unterlaufen, dass auch für den Bereich des Vorletzten das Schauen Gottes, des göttlichen Angesichts und des göttlichen Glanzes, biblischerseits vielfältig als gegenwärtige Erfahrung und nicht nur als Gegenstand der Sehnsucht bezeugt ist.[22] Gottes leuchtendes und freundlich zugewandtes Angesicht ist schon jetzt Inbegriff der segnenden Nähe Gottes.[23]

Die *differentia specifica* zwischen der Sinnlichkeit in dieser und der künftigen Welt liegt *nicht* in der unterschiedlichen Bevorzugung einzelner Sinnesorgane, sondern in der Unterscheidung von *Fragment* und *Ganzheit* sowie von *Vermittlung* und *Unmittelbarkeit*: «*Denn jetzt sehen wir alles in einem Spiegel, in rätselhafter Gestalt, dann aber von Angesicht zu Angesicht. Jetzt ist mein Erkennen Stückwerk, dann aber werde ich ganz erkennen, wie ich auch ganz erkannt worden bin*» (1Kor 13,12). Die eschatische Hoffnung geht darauf, dass menschliche Erleuchtung (und damit auch Gotteserkenntnis) unmittelbar von Gott selbst, von Gottes alles erhellendem Glanz *(dóxa)* kommt[24] und dass wir im Eschaton keine Seh- und Hörhilfen, keine Geschmacksverstärker und betörenden Duftnoten brauchen, um einander sehen und hören, schmecken und riechen zu können als die, die wir sind, und darauf, dass gegenseitiges Berühren kein übergriffiges Betasten und Begreifen mehr sein wird. Gerade die biblischen Heilungswunder sind transparent für eine befreite, zurechtgebrachte und geheilte eschatische Leiblichkeit und Sinnlichkeit. In ihnen ereignet sich – inmitten einer unerlösten Welt – eschatische Sinnenfreude vorweg.

So lässt sich mit Paulus schlussfolgern: «*Doch wenn schon das, was vergeht, durch Pracht (dóxa) ausgezeichnet ist, dann erscheint das, was bleibt, erst recht in Pracht (dóxa)*» (2Kor 3,11).

---

[22] So lässt Gott sich von den Erzeltern sehen (Gen 12,7; 17,1; 18,1; 26,2 u. ö.), von einer Gruppe der Exodusgeneration auf dem Sinai (Ex 24,9–11), im Tempel (Ps 17,15; 27,4.13; 42,2f.; 84,8 u. ö.) und von Hiob (Hi 42,5), um nur einige Beispiele zu nennen.
[23] So im aaronitischen Segen (Num 6,24–26) und etwa in Ps 67,2.
[24] Vgl. Offb 21,22–22,5.

III. *Vita aeterna: glorificatio* der Geschöpfe

Dogmatisches Reden vom ewigen Leben lässt sich auf *einen* Begriff bringen: *glorificatio*.[25] Dieser wird durchgängig mit «Verherrlichung» verdeutscht. Semantisch besteht aber keine Notwendigkeit für diesen kyriarchalen Herrlichkeitsjargon. *Kavod, dóxa* und *gloria* müssen nicht mit Herrlichkeit, sondern können etwa mit Glanz, Pracht, Ehre, Schönheit, Klarheit übersetzt werden; die Grundbedeutung von *kavod* ist Schwere, Gewicht.[26]

Wir könnten *glorificatio* auch mit «Verklärung» verdeutschen, nicht in einem euphemistischen Sinne der Schönfärbung des gerade Nicht-Schönen, sondern als eschatische Verwandlung in die Klarheit Gottes, als uneingeschränkte Teilhabe an Gottes *dóxa* und damit als Gleichgestaltung mit Christus, der Ikone Gottes. *Glorificatio*, so verstanden, wäre also die Vollendung der Gottesbildlichkeit des Menschen. In diese *glorificatio* müssen auch Flora und Fauna eingeschlossen gedacht werden. Johann Walter mag dies erhofft haben, wenn er die Neuschöpfung mit den Worten besingt: «[...] *all* Kreatur soll werden ganz herrlich, schön und klar.»[27] Gerade eschatische Hoffnung sollte den immer noch weit verbreiteten Anthropozentrismus der theologischen Tradition hinter sich lassen.[28]

Im Folgenden kommen drei ausgewählte dogmatische Positionen zur *glorificatio* in den Blick und zu Gehör.

1. Die Erwählten als eschatischer Resonanzkörper der *dóxa* Gottes

Der Locus *De glorificatione* im klassischen Lehrbuch der *Dogmatik der evangelisch-reformierten Kirche*, kurz Heppe-Bizer genannt, beginnt mit den Worten:

«Da die Verherrlichung Gottes der Zweck aller Dinge ist, und da sich Gott als der Urquell aller Seligkeit in den Gläubigen verherrlichen will, so sind dieselben von dem Vater nicht nur zum Genuss der Gnade Christi, sondern auch zu dem der Herrlichkeit Christi berufen, welche jedoch in ihrer ganzen Vollkommenheit den Erwählten erst nach dem Tode zuteil wird. Indem daher der Tod für den Gläubigen wesentlich nichts

---

[25] Was ich hier unberücksichtigt lasse, ist das Motiv der *glorificatio* Gottes (dazu etwa Jürgen Moltmann, Das Kommen Gottes. Christliche Eschatologie, Gütersloh 1995, 351–367; entsprechend mündet Moltmanns Eschatologie ins «Soli Deo Gloria», 367, ein).
[26] Vgl. dazu ausführlich Magdalene L. Frettlöh, Gott Gewicht geben. Bausteine einer geschlechtergerechten Gotteslehre, Neukirchen-Vluyn 2006, 57–150.
[27] EG 148,1 (Hervorhebungen MLF; vgl. oben Anm. 3).
[28] Siehe dazu den Beitrag von Julia Enxing in diesem Band.

anderes als der sichere Weg zur *glorificatio* ist, sind hiermit die Schrecken des Todes für ihn verschwunden.»[29]

Nach Heppe-Bizer geht es im Eschaton um die *glorificatio* Gottes, dass also Gott selbst die gebührende Ehre zukommt, dass Gott alles Gewicht gegeben wird. Doch eben diese *glorificatio* Gottes ist nichts, was Gott sich allein zukommen liesse, sondern sie geschieht an, mehr noch: in den Geschöpfen. Gott gibt sich die Ehre, indem ER:SIE die Geschöpfe zu Ehren bringt. Die *glorificatio* bedeutet die Teilhabe der Erwählten nicht nur an der *gratia*, der Gnade Christi – die ist schon in diesem Leben möglich –, sondern auch an der *gloria*, am Glanz Christi, welche Tod und Auferweckung voraussetzt. Uneingeschränkt geniessen die Erwählten die Gemeinschaft mit Christus und kommen in den Genuss aller seiner Gaben. Dieser eschatologische Ausblick dient der Enthängstigung der Glaubenden, denn er *soll* nicht nur, sondern *wird* ihnen ihre Todesfurcht nehmen. Der Tod ist nurmehr das Durchgangsstadium ins *regnum gloriae*. Über die Sicherheit («der sichere Weg»), die aus diesen Sätzen spricht, lässt sich m. E. mit Fug und Recht streiten. Kann eschatologische Rede überhaupt von *securitas* geprägt sein?

In der Näherbestimmung der Seligkeit, an der sich die Gerechten einst erfreuen werden, begegnet dann bei Heppe-Bizer auch als zentrales Motiv die Gottesschau:

«Die Seligkeit der Gerechten beruht auf der unmittelbaren Gemeinschaft derselben mit Gott, indem sie mit leiblichem Auge in dem Angesicht Christi die volle Herrlichkeit des Vaters sehen und diesen selbst durch das Auge des Geistes und durch das Licht, welches der Heilige Geist in dasselbe wirft, unmittelbar schauen; indem sie ferner sich der vollkommensten Liebesgemeinschaft mit Gott erfreuen und indem sie zugleich zur Vollkommenheit des gottebenbildlichen Wesens und dadurch zum wirklichen Besitz der Herrlichkeit Gottes erhoben werden. Auch in der Leiblichkeit der Seligen wird sich die derselben durch die reale Mitteilung des ewigen Lebens zuteil gewordene *glorificatio* darstellen, indem sie nicht bloss unvergänglich, sondern auch leidensfrei, von der Materie unabhängig, in ihrer Lebensäusserung durch nichts gehemmt und gedrückt, und, dem verklärten Leib Christi gleich, ein seliges Organ der Offenbarung der Herrlichkeit Gottes sein wird, so dass die Gerechten in ihres Vaters Reich leuchten werden wie die Sonne.»[30]

---

[29] Die Dogmatik der evangelisch-reformierten Kirche. Dargestellt und aus den Quellen belegt von Dr. Heinrich Heppe. Neu durchgesehen und hg. von Ernst Bizer (= Heppe-Bizer), Neukirchen, Kreis Moers 1935, 557.
[30] Heppe-Bizer (Anm. 29), 560.

Aus diesem dichten und, wie ich meine, nicht spannungsfreien Text, der auf die eschatische Leiblichkeit fokussiert, greife ich jetzt nur wenige Motive heraus. Was zeichnet – nach Heppe-Bizer – den Auferstehungsleib aus, so dass sich an diesem die göttliche *glorificatio* ereignen kann und er zum Resonanzraum der strahlenden Klarheit Gottes werden, die göttliche *dóxa* widerspiegeln kann, so dass die Gerechten leuchten wie die Sonne?[31] Was kennzeichnet die verklärte eschatische Leiblichkeit, in der die seligen Gerechten mit dem Auferstehungsleib Christi gleichgestaltet und so selber zu unverstellten Ikonen Gottes transformiert werden?

Es ist die Befreiung aus den mit der Endlichkeit des Lebens verbundenen Leiden, aber nicht das Ende eines somatisch-sinnlich verfassten geschöpflichen Lebens, vielmehr – zumindest auf den ersten Blick – die Befreiung zu einer Sinnlichkeit und Sinnenfreudigkeit, in der der Gebrauch der Sinnes- und anderer Organe nicht mehr durch Schwäche und Gebrechen, Krankheit und Tod beeinträchtigt und eingeschränkt wird. Wenn Heppe-Bizer dieser eschatischen Leiblichkeit allerdings Unabhängigkeit von der Materie zuschreiben und diese so verstehen, dass «für die verklärten Körper das Bedürfnis der Materie und die Abhängigkeit von derselben, überhaupt das animalische Leben auf[hört], da ihr schlechthinniges Lebensprinzip der Geist ist»[32], geraten wir mit diesem Dualismus von Geist und Materie ins eschatologische Kuriositätenkabinett, zu dem auch die Vorstellung gehört, dass der eschatische Leib zwar Verdauungs- und Geschlechtsorgane besitze, aber diese nicht mehr gebraucht würden, weil wir im *regnum gloriae* weder essen noch trinken noch Sex haben.[33] Das sind dann eben

---

[31] Vgl. Mt 13,43; vgl. 2Sam 23,3f.; Mt 17,2.
[32] Heppe-Bizer (Anm. 29), 568.
[33] In Paul Althaus' Eschatologie-Lehrbuch *Die letzten Dinge* (Gütersloh ⁵1949) spielt die Unterscheidung zwischen gegenwärtiger und künftiger Leiblichkeit eine bedeutende Rolle, nicht zuletzt im Blick auf die eschatologische Begründung einer «Ethik des Leibes» (128): «Gott gibt auch der Leiblichkeit Verheißung und nimmt auch die Leiblichkeit in Anspruch» (127), was Althaus inkarnationstheologisch begründet: «Gott ward Leib in Christo» (126). Es geht eschatologisch nicht um eine Erlösung vom Leib, sondern eine Erlösung der Leiblichkeit. Und auch wenn Althaus überzeugt ist: «Die neue Leiblichkeit ist wahrhaft *transzendent*, das heißt: sie ist von uns in unserem irdischen Leben weder zu *erkennen* noch zu *erwirken*» (137), weiss er von dieser doch: «In Gottes Ewigkeit ist für den Magen und unser irdisches Essen ebensowenig mehr Raum wie für die Sexualität» (131). Und auch Schleiermacher konnte sich in seiner Glaubenslehre im Ausblick auf die Auferstehungsleiblichkeit «nicht vorstellen, daß, wenn die Geschlechtsverrichtung aufhört, doch das organische System, worauf sie beruht, beibehalten bliebe» (Friedrich Schleiermacher, Der christliche Glaube nach den Grundsätzen der evangelischen Kirche im Zusammenhange dargestellt [²1831]. Bd. 2, hg. von Martin Redeker, Berlin ⁷1960, 425 [§ 161.2]).

solche Spekulationen, von denen Calvin gesagt hätte, dass sie leichtsinnig und/
oder schädlich seien. Jedenfalls schliesst eine so verstandene *glorificatio* bestimmte Körperregionen und Lebensäusserungen aus – mit der offen eingestandenen Intention, die geschöpfliche Animalität des Menschen (und damit auch ihre Verwandtschaft mit den Tieren) im Eschaton getilgt wissen zu wollen.

Wichtiger für unseren Zusammenhang ist aber eine andere Beobachtung zum eschatischen Schauen: Heppe-Bizer unterscheiden zwischen einem Sehen mit leiblichem und mit geistlichem Auge: Obwohl sie für die Seligen eine unmittelbare Gottesgemeinschaft, eine vollkommene Liebesgemeinschaft mit Gott und ein Schauen der vollen *dóxa* Gottes erwarten, könne dieser volle Gottesglanz mit dem *leiblichen* Auge doch nur im Angesicht Christi geschaut werden, während allein das *geistliche*, also vom göttlichen Geist erleuchtete Auge einer unmittelbaren Gottesschau fähig sein werde. Das eschatische Gottsehen steht damit doch unter einem gewissen eschatologischen Vorbehalt, nämlich dem der Unterscheidung zwischen somatischem und pneumatischem Auge. Eschatisch volltauglich ist nur das pneumatische Auge. Müsste aber eschatische *glorificatio* nicht gerade die Befähigung der *leiblichen* Augen zur unmittelbaren Gottesschau bedeuten?

2. *Ewiges Leben in Gott – oder: sich selbst mit den Augen Gottes sehen*

In der 16. Vorlesung seiner Utrechter *Credo*-Auslegung charakterisiert Karl Barth die beiden letzten Sätze des Apostolikums «*[Credo] carnis resurrectionem, vitam aeternam*» als Verheissungs- und Hoffnungssätze, was für ihn impliziert:

> «[...] es gibt gegenüber der menschlichen Geschichte und Gesellschaft, Zeit und Welt, eine künftige *ganz andere* Existenz des Menschen; es wird dem Menschen, wie er sich selbst zu kennen meint, ein Spiegelbild seiner selbst entgegengehalten, in welchem er sich selbst *vollständig fremd* erscheint, in welchem er sich selbst als *vollständig neuer* Mensch gegenübersteht und von welchem Spiegelbild ihm nun doch gesagt wird: du, der du jetzt und hier dies bist, wirst einst und dort das sein.»[34]

Barth hält fest, dass nicht nur der dreieinige Gott, sondern auch wir, und zwar als diese eschatischen Menschen, Gegenstand des Glaubensbekenntnisses sind. Mehr noch: Alle Inhalte des *Credos* können erst dann angemessen verstanden

---

[34] Barth, Credo. Die Hauptprobleme der Dogmatik dargestellt im Anschluss an das Apostolische Glaubensbekenntnis. 16 Vorlesungen, gehalten an der Universität Utrecht im Februar und März 1935, Zollikon 1939, 139 (Hervorhebungen MLF). Die Seitenzahlen im Haupttext beziehen sich auf diesen Band.

werden, wenn sie in eine eschatologische Perspektive gestellt werden. Auf den Menschen bezogen, heisst dies: «[...] nicht der Mensch, der wir sind, sondern der Mensch, der wir laut der uns gegebenen Verheissung und Hoffnung sein werden. Dieser Mensch gehört mit Gott (konkret: mit Jesus Christus!) zusammen ins Credo» (141).

Das hat erhebliche Konsequenzen für die kirchliche Verkündigung wie für die Theologie: «Die Kraft der christlichen Verkündigung und auch der christlichen Dogmatik steht und fällt damit, dass sie den Menschen ‹in Christus› betrachtet und also zu Gott rechnet und also mit seinem Verharren im Unglauben, mit seinem ewigen Verlorengehen nicht rechnet» (147). Es ist nichts weniger als die Hoffnung auf Allerlösung, die sich daran knüpft, dass der neue Mensch in Christus im *Credo* steht.

Eschatologie im Sinne Barths hat keine neuen Inhalte, aber sie wirft ein neues Licht auf alle anderen Inhalte der Theologie. Denn das Eschaton, so Barths Grundgedanke, bringt die endgültige Enthüllung, die universale Offenbarung dessen, was jetzt schon von Gott her Ereignis geworden und also gültig ist. Das macht für Barth die Differenz zwischen dem *regnum gratiae,* dem Reich der Gnade, und dem *regnum gloriae,* das für Barth selbstredend das Reich der Herrlichkeit ist, aus. Erlösung ist nichts anderes als die vor aller Augen sich vollziehende Enthüllung der längst schon im Verborgenen geschehenen Versöhnung. Oder mit Barths Worten: Ewiges Leben bedeutet die «Vollstreckung der geschehenen Versöhnung des Menschen in seiner künftigen Erlösung» (143).[35] Barth könnte sich dafür vermutlich auf Kol 3,3b–4 berufen: «*[...] euer Leben ist mit Christus verborgen in Gott. Wenn Christus, euer Leben, offenbar wird, dann werdet auch ihr mit ihm offenbar werden in dóxa.*»

In dieser Gewissheit gründet die atemberaubende Gelassenheit der Barth'schen Theologie ebenso wie Barths hellwache Zeitgenossenschaft, gepaart mit grossem politischem Engagement. Doch ich bin – jedenfalls meist – nicht so gelassen, dass ich dieser Reduktion der Eschatologie auf ein blosses Offenbarungsgeschehen (Enthüllung des bisher Verhüllten) ohne Weiteres beipflichten könnte und nicht auch noch der Hoffnung auf ontisch Neues bedürftig wäre.

---

[35] Für die Auferstehungshoffnung folgt daraus: «Auferstehung des Fleisches heisst sehr schlicht, dass der Mensch auch in sich selber wird, was er in Christus schon ist: neue Schöpfung (2. Cor 5,17)» (146). Es geht also darum, dass das, was von Gott her bereits geschehen ist, was also – in der Terminologie Barths – *objektive Wirklichkeit* ist, vom Menschen auch als seine *subjektive Wirklichkeit* wahrgenommen wird. Doch ist der Übergang vom einen zum anderen wirklich nur eine Frage des Verstehens und nicht auch der Sache selbst?

Gleichwohl lohnt sich ein Blick auf Barths sehr puristische Deutung des Hoffnungsguts «ewiges Leben» als «neue Form unseres Einsseins mit Jesus Christus» (146). Sprechend ist vor allem, welche Vorstellungen für ihn mit diesem Verständnis abgewiesen werden:

> «Ewigkeit unseres Lebens als Gegenstand des christlichen Glaubensbekenntnisses heisst nicht: ein Leben in irgendeiner Überzeitlichkeit oder Zeitlosigkeit oder unendlichen Zeitlichkeit und auch nicht ein Leben in irgendeiner noch so genau und kühn ausgedachten Vollkommenheit. Ewigkeit unseres Lebens heisst ferner nicht, dass dieses unser Leben vernichtet und irgendein anderes in irgendeiner anderen, sei es denn ewigen Welt an seine Stelle tritt. Ewigkeit unseres Lebens heisst endlich auch nicht, dass unser Leben mit dem Leben Gottes identisch wird. Sondern ewiges Leben im Sinn der heiligen Schrift ist dieses unser jetziges Leben in dieser unser jetzigen Welt [...], aber nun als ein neu gewordenes Leben, auf einer neu gewordenen Erde, unter einem neu gewordenen Himmel – neu geworden nämlich in seiner Beziehung zu seinem Schöpfer, Versöhner und Erlöser. Neu geworden darin, dass es nun nicht mehr ein in sich verschiedenes ist als unser Leben in Christus und als unser eigenes Leben, sondern nun, als ewiges Leben auch als unser eigenes Leben, ein mit Gott versöhntes und also gerechtes und heiliges ist. Als ein Leben in der Anschauung *(visio)* Gottes, wie er ist, und in der Liebe zu Gott *(fruitio)*, wie er geliebt sein will» (146f.).

Barth überrascht mit der Auskunft, dass nach biblischem Zeugnis unser ewiges Leben kein zweites Leben nach unserem Tod sei, kein himmlisches, sondern ein irdisches, kein göttliches, sondern ein geschöpfliches, kein überzeitlich-zeitloses, sondern ein zeitliches, kein unendliches, kein vollkommenes ... Worin aber besteht dann das Neue des ewigen Lebens? Im Ende unserer gegenwärtigen Zerrissenheit, nämlich des Auseinanderdriftens unseres Lebens, wie *wir* es wahrnehmen, und unseres Lebens, wie *Gott* es in Christus wahrnimmt. Der eschatische Mensch zerfällt nicht länger in zwei Identitäten, in die der Selbst- und die der Fremdwahrnehmung (von Seiten Gottes). Er ist – dogmatisch gesprochen – nicht länger *iusta/iustus et peccator/peccatrix*, Gerechte:r und Sünder:in zugleich. Als erlöste Menschen sind wir so mit uns geeint, dass Gottes Sicht auf unser Leben auch zu unserer eigenen Wahrnehmung geworden ist, wir uns selbst als mit Gott versöhnt, gerecht und heilig erblicken. Unser Leben wird darin ewig sein, «dass es im unverdeckten Lichte Gottes gelebt wird und insofern an Gottes eigenem Leben Anteil hat» (147). Verändert haben wird sich allein unser Blick auf unser Leben, genauer auf unsere Gottesbeziehung: Im eschatischen Lichtglanz, der erstrahlt, ohne zu verstrahlen, der aufklärt, ohne blosszustellen, werden wir uns nicht mehr anders sehen können als so, wie Gott uns sieht.

Vom Ganz-Ohr-Sein zum Schauen vis-à-vis?

Wenn für Barth diese eschatische Selbstwahrnehmung gegenüber der jetzigen aber eine «ganz andere Existenz», die «uns vollständig fremd» ist, und einen «völlig neue[n] Mensch[en]» zeigt, dann erhebt sich die Frage, ob sich in dieser radikalen Diskontinuität der Sicht auf uns selbst nun im Kontext eschatologischer Anthropologie nicht die Rede von Gott als dem ganz Anderen widerspiegelt. Holt Barth hier also das theologische Alteritätsdenken in die Eschatologie vom neuen Menschen ein? Kontinuität gibt es nur im Blick Gottes auf den Menschen; nur aus der Perspektive Gottes kann Barth sagen, dass unser zukünftiges Leben kein anderes ist als unser Leben hier und jetzt.

Dreizehn Jahre später wird Karl Barth in der Anthropologie seiner Schöpfungslehre, beim Nachdenken über die befristete Lebenszeit des Menschen, dieses Verständnis der eschatischen *glorificatio*, der *visio* und *fruitio Dei*, noch radikalisieren. Dort heisst es dann: «Der Mensch *als solcher* hat [...] *kein* Jenseits, und er bedarf auch keines solchen; denn *Gott* ist sein Jenseits.» Ewiges Leben ist dann die dem Menschen «von dem ewigen Gott her bevorstehende Verherrlichung gerade seines von Natur und von rechtswegen diesseitigen, endenden und sterbenden Seins.» Der Mensch sieht nach Barth dem entgegen, «dass *eben dieses sein Sein in seiner Zeit* und also mit seinem Anfang und seinem Ende vor den Augen des gnädigen Gottes und so auch vor seinen eigenen und vor aller Anderen Augen [...] offenbar werde und so von Gott her und in Gott ewiges Leben sein möchte»[36]. Ich kann Barth hier nicht anders lesen, als dass wir nur dieses eine irdische, befristete Leben haben, dass dieses aber mit dem Tod nicht dem Nichts anheimfällt, sondern von Gott her und in Gott an der göttlichen Ewigkeit teilhat und so selbst ewiges Leben wird. Calvin hätte vermutlich einige Freude an dieser eschatologischen Bescheidenheit Barths.[37]

---

[36] Karl Barth, Die Kirchliche Dogmatik. Bd. III/2, Zollikon-Zürich 1948, 770f.
[37] Dieser entspricht – je älter er wurde, desto mehr – Kurt Marti, auch darin Schüler Karl Barths geblieben: «Gott ist unser Jenseits. Das zu glauben genügt, und alles weitere (auch Verwandlung, Auferstehung usw.) bleibt ihm überlassen» (Heilige Vergänglichkeit. Spätsätze, Stuttgart ²2011, 37). Während für Marti Ostern mit dem Bekenntnis zur Auferweckung des Gekreuzigten, ohne das es den christlichen Glauben gar nicht gäbe, das wichtigste Fest des Kirchenjahres ist, löst er die für Paulus im Auferstehungstraktat 1Kor 15 konstitutive Verbindung zwischen dem Bekenntnis zur Auferweckung Jesu und der Hoffnung auf die Auferweckung der Toten.

Magdalene L. Frettlöh

3. «Freies Dort-Sein» – «ein in jeder Beziehung erhelltes, erkennendes Leben»

Deutlich vollmundiger als sein Lehrer Karl Barth spricht Friedrich-Wilhelm Marquardt im letzten Paragrafen seiner dreibändigen Eschatologie *Was dürfen wir hoffen, wenn wir hoffen dürften?* vom klassischen eschatologischen Topos der *vita aeterna*, die er – die rabbinische Vorstellung von Gott als Ort der Welt und damit den Gottesnamen *ha-mâqôm* aufnehmend[38] – als «Freies Dort-Sein»[39] topologisch-utopisch[40] reinterpretiert: «‹Ewiges Leben› hat in Gott seinen Ort, und

---

[38] Marquardt, Eschatologie 3 (Anm. 6), 424–446; vgl. auch Marquardt, Utopie (Anm. 6), 7–15.17–23. Dazu – *Eschatologie 3* und die Trinitätslehre der *Utopie* verknüpfend: Magdalene L. Frettlöh, Von den Orten Gottes zu Gott als Ort. *Mâqôm*, eine rabbinische Gottesbenennung, und die christliche Lehre von der immanenten Trinität, in: Jan-Dirk Döhling / dies. (Hg.), Die Welt als Ort Gottes – Gott als Ort der Welt. Friedrich-Wilhelm Marquardts theologische Utopie im Gespräch, Gütersloh 2001, 86–124; dies., Trinitarische Wohngemeinschaft. *Ha-maqom* – die geräumige Gottheit, in: dies., GOTT, wo bist DU? Kirchlichtheologische Alltagskost. Bd. 2 (Erev-Rav-Hefte: Biblische Erkundungen 11), Wittingen 2009, 79–97; diskutiert bei Matthias D. Wüthrich, Raum Gottes, Göttingen 2015, bes. 127–139.

[39] Marquardt, Eschatologie 3 (Anm. 6), 372–528 (die Seitenzahlen im Haupttext beziehen sich auf diesen Band). § 7. B bietet eine eschatologische Ästhetik bzw. ästhetische Eschatologie. Marquardt bewegt sich dabei durchaus auf den Spuren Barths, der in den Künsten eschatische Implikationen wahrnahm und insofern Eschatologie und Ästhetik verknüpfte: Karl Barth, Ethik II 1928/1929. Vorlesung Münster Wintersemester 1928/29, wiederholt in Bonn, Wintersemester 1930/31 (GA II.10), hg. von Dietrich Braun, Zürich 1978, 437–444: «Aisthesis ist, wo sie wirklich stattfindet, Empfinden der wirklichen, der künftigen Wirklichkeit. Und Kunst ist Schaffen aus dieser Empfindung. Insofern spielt die Kunst mit der Wirklichkeit. Sie läßt die Wirklichkeit in ihrem Das-Sein und So-Sein nicht gelten als letztes Wort. Sie überbietet sie mit ihrem Wort» (440f.). Vgl. zu eschatologischen Motiven im Barth'schen Kunstverständnis Frank Mathwig, Ahnungen von Transzendenz. Eschatologische Hermeneutik in den Bildwelten von M. S. Bastian / Isabelle L., in: ders. / Matthias Zeindler, Der Gott der Sinne. Reformierte Blicke auf Kunst der Gegenwart (reformiert! 7), Zürich 2019, 41–64 (41–46); Andreas Mertin, Kunst als kritisches Spiel. Karl Barths Äußerungen zur Kunst: www.theomag.de/02/am9f.htm (04.02.2023).

[40] Siehe bes. § 7.4 «Dort-Sein» (Eschatologie 3, 424–446). Aus Ps 73,28, der mit «meine Zuflucht / mein Refugium» *(machsî)* ebenfalls einen Raumbegriff enthält, schliesst Marquardt: «Gott ist praktisch Ort der Welt in den Menschen, die seine Arbeiten erzählen. In diesen *Erzählungen* löst das Utopische sich auf, lässt Gott sich orten. *Diese Erzählungen sind das Dort, in dem uns das ewige Leben sich öffnet*» (a. a. O., 446). Angesichts des starken eschatologischen Vorbehalts, der die Dogmatik Marquardts mit der radikalen Verschärfung der *conditio Jacobaea* (Jak 4,15) durchzieht: «*So Gott will und er lebt*» (vgl. dazu Magdalene L. Frettlöh, Gott am Ende? – Am Ende Gott! Notizen zur utopisch-trinitarischen Gotteslehre Friedrich-Wilhelm Marquardts, in: dies., Von den Orten Gottes [Anm. 38], 225–238), überrascht diese narratologisch konturierte *präsentische* Eschatologie: Wo vom Handeln Gottes erzählt wird, öffnet sich bereits im Hier und Heute der eschatische Raum des ewigen Lebens im Angesicht Gottes. Das Bezeugen der Werke Gottes hebt förmlich

darum können wir es jedem Hier nur als ein Dort gegenüberstellen. Als Dort ist es nach unseren Begriffen etwas U-topisches, hat aber gerade als Utopisches Kraft, jenen Wirklichkeitswechsel zu benennen, der das ewige Leben ist» (373). Ewiges Leben für *alle* Menschen (und alle übrigen Geschöpfe!) erhofft Marquardt als ein befreites, darum freies und erlöstes Leben in Gottesnähe, analog zur «Bezugs-intimität» zwischen Gott und Israel[41] und zur «Lebens-Einung» (ebd.) zwischen Gott und Jesus, als ein Leben in der Teilhabe an Gottes eigener pulsierender Lebendigkeit, wie sie schon dem Leben des auferweckten Gekreuzigten eigen ist.[42]

Kennzeichen dieser *vita aeterna* sind für Marquardt deren *Leiblichkeit*, denn «wir sollen uns wiedererkennen können», ihr *Gemeinschaftscharakter,* allerdings im Sinne einer Gemeinschaft der Heiligen ohne die Grenzen der Kirche, ihr *Festcharakter* sowie die glanzvolle *Gewichtung* und *Schönheit* jedes einzelnen Lebens: «Dies Leben wird endlich wichtig genommen werden. In ihm wird Gottes Leben verherrlicht werden, wie ihm gebührt. Dadurch gewinnt auch alles Menschen- und Kreaturleben an Bedeutung und Glanz» (ebd.).

Mit der erhofften *glorificatio* Gottes geht die Erhellung des menschlichen Lebens einher: «Uns wird ein in jeder Beziehung erhelltes, erkennendes Leben in Aussicht gestellt» (ebd.), wobei das Licht des göttlichen Glanzes *(dóxa)* weder blossstellt, noch blendet oder gar verstrahlt: «Wird uns Gott als lux aeterna, ewiges Licht leuchten, dann nicht in alles überblendender Helligkeit. Es gehört zu den notwendigen Bestimmungen einer visio beatifica, dass wir hier wirklich Gott zu *sehen* bekommen und davon nicht verblendet werden» (503).

---

den eschatologischen Vorbehalt auf und versetzt im Vorletzten ins Eschaton. Zwischen Hier und Dort klafft kein Abgrund mehr, sondern beide fallen ineins. Stärker kann der menschliche Zeug:innendienst für Gott kaum gewichtet werden.

[41] Marquardts Eschatologie und Utopie sind durchgängig – wie seine Dogmatik überhaupt – durch Israelverbindlichkeit geprägt. Vgl. dazu die Berner Dissertation: Andreas Zingg, Von und mit Israel hoffen lernen. Grundmotive der von Israelverbindlichkeit durchwirkten Eschatologie Friedrich-Wilhelm Marquardts und ihre Implikationen für Theologie und Kirche, die 2023 in der Reihe *Judentum und Christentum* im Kohlhammer Verlag Stuttgart erscheinen wird.

[42] Darum findet sich in § 7. B eine eschatologische Gotteslehre, Christologie, Ekklesiologie und Anthropologie: «Nach biblischer Verheißung ist Leben das von uns unabhängige Wesen [...] Gottes. Er lebt in sich selbst, will aber sein Leben nicht für sich leben, sondern mit allen teilen. [...] Mit der Auferweckung aus seinem Tode hat dieser Gott auch im Leben Jesu eine Äonenwende vollzogen und damit begonnen, durch deren Menschheitswirkung die Menschheit insgesamt ins Zeichen einer Wirklichkeitsveränderung im Ganzen zu versetzen, d. h. alles Leben ins Licht des ‹ewigen› Lebens zu stellen» (372).

Die *visio beatifica*[43] ist für Marquardt zunächst ein «*Erkenntnisereignis*» (491), bei dem es – Marquardt beruft sich hier vor allem auf den ersten Korintherbrief – um eine uneingeschränkte Gotteserkenntnis geht, wie sie unter den Bedingungen einer unerlösten Welt höchstens fragmentarisch aufblitzt (1Kor 13,12). Diese eschatische Gotteserkenntnis eröffnet Einblicke in Gott selbst als den Raum der Welt: «*Wir werden Mitwisser Gottes von innen heraus werden*» (490). Was heute noch für unsere menschliche Weisheit «verschlüsselt-verschlossen» (490) ist, wird dann offenbar sein. Dazu gehört zentral «das Wort vom Kreuz», das uns heute nur als Torheit erscheinen kann (vgl. 1Kor 1–2), dann aber in seiner unverstellten Wahrheit einsichtig sein wird, wenn «uns aufgehen wird, wie *ausgerechnet der gekreuzigte Jesus und das Wort vom Kreuz* das Höchste, Beste, Tiefste sein können, das Gott von innen heraus für uns weiß und ihn sogar selbst innerlich als Gott bestimmen und ausmachen kann» (490).

Marquardt ist es – den hebräischen Erkenntnisbegriff *jadah* aufnehmend – wichtig, dass dieses eschatische Erkenntnisgeschehen der *visio Dei* ein ebenso *existenzielles* wie *intellektuelles* Geschehen sein wird, das – vermittelt durch das Wirken des Heiligen Geistes – allein in der Erkenntnisweise der *Liebe* möglich werden wird: «*Wirklich erkennende Beziehung ist Liebesbeziehung. [...] Gott schauen und ihn lieben sind ein Ganzes*» (493). Damit kommt ein gegenseitiges Erkennen in den Blick, das die Einseitigkeit einer Subjekt-Objekt-Beziehung zugunsten einer Wahrnehmung in Teilnahme aneinander überwindet. Marquardt spricht von einem «*personale[n] Gegenseitigkeitsgeschehen*»: «Ich werde Gott erkennen, wie Gott umgekehrt mich erkennt, in gleicher Struktur und Teilnahme aneinander» (492).

Diese teilnehmende Erkenntnis geht – und ebendarum kann die Bibel auch schon im Hier und Jetzt von einer menschlichen Gottesschau reden – mit dem Anbruch einer *neuschöpferischen* Verwandlung unserer Sinnesorgane einher, wie Marquardt unter Berufung auf die Heilungswunder beider Testamente zu bedenken gibt: «*Gottes Geschichte ist in sich eine, in der sich uns die Organe bilden, die uns befähigen, an ihr teilzunehmen; die Gnade schafft sich, erschließt sich, pflanzt sich die ‹Natur›, die sie – als Gnade – fassen kann*» (498). Dies ist Marquardts (präsentisch-)eschatologischer Beitrag zum Verhältnis von Gnade und Natur. Darum kann es auch im Vorletzten beim Gedenken der Taten Gottes, bei der Teilnahme an IHRER:SEINER Geschichte auch schon – wenn auch fragmentarisch – zur sinnlichen Wahrnehmung Gottes kommen, wovon auch bib-

---

[43] Ich beschränke mich im Folgenden auf den vorletzten Abschnitt von § 7. B (488–509), nämlich 6. Erhelltes Leben (visio beatifica), empfehle aber die Lektüre des gesamten § 7. B, insbesondere auch von Abschnitt 7: Wichtig gewordenes Leben.

lische Gestalten wie Hagar, Jakob, Mose, Hiob, Stephanus u. a. zeugen. Im letzten Abschnitt von § 7. B, in dem Marquardt zentral auf die Auferstehungsleiblichkeit zu sprechen kommt, begegnet dieselbe Hoffnung, von Augustin entzündet und nun ins Futurisch-Eschatologische gewendet: «Die visio beatifica schafft sich einen ihr genügenden und entsprechenden, für das Schauen Gottes aufnahmefähigen Leib. [...] Wir werden Gott mit den geöffneten Augen unseres Leibes sehen, des ‹Leibes der Herrlichkeit›» (523).

Bei diesem Schauen geht es jedoch nicht um eine mystische Verschmelzung mit Gott(es Wesen), vielmehr schliesst eschatische Gotteserkenntnis die Taten Gottes und damit DESSEN:DEREN Weltbezug ein, weil Gottes Wesen nicht unabhängig von IHREM:SEINEM Wirken in der Welt erkennbar ist. Karl Barth hat dies in seiner Gotteslehre auf die Wendung gebracht: «Gottes Sein in der Tat.»[44] Marquardt drückt es beziehungstheologisch aus, kann er doch – gemäss biblischem Zeugnis – «*Gott nur als ein Beziehungswesen* denken. [...] Gott ist in sich Beziehung auf alles Wirkliche. Und so dürfen wir erwarten, dass wir, wenn wir ihn-selbst, ihn-allein zu schauen die Aussicht haben, ihn dann auch in schlechthin allen seinen Beziehungen zu schauen bekommen. *Gotteserkenntnis ist auch Welterkenntnis und Selbsterkenntnis*» (500). Auch hier steht wieder die rabbinische Einsicht im Hintergrund, dass Gott der Raum/Ort *(ha-mâqôm)* der Welt ist.

Das eschatische «*Evidenzereignis*» der *visio beatifica*, das für Marquardt geradezu zum Synonym des ewigen Lebens wird – «Dies Schauen wird unser ewiges Leben sein» (499) – impliziert aufgrund der «*Welthaltigkeit Gottes*» (500) dann aber auch, dass sich uns der Sinn der Geschichte erschliesst, der hier und heute meist verborgen ist, denn: «Es gehört zur Ohnmacht des menschlichen Daseins, fast nichts begreifen zu können, was einem *geschieht*, und noch weniger von dem, was man *bewirkt*» (501). Marquardts Hoffnung geht darum mit Anspielung auf Gen 50,20 darauf, dass

> «wir in der *Schau Gottes* doch *auch der Eröffnung des Sinns der Geschichte* entgegensehen, die er (als Natur-, Menschen- und Völkergeschichte, auch als Geschichte des Kosmos) bewahrt, begleitet und durch die Gegenwart Israels, Jesu und der Seinen in ihr auch regiert. Indem uns Gottes Beziehung auf alle geschichtlichen Vorkommnisse, Leiden, Siege, Anmaßungen, Wahnwitzigkeiten aufgehen wird, werden wir begreifen, ‹wie alles gewesen› sein wird, was mit so vielem Unbegreiflichen sub specie Dei gemeint war und wie böse Beschlüsse von Menschen Gott schließlich zum Guten gekehrt haben wird» (501).

---

[44] Karl Barth, Die Kirchliche Dogmatik. Bd. II/1, Zollikon 1940, 288 (§ 28.1).

Magdalene L. Frettlöh

Ist Geschichtstheologie dann nicht nur als eine eschatologische möglich? Bis hierhin spricht aus Marquardts Entwurf einer eschatischen *visio beatifica*, die bereits im Hier und Jetzt bruchstückhaft anbricht, eine sehr vollmundige Hoffnung und eine grosse Providenzgewissheit. Doch mit dem bisher Skizzierten endet Abschnitt § 7. B.6 nicht, fällt Marquardt sich doch noch einmal kräftig ins Hoffnungswort und gibt dem Angefochtensein Raum und Sprache: Wenn denn unsere eschatische Gotteserkenntnis mit allen Sinnen aus einer freien Entscheidung Gottes, sich von uns sehen und hören, riechen und schmecken, berühren und affizieren zu lassen, hervorgeht – dann könnte es auch sein, dass Gott dies nicht will. Marquardt stellt alles bisher zur *visio beatifica* Gesagte unter eschatologischen Vorbehalt, setzt es in den Konjunktiv, verschweigt seine Fragwürdigkeit nicht.

Das Wort Jesu an den Hauptmann von Kafarnaum *«Dir geschehe, wie du geglaubt hast»* (Mt 8,13) auf die eschatische Gotteserkenntnis beziehend, steht für Marquardt dahin, «ob denn wirklich und wahr sei, was wir glauben» (506), ob denn wirklich und wahr werde, was wir hoffen. Marquardt bekennt sich zu einem «Hoffen *ohne* Gewissheit», genauer: einem Hoffen ohne *Gottes*gewissheit, weil er – nach Auschwitz – «die Frage aller Fragen: unsere Frage, die, durch die unsere Generation schlechthin infragegestellt ist in ihrem Lieben, Glauben und auch Hoffen: *Ob Gott will und er lebt?»* nicht abweisen will und kann: «Das Wesensmerkmal dieses Hoffens bleibt ein Fragezeichen» (507).

Marquardt will Hoffnung wagen, will sie nicht verschweigen, sie sich nicht abmarkten lassen, aber ebenso wenig blendet er deren Angefochtensein aus oder nimmt gar die eschatische Gottesschau vorweg. Diese explizite Fragwürdigkeit unterscheidet sein Modell einer eschatischen *visio beatifica* von den zuvor referierten: Es ist eine Eschatologie, die sich durch die Mitschuld von Theologie und Kirche an der Schoa so tief hat anfechten lassen, dass sie die Frage «Ob Gott [sich sehen lassen] will und er lebt?» theologisch stellen muss. Und womöglich wird ja die Hoffnung nur umso drängender und feuriger, je weniger sie diese Frage ausblendet, denn «indem wir das Gegenteil dessen, was wir hoffen möchten, auch auszusprechen uns getrauen» (508), setzen wir – so ist Marquardt überzeugt – «Zeichen unseres Hoffens»: *«Wir müssen auch denken lernen, dass unser Hoffen ins Leere ginge, ins Nichts»* (ebd.). So wäre das Sich-Entziehen Gottes, indem ER:SIE sich nicht sehen lässt, Ausdruck des Gerichts über unseren Glauben, unsere Schuld.

Es sind radikale Gedanken wie diese, die mir die Theologie Friedrich-Wilhelm Marquardts so sehr ins Herz schreiben und zu Kopf steigen lassen, dass ich mich ihr nicht entziehen kann – zumal Marquardt auch hier wieder (auch das zieht

sich durch seine siebenbändige Dogmatik wie schon durch die Kirchliche Dogmatik Barths[45]) – eine *theologiekritische* Dimension des Sich-Entziehens Gottes markiert, indem er nun gar ein fundamentaltheologisches Argument aufruft:
Statt dass die Verweigerung Gottes, sich sehen zu lassen, unseren Glauben als Irrtum und unsere Hoffnung als Illusion erweist, wäre sie theologisch auch als eminenter Ausdruck der *Freiheit* Gottes denkbar:

> «Es könnte darin, daß er *nicht* sich schauen ließe, noch einmal die Gottheit Gottes sich selbst bezeugen. Er will für ewig ein Gott der Lebenden und nicht der Toten sein und den Toten nicht mehr Gott sein. Er will der ewig überlegene Heilige und darum in einem Licht bleiben, da niemand wird zukommen können. Er wird Aseität doch als sein Wesen behaupten. Und so ließe sich ‹theologisch› denken, Gott wäre gerade dann nicht widerlegt, wenn er sich nicht von uns schauen ließe. *Uns* fehlte dann etwas – doch nicht ihm! [...] Und in dieser Freiheit bewahrte er sich vor jedem Dogma. [...] Gott entzieht sich dem, Gottlosigkeit zu widerlegen, indem er nicht sich schauen lässt» (508).

Solche Aussagen, in denen das Motiv der Aseität Gottes von einem Grenzbegriff zu einem Fluchtpunkt mutiert – und zwar um der Freiheit Gottes willen – rauben einer:einem beim Lesen fast den Atem. Es ist ein ergreifendes Statement für die Freiheit Gottes gegenüber all unserem theologischen Gottdenken und Gotthoffen. Doch fällt – so frage ich kritisch zurück – ein solches Verständnis der Freiheit Gottes, in der Freiheit und Aseität nahezu zu Synonymen werden, nicht hinter die eigene Entscheidung der Gnadenwahl Gottes zurück, sich selbst zum:zur Bundespartner:in eines anderen bestimmt und daran künftig das eigene Gottsein gebunden zu haben? Gibt es wirklich eine Freiheit Gottes *von* dieser Beziehung und nicht nur eine Freiheit Gottes *zu* dieser Beziehung, auf dass Gott nicht aufhört, Gott zu sein?

Darum ist es wohl kein Zufall, dass Marquardt es auch mit dieser Aseitätsreflexion auf eine von Gott selbst her verweigerte eschatische Gottesschau nicht sein Bewenden haben lässt, was die Modellierung der eschatischen *visio beatifica* betrifft. Was nämlich, wenn Gott sich doch sehen liesse – von sich her, wie Sie:Er ist?! Auch dies liesse sich *theologiekritisch* wenden:

> «Und doch könnte auch dies geschehen: Er ließe sich sehen – und das erst brächte das Ende aller Dogmatik von Gott: der positiven, die ihn setzt und immer vorauszusetzen

---

[45] Es bedarf dringend einer monografischen Untersuchung zu den über die jeweilige gesamte Dogmatik verstreuten theologiehermeneutischen und -kritischen Reflexionen, sowohl bei Barth wie bei Marquardt. Bei beiden begegnen diese jeweils verbunden mit der Sache und nicht in eigenen Kapiteln.

lehrt, – der negativen, die ihn leugnet, – der gemeinen, die gegen ihn streitet. Ließe er sich sehen, so ließe er seinen Geist sich ausgießen über all der Herren eignen Geist. Ihn sehen wäre das Ende alles Behauptens, alles Scheinens von so etwas wie Gott, aller Theologie und Antitheologie. Es wäre: eine Befreiung. Es wäre: Ereignis der Aufklärung schlechthin, nämlich Aufklärung der Aufklärung [...]. Aber darin: Erleuchtung. Denn hier würde Vernunft, die bis dahin immer mit eigenen Augen sehen muß, zu einer empfangenden, vernehmenden Vernunft. Sie müsste dann nicht mehr konstruieren. Sie würde vernünftig. Würde Liebe» (509).

In letzter Konsequenz also führt Marquardt ein eschatisches Sich-sehen-Lassen Gottes gegen Theologien ins Feld, die – auf welche Weise auch immer – um Gott zu wissen und so SEINER:IHRER gewiss zu sein meinen. Marquardt prägt damit einen anderen Begriff von Erleuchtung und Aufklärung, nämlich den einer – um mit Bernhard Waldenfels zu sprechen – responsorischen Vernunft[46], für die – nun wieder theologisch – die Gottesschau allein Gabe Gottes ist. Und eine Gabe, ein Geschenk können wir erbitten, aber nicht einfordern.

IV. *Glorificatio* als Befreiung zu unbeschränkter Geselligkeit der Sinne – oder «die entfesselte Pracht der Erlösung»[47]

Mit dem Ausblick auf die einstige *glorificatio* aller Geschöpfe verbindet sich für mich – und darin gehe ich auf biblischem Grund über die referierten Modelle noch einen Schritt hinaus – die Hoffnung, wie angefochten sie auch immer sein mag, oder zumindest die Ahnung, dass eschatische Wesen Synästhet:innen sind. *Synästhesie*, vom griechischen *synaisthánomai*: zusammen wahrnehmen, mitempfinden –, das meint, dass wir Töne schmecken, Düfte sehen und Farben hören können, dass es also zur Koppelung mehrerer Sinneswahrnehmungen, zur Verflechtung von physisch eigentlich getrennten Sinnesmodalitäten kommt. In der Medizin meint Synästhesie, dass bei der Reizung eines Organs ein anderes Organ den Reiz (mit)empfindet. In der Literaturwissenschaft sprechen wir von Synästhesie, wenn in einem sprachlichen Ausdruck zwei oder mehrere Sinnesausdrücke miteinander verschmelzen. So nehmen wir etwa ein schreiendes Rot,

---

[46] Bernhard Waldenfels, Antwortregister, Frankfurt a. M. 1994.
[47] Ruth Hess, «... männlich und weiblich schuf ER sie»!? IdentitätEn im Gender Trouble, in: Alexander Deeg / Stefan Heuser / Arne Manzeschke (Hg.), Identität. Biblische und theologische Erkundungen, Göttingen 2007, 164–188 (186).

Vom Ganz-Ohr-Sein zum Schauen vis-à-vis?

ein tiefes Blau oder ein warmes Braun oder die Glocken, die süsser nie klingen als zur Weihnachtszeit[48], wahr.

Besonders in der Literatur der Romantik begegnet die Synästhesie als literarisches Stilmittel. In meinem gymnasialen Deutschunterricht war es eine Zeile aus Eduard Mörikes Gedicht *Um Mitternacht*, an der mir das Synästhetische einleuchten sollte: «Ihr klingt des Himmels Bläue süsser noch ...»[49]. Aber mensch muss nicht Romantiker:in sein, um Synästhet:in zu werden, wie etwa Rose Ausländers Gedicht *Augen hören* bezeugt: «[...] Nimm die Augen / meiner Worte // Sag mir was / ich sagen soll // Die Augen meiner Worte / hören dich»[50]. Nicht nur, dass Augen hören können, sondern auch, dass Worte Augen haben, Worte also sehen können, macht den synästhetischen Gehalt dieses Gedichts aus, das offenbar entweder mit der Heilung der Blindheit und Taubheit des angesprochenen Du rechnet oder – mir wahrscheinlicher – davon ausgeht, dass die Augen der Worte der Dichterin auch Blinden zu sehen und Tauben zu hören ermöglicht.

Auch die Hauptfigur in Ferdinand von Schirachs zweitem Roman *Tabu* (München 2013), der Fotokünstler Sebastian von Eschburg, ist Synästhet. Die Kapitel des Buches sind mit Farben betitelt. Der Psychiater Markus Zedler hat 2019 in einem ZEIT-Interview gesagt:

«Synästhesie ist ein Luxus; eine Spielart der Evolution, die es dem Bewusstsein erlaubt, durch die Verknüpfung der Sinne und die Kopplung mit Gefühlen mehr Informationen zu generieren. Wissenschaftliche Untersuchungen mit bildgebenden Verfahren haben nachgewiesen, dass Synästhetiker ein komplexes vernetztes Gehirn haben.»[51]

Es gibt eine gleichsam natürliche «Geselligkeit der Sinne»[52], bei der in einer Wahrnehmung immer mehrere Sinne beteiligt sind, etwa dass ich den Strauss weisser und lilafarbener Levkojen hinter mir sehe und *zugleich* ihren starken Duft rieche. Synästhesie ist eine andere Geselligkeitsform als diese ko-modale Assoziierung der Sinne. Bernhard Waldenfels spricht von einem «*heteromodale[n]* Wahr-

---

[48] Zum nicht nur auf den ersten Blick kitschigen, 1860 auf die Melodie eines Thüringer Volksliedes gedichteten Weihnachtslied des evangelischen Theologen und Pädagogen Friedrich-Wilhelm Kritzinger (1816–1890) siehe www.lieder-archiv.de/suesser_die_glocken_nie_klingen-notenblatt_200080.html (04.02.2023).
[49] Eduard Mörike, Gedichte, Stuttgart 1838, 236, online: www.deutschestextarchiv.de/book/view/moerike_gedichte_1838?p=252 (04.02.2023).
[50] Rose Ausländer, Jeder Tropfen ein Tag. Gedichte aus dem Nachlass. Gesamtregister, hg. von Helmut Braun, Frankfurt a. M. 1990, 180.
[51] Susanne Will, Schmecken Sie das? Ein Gespräch mit dem Psychiater Markus Zedler, in: Die Zeit Nr. 22, 23. Mai 2019, 37.
[52] Bernhard Waldenfels, Sinnesschwellen. Studien zur Phänomenologie des Fremden 3, Frankfurt a. M. 1999, 54–57.

nehmen oder Empfinden», bei dem «intermodale Qualitäten ins Spiel [kommen] wie Intensität, Helligkeit oder Dichte, die quer durch die Sinnessphären hindurchgehen».[53] Diese Kommunikation ist in einer intersensoriellen Welt nicht die Ausnahme und auch keine Anomalität, sondern der Normalfall, aber sie ist begrenzt und kann auch pathologische Züge, etwa infolge von Drogenkonsum, annehmen. Und das Zusammenspiel der jeweils beteiligten Sinne stellt keine fraglose, selbstverständliche Einheit dar, so dass Waldenfels nicht zufällig die Phänomene der Synästhesie und Synergie der Sinne im Kontext seiner *Phänomenologie des Fremden* behandelt.

Meine Hoffnung geht nun darauf, dass die hier und heute fragmentarisch bleibende Intermodalität der Sinne in der eschatischen *glorificatio* zu einer ungehinderten, ungebrochenen Ganzheit vollendet wird. Im Transformationsgeschehen der *glorificatio* fügt *Gott* das vorbehaltlos zusammen, was schon heute zusammengehört, aber dessen Synästhesie und Synergie in der unerlösten Welt beschränkt und störungsanfällig bleibt.[54] Diese eschatische Synästhesie wäre also keine der eigenen somatischen Selbstorganisation, sondern wie der Auferstehungsleib selbst eine Gabe Gottes. Frei nach Röm 8,18 liesse sich dann sagen: «Ich bin nämlich überzeugt, dass die gebrochene und bruchstückhafte Kommunikation der Sinne in der gegenwärtigen Zeit nichts bedeutet im Vergleich zur *dóxa* ihrer eschatischen Synästhesie.»

V. Der Gottesdienst(raum) – ein Ort der *glorificatio* Gottes und der Menschen?

Im Berner Sprachgebrauch ist der Kirchgang oft synonym mit «z'Predigt gah». Demgegenüber laden Psalmworte, in denen sich die Betenden danach sehnen, im Tempel Gottes Angesicht schauen zu können, zum Gottesdienst als einem «für Gott gah z'luege» ein. Ebendiese Sehnsucht findet sich auch in Kirchenliedern im Blick auf den christlichen Gottesdienst:

---

[53] Vgl. Waldenfels, Sinnesschwellen (Anm. 52), 58.

[54] Helmut Utzschneider geht in seinen «Vorüberlegungen zu einer ästhetischen Theologie des Alten Testaments» von der These aus: «Theoästhetik ist synästhetisch.» Für ihn ist «Gotteswahrnehmung [...] im Alten Testament synästhetisch angelegt; sie umfasst und erfasst den Menschen in all seinen Sinnen und nicht zuletzt auch in den Kräften seines Verstandes» (Gottes Vorstellung. Untersuchungen zur literarischen Ästhetik und ästhetischen Theologie des Alten Testaments [BWANT 175], Stuttgart 2007, 328f.334). Wenn dies aber schon gegenwärtig gilt, um wie viel mehr dann im Eschaton, wenn die Sinne von jeder Einschränkung und Beschädigung befreit sind!

«Tut mir auf die schöne Pforte, / führt in Gottes Haus mich ein; /
Ach wie wird an diesem Orte / meine Seele fröhlich sein! /
Hier ist Gottes Angesicht, / hier ist lauter Trost und Licht.»[55]

«Nun jauchzt dem Herren, alle Welt. / Kommt her, zu seinem Dienst euch stellt; /
kommt mit Frohlocken, säumet nicht, kommt vor sein heilig Angesicht.»[56]

«So kommet vor sein Angesicht, / mit Jauchzen Dank zu bringen; /
erfüllet die gelobte Pflicht / und lasst uns fröhlich singen: /
Gott hat es alles wohl bedacht / und alles, alles recht gemacht./
Gebt unserm Gott die Ehre!»[57]

Diese Verse ermuntern zu einem Gottesdienst, in dem – *auch* in, mit und unter dem Hören des Wortes – ein Schauen Gottes möglich wird, zumindest aber ein Feiern im Angesicht Gottes. Wo und wie aber kann sich dies ereignen? Dass es nicht *her*gestellt werden kann, sondern sich *ein*stellt, wenn denn die Heilige Geistkraft kräftig weht, braucht kaum eigens gesagt zu werden. Aber kann es so etwas wie eine liturgische, homiletische oder auch kirchenraumtheoretische Wegbereitung geben? Diese Fragen zielen auf die Verknüpfung von Eschatologie, Liturgik, Homiletik und Kirchenraumarchitektur und können wohl nur interdisziplinär sinn(en)voll bearbeitet werden. Dabei ist nicht nur vom Judentum, sondern auch von der göttlichen Liturgie der orthodoxen Kirchen, den pentekostalen und charismatischen Anbetungsgottesdiensten, von der Mystik und womöglich noch mehr von Architekt:innen zu lernen.

Was die eschatische Befreiung des Sehsinns (der Augen wie des Herzens und anderer Sinnesorgane) betrifft, läge es nahe, am Ende dieser Vorlesung unsere Blicke aufs himmlische Jerusalem zu richten, auf jenen verheissungsvollen Ort, an dem Menschen sich am eschatischen Glanz nicht sattsehen können, auf *den* biblischen *maqom* der Gottesschau (vgl. Offb 22,4a). Und dabei dem Liedaufruf zu folgen: «[...] ein jeder sein Gesichte / mit ganzer Wendung richte / fest nach

---

[55] EG 166,1; in RG 160,1 heisst es «... führt mich in Zion ein» statt «führt in Gottes Haus mich ein» – eine ambivalente Formulierung, erinnert sie uns doch einerseits an den Zion als den Ort verdichteter Gottespräsenz und ist doch zugleich nicht frei von christlicher Vereinnahmung, liegt doch dieser Zion überall dort, wo sich die christliche Gemeinde zum Gottesdienst versammelt.

[56] RG 57,1//EG 288,1 (im Anschluss an Ps 100).

[57] RG 240,9 *(Nun danket Gott, erhebt und preiset)*. Wo das RG hier in der ersten Zeile «mit Jauchzen Dank zu bringen» schreibt, heisst es übrigens in EG 326,9: «mit jauchzenvollem Springen». Dankbar jauchzen darf mensch im reformierten Gottesdienst also, aber gesprungen werden soll dort dann doch lieber nicht.

Jerusalem / fest nach Jerusalem»[58] – hin zu jener Stadt, die in der Vision von Offb 21,9–22,5 *«weder der Sonne noch des Mondes bedarf, dass sie ihr scheinen, denn die doxa Gottes erleuchtet sie»* (V. 21). Von ihr weiss Paul Gerhardt zu singen, wie Gott «hab erbauet / ein edle neue Stadt, / da Aug und Herze schauet, / was es geglaubet hat»[59].

Im himmlischen Jerusalem ist für die Gottesschau mit allen Sinnen kein Tempel mehr nötig. Die Unterscheidung von heilig und profan hat ausgedient, denn Gott selbst wird Tempel der Stadt und ihrer Bevölkerung sein (Offb 21,22). Ekklesiologisch gewendet: das Eschaton braucht keine Kirche mehr, und damit meine ich nicht nur das Gebäude.

VI. «Des Architekten Zumthor Bruder-Klaus-Kapelle»

Doch noch ist diese «Stadt der Freuden»[60] Utopie und Sehnsuchtsort: «Jerusalem, du hochgebaute Stadt, wollt Gott, ich wär' in dir!»[61] Darum nehme ich Sie jetzt in einem kurzen Schlussabschnitt mit an einen realexistierenden irdischen Ort, auf ein Feld in der hügeligen Nordeifel in der Nähe des Ortes Mechernich-Wachendorf. Dort steht, mitten in der Landschaft, seit 2007 die nach Plänen des international renommierten Schweizer Architekten Peter Zumthor (*1943) erbaute Bruder-Klaus-Feldkapelle, die dem Schweizer Friedensheiligen Nikolaus von Flüe (1417–1487), eben Bruder Klaus, gewidmet ist und im Auftrag der Landwirtsfamilie Scheidtweiler erbaut wurde.[62] Die Theologie kann von Zumthor, dem eigenwilligen, vielfach preisgekrönten Magier unter den Architekten, viel lernen über Räume, Sinnlichkeit, Atmosphäre, Schönheit von Formen und Materialien, Transzendenz, Spiritualität ...[63]

---

[58] EG 393,2 *(Kommt, Kinder, lasst und gehen)*.
[59] RG 656, 7; EG 351,9 *(Ist Gott für mich, so trete gleich alles wider mich)*.
[60] EG 151,7 *(Ermuntert euch, ihr Frommen)*.
[61] RG 851,1/EG 150,1.
[62] Grundinformationen bietet die Homepage der Kapelle: www.feldkapelle.de/ (04.02.2023). Es gibt einen ARTE-Film, in dem Peter Zumthor davon spricht, was ihm dieser Raum bedeutet – www.youtube.com/watch?v=NjVRyKXv2Ng (04.02.2023).
[63] Vgl. etwa das SRF 1-Sternstunde-Interview Yuri Steiners mit Zumthor vom 18.06.2017 *Architektur* und *Atmosphäre*: www.srf.ch/play/tv/sternstunde-philosophie/video/peter-zumthor---architektur-und-atmosphaere?urn=urn:srf:video:179e3d8c-a155-4b8d-9530-a 90b7f06e26e (04.02.2023); Toni Hildebrandt (im Gespräch mit Peter Zumthor), Architektur, Bild und Entwurf, in: Rheinsprung 11. Zeitschrift für Bildkritik 1, 2011, 139–146 (https://rheinsprung11.unibas.ch/fileadmin/documents/Edition_PDF/Ausgabe1/dialog.pdf). Überblicke und Einblicke zu ausgewählten Bauten Zumthors bietet: https://zumthor.org/ (04.02.2023).

Vom Ganz-Ohr-Sein zum Schauen vis-à-vis?

Statt Ihnen Bau und Ausstattung der Bruder-Klaus-Kapelle als einen Ort der Gottesbegegnung mit allen Sinnen selbst zu beschreiben, lasse ich eine Poetin zu Wort kommen, nämlich Nora Gomringer (*1980), Ingeborg-Bachmann-Preisträgerin 2015, Mitbegründerin der deutschen Poetry-Slam-Szene, seit 2010 Direktorin des Internationalen Künstlerhauses Villa Concordia in Bamberg und *bref*-Kolumnistin im Wechsel mit Sibylle Lewitscharoff und Roland Diethelm. Nora Gomringer schreibt – so Peter von Matt – «Poesie für alle Sinne»[64], und für sie ist Lyrik vor allem Mundwerk. Von sich selbst sagt sie: «Ich bin Autorin und Christin und man liest es mir an.»[65] In ihrem Gedichtband *Gottesanbieterin* findet sich das Gedicht *Des Architekten Zumthor Bruder-Klaus-Kapelle*, in das ich meinen Vortrag einmünden lasse. In meiner Lesart bringt es Momente der *glorificatio* des Menschen im Hier und Jetzt mit der Sprache der Poesie zum Leuchten. Die Bruder-Klaus-Kapelle wird für ihre Besucher:innen zum Ort einer Transzendenzerfahrung, die sie über ihre bisherigen (Selbst-)Erfahrungen hinausführt. Vielleicht nicht als *intentio auctricis,* wohl aber als *intentio operis* wiederholt sich hier die Erfahrung, die Mose am brennenden, aber nicht verbrennenden Dornbusch[66] machte und die auch ihn – berufen zum Exodus-Projektleiter – über sich und sein bisheriges Leben hinausführte.

«Des Architekten Zumthor Bruder-Klaus-Kapelle

gehst in die Eifel
gehst auf ein Feld
steht da ein Fels
ein Block, ein Werk
weißt nicht zu deuten
gehst nah heran
streckst deine Glieder
zu verstehen
    ist da ein Einlass
    ist innen das Dunkel
    ist der Boden das Feld
    ist dein Stehen ein Schwanken

---

[64] Zitiert nach: www.tbi-zh.ch/poesie-fuer-alle-sinne/ (04.02.2023).
[65] www.feinschwarz.net/literatur-ist-maechtig-weil-das-wort-nie-an-kraft-einbuesst/ (04.02.2023). Siehe auch das von Jan-Heiner Tück geführte Interview mit Nora Gomringer: «Mit Flüstern kann man viel beginnen ...» Nora Gomringer über das Gedächtnis, den Namen und das Herz als Motive ihres Schreibens, in: ders. (Hg.), «Feuerschlag des Himmels». Gespräche im Zwischenraum von Literatur und Religion (Poetikdozentur Literatur und Religion. Bd. 3), Freiburg i. Br. 2018, 71–88.
[66] Vgl. Ex 3,1–15.

tastet die Hand
raue Wände
teilt sich das Heilige
durch dein Betrachten
deinen Sinnen mit
wirst Teil eines Wandelns
wirst Teil eines Wunderns
wirst, wirst, wirst
weit
über dich hinaus»[67]

---

[67] Nora Gomringer, Gottesanbieterin, Dresden/Leipzig ²2020, 20; siehe auch: www.youtube.com/watch?v=WFffDHw-DPc (04.02.2023) und das SRF-Tagesgespräch mit Nora Gomringer über den Gedichtband vom 22.05.2020: www.srf.ch/audio/tagesgespraech/nora-gomringer-und-die-gottesanbieterin?id=11770909 (04.02.2023).

Bibelstellenregister

Erstes Testament

Genesis

1,3	134
1,20–22	165
1,26f.	65
1,28	162f., 165
2,15	164
3,8f.	111
3,9	199
9,3f.	165
12,7	284
17,1	284
18,1	284
26,2	284
27,22	20
32,27	87
50,20	295

Exodus

3,1–4,17	263
3,1–15	303
3,14	223
19f.	201
19,16–19	37
20,2	68
20,13	165
20,18	19, 37
23,2	28
24,7	106
24,9–11	284
32–34	283

Levitikus

25,23	164

Numeri

6,24–26	284
11,12	125
15,37–40	22
24,16	283

Deuteronomium

4	210
4,11f.	210
4,12	13, 210
6,4f.	185
6,4	13, 20, 161
6,6	21
10,14	164
30,12	28

Richter

16,28	80

Erstes Buch Samuel

9,2	17
9,9	18
9,18	18
16,6	17
16,7	17

Bibelstellenregister

Zweites Buch Samuel

12,1–25	186
23,3f.	287

Erstes Buch der Könige

3,9	13, 203
18	223
19	222–224
19,4	222
19,9	222
19,11–13	21, 222
19,11	222
19,12	13, 114, 222
19,13	222

Zweites Buch der Könige

22,1–20	23

Hiob

36,33–37,5	37
42,5	284

Psalmen

8	283
9,19	279
17,15	284
19,2–4	207
24,1	164
27,4	284
27,13	284
34,5	74
34,18	74
37,7	224
42,2f.	284
50,15	79
66,18f.	74
67,2	284
73	86
73,23–28	81
73,28	292
81,6	238
81,9	66
84,8	284
94,1	58
94,3	58
94,4	58
94,5	58
94,7	58
94,9f.	100
94,9	13, 57f., 85, 199
95,7	14
107	80
115,17	224
119,116	279
130,1f.	59
130,1–2	59
130,7	59

Sprüche

20,12	283
22,17f.	202

Hohelied

5,2	119

Jesaja

6,3	223
6,9f.	50, 53, 283
27,13	37
64,3	276

Jeremia

25,30	37

Hosea

8,1	37

Joel

2,1	37

Zweites Testament

Matthäusevangelium

5–7	50
6,24	132
7,7	79
7,24–26	50
8,13	296
11,5	157
11,11	157f., 173
11,12	158
11,14	158
11,15	48, 157
13,10–18	50
13,9	48, 201
13,11	50
13,13	51
13,14–16	201
13,14f.	50
13,18–23	49
13,19	49f.
13,23	49f.
13,43	48, 287
17,2	287
28,17	277
28,18–20	201
28,18	147
28,19f.	147
28,19	137

Markusevangelium

1,1–8,22	313
3,31–35	52
4,9	48
4,10–13	52
4,10	52
4,11f.	52
4,14–20	49
4,14	49
4,20	49
4,23	48
4,39	224
8,14–21	53

Lukasevangelium

6,17–49	50
6,47–49	50
8,8	48
8,10	51
8,11–15	49
8,11	49
8,15	49
8,21	49
10,38–42	224
14,35	48

Johannesevangelium

1,14	172, 201
5,24	200
6,68	141
8,32	155
10,3f.	141
10,5	199

Bibelstellenregister

10,10	142	7,29–31	282
10,27	109, 199	13,12	284, 294
12,40	51	14	39
16,13	277	14,6	39
20,24–29	275	14,26	39
20,29	213	15	291
		15,28	155

Apostelgeschichte

Zweiter Brief an die Gemeinde in Korinth

2,6	13		
2,11	13		
8,30	34	3,11	284
17,28	282	4,16–18	281
20,7–20	39	5,7	275
20,9	39	5,17	289
28,23–29	51	12,9	59
28,24	52		
28,28	52		

Brief an die Gemeinden in Galatien

		3,2	45
		3,5	45

Brief an die Gemeinde in Rom

4,18	279	3,28	139
8,18f.22–25	280f.		
8,18	300		

Brief an die Gemeinde in Ephesus

10	46f.	1	132
10,13	46	1,20	132
10,14–17	46f.		
10,14f.	46f., 199		

Brief an die Gemeinde in Kolossä

10,14	46	1	132
10,16	46	1,18	132
10,17	13, 46, 57, 181, 213, 219	3,3f.	289
		4,16	34
11,25	47, 51		

Erster Brief an die Gemeinde in Korinth

Erster Brief an die Gemeinde in Thessaloniki

1–2	294	2,13	44f.
2,9	276	5,27	34
2,10	276		

Zweiter Brief an Timotheus

2,2	47
3,16	146

Brief an die hebräischen Gemeinden

1,1f.	147
11,1	280

Jakobusbrief

4,15	292

Erster Petrusbrief

3,15	278

Erster Johannesbrief

1,1–3	40
1,1	41
1,3	41
2,7	42
2,18	41
2,24	41f.
3,2	281
3,11	41f.
4,7–5,4	42

Offenbarung des Johannes

1,1f.	33f.
1,1	33
1,2	33
1,3	34
1,10	33, 37
1,11	33f.
1,19	33
2,7	32
2,11	32
2,17	32
2,29	32
3,6	32
3,13	32
3,22	32
4,1	37
5,8	36
5,11	37
6,1	37
8,13	37
9,13	37
10,4	33
14,2	36
14,13	33
15,2	36
17,1	33
17,7	33
19,9	33
21,5	33
21,9–22,5	302
21,9	33
21,22–22,5	284
21,22	302
22,4	301
22,6	33, 38
22,7	38, 49
22,8	33, 37
22,9	38, 49
22,10	38
22,18	38

Personenregister

Abram, David 170, 172, 174–176
Achtemeier, Paul 34, 36
Adam, A. K. M. 151
Adorno, Theodor W. 7
Agamben, Giorgio 282
Aland, Kurt 138
Albisser, Ariane 131
Albrecht, Christian 134
Alkier, Stefan 147
Althaus-Reid, Marcella 180
Althaus, Paul 287
Arendt, Hannah
   112f., 115f., 121f., 182f., 276
Asa-El, Amotz 24
Assisi Franz von 169
Athanasius der Große 154
Auffermann, Bärbel 244
Augustinus, Aurelius
   70, 210f., 295
Ausländer, Rose 299

Bach, Johann Sebastian 60
Bachmann, Ingeborg 303
Badrutt, Gaudenz 248
Bamberger, Selig 19
Barr, David 39
Barth, Karl
   143f., 148, 153, 155, 159, 184,
   234, 276, 282, 288–292,
   295, 297
Bastian, M.S. 292
Bataille, George 217
Bauer, Fritz 179
Bauman, Zygmunt 257
Baumberger, Evelyne 260

Bayer, Oswald 75
Bayle, François 242–245
Beckmann, Klaus 180, 184
Beintker, Michael 155, 186
Bell, Graham 214
Benhabib, Seyla 121
Benyoëtz, Elazar 77
Berlejung, Angela 283
Bernet, Rudolf 280
Bernhard, Jan-Andrea 131
Bernhart, Joseph 211
Bertelmann, Volker 119
Beuttler, Ulrich 165
Beza, Theodor 184
Bieler, Andrea 118
Binder, Gerhard 39
Bittlingmayer, Uwe H.
   180, 182, 187
Bizer, Ernst 145, 286–288
Blumenberg, Hans 115
Blumröder, Christoph von 243
Blyth, Caroline 181
Bock, Darell L. 52
Boman, Thorleif 283
Böhme, Gernot 227
Bong, Sharon A. 167
Bonhoeffer, Dietrich
   71f., 86, 126f., 130, 159, 180,
   183, 272
Bourdieu, Pierre
   182, 187–193, 195, 237f.
Bovon, François 51
Braden, Gregg 83f.
Braque, Georges 206
Braun, Dietrich 292

Personenregister

Braun, Helmut	299
Braunschweig, Michael U.	86
Brecht, Bertolt	213
Breitsameter, Christine	215
Briner, Lisa	14
Brückner, Theresa	258
Brunnschweiler, Thomas	70
Buber, Martin	63, 106, 113f., 118, 222
Büchner, Christine	173
Bühler, Pierre	78, 112
Bullinger, Heinrich	199f.
Bultmann, Rudolf	139
Buren, Daniel	226
Busch, Eberhard	131, 137
Bush, Michael D.	137f.
Cage, John	214, 226
Calvin, Johannes	79f., 86, 133, 138, 184, 186, 277f., 288, 291
Campi, Emidio	131, 137
Caravaggio, Michelangelo Merisi da	275
Carlisle, Clare	65
Cassirer, Ernst	181
Cave, Nick	197, 217f.
Cézanne, Paul	206
Chrétien, Jean-Louis	86
Christ, John	258
Cobain, Kurt	215
Cobb, John	162
Cohn, Hans W.	11–13, 99, 100, 102
Colgan, Emily	181
Colliot-Thélèn, Catherine	182
Conte, Jess	258
Cook, Stephen Lloyd	25

Cooper, Wilmer A.	234
Cordt, Uwe	60
Cranach, Lucas (der Ältere)	220
Csollány, Maria	76
d'Assonville, Victor E.	186
d'Anastasio, Ruggero	244
Dalferth, Ingolf U.	69, 86, 133, 149, 154, 236
Damascenus, Johannes	70
David, Philipp	181
Davis, Richard A.	181
Deeg, Alexander	219–221, 229, 238, 298
Delitz, Heike	181
Dellsperger, Rudolf	131
Descartes, René	265
Dessoy, Valentin	272f.
Di Blasi, Johanna	14, 259, 263
Diat, Nikolaus	234f.
Dickmann, Ulrich	71
Diehl, Elke	162
Dierken, Jörg	179
Dierks, Birgit	272f.
Diethelm, Roland	303
Döhling, Jan-Dirk	219, 292
Dolar, Mladen	197
Domsgen, Michael	221
Donskov Felter, Kirsten	187, 190f.
Dörfler-Dierken, Angelika	180
Dowey, Edward A.	38
Dravenau, Daniel	180, 192
Drewes, Hans-Anton	143, 153
Dürr, Walter	252
Eaton, Heather	164
Ebach, Jürgen	153, 163, 209f.
Ebeling, Gerhard	67, 75, 139

Personenregister

Eckholt, Margit	174
Edison, Thomas Alva	214
Edwards, Katie B.	181
Egli, Emil	69f.
Ego, Beate	163
Emrich, Hinderk	261f.
Engel, Ulrich	181
Engelmann, Peter	123
Engler, Steffani	182, 187, 193
Enxing, Julia	164, 166, 175, 285
Erasmus, Desiderius	7
Espinet, David	202
Evers, Dirk	166
Faber, Eva-Maria	236
Failing, Wolf-Eckhart	70
Faithless (Musikgruppe)	215
Faulkner, William	91–93
Ferrari, Ariana	162
Ferrari, Luc	249
Fieger, Michael	283
Finsler, Georg	69f.
Fischer, Norbert	71
Fleischer, Gerald	22
Flückiger, Fabrice	131
Flüe, Nikolaus von	302f.
Foucault, Michel	202
François, Etienne	182
Frank, Arthur W.	179, 195
Frankemölle, Hubert	153
Franziskus (Papst)	163, 167–170, 173f., 176
Frettlöh, Magdalene L.	122, 129f., 165f., 282, 285, 292
Freud, Sigmund	28
Freudenberg, Matthias	133, 212
Frevel, Christian	283
Friedner, Michele	214

Frielinghaus, Helmut	92
Frings, Manfred S.	211
Fuchs, Peter	198
Furtwängler, Felix Martin	99
Gaarlandt, Jan Geurt	76
Gäbler, Ulrich	70
Gadamer, Hans-Georg	99
Gansch, Christian	237
Gebauer, Gunter	182
Gemeinhardt, Peter	134
Gerber, Uwe	133
Gerdes, Hayo	62
Gerhardt, Paul	302
Gibson, James	264
Girard, René	237f.
Glatzer, Nahum N.	63f.
Glaus, Daniel	250
Glockner, Hermann	101
Golan, Barbara	253
Goldberg, Arnold	26f.
Gomringer, Nora	303f.
Goroncy, Jason A.	137
Gottschick, Anna Martina	282
Gould, Glen	215
Gräb-Schmidt, Elisabeth	153, 283
Green, Adam	214
Green, Arthur	64
Gremmels, Christian	126
Gröning, Philipp	230
Großhans, Hans-Peter	87, 186
Großmaß, Ruth	180–182, 186, 195
Groys, Boris	256
Gruevska, Julia	195
Guardini, Romano	62, 85, 153, 237
Günzel, Thomas	213
Gutmann, Tobias	183

313

Personenregister

Haacker, Klaus 281
Hagner, Donald A. 277
Hailer, Martin 217
Halbmayr, Alois 133
Hallensleben, Barbara 282
Haller, Berchtold 130
Hamari, Julia 60
Hamburger, Michael 99
Hamm, Berndt 155
Han, Byung-Chul 229
Harm, Volker 207
Hartenstein, Friedhelm 283
Hauschildt, Eberhard 142
Haußmann, Annette 185
Haverkamp, Anselm 115
Hegel, Georg Wilhelm Friedrich 101f.
Heidegger, Martin 64f., 211, 272, 276
Heimbrock, Hans-Günter 70
Heine, Heinrich 25
Heinemann, Gerd 25
Heiniger, Beate 14
Helmreich, Stefan 214
Henkys, Jürgen 281f.
Henrich, Dieter 205f.
Heppe, Heinrich 145, 286–288
Heraklit (von Ephesos) 211
Herder, Johann Gottfried 118
Herms, Eilert 140
Herzfeld-Schild, Marie-Louise 215
Heschel, Abraham Joshua 60, 65, 68f., 75f., 85f., 133, 149
Heschel, Susannah 69
Hess, Ruth 130, 298
Heuser, Stefan 298
Heyden, Katharina 14

Highholder, Jana 258
Hildebrandt, Toni 302
Hildebrandt, Walter 199
Hildegard von Bingen 174
Hillesum, Etty 76–79, 86
Hinrichsen, Hans-Joachim 252
Hirsch, Emanuel 62
Hirsch, Michael 186–188, 193
Hirzel, Martin Ernst 131, 199, 207
Höbel, Susanne 92
Hoberg, Rudolf 133
Hoff, Gregor Maria 133
Hofheinz, Marco 152, 205
Hofmann, Frank 133
Hohenheim, Franziska von 254
Holliger, Heinz 251, 253f.
Holtz, Traugott 44f.
Hornbeck, J. Patrick 184
Hörsch, Daniel 266, 270
Horstmann, Janna 262
Horstmann, Simone 175
Howard-Snyder, Daniel 214
Hromádka, Josef L. 133
Huber, Judith 179, 181f., 194f., 204, 207, 210f.
Huber, Wolfgang 142
Humphries, Tom 214
Hurwitz, Brian 193

Idel, Moshe 218
Ignatius von Loyola 184
Imdahl, Max 204–206
Ingold, Tim 264–266
Iser, Wolfgang 205
Iwand, Hans-Joachim 134

Jacobi, Rainer-M. 210
Jacobs, Zenobia 240

Personenregister

Jaffee, Martin S.	25f.
Janowski, Bernd	283
Jensen, David H.	137
Joest, Wilfried	65f., 72, 181, 183–185, 190, 194
Johnson, Elizabeth	171
Johnson, Russell	246
Jonas, Hans	115
Jüngel, Eberhard	143
Jütte, Stephan	259f.
Juvenal	231
Kamper, Dietmar	126, 215
Kant, Immanuel	277
Kapust, Antje	280
Karst, Karl	229
Käser, Matthias	57f.
Katz, Steven	26
Keller, Catherine	163
Kennedy, John F.	258
Kern, Christian	157
Kerwien, Christoph	14
Khatchadourian, Haig	213
Kierkegaard, Søren	62f., 83, 85, 230f.
Kim, Chae-Lin	214
Kim, Grace Ji-Sun	164, 167
Kimchi, David (= Radak)	18
Kittler, Friedrich A.	215–218
Klauck, Hans-Josef	41
Klein, Reuven Chaim	23
Klepper, Jochen	282
Klimmer, Ingeborg	62
Klingert, Cornelia	180
Kolb, Franz	130
Kolesch, Doris	197
Kompatscher, Gabriele	162
Konersmann, Ralf	112
Körner, Theodor	252
Körtner, Ulrich H.J.	139, 201–203
Koster, Hilda	164.167
Kraemer, David	26
Krämer, Sybille	197
Krannich, Laura-Christin	166
Kraus, Hans-Joachim	149, 202f., 283
Krause, Andreas	252
Krebs, Andreas	175
Kremendahl, Dieter	45
Krewani, Wolfgang Nikolaus	123
Krieg, Matthias	131
Krispenz, Jutta	283
Kritzinger, Friedrich-Wilhelm	299
Kunz, Ralph	69f., 84, 275
Kvidahl, Clifford B.	277
L(aubscher), Isabelle	292
Lamdan, Yitzhak	63
Landmesser, Christof	153
Landweer, Hilge	180
Lasker-Schüler, Else	111f.
Latour, Bruno	264
Lavater, Hans Rudolf	131
Lehnert, Christian	219, 229
Lenker, Ursula	179, 204, 214
Lévinas, Emmanuel	106, 118, 122–126
Lewitscharoff, Sibylle	303
Li Marie	258
Lichtenberger, Hans P.	130
Lincoln, Ulrich	72f., 86, 112f., 117, 121, 124, 135, 201f., 209, 224, 231
Link, Christian	5, 15, 130, 139
Lintner, Martin	164

315

Personenregister

Locher, Gottfried W. (sen.) 130
Lochman, Jan Milič 140
Ludz, Ursula 182, 276
Luhmann, Niklas 198
Luther, Martin
   66, 68f., 71f., 74f., 84f., 100,
   108, 134, 138, 154, 181, 185,
   219, 233, 237f.
Lutz, Gottfried 213
Lutz, Samuel 70
Luz, Ulrich 49, 51, 154

Macho, Thomas 218
Maimonides, Moses 19, 23f.
Maio, Giovanni 116
Manzeschke, Arne 298
Marquardt, Friedrich-Wilhelm
   276f., 292–298
Marshall, Harold 246
Marti, Kurt 275, 291
Marx, Bernhard 210
Matera, Frank 47
Mathwig, Frank
   129, 131, 152, 199, 207,
   283, 292
Matt, Peter von 303
Mattausch, Birgit 262
Mauger, Gérard 182, 187, 191, 193
Mauz, Andreas 275
Mayer, Annemarie 103
Mayer, Reinhold 81, 103
McFague, Sallie 173f.
Mealor, Paul 59
Mechels, Eberhard 131
Mechthild von Magdeburg 160
Meganck, Erik 185f.
Meihofer, Tobias 14

Mendelssohn-Bartholdy, Felix
   223
Menke, Christoph 155, 263f.
Mercier, Pascal 230
Merleau-Ponty, Maurice
   100, 225, 227, 264f., 279
Mertin, Andreas 14, 292
Mettin, Martin
   115f., 120, 125f., 181, 185, 195
Meuron, Pierre de 246
Meyer-Blanck, Michael 233, 238
Mildenberger, Friedrich 281
Moltmann, Jürgen
   139, 181, 186, 194, 285
Morgenroth, Matthias 230
Mörike, Eduard 299
Moser, Paul K. 214
Moser, Roland 251f.
Moses, Sarah M. 189
Mostert, Walter 137
Moxter, Michael 87, 112, 115
Mozart, Wolfgang Amadeus 246
Muers, Rachel 73f., 86
Mühlhaupt, Erwin 100
Mühling, Markus 165f.
Müller, Gerhard Ludwig 71
Munz, Regine 14
Mutschler, Bernhard 68

Nakajima, Tateo 246
Nancy, Jean-Luc 198, 204, 212
Neander, Joachim 240
Neckel, Sighard 187, 191
Negroponte, Nicholas 258
Nelson Burnett, Amy 131
Newmark, Catherine 180
Nibbrig, Christiaan L. Hart 90
Nick, Dagmar 230

Personenregister

Noller, Jörg	185
Noor, Ashraf	106
Nouvel, Jean	246
Nymoen, Ole	258
Odenthal, Andreas	181
Oefele, Christine	35f., 38, 52f.
Oellers, Norbert	112
Ohst, Martin	179, 184
Oken, Lorenz	229
Olmesdahl, Ruth	60, 68
Opitz, Peter	131
Orschiedt, Jürg	244
Otto, Rudolf	234
Padden, Carol	214
Padfield, Deborah	193
Paganini, Niccolò	261
Pariser, Eli	256
Pärt, Arvo	43
Pattison, George	65
Paul, Jean	203
Pemsel-Maier, Sabine	174
Peng-Keller, Simon	69, 86, 236
Penn, William	234
Pesch, Rudolf	52
Phillips, Dewi Z.	80f.
Picasso, Pablo	206
Pink Floyd	216
Pink/P!nk (Sängerin)	215
Plasger, Georg	133, 212
Plessner, Helmuth	181
Plutarch	197
Pohl-Patalong, Uta	142, 236
Pöhlmann, Horst Georg	145
Pollack, Detlev	187
Preul, Reiner	283
Probst, Maximilian	231

Pröpper, Thomas	185
Rachmaninow, Sergei Wassiljewitsch	261
Rahn-Kächele, Martin	14
Rahner, Karl	159
Raschi (Rabbi Schlomo ben Jitzchak)	19f.
Ratzinger, Joseph Alois	160
Rauschenberg, Robert	226
Reddish, Mitchell Glenn	33
Redeker, Martin	287
Redeker, Mirjam-Christina	201
Regev, Shaul	19
Reich, Steve	43
Reichel, Hanna	166, 185
Reuter, Astrid	187, 189, 191f.
Rey, Terry	188–190
Richter, Karl	60
Riedel, Manfred	200
Rieger, Hans-Martin	129f.
Rilke, Rainer Maria	107f.
Ritschl, Dietrich	13, 217
Ritzi, Sebastian	125
Rohde, Judith	14
Rohls, Jan	145
Rosa, Hartmut	96, 124, 232, 238
Rosenzweig, Franz	81, 103–107
Rovatti, Pier Aldo	272
Rowson, Jonathan	260
Russolo, Luigi	229
Rüter, Martin	72
Sagi, Avi	61, 63–65, 76, 85, 87
Saint-Exupéry, Antoine de	204
Sallmann, Martin	130f., 145
Salman, Schnëur Rabbi	113
Samsel, Mathilde	240

Personenregister

Sarah, Robert Kardinal 234f.
Sartre, Jean-Paul 100
Sauter, Gerhard 153
Sautermeister, Jochen 181
Schachinger, Karin 162
Schäfer, Peter 27
Schafer, R. Murray 215
Schaeffer, Pierre 242–246, 249
Scharoun, Hans 246
Scheliha, Arnulf von 179
Schellenberg, John L. 214
Schirach, Ferdinand von 299
Schleier, Niklas 185
Schleiermacher, Friedrich 159, 195, 287
Schliesser, Benjamin 277
Schlumberger, Laurent 134, 136
Schlüter, Margarete 27
Schmid, Heinrich 145
Schmid, Manuel 260
Schmidt, Sarah 179
Schmitt, Hans-Christoph 211
Schmitt, Wolfgang M. 258, 268
Schmitz, Hermann 227
Schnelle, Udo 40
Schöfer, Maike 258
Scholtissek, Klaus 283
Schönberg, Arnold 248
Schönherr, Albrecht 71
Schreiber, Gerhard 77
Schreiner, Stefan 71
Schröder, Bernd 221
Schröder, Rudolf Alexander 282
Schröder, Richard 181
Schroer, Silvia 283
Schubart, Christian Friedrich Daniel 253f.
Schubart, Ludwig 254
Schubert, Franz 251–254
Schubring, Julius 223
Schulz, Heiko 77
Schulz, Stefan 268
Schumann, Thomas B. 99
Schürch, Dorothea 248
Schüz, Peter 185
Schwöbel, Christoph 134, 139, 217
Selderhuis, Hermann J. 137
Shakespeare, Steven 65
Sirovátka, Jakub 71
Skrodzki, Karl Jürgen 112
Sloterdijk, Peter 208, 255
Sölle, Dorothee 160
Sommer, Benjamin 25
Sonnemann, Ulrich 115, 125
Sontag, Susan 228
Soosten, Joachim von 140
Spannring, Reingard 162
Staab, Philipp 258
Stählin, Rudolf 237
Starr, Raymond J. 34
Staubli, Thomas 283
Steffensky, Fulbert 122, 207, 233
Stein, Batya 61
Steiner, George 206
Steiner, Yuri 302
Sternfeld, Nora 274
Stockhausen, Karlheinz 241, 246, 249f.
Stoellger, Philipp 87, 181, 203
Stoevesandt, Hinrich 276
Stolt, Birgit 68
Stolz, Jörg 261
Storms, Tim 59
Strecker, Gerhard 40

Personenregister

Strohmaier-Wiederanders,
   Gerlinde   210
Stump, Eleonore   214
Sudbrack, Josef SJ   225
Summers, Kirk M.   184f., 190
Sweatman, Carl Stephen   277
Sweetser, Eve   200
Szendy, Peter   247f.

Taubes, Jacob   199, 207, 209, 211
Taxacher, Georg   175
Thiede, Werner   229
Thomas von Kempen   225
Tillich, Paul   159
Tödt, Ilse   72, 126
Toyota, Yasuhisa   246
Trinkaus, Erik   240
Tück, Jan-Heiner   303
Tuider, Jens   162
Tucholsky, Kurt   228
Tutor, David   226
Tworuschka, Udo   149

Utzschneider, Helmut   300

Vanhoozer, Kevin J.   151
Vattimo, Gianni   181, 183, 272
Viktorovna, Maria   263
Villotte, Sébastian   240
Voegelin, Salomé   214
Vogel, Thomas   203
Voigt, Rüdiger   186–189, 191

Wabel, Thomas   181
Wagner, Richard   29, 248
Waits, Tom   215
Walcha, Helmut   246

Waldenfels, Bernhard
    99, 106, 197f., 201f., 204,
    279f., 298–300
Walser, Robert   239
Walter, Johann   275, 285
Waters, Roger   216
Weber, Max   182f.
Weber, Otto   79, 139
Webern, Anton   251
Webster, John   148
Weigel, Sigrid   218
Weinberger, Gerhard   123
Weinrich, Michael   131, 135, 155
Welker, Michael   139, 155
Wellmer, Albrecht   226
Welz, Claudia   65, 87
Wenzel, Kristin
                     224–227, 230, 236
Werner, Gunda   171f.
Westerkamp, Dirk   133
Wiefel-Jenner, Katharina   234
Wiemer, Thomas   125
Wiesel, Eli   61, 85
Wiesner, Jerome   258
Will, Susanne   299
Willems, Dominique   204
Willems, Klaas   204
Williams, Rowan   189
Willis, David   139
Winkler, Justin   229
Wirth, Mathias
                 180, 185f., 188, 195
Wischmeyer, Oda   112
Wittgenstein, Ludwig   61, 312
Wolff, Hans Walter   112
Wollschläger, Hans   93
Wolterstorff, Nicholas   133
Wu, Xu Jie   240

Personenregister

Wulf, Christoph	215
Württemberg, Carl Eugen von	254
Wüthrich, Matthias D.	292
Wyrwoll, Nikolaus	282
Yoder, John Howard	205

Zacchei, Luca	267
Zedler, Markus	299
Zeindler, Matthias	129–131, 145, 152, 199, 207, 249, 292
Zemlinsky, Alexander von	248
Zender, Hans	121
Zenger, Erich	203f.
Zimmermann, Karin	182, 187, 193
Zimmermann, Rudolf	199
Zingg, Andreas	293
Zippert, Veronika	213
Zorn, Magdalena	179, 204, 214
Zumthor, Peter	302f.
Zweigle, Hartmut	153
Zwingli, Huldrych	69f., 84f., 131

Autor:innen

Askani, Hans-Christoph (*1954), em. Prof. Dr. theol., lehrte bis 2019 Systematische Theologie an der Theologischen Fakultät der Universität Genf. Buchveröffentlichungen (in Auswahl): Das Problem der Übersetzung dargestellt an Franz Rosenzweig. Die Methoden und Prinzipien der Rosenzweigschen und Buber-Rosenzweigschen Übersetzungen (HUTh 35), Tübingen 1996; Schöpfung als Bekenntnis (HUTh 50), Tübingen 2006; Le pari de la foi, Genf 2019. Zahlreiche Aufsätze zu theologischen, philosophischen und literarischen Themen.

Bodenheimer, Alfred (*1965), Prof. Dr. phil. hist., lehrt Religionsgeschichte und Literatur des Judentums und leitet das bifakultäre Zentrum für Jüdische Studium an der Universität Basel. Neuere Veröffentlichungen in Auswahl: Welche Sprache spricht Gott? Versuche aus Judentum, Christentum und Islam, gemeinsam mit Thomas Bauer und Michael Seewald, Darmstadt 2022; «Antisemitism, I consider it an inheritance from the father to the son»: Else Lasker-Schüler's Fragment «Der Antisemitismus» and its Different Versions, in: Yearbook for European Jewish Literature Studies, Bd. 9, ed. by Hans-Joachim Hahn, Berlin 2022, 180–192; Die Knabenbeschneidung. Ein Spiegel von Norm und Differenz vor, während und nach dem Mittelalter, in: Christine von Eickels / Klaus von Eickels (Hg.), Gebote – Verbote. Normen und ihr sozialer Sinn im Mittelalter, Bamberg 2022, 347–360; «Voll Keckheit, Anmaßung, Witz, Humor, Schlauheit, Verstellung». Schnorrer als Opfer und Regulativ in Texten der jüdischen Moderne, in: Theologische Zeitschrift 77, 2021, 357–369.

Brotbeck, Roman (*1954), Musikwissenschaftler und Forscher mit speziellen Interessen für Mikrointervalle, neue Tonsysteme, Musik während des Dritten Reiches und Verbindungen von Musik und Literatur. Von 1999 bis 2014 verschiedene Leitungsfunktionen an der Hochschule der Künste Bern, zuletzt als Gründer der GSA (heute SINTA), des ersten Promotionsprogramms für die Künste der Schweiz. Leiter zahlreicher Forschungsprojekte, an der Hochschule der Künste Bern, zuletzt «In hommage from the multitude». Positionen nichtäquidistanter Mikrotonmusik des 20. und 21. Jahrhunderts (2018–2023). Neuere Veröffentlichungen in Auswahl: Dialogue à plusieurs. Jacques Wildbergers Erkundungen im Sechsteltonraum, in: Michael Kunkel (Hg.), Das linke Ohr. Der Komponist Jacques Wildberger, Büdingen 2021, 473–488; Der Sprechgesang bei Arnold Schönberg und Harry Partch. Eine Annäherung, in: Mathias Gredig /

Autor:innen

Marc Winter / Rico Valär / Roman Brotbeck, Der doppelte Po und die Musik, Würzburg 2021, 527–558; Töne und Schälle. Robert Walser Vertonungen 1912–2021, München 2022; Der Instru-Mentalist. Heinz Holligers ‹anderes› Soloinstrument – die Geige, in: Heinz Holliger. Musik-Konzepte, Heft 196/167 (April 2022), 7–27; Fortissimo-Stille. Zum Frühwerk von Daniel Glaus, in: Renggli, Hanspeter (Hg.), hören – tasten – atmen. Daniel Glaus – Komponist, Organist, Pädagoge, Bern 2022, 53–73.

Deeg, Alexander (*1972), Prof. Dr. theol., ordinierter Pfarrer der Evangelisch-Lutherischen Kirche in Bayern, lehrt Praktische Theologie mit den Schwerpunkten Homiletik und Liturgik an der Theologischen Fakultät der Universität Leipzig. Er leitet das Liturgiewissenschaftliche Institut der VELKD und ist Schriftleiter der Göttinger Predigtmeditationen. Neuere Buchveröffentlichungen in Auswahl: mit David Plüss, Liturgik (Lehrbuch Praktische Theologie 5), Gütersloh 2022; mit Andreas Schüle, Die neuen alttestamentlichen Perikopentexte. Exegetische und homiletisch-liturgische Zugänge, Leipzig ^{5}2021; mit Daniel Meier, Praktische Theologie (Module der Theologie 5), Gütersloh ^{2}2020; Hg. mit Christian Lehnert, Stille. Liturgie als Unterbrechung, Leipzig 2020; Hg. mit Jochen Arnold u. a., Psalmen predigen. Die Psalmen der Perikopenordnung als Predigttexte, Hannover 2020; Hg. mit Joachim Krause u. a., Dialogische Theologie. Beiträge zum Gespräch zwischen Juden und Christen und zur Bedeutung rabbinischer Literatur, Leipzig 2020; Hg. mit Dieter Rammler, Dramaturgische Homiletik. Eine Zwischenbilanz, Leipzig 2020; Hg. mit Christian Lehnert, Liturgie – Körper – Medien. Herausforderungen für den Gottesdienst in der digitalen Gesellschaft – eine Einführung, Leipzig 2019; zahlreiche Aufsätze zu homiletischen, liturgischen, kirchenmusikalischen und ekklesiologischen Themen.

Di Blasi, Johanna (*1968), Dr. phil., Kulturwissenschaftlerin, Kunsthistorikerin und Kulturjournalistin, seit 2020 Social-Media-Redakteurin des RefLab (Reformiertes Labor Zürich) und Fachmitarbeiterin Theologie und Kultur der Reformierten Landeskirche Zürich; seit 2016 Redakteurin bei «Kunst und Kirche. Magazin für Kritik, Ästhetik und Religion». Veröffentlichungen in Auswahl: Das Humboldt Lab. Museumsexperimente zwischen postkolonialer Revision und szenografischer Wende (Edition Museum), Bielefeld 2019; Museum mit einer Mission. Das Osthaus-Museum in Hagen, in: Die Zeit. Museumsführer. Die schönsten Kunstsammlungen in Deutschland, hg. von Johannes Rauterberg, Hamburg 2010, 150–153; «Afrika, Spielwiese der Kunst», Interview mit Simon Njami, in: Lettre International, Nr. 66 (Herbst 2004), 122f.; mit Luca Di Blasi, Die postkolonialistische Verschärfung. Eine Kritik der Documenta 11, in: Merkur. Deutsche Zeitschrift für europäisches Denken 56, 2002, 1131–1137 (Heft 644).

Enxing, Julia (*1983), Prof. Dr. theol., lehrt Systematische Theologie am Institut für Katholische Theologie der Technischen Universität Dresden. Neuere Veröffentlichungen in Auswahl: Und Gott sah, dass es schlecht war. Warum uns der christliche Glaube verpflichtet, die Schöpfung zu bewahren, München 1922; Eine Ressource der Transformation. Anthropozentrismuskritische Schöpfungstheologie als Beitrag zu einer planetarischen Solidarität, in: ZPTh 42/2, 2022, 19–27; Julia Enxing / Simone Horstmann / Gregor Taxacher (Hg.), Animate Theologies. Ein (un-)mögliches Projekt? (animate theologies Bd. 1), Darmstadt 2022; Göttlich-kreatürliche Begegnungen und ihr Potenzial für einen «animal turn» in der Theologie, in: Enxing/Horstmann / Taxacher (Hg.), Animate Theologies, 151–182; Julia Enxing / Philipp Räubig / Eva Karwowski: ÜberLeben. Reflexionen aus fundamentaltheologischer Perspektive, in: Enxing/Horstmann/Taxacher (Hg.), Animate Theologies, 230–250; Your Kin-Dom come. Eine pneumatologisch-eschatologisch perspektivierte Theologie der Hoffnung, in: HerKorr Spezial 2022, 47–49; Wenn sich der Wind dreht, müssen wir die Segel neu setzen. Plädoyer für einen theologischen Paradigmenwechsel, in: Lebendige Seelsorge 73/4, 2022, 292–296; Julia Enxing / Lena Scheidig: «... sie hat gemerkt, dass etwas mit mir nicht stimmt ...». Sozialwissenschaftliche und theologische Zugänge zu Mensch-Tier-Begegnungen, in: Pastoraltheologie 111, 2022, 5–20.

Frettlöh, Magdalene L. (*1959), Prof. Dr. theol., VDM, lehrt Systematische Theologie / Dogmatik und Religionsphilosophie an der Theologischen Fakultät der Universität Bern. Neuere Veröffentlichungen in Auswahl: Das ausgemalte Bilderverbot. Notizen zu (m)einer «companionship» mit Bildern Mark Rothkos, in: Manuela Geiger / Rainer Kessler / Johannes Taschner (Hg.), Lieblingsbilder ... und das Bilderverbot?, Stuttgart 2020, 28–57; «Gott gegenüber sind und bleiben wir allzumal Dadaisten.» Kurt Marti als Gotteslehrer, in: Pastoraltheologie 110, 2021, 513–536; Unsere grossen Wörter. Reformatorische ReVisionen (reformiert! 11), hg. mit Matthias Felder, Zürich 2022; darin u. a.: «... weil wir ohne die Gnade nicht leben können». Ein vielstimmiges Plädoyer für die Wiederentdeckung der verlorenen Anmut der Gnade, 73–96; Die Geschlechter des Todes. Theologische Perspektiven auf Tod und Gender, hg. mit Angela Berlis, Isabelle Noth und Silvia Schroer, Göttingen 2022; Hg.: Klaus Bäumlin, Revolutionäre Geduld. Ausgewählte Aufsätze und Predigten, Zeitansagen und Zwischenrufe (1969–2019) (reformiert! 12), Zürich 2022; Theologie am Nullpunkt. Karl Barth und die Krise der Kirche (reformiert! 13), hg. mit Matthias Zeindler, Zürich 2022; darin: Auferstehung denken können. Notizen und Reflexionen zu Karl Barths Vorlesung *Die Auferstehung der Toten* (1923/1924), 223–264; Der Schrift zugeneigt. Kleine theologische Stücke geteilter Textlust, Uelzen 2023.

Mathwig, Frank (*1960), Prof. Dr. theol., Beauftragter für Theologie und Ethik bei der Evangelisch-reformierten Kirche Schweiz und Titularprofessor für Ethik an der Theologischen Fakultät der Universität Bern. Neuere Veröffentlichungen in Auswahl: Zur theologisch-ethischen Orientierung in der Suizidhilfe-Diskussion. Ein evangelisch-reformierter Blick aus der Schweiz, in: Michael Coors / Sebastian Farr (Hg.), Seelsorge bei assistiertem Suizid. Ethik, Praktische Theologie und kirchliche Praxis, Zürich 2022, 32–57; No body is perfect ... und die Diskurse darüber auch nicht, in: Matthias Felder / Magdalene L. Frettlöh (Hg.), Unsere grossen Wörter. Reformatorische ReVisionen, Zürich 2022, 361–386; Sterben 4.0 – Rückblick und Ausblick auf die kirchliche Suizidhilfediskussion, in: una sancta 77/2, 2022, 138–148; Solidarität zwischen politischer Programmatik und Inszenierung, in: Steve Stiehler u. a. (Hg.), Solidarität heute. Modeerscheinung oder nachhaltiger Gesellschaftswandel?, Frankfurt/New York 2023; Handeln, das nach Einsicht fragt. Beiträge zur theologischen Ethik, hg. von Magdalene L. Frettlöh / Matthias Zeindler, Zürich 2021; mit David Zaugg, Ethische Anmerkungen zur Ökonomie der Sicherheits- und Verteidigungspolitik, in: stratos 2/2021, 39–49; «Da sein, wo was los ist.» Fotografische Blicke in kontaminierte(n) Räume(n), in: Jutta Engelage, Corona. Herbst 2020, Münster 2021, 2–23; Menschenrechte in der Krise, in: Marco Hofheinz / Cornelia Johnsdorf (Hg.), The Grand International Challenges. Theologisch-ethische Perspektiven, Stuttgart 2021, 133–178.

Munz, Regine B. (*1961), PD Dr. theol. Privatdozentin für Systematische Theologie an der theologischen Fakultät der Universität Basel, arbeitet als Psychiatrieseelsorgerin in Liestal, Baselland. Veröffentlichungen in Auswahl: Religion als Beispiel. Sprache und Methode bei Ludwig Wittgenstein in theologischer Perspektive, Düsseldorf 1997; (Hg.) Philosophinnen des 20. Jahrhunderts. Darmstadt 2004; Zur Theologie der Scham. Grenzgänge zwischen Dogmatik, Ethik und Anthropologie, in: ThZ 95, 2009, 129–147; Amazing Grace – Gnade bei Linn Ullmann, in: Alfred Bodenheimer / Georg Pfleiderer / Bettina von Jagow (Hg.), Literatur im Religionswandel der Moderne. Studien zur christlichen und jüdischen Literaturgeschichte, Zürich 2009, 309–334; Dieses unglaubliche Bedürfnis zu glauben. Konfessionelle Konfessionslosigkeit und religiöse Revolte bei Julia Kristeva, in: Miriam Rose / Michael Wermke (Hg.), Konfessionslosigkeit heute.

Autor:innen

Zwischen Religiosität und Säkularität, Leipzig 2014, 241–260; Das Andere der Scham. Der homo absconditus aus systematisch-theologischer und seelsorgerlicher Perspektive, in: Sünde, Schuld, Scham und personale Integrität. Zur neuen Debatte um die theologische Anthropologie, hg. von Georg Pfleiderer / Dirk Evers, Leipzig 2022, 201–222; hg. zusammen mit Ulrich Dällenbach: Hartmut Raguse, «... und hat es doch erhellt». Texte zu Psychoanalyse, Theologie und Seelsorge, Zürich 2021; hg. zusammen mit Ulrich Dällenbach, Seelenräume. Psychoanalytische Hermeneutik und seelsorgerliche Reflexion, Stuttgart 2022.

Oefele, Christine (*1968), Dr. theol., ist PostDoc am Institut für Neues Testament an der Theologischen Fakultät der Universität Bern, Beauftragte für Gottesdienst und Kirchenmusik der Reformierten Kirchen Bern-Jura-Solothurn und lehrt Hymnologie/Liturgik an der Hochschule der Künste Bern. Neuere Veröffentlichungen in Auswahl: Art. Music, in: Brill Encyclopedia of Early Christianity online, 2023; Art. Nereus, in: EBR, Berlin (online 2022); Art. Olympas, in: EBR, Berlin (online 2022); «To Have or Not to Have» and its Polyphonic Meaning in Mk 8,1–22a, in: Geert Van Oyen (Hg.): Reading the Gospel of Mark in the Twenty-First Century: Method and Meaning (BETL 301), Leuven 2019; Evangelienexegese als Partiturlesen. Eine Interpretation von Mk 1,1–8,22a zwischen Komposition und Performanz (WUNT II 490), Tübingen 2019.

Welz, Claudia (*1974), Prof. Dr. theol., lehrt Ethik und Religionsphilosophie sowie Systematische Theologie an der Universität Aarhus in Dänemark. Neuere Veröffentlichungen, die zum Thema des vorliegenden Bandes passen, sind ihre Arbeiten zu einer ethischen, theologischen und pädagogischen Phänomenologie des Hörens: Was heißt Hören auf Gott? Im Gespräch mit einer vielzeitigen Ewigkeit, in: Zeit – Sprache – Gott, hg. von Axel Hutter / Georg Sans, Stuttgart 2019, 295–325; Gott als Gesprächspartner oder Horizont des Hörens? Zur philosophischen Kritik des Bittgebets, in: Interesse am Anderen. Internationale Beiträge zum Verhältnis von Religion und Rationalität. Zum 60. Geburtstag von Heiko Schulz, hg. von Gerhard Schreiber, Berlin/Boston 2019, 97–121 (DOI 10.1515/9783110660036-006); A Theological Phenomenology of Listening: God's ‹Voice› and ‹Silence› after Auschwitz, in: Religions 139/10, 2019, DOI 10.3390/rel10030139; www.mdpi.com/2077-1444/10/3/139/pdf; (Hg.), Journal of the British Society for Phenomenology 52:4, 2021, Sonderheft: Phenomenology of Listening; Listening to the Silence of Wonder and Reconquering Spaces for Human Flourishing: Ortheil's Novel Die Erfindung des Lebens and Lightart in the Corona Crisis, in: Wonder, Silence, and Human Flourishing. Toward a Rehumanization of Health, Education, and Welfare, hg. Finn Thorbjørn Hansen u. a., Lexington Books, 157–179; mit Essi Ikonen und Aslaug Kristiansen, Learning through Listening and Responding: Probing the Potential and the Limits of Dialogue in Online Environments, in: Religions 14/2: 241, 2023; Sonderheft Ethical and Epistemological Aspects of ‹Dialogue›: Exploring the Potential of the Second-Person Perspective, https://doi.org/10.3390/rel14020241; www.mdpi.com/2077-1444/14/2/241/pdf; Gehör für das Unsichtbare. Die Stimme der Stille und die Sprache des Gebets, Würzburg 2023.

Wirth, Mathias (*1984), Prof. Dr. phil., VDM, lehrt Systematische Theologie / Ethik an der Theologischen Fakultät der Universität Bern. Neuere Veröffentlichungen in Auswahl: Art. Marcella Althaus-Reid, in: Zeitschrift für Evangelische Ethik 67, 2023, 63–67; «Our Bodies are important to God». Oder: Warum (Trans)Gender eschatische Zukunft hat, in: Berlis, Angela / Frettlöh, Magdalene L. / Noth, Isabelle / Schroer, Silvia (Hg.), Die Geschlechter des Todes. Theologische Perspektiven auf Tod und Gender, Göttingen 2022, 463–478; Die Banalisierung sexualisierter Gewalt im Modus ihrer Entschuldigung, in: Mathias Wirth / Isabelle Noth / Silvia Schroer (Hg.), Sexualisierte Gewalt in kirchlichen Kontexten. Neue interdisziplinäre Perspektiven, Berlin/Boston 2022, 335–377; Die Corona-Pandemie als globale Herausforderung: Über einige Revisionen der Verantwortung, in: Marco Hofheinz / Cornelia Johnsdorf (Hg.), The Grand International Challenges. Theologisch-ethische Perspektiven, Stuttgart 2021, 37–50; Auf ‹queer› kann man sich beziehen wie auf ‹protestantisch›. Zur ethischen Bedeutung des q-p-Bezugs für familiale Praxen, in: Bastian König / Marcel Kreft (Hg.), Protestantisches Familienbild? Theologische und Sozialphilosophische Reflexionen auf ein strittiges Konzept, Leipzig 2021, 173–194; Reformierte Körper. Über Transhumanismus, Christentum und somatoforme Kreativität, in: Angela Treiber / Rainer Wenrich (Hg.), Körperkreativitäten. Gesellschaftliche Aushandlungen mit dem menschlichen Körper, Bielefeld 2020, 257–277; Demand for Space: Elderly Transgender and Gender Nonconforming People, Healthcare, and Theological Ethics, in: Journal of Religion and Health (2020): https://doi.org/10.1007/s10943-020-01101-9; Korridorizität. Über eine Metapher und Denkform in der theologischen Ethik, in: Zeitschrift für Theologie und Kirche 117, 2020, 347–375.

Zeindler, Matthias (*1958), Prof. Dr. theol., VDM, Titularprofessor für Systematische Theologie / Dogmatik an der Theologischen Fakultät der Universität Bern und Leiter des Bereichs Theologie der Reformierten Kirchen Bern-Jura-Solothurn. Neuere Veröffentlichungen in Auswahl: mit Ralph Kunz (Hg.), Alle sind gefragt. Das Priestertum aller Gläubigen heute, Zürich 2018; mit David Plüss

Autor:innen

(Hg.), «In deiner Hand meine Zeiten ...». Das Kirchenjahr – reformierte Perspektiven, ökumenische Akzente, Zürich 2018; mit Frank Mathwig, Der Gott der Sinne. Reformierte Blicke auf Kunst der Gegenwart. Festgabe für Magdalene L. Frettlöh, Zürich 2019; Gekreuzigt und auferweckt – gegenwärtig, gekommen und kommend. Eine kartographische Skizze zur Christologie, in: Marco Hofheinz / Kai-Ole Eberhardt (Hg.), Gegenwartsbezogene Christologie. Denkformen und Brennpunkte angesichts neuer Herausforderungen, Tübingen 2020, 337–363; Alles oder nichts? Theologische Revisionen des Liebesbegriffs, in: Matthias Felder / Magdalene L. Frettlöh (Hg.), Unsere grossen Wörter. Reformatorische ReVisionen (reformiert! 11), Zürich 2022, 277–294; mit Magdalene L. Frettlöh (Hg.), Theologie am Nullpunkt. Karl Barth und die Krise der Theologie, Zürich 2022; darin: «Diese verblendete Unart der Religion». Karl Barths religionskritische Theologie, 151–178.

reformiert!

herausgegeben von Matthias Felder (ab Bd. 4), Magdalene L. Frettlöh, Frank Mathwig, Torsten Meireis (Bd. 1–3) und Matthias Zeindler

In der Reihe *reformiert!* bereits erschienen:

Bd. 1   Martin Ernst Hirzel / Frank Mathwig / Matthias Zeindler (Hg.), Der Heidelberger Katechismus – ein reformierter Schlüsseltext, 2013.

Bd. 2   Maren Bienert / Marco Hofheinz / Carsten Jochum-Bortfeld (Hg.), Neuere reformierte Bekenntnisse im Fokus. Studien zu ihrer Entstehung und Geltung. Unter Mitarbeit von Raphaela Meyer zu Hörste-Bührer und Frederike van Oorschot, 2017.

Bd. 3   Magdalene L. Frettlöh (Hg.), «Gottes kräftiger Anspruch». Die Barmer Theologische Erklärung als reformierter Schlüsseltext, 2017.

Bd. 4   Matthias Zeindler / David Plüss (Hg.), «In deiner Hand meine Zeiten ...». Das Kirchenjahr – reformierte Perspektiven, ökumenische Akzente, 2018.

Bd. 5   Matthias Käser, Judas Ischarioth: «Überlieferer» des Evangeliums. Karl Barths erwählungstheologische Interpretation der biblischen Judasgestalt, 2018.

Bd. 6   Magdalene L. Frettlöh / Frank Mathwig (Hg.), Kirche als Passion. Festschrift für Matthias Zeindler zum 60. Geburtstag, 2018.

Bd. 7   Frank Mathwig / Matthias Zeindler, Der Gott der Sinne. Reformierte Blicke auf Kunst der Gegenwart. Festgabe für Magdalene L. Frettlöh, 2019.

Bd. 8   Martin Ernst Hirzel / Frank Mathwig (Hg.), «... zu dieser dauernden Reformation berufen». Das Zweite Helvetische Bekenntnis: Geschichte und Aktualität, 2020.

Bd. 9   Matthias Felder / Frank Mathwig (Hg.), Credo! Das Apostolikum. Reformiert gelesen – ökumenisch akzentuiert, 2020.

Bd. 10 Frank Mathwig, Handeln, das nach Einsicht fragt. Beiträge zur theologischen Ethik, hg. von Magdalene L. Frettlöh / Matthias Zeindler, 2021.

Bd. 11 Matthias Felder / Magdalene L. Frettlöh (Hg.), Unsere grossen Wörter. Reformatorische ReVisionen, 2022.

Bd. 12 Klaus Bäumlin, Revolutionäre Geduld. Ausgewählte Aufsätze und Predigten, Zeitansagen und Zwischenrufe (1969–2019), hg. von Magdalene L. Frettlöh, 2022.

Bd. 13 Matthias Zeindler / Magdalene L. Fretttlöh (Hg.), Theologie am Nullpunkt. Karl Barth und die Krise der Kirche, 2022.

Bd. 14 Andreas Frei, Bilder der Geschichte im Angesicht der Krise. Karl Barth und Walter Benjamin im Gespräch, 2023.